RealTime
150

사이버 보안 전략

지피지기와
심층 방어 프레임워크

김홍근 지음

HB 한빛미디어
Hanbit Media, Inc.

사이버 보안 전략

초판 1쇄 발행 2019년 4월 30일

지은이 김홍근 / **펴낸이** 김태헌
펴낸곳 한빛미디어(주) / **주소** 서울시 서대문구 연희로2길 62 한빛미디어(주) IT출판사업부
전화 02-325-5544 / **팩스** 02-336-7124
등록 1999년 6월 24일 제25100-2017-000058호 / **ISBN** 979-11-6224-170-7 93000

총괄 전태호 / **기획·편집** 조수현 / **교정** 조규희
디자인 표지, 내지 신종식 / **조판** 김미현
영업 김형진, 김진불, 조유미 / **마케팅** 송경석, 김나예, 이행은 / **제작** 박성우, 김정우

이 책에 대한 의견이나 오탈자 및 잘못된 내용에 대한 수정 정보는 한빛미디어(주)의 홈페이지나 아래 이메일로 알려주십시오.
잘못된 책은 구입하신 서점에서 교환해 드립니다. 책값은 뒤표지에 표시되어 있습니다.
한빛미디어 홈페이지 www.hanbit.co.kr / **이메일** ask@hanbit.co.kr

지금 하지 않으면 할 수 없는 일이 있습니다.
책으로 펴내고 싶은 아이디어나 원고를 메일(writer@hanbit.co.kr)로 보내주세요.
한빛미디어(주)는 여러분의 소중한 경험과 지식을 기다리고 있습니다.

저자 소개

김홍근

우리나라의 사이버 보안 중심기관인 한국인터넷진흥원의 연구위원이다. 우리나라에 인터넷이 활발히 보급되기 전인 1994년 한국전산원에 입사 이래 25년간 사이버 보안 분야에 몸담고 있다. 한국전산원에서 국가전산망보안계획을 수립하고, 한국 최초로 전산망안전보안센터를 구축 운영하였다. 보안 기술의 핵심이라고 할 수 있는 보안 운영체제와 침입탐지시스템 기술을 개발하면서 신뢰 시스템의 기술적 한계를 체감하기도 하였다. 국가사회 전반의 사이버 보안 기본 틀인 정보통신기반보호법 제정에 기술적 기여를 한 것에 자부심을 느끼고 있다. 사이버 위협이 고도화되고 있는 최근에는 사이버 방어 인력 양성에도 힘쓰고 있다. 보안 정책, 보안 관리, 보안 기술, 보안 인증 등 다양한 분야를 거치며 사이버 전쟁에서 승리하기 위한 전략적 큰 그림(Big Picture)을 완성하기 위해 노력하고 있다.

지은이의 말

'삼국지' 중 적벽대전에서 제갈량이 동남풍이 불기를 기도하는 장면이 나온다. 제갈량의 기도가 동남풍을 불게 하였을까? 아니다. 겨울인데도 동남풍이 부는 날이 있다는 것을 알고, 제갈량이 이를 잘 활용한 것이다. 제갈량은 장수된 자는 "천문에 통해야 하고, 지리를 알아야 하고, 음양에 훤해야 하며, 군세에 밝아야 한다"고 하였다. 군사의 수, 무기 체계, 병참 등과 같은 직접적인 요소뿐 아니라 온도와 풍향 같은 전장(戰場)의 환경에 대한 정보도 전쟁의 승리에 중요한 요소라는 것이다.

국가 지원 하에 세계 시장에서 치열하게 벌어지는 경쟁을 '경제전쟁'이라고 한다. 오늘날 사이버 공간에서 벌어지는 공격과 방어 역시 전쟁이라 하기에 부족함이 없다. 시장에서 경쟁력 있는 지적 재산권, 비즈니스 전략을 가진 기업·조직이라면 그 누구도 사이버 공격의 목표가 되고, 희생자가 되지 않으리라 장담하지 못하는 세상이 되었다. 사이버 전쟁은 지금 이 순간에도 빛의 속도로 진행되고 있다.

2013년, 미국 국가보안국 NSA의 내부 고발자인 에드워드 스노든 (Edward Snowden)이 유출한 자료는 NSA의 공격적인 해킹 능력을 공개하였다. 네트워크의 물리적인 분리(Air Gapped)를 극복하기 위해 개발한 무선 접근 기술·도구, 악성코드 제작자의 오랜 목표인 지워도 지워도 제거되지 않는 지속성(Persistence)을 확보하기 위한 다양한 악성코드 침투 기술·도구 등은 공개된 자료의 작성 시점이 2008년이었음을 감안하면 NSA의 공격 능력은 가히 세계 최고 수준이라 해도 지나치지 않을 것이다.

미국 사이버 보안기업 맨디언트(Mandiant)는 2013년 2월 발간한 60쪽 분량의 보고서에서 코카콜라, RSA시큐리티뿐 아니라 미국의 주요 기반시설에 대한 공격 주체가 실제로 61398부대로 알려진 중공군이었음을 보여주는 많은 증거를 제시하였다. 2013년 미국 버라이즌(Verizon)의 데이터 침해 조사(Data Breach Investigations) 보고서에 의하면, 4만7000여 건의 보안사고 분석에서 621건의 데이터 유출을 확인하였고 데이터 유출의 96%가 중국 공격자에 의한 것이라고 한다. 2018년 6월에 발간된 미국 백악관 보고서는 중국이 전자, 통신, 로봇 공학, 데이터 서비스, 의약품, 휴대폰 서비스, 위성 통신 및 영상, 비즈니스 응용 소프트웨어 등의 신생 산업을 표적으로 산업 스파이 행위를 일삼고 있다고 지적하였다.

주요 사이버 보안 기업이 발간하는 위협 인텔리전스(Threat Intelligence) 보고서는 그들이 추적한 공격자의 특징 정보를 제공한다. 여기에는 시장 경제의 민간 기업과 국가 거버넌스 체계 사이의 구분이 뚜렷하지 않은 일부 전체주의 국가나 권위주의 국가의 국가기관 또는 국가 지원의 해킹 그룹이 심심찮게 등장한다. 국가 또는 국가 지원 해킹 그룹은 대부분의 시간을 비밀 정보를 훔치는 단 한 가지 일에만 몰두한다. 돈벌이를 위해 산업 스파이 행위를 하는 범죄 집단이 아님에도, 민간 기업의 지적 재산에 대한 이들의 해킹 행위는 세계 시장 경제 질서에 대한 중대한 위협이다. 사법 당국의 노력만으로는 국가 지원 사이버 공격에 의한 지적 재산권 도둑질을 저지할 수 없다. 기업은 사이버 공격을 제때에 인지하지 못할 뿐 아니라 피해 사실 공개가 불러올 악영향에 대한 두려움으로 피해 신고를 하지 않는다. 피해 기업이 신고해도, 해당 국가의 비협조로 국제 공조 수사는 제대로 진척되지 않는다.

세계적으로 기술 경쟁력이 있는 우리나라 기업들도 사이버 공격의 목표가 되어 왔다. 경쟁력 있는 지적 재산권이 남아있지 않을 때까지 지속적으로 공격의 대상이 될 것이다. 어쩌면 희생자가 생겼을 수도 있다. 입증하기도, 법적 조치를 취하기도 어렵다. 기업의 지적 재산권을 지키는 일은 기업의 생존과 직결되는 시대가 되었다. 영화에서 그려지는 몇몇 해커와 물리적 범법자들이 모인 조직 범죄의 형태가 아니다. 상대는, 공격자는, 국가 또는 국가 지원·후원 해킹 그룹이다. 어떻게 지킬 것인가? 어떻게 싸울 것인가?

오래전에 '해커 10만 양병설'을 주장한 저명한 교수가 있었다. 당시 그의 주장은 사이버 방어를 위한 인력 양성을 주장한 것이지, 사이버 공격을 가할 정보 전사를 육성하자는 것은 아니었다. 사이버 전쟁에서 공격을 받는 대부분의 조직이 필요한 것은 방어 인력이다. 사이버 전쟁이 게임이나 스포츠의 공격, 방어와 다른 점은 방어자는 오로지 방어만 할 뿐, 공격은 하지 않는다는 것이다. 사이버 공격은 법률을 위반하는 것이며, 사이버 정당방위 개념도 정립되어 있지 않다. 또한 인터넷 구조의 한계 등으로 인한 공격자를 특정하기 어려운 귀책 문제 (Attribution Problem)로 인해 사이버 공격에 대한 반격은 사이버 방어자의 영역이 아니다. 물론 공격자를 기술적으로 추적할 수는 있다. 사이버 방어의 본질은 분류 체계(Taxonomy)와 단위(Granularity)에 따라 그 개수를 달리하지만, 분석한 위험 수준에 맞게 수십에서 수백 개의 보안 통제를 취사선택하여 구축·운영하는 것이다. 방어(보안) 상태의 평가(Security Assessment)와 관련되어 공격 기법·기술을 이용한 보안 통제는 수십에서 수백 개의 보안 통제의 극히 일부에 불과하다. 또한 공격 기법·기술을 이용한 보안 평가는 평가자('화이트 햇'이라 부른다)의 역량에 비례하는 테스트 방식의 한계를 벗어날 수 없다. 따라서 사이버 방어자(사이버 보안 전문가)를 육성하기 위해서는 보안 통제 실무를 지식과 경험으로 익히는 교육 훈련이 어딘가에서 제공되어야 한다. 그것이 학교이든 학원이든 간에. 사이버 방어 인력 양성을 한다면서 공격 기법·기술 위주의 교육 훈련은 번지수를 잘못 찾은 것이다.

다시 제갈량 이야기로 돌아가면, 만일 제갈량이 오늘날 사이버 전쟁의 방어 책임자라면 어떻게 접근하였을까? 손자나 제갈량 같은 역사적으로 승리의 경험이 축적된 전쟁 전략가들은 어떤 내용의 사이버 방어 전략을 세울까? 이 질문에 답을 달아보는 것이 이 책의 모티브다.

그 답은 사이버 전장의 모습(Landscape)을 정확히 이해하는 것부터 시작해야 한다. 전장의 주요 구성요소를 식별하고, 이에 대한 이해를 심화시키는 것이 중요하다. 아는 만큼 보이고, 보이는 만큼 행동할 수 있기 때문이다. 피상적으로 알아서는 안 된다. 사이버 전장의 모습은 물리적이지 않아서 실체를 이해하는 것은 쉬운 일이 아니다. 이 책은 사이버 전장의 주요 구성요소를 전체적으로 조망하는 큰 그림을 제시한다. 세부적인 내용을 다루기보다 세부 내용을 파들어 갈 수 있도록 관련 키워드를 최대한 나열하였다. 전장의 구성요소에 대한 이해를 바탕으로, 지난 20여 년 동안 사이버 방어 전문가들의 노력과 시행착오에서 얻은 교훈을 집대성한 방어의 틀(Framework)을 제시한다. 전장의 주요 구성요소와 방어 프레임워크는 사이버 방어 전략의 핵심이다. 이 책에서 제시한 사이버 방어 전략이 제2, 제3의 제갈량을 길러내는데 조금이나마 기여하기를 기대한다.

이 책에 대하여

사이버 공격의 심각성이 증가하고 있다. 계속해서 늘어날 추세이다. 공격자의 공격 역량은 이미 방어자의 방어 역량을 넘어섰고 점점 그 격차를 벌리고 있다. 사이버 보안의 위기(Security Crisis)이다. 돌이켜 보면, 지난 25년 동안 필자가 얻고자 하였던 선문답은 "공격자에게 유리한 사이버 전쟁의 지평에서 최선의 방어는 무엇인가?"이었던 것 같다. 아직 완전한 해답은 구하지 못하였지만 이제 그 고민의 한 매듭을 지으려 한다. 지난 20여 년 동안 사이버 보안 전문가들의 노력과 시행착오에서 얻은 교훈에 기반 한 사이버 보안의 큰 그림(Big Picture)을 이 책에서 제시하고자 한다. 여기에는 사이버 보안 분야를 선도하는 미국 국립표준기술연구소(National Institute of Standards and Technology, NIST)의 보안 지침서들이 많이 참고되었음을 미리 밝힌다.

이 책의 대상 독자

이 책은 사이버 전장의 방어에 참여한 모든 사람을 위한 책이다. 각자의 역할이 무엇이든 사이버 방어에 종사하는 모든 이들은 사이버 전장의 지평을 조망한 전체 그림을 이해해야 한다. 이 그림을 통해 조직의 보안 관리를 책임지는 최고정보보호책임자(CISO, Chief Information Security Officer)와 미래에 CISO가 되고자 하는 사람에게 어떤 경험과 지식이 필요한지 알려주고 악성코드 분석가, 사고 대응 분석가, 보안 제품 개발자 등과 같은 전문 분야의 스페셜리스트(Specialist)가 되고자 하는 사람에게도 자신이 서 있는 위치와 나아갈 방향을 알려주는 나침 판으로 이 책이 도움이 될 것이다.

이 책에서 다루는 내용

이 책은 3부로 구성되며, 각각은 독립적으로 구성되어 있기 때문에 순 서는 중요하지 않다. 다만, 각각의 부가 사이버 보안 전략을 구성하 는 요소들이므로 차례대로 읽기 바란다. 사이버 보안 지평을 구성하 는 주요 요소들을 한 권의 책에 담은 만큼 책 속에는 용어 정도만 언급 한 경우가 많다. 1부 사이버 보안 취약점의 2장 보안 취약점 유형이나 2부 보안 위협의 7장 사이버 공격 패턴의 경우, 각각을 별도의 책으로 만들 수 있을 만큼 내용이 방대한 만큼 이 책은 그 '방대함의 바다'로 나가는 지도 정도로 여겨주길 바란다.

부	장	제목	내용
개요			사이버 공간에 내재한 보안 취약점을 방어하기 위한 사이버 보안 전략의 필요성과 주요 구성요소를 식별하고 책의 구성을 설명한다.
사이버 보안 취약점	1	보안 취약점의 개념	보안 약점과 취약점이 발생하는 원인과 관련 개념들을 설명한다.
	2	보안 약점의 유형	알려진 보안 약점을 쉽게 이해할 수 있도록 보안 약점의 분류 체계가 활용된다. 대표적인 분류 체계인 CWE(Common Weakness Enumeration)에 대해 설명한다.
	3	보안 취약점의 위험도	제조사가 발표한 보안 패치의 긴급성을 알리고, 패치 파일의 우선순위와 설치 일정 등을 수립하는 데 필수적인 취약점의 위험도 등급 표준인 CVSS(Common Vulnerability Scoring System)에 대해 설명한다.
	4	보안 취약점 식별자	공개된 보안 취약점에 대한 표준화된 공통 이름과 보안 취약점 정보 검색을 위한 CVE(Common Vulnerabilities and Exposures)에 대해 설명한다.
	5	보안 취약점의 생명 주기	보안 취약점 생명 주기에서 발생하는 주요 논점들을 살펴본다. 보안 취약점의 상태, 제로데이 보안 취약점의 특성, 보안 취약점 거래 시장 등에 대해 설명한다.
사이버 보안 위협	6	사이버 공격 생명 주기	사이버 공격 프로세스와 세부 단계에 대해 소개한다.
	7	사이버 공격 패턴	사이버 공격이 어떻게 수행되는지 공격 방식을 식별하고 추상화한 공격 패턴에 대한 대표적인 목록인 CAPEC(Common Attack Pattern Enumeration and Classification)에 대해 설명한다.
	8	사이버 공격자	개인 해커와 해커 그룹, 산업 스파이와 조직 범죄자, 국가 후원·지원 해커 그룹 등으로 구분되는 사이버 공격자의 유형과 특성, 공격 목적·의도, 사례 등에 대해 설명한다.
	9	악성 코드 공격벡터	컴퓨터 프로그램의 유해성을 살펴보고, 문맥에 따라 유해성이 결정되는 그레이 프로그램의 특성과 악성 프로그램의 전파(감염) 방식에 대해 설명한다.

	10	사이버 암거래시장	사이버 공격자가 사용하는 공격 도구는 암거래 시장(Black Market)과 어떤 방식으로든 연결되어 있다. 여기서는 그 공격 도구·서비스에 대한 암거래 시장 현황을 살펴본다.
사이버 보안 전략	11	사이버 보안 환경	사이버 보안 전략 수립 시 고려해야 하는 사이버 보안 환경의 구성요소인 보안 관리, 보안 기술, 보안 인증 관련 주요 개념을 살펴본다. 보안 기술과 관련해서는 보안 기술의 정의와 분류, 보안 제품과 서비스의 유형, 보안 기술의 진화와 시장의 변화 등을, 보안 관리와 관련해서는 보안 취약점, 위협, 보안 통제 간의 관계에 따른 위험 기반 보안 관리 프로세스의 개념과 주요 구성요소를 설명한다. 끝으로 보안 인증과 관련하여서는 보안 제품 평가, 보안 관리 프로세스 인증, 보안 전문가 인증을 설명한다.
	12	보안 통제	보안 관리 프로세스를 구현하는 데 필요한 보안 통제의 구분은 주체에 따라 다를 수 있다. 이와 관련하여 한국인터넷진흥원의 ISMS-P에서 규정한 보안 통제, 미국 NIST 위험 관리 프레임워크에서 규정한 보안 통제 등을 살펴본다.
	13	심층 방어	차단(Prevention), 탐지(Detection), 감내(Tolerance) 3 계층으로 이루어진 심층 방어 프레임워크에 대해 설명한다. 차단 계층의 핵심 보안 통제인 빌트인 보안, 형상 보안 강화, 보안 패치 관리, 탐지 계층의 핵심 보안 통제인 연속 모니터링, 보안사고 대응 및 복구, 감내 계층의 핵심 보안 통제인 중복과 다양성에 대해 알아본다.

개요

사이버 공간의 성질과 취약성

사이버 공간에 대한 의존도가 지속적으로 높아지고, 사이버 공격에 의한 영향은 개인과 조직이 의존하는 사이버 공간에 비례하여 커지고 있다. 수많은 전산망 침해 사고, 개인정보 유출 사고 등이 발생하고 있어, 사이버 공격의 심각성이 증가하고 있음을 알 수 있다. 다음 표에 열거한 사이버 공간의 성질에 기인한 보안 취약성[1]은 이러한 사이버 공격의 원인을 제공하고 있다.

성질	보안 취약성
빠른 변화 속도	보안 시스템이 빠르게 구식이 되어 버림
TCP/IP 프로토콜 구조	네트워크를 통해 도착하는 패킷의 출처를 식별하기가 어려움
표준과 상용 장비의 광범위한 사용	하드웨어와 운영체제의 취약성은 광범위한 시스템들을 위태롭게 함
높은 수준의 복잡성	고장과 공격을 구분하기 어려움, 원인과 결과를 분석하는 것이 매우 어려움
비대칭성	공격 도구를 개발하고 운영하는 데 큰 투자는 필요하지 않음. 모든 공격 경로를 대상으로 방어가 이루어져야 하며, 방어에 대한 빈번한 업그레이드가 필요하고 비용도 점점 높아지고 있음
모호한 법률	사이버 범죄 규제에 대하여 국가 간의 상당한 법적 차이가 존재

▲ 사이버 공간의 성질에 기인한 보안 취약성

---

1 「Basic Concepts in Cyber Warfare, Military and Strategic Affairs」(2011년), http://www.inss.org.il/uploadimages/Import/(FILE)1308129610.pdf

현재 정보기술의 취약점을 방어하는 보안 시스템은 새로운 정보 기술의 등장과 대체에 따라 새로운 기술의 보안 취약점을 방어할 수 있도록 진화해야 한다. 또한 공격과 방어 사이에 존재하는 창과 방패의 끝없는 경쟁(Arms Race)으로 인해 이미 알려진 공격 기법을 특징화하는 방어 시스템은 순식간에 무력화되어 버린다. 끊임없이 방어 체계의 취약점을 찾으려는 공격자[2] 때문에 방어자는 24시간 365일 불면의 밤을 보내야 한다.

사이버 귀책(Attribution)이란 사이버 공격자를 추적하여 실체를 특정(特定)하는 것이다. 인터넷을 형성하는 네트워크 아키텍처는 공격자가 흔적을 숨길 수 있는 다양한 방법을 제공하기 때문에, 사이버 귀책은 매우 어려운 일이다. 공격으로 생겨난 로그와 이벤트 정보를 통해 광범위한 디지털 증거 수집 및 분석(Digital Forensic)을 하지만, 공격자는 자신이 특정화될 만한 흔적을 남기지 않도록, 자신의 컴퓨터에서 공격을 수행하는 것이 아니라 사전에 해킹해서 장악한 어떤 희생자 컴퓨터·기기에서 공격을 수행하고, IP 주소를 변조(Spoof)하거나 익명 프락시(Proxy) 서버를 이용하기도 한다. 국경을 넘는 범죄 조사의 경우에는 해당 국가 사법 당국의 협조를 얻어야하기 때문에 신속한 증거 수집 등의 조사 작업이 지연·방해되는 등의 어려움이 있다. 언론 매체

---

2 공격으로 인한 경제적 이득 면에서 비용 대비 효과가 매우 크다. 예를 들어 수조 원을 들여 수년간의 연구 개발 결과를 수십억 몇 달의 공격 작전으로 확보한다면, 얼마나 비용 대비 효과가 큰 사업인가.

[3]와 미국 국가안보국(National Security Agency, NSA)의 내부 고발자 에드워드 스노든(Edward Snowden)의 주장에도 이란의 핵발전소를 공격한 악성코드 스틱스넷(Stuxnet)의 개발자에 대해서 이스라엘과 미국 당국이 스스로 진실을 밝히지 않는 한, 공격자의 특정은 끝나지 않는다.

개인은 말할 것도 없고 대부분의 조직에서 비용 대비 효과 측면에서 자체 개발 대신 시장에서 상용(COTS, Commercial Off-The-Shelf) 제품 또는 서비스를 구매·조달한다. 국제 표준이든 사실상의(De Facto) 표준이든, 표준화로 상호연동과 사용·관리 편의성이 높아졌지만, 사이버 보안 측면에서는 광범위한 표준의 사용으로 모노컬처(Monoculture)의 위험성이 발생한다. 대부분의 PC에서 실행되는 MS의 윈도 운영체제가 대표적인 모노컬처 사례다. 윈도 운영체제에서 발견된 보안 취약점은 대부분의 PC를 보안 위험에 빠뜨린다.[4]

한 시스템의 보안을 평가하는 유일한 방법은 시스템을 분석하는 것이다. 분석에는 많은 비용과 오랜 시간이 소요된다. 경쟁적으로 시장에 신속한 제품 출시를 위해서는 제품에 대한 제조사 자체적인 보안 분석이 충분치 않은 경우가 많다. 시스템이 복잡할수록 더 많은 옵션,

---

3 「Stuxnet was work of U.S. and Israeli experts, officials say」(The Washington Post, 2012년)

4 생물 시스템에서의 반응 다양성(Response Diversity)은 교란 및 스트레스(온도, 오염, 질병 등)에 대해 다른 반응을 보이는 종의 다양성을 의미한다. 어떤 기능 그룹이 제공하는 생태계 서비스는 유사한 기능을 수행하는 종의 수가 많을수록, 더 넓은 범위의 조건에서 유지될 가능성이 높으며, 그 시스템은 교란에서 회복할 수 있는 더 큰 능력을 갖는다.

더 많은 기능, 더 많은 인터페이스, 더 많은 상호 작용이 포함되어 분석을 더 어렵게 만든다. 이러한 복잡성은 단일 시스템에만 국한되지 않고 시스템 간 상호 작용에서도 찾을 수 있다. 운영체제, 응용 프로그램, 네트워크 하드웨어·소프트웨어, 보안 제품 등 거의 모든 제품에서 제품 출시 후 보안 취약점이 수시로 발견되는 근본 원인이기도 하다.

공격자가 상당히 적은 수 또는 저급한 자원으로 상당히 많은 수의 공격 대상 자원을 훼손시키는 경우, 이를 비대칭(Asymmetric) 공격이라고 한다. 비대칭 사이버 공격에서는 공격 대상의 강점을 우회하면서 취약점을 목표로 공격한다. 비대칭 사이버 공격은 저렴한 비용, 쉽게 구할 수 있는 공격도구, 큰 피해 가능성 등으로 인해 점점 더 보편화되고 있다.

사이버 공간은 논리적으로 하나로 연결되어 있지만, 지리적인 위치에 따라 사이버 공간에서의 규범과 인터넷 비즈니스에 대한 규제가 다다르다. 이는 사이버 범죄를 다루는 국제적 거버넌스(Governance)에 약한 고리가 존재한다는 것을 의미한다. 공격자(Black Hat)와 방어자(White Hat) 모두가 사용하는 도구의 대부분은 사이버 공간에 무료로 공개되어 있다. 예를 들어 메타스플로이트(Metasploit)[5] 같은 도구는 침투 테스트에 유용하지만, 사이버 범죄자가 공격 대상 시스템의 정보수집과 시스템 침입 도구로도 사용할 수 있다.

---

5 https://www.metasploit.com

사이버 전쟁

과학의 발전이 인간 사이 혹은 사회의 갈등을 감소·근절하기에 충분할 정도로 인간의 본성을 충분히 변화시키지 못하였다는 것을 역사적인 경험은 보여주었다. 기술의 발전에 따라 사람이 만든 사이버 공간은 사람의 목적에 따라 악용될 수 있다. 사이버 공간에서도 싸움과 갈등이 있다. 스턱스넷 공격으로 이란의 핵발전소가 물리적으로 손상을 받았다. 수많은 데이터 유출 사고와 서비스 거부 공격으로 비즈니스 사이트가 마비되는 사고를 심심찮게 목도하고 있다.

전쟁이라고 표현하기에 다소 과장된 측면이 있다고 말할 수도 있겠다. 그러나 미국과 이스라엘의 소행으로 추정되는 이란 핵발전소에 대한 스턱스넷 공격 사례와 북한에 의한 수많은 공격[6] (2009년 7/7 DDoS[7], 2011년 3/3 DDoS[8], 농협 전산망 파괴[9], 2013년 3/20 사이버 테러[10],

---

6　민·관·군 사이버 위협 합동 대응팀, 국정원, 검찰 등의 발표자료에 의함

7　2009년 7월 7일, 정부·금융 기관 등 22개 국내 주요 인터넷 사이트에 대한 DDoS 공격

8　2011년 3월 3일을 기점으로 주요 정부 기관, 포털 사이트, 은행 사이트에 대한 DDoS 공격

9　2011년 4월 12일 농협 전산망 자료가 대규모로 손상되어 최장 18일간에 걸쳐 전체 또는 일부 서비스 이용이 불가능해진 사건

10　2013년 3월 20일, 방송사(KBS·MBC·YTN)와 금융회사(신한은행·NH농협은행·제주은행)의 컴퓨터 3만2000여 대가 악성코드에 감염

6/25 사이버 공격[11], 2014년 한국수력원자력 해킹, 2015년 서울메트로 해킹, 2016년 한진그룹 해킹 등) 등은 국가기관에 의한 사이버 공격의 전형적인 사례들이다. 물리적 전쟁 대신 사이버 공격을 선택하였다는 점에서 확장된 전쟁 개념으로 봐도 무리가 없다. 미국 빌 클린턴 정부에서 안보, 기반시설 보호, 대-테러리즘 분야의 국가 조정관이었던 리처드 클라크는 그의 저서 『사이버 전쟁(Cyber War)[12]』에서 사이버 공격의 심각성을 깨닫지 못하는 사람들에게 "전쟁은 이미 시작되었다"라고 경고하고, 우리가 모르는 사이에 각 정부는 상대국가(적대국) 네트워크와 기반시설을 해킹하여 트랩도어와 논리폭탄을 설치하는 등 사이버 전쟁에 대비하고 있다고 지적하였다. 그러면서 사이버 공격의 특징을 다음과 같이 정리하였다.

- 사이버전은 현실이다(현재까지는 공격 능력 일부만 사용한 제한전임).
- 사이버전은 빛의 속도로 발발한다(재래식 무기보다 빠르게 전개된다).
- 사이버전은 전 세계 어디서나 일어난다.
- 사이버전은 전투지가 필요 없다(전통적인 공격 대상인 영토가 아니고 은행, 네트워크 등이 사이버 전쟁 대상이다).

---

11 2013년 6월 25일, 청와대 홈페이지 및 주요 정부기관, 언론사 등에 웹 사이트 변조, DDoS, 신상정보 유출 등의 공격 사건

12 해커 공화국(Cyber War)』』(에이콘출판, 2013)

이처럼 사이버 공격이 전쟁의 수준으로까지 치열한 것이 현실이지만, 이 상황이 제대로 전달되지 않고, 이에 대한 인식이 사람들마다 많이 다르다. 개인의 경우 희생자는 자신이 공격받고 있다고 인지하지 못하고, 단지 불쾌한 사건이 무작위적이고 드물게 발생한다고 생각하며, 왜 일어나는지 잘 모른다. 사이버 공격은 분명한 시작이나 끝이 없이 애매하게 진행된다. 사이버 공간의 현실은 전쟁과 평화의 경계를 더욱 흐리게 하고, 위험한 새로운 차원의 불안정성을 더하고 있다.

과장

사이버 공격에 대한 방어를 책임지는 보안 담당자·관리자 입장에서는 전적으로 자체적인 힘만으로는 방어 체계를 구축·운영할 수 없다. 자연스럽게 외부 관련 전문가의 도움(컨설팅)과 시장의 다양한 제조사·서비스 제공자의 기술·서비스를 구매·활용할 수밖에 없다. 보안에 대해서 무엇이 중요한지, 어떻게 관리 프로세스를 구축·운영해야 하는지, 어떤 우선순위로 추진해야 하는지 등에 대해 다양한 주장들이 있다. 사이버 방어를 위한 보안 관리 프로세스는 과학적으로 정해진 답이 있는 것이 아니라서, 지금까지 경험 중에서 최적의 실무들을 현장에 적용하고, 지속적으로 피드백을 받아 개선해 나가는 연속 과정이다. 이 과정에서 특정 기술에 대한 오해나 과장(Snake Oil), 제조사·서비스 제공자의 과대포장 등에 전도되지 않도록 보안 담당자·관리자들은 관련 지식으로 무장해야 한다.

최근 인공지능 기술의 부활로 아직은 인간이 컴퓨터보다 월등히 잘하는 분야에 대한 연구가 활발히 진행되고 있다. 컴퓨터 비전, 음성 인식, 자연어 처리 등에서 이전과는 다른 성능을 보여주는 연구결과가 연이어 등장하고 있다. 사이버 보안 분야에서도 악성코드 탐지, 침입탐지 등의 분야에 인공지능이 적용되고 있다. 지난 이십여 년 동안 침입탐지(Intrusion Detection)에 대한 연구개발에도 여전히 침입탐지 시스템은 소위 '긍정 오류(False Positive, 침입이 아닌데도 침입이라고 판정하는 오류)'를 인간 관리자의 인내심 허용 범위 내로 떨어뜨리지 못하였다. 최근의 인공지능 기술이 자연어 처리의 하나인 기계 번역에서 진일보한 성과를 보여주고 있으나 여전히 전문 번역가에 비해 번역 수준이 한참 떨어지고 있다. "Time flies like arrow."는 "시간은 화살처럼 흐른다." 또는 "시간 파리는 화살을 좋아한다."로 번역할 수 있다. 어느 문장으로 번역할지는 문맥(Context)이 결정한다. 아직까지 컴퓨터는 인간처럼 글의 문맥을 구조화하는 능력을 갖추지 못하였다. 컴퓨터 시스템 내부에서 일어나는 행위·활동에 대한 정상과 비정상(침입 등)의 구분 문제는 언어 번역에서의 문맥 문제와 같은 부류의 문제이다. 같은 행위를 어떨 때는 침입으로, 어떨 때는 정상 행위로 판단할 수 있기에 수많은 긍정 오류를 만들어낸다. 기계 번역이 사람 전문 번역가와 같은 수준의 결과를 보여주기 전에는 침입탐지 문제에 인공지능 기술을 접목한다고 해서 기존의 결과를 괄목할 만하게 뒤집을(그래서 실제 사용할 수 있는) 만한 성능의 침입탐지 시스템은 요원하다.

미국 연방정부에 대한 국가표준국 NIST 보안 지침의 영향으로 사이버 보안 산업계에서도 연속 모니터링(Continuous Monitoring)의 중요성과 이를 위한 자동화 메커니즘에 대한 관심이 높아지고 있다. 국내에서 통합관제시스템 또는 통합위협관리시스템이라고 불리는 SIEM(Security Information & Event Management) 시스템은 이러한 연속 모니터링의 자동화 메커니즘을 위한 플랫폼을 제공하는 핵심 기술로, 많은 제조사의 주력 제품으로 자리잡아가고 있다. 국내외 SIEM 관련 시스템 제조사 대부분의 제품 안내서에 한결같이 "인공지능 기술을 사용한다"는 홍보 문구를 포함하고 있다. 제조사의 기술 범위와 기능을 이해하는 가장 좋은 방법의 하나는 제조사의 보안 연구팀을 면밀히 조사하는 것이다. 연구팀의 역량을 넘어서는 기능을 가진 제품은 없다. 연구팀의 족보와 규모를 자세히 살펴보면 제품 성능과 위협 탐지 능력을 알 수 있다. 기계 학습을 만병통치약으로 묘사하는 번지르르한 마케팅에 속지 않아야 한다. 경험에서 알 수 있듯이, 공격자는 방어자의 행동을 시뮬레이션할 것이다. 제조사의 기계 학습 모델을 간파하고, 우회할 수 있는 방법을 찾으려고 한다. 기계 학습 모델은 어느 정도 유사성을 가지고 있기 때문에 모델이 예측하는 것과 상당히 다른 방식으로 작동하는 악성코드를 만들 수 있다면, 기계 학습 기반의 탐지 방식은 비효율적인 것이 될 수 있다. SIEM의 핵심 기능은 비정상 행위를 판단하는 것이며, 이는 전통적인 침입탐지 시스템의 본연의 기능과 다름이 없다. 침입탐지 시스템의 탐지 오류를 인공지능 기술로 개선하려는 노력을 그 결과가 획기적으로 개선될 것이라는 기대와 동일시해서는 안 된다. 인공지능이라는 문구에 더 이상 현혹되지 말아야 한다.

과장은 사람에게서도 존재한다. 여느 분야에서나 사이비 전문가는 있기 마련이다. 특정 분야의 전문가란 그 분야에서 통용되는 용어의 개념을 정확하게 이해하고 구사하는 능력을 확보한 사람이다. 누군가를 사이버 보안 전문가라고 말할 수 있는지는 용어를 구사하는 것을 보면 어느 정도 판단할 수 있다. 사이버 공격 기술·기법으로 무장하여 공격자가 되지 않고 이를 보안 평가에 사용하는 사람들을 화이트 햇(White Hat) 또는 화이트 햇 해커라 한다. 그런데 화이트 햇을 화이트 해커라고 부르는 사람들이 있다. 두 단어가 비슷해서 별 문제 없이 교차 사용해도 되는 것 같지만 화이트 햇과 화이트 해커는 의미나 문맥이 전혀 다르다. 모자가 흰색이라는 것이지 사람(해커)이 흰색, 즉 백인이라는 것이 아니다. 'White Hacker'로 구글 검색하면, 'White Hat'이 포함된 글들을 보여준다. APT(Advanced Persistent Threat)를 마치 전에 없었던 새로운 공격 기법이라든지, 피싱 메일을 보내 침투하는 공격이라고 설명하는 사람들도 있다. APT는 공학적 용어가 아니다. 신종 위협이 등장하였으니 새로운 보안 시스템, 차세대라는 이름을 단 보안 시스템을 판매하기 위한 제조사들의 마케팅 용어일 뿐이다. 사실, 고급(Advanced)과 지속(Persistent)이라는 단어를 공학적으로 정의할 수가 없다. 어떤 수준이면 고급이고, 어느 정도면 지속이라는 용어가 합당한지 합의된 바도 없다. APT는 국가 또는 국가가 지원하는 공격자 그룹 정도로 이해하는 것이 좋다. 1986년 미국 연구소 컴퓨터를 경유하여 군사 네트워크에 침입한 독일 해커를 추적하는 시스템 관리자의 실화를 바탕으로 한 소설 『뻐꾸기 알』에서도 독일 공격자의 공격 방식이 오늘날 일부 제조사가 주장하는 APT 공격 방식과 같았다. 즉, 비교적 최근에 등장한 신종 공격이 아니라는 말이다. 공격 방식의 전체 틀(2부의 '사이버 공격 생명 주기' 참조)은 예나 지금이나 변함이 없다.

사이버 보안 전략가

앞에서 살펴본 사이버 공간의 성질에 의한 보안 취약성으로 인해 사이버 공격과 방어의 지평(Landscape)은 공격자에게 유리하게 기울어진 운동장 형국이다. 공격자는 인터넷에 연결된 보안 관리가 허술한 수많은 컴퓨터를 매개로 공격의 추적을 따돌리고, 제로데이 보안 취약점으로 손쉽게 방어 체계를 돌파한다. 방어에는 공격에 필요한 지식보다 상대적으로 엄청난 양의 지식이 요구된다. 공격은 소규모의 공격자가 대부분 자발적으로 수행하지만, 방어는 보안성보다는 효율성과 사용성에 더 많은 관심을 갖는 경영자, 업무 담당자, 사용자 등 수많은 관련자의 이해 충돌과 비협조, 상용 보안제품의 과장된 기능, 충분하지 않은 예산과 자원, 매일 수없이 쏟아지는 위협과 취약점 정보 등의 수많은 난관을 해결해야 한다.

성공한 공격은 있지만, 방어에 성공하였다고 말하기 어렵다. 공격을 받지 않았다고 해서 방어가 성공적이었다고 입증하기도 어렵다. 공격 징후를 발견하여 모니터링 빈도를 증가시키는 등의 방어 프로그램을 강화하였더니 후속 공격이 발생하지 않았다는 사실만으로는 방어가 성공적이었다고 말하기에는 충분치 않다. 소규모 사이버 해킹 그룹이 아니라 국가 또는 국가 지원의 해킹 그룹이 공격한다면 방어할 수 있는가란 질문에 아무도 대답할 수 없다.

기술 경쟁력이 있는 그 어떤 기업·조직도 국가 또는 국가 지원 해킹 그룹의 공격 대상에서 피해갈 수 없다. 우리나라의 기술 경쟁력 있는 기업·조직들도 예외가 아니다. 기업·조직 스스로 생존을 위해서는 자신의 지적재산권을 지키는 일은 너무나도 중요한 시대가 되었다. 그렇다면 사이버 전장에서 불리한 지평을 무릅쓰고 방어에 성공하기 위해서 어떻게 해야 할까?

가장 중요한 것은 사람이다. 그다음이 기술이다. 지극히 당연하게도 아무리 좋은 기술이 있어도 이를 제대로 활용하는 것은 사람에게 달려있다. 전장의 지평을 정확하게 조망하고, 이를 바탕으로 정밀하고 효과적인 방어 전략을 수립하는 사이버 보안 전략가야 말로 가장 중요한 인물이다. 사이버 보안 전략가는 기업·조직의 사이버 보안 최고 책임자 CISO(Chief Information Security Officer)의 다른 이름이다. 사이버 전장은 공격자의 공격 능력과 방어자의 방어 능력이 부딪히는 현장이다. 사이버 보안 전략가의 능력이야 말로 방어에 성공하는 가장 중요한 요소다. 부정확한 위험 분석, 보안 통제의 비효율적인 운영, 외부 보안 서비스에 대한 부실한 평가와 관리 등은 방어의 실패를 부르는 주요 요인들이며, 이들은 사이버 보안 전략가의 역량에서 비롯된다.

사이버 보안 전략가의 가치는 어느 때보다도 중요하다. 사이버 전장의 지평 전체를 조망하고, 정밀하고 효과적으로 보안 통제를 구사할 수 있는 역량을 가진 사이버 보안 전략가 육성이 국제적인 경제 전쟁에서 기업·조직을 지원하는 국가와 사회의 핵심 과제가 되었다.

사이버 보안 전략

인류는 역사적으로 수많은 전쟁을 겪으며, 전쟁 기술을 발전시켜 왔다. 역사적으로 수많은 군사 선략가와 전략서가 등장하였지만, 손자와 그의 병법은 아직도 많은 이들의 관심을 받고 있다. 그중에서도 전쟁에서 승리의 필수조건으로 제시한 '지피지기'는 사이버 방어에서도 교훈으로 삼을 수 있다. 사이버 방어에 지피지기 전략을 적용한다면, 지기(Know Yourself)란 방어해야 하는 정보자산과 정보 자산의 보안 취약점을 안다는 것이며, 지피(Know Your Enemy)는 공격자의 공격 기법·기술을 안다는 것이다. 이를 바탕으로 비용 효과적인 대책을 수립·구현하여 방어 체계를 구축한다. 이 책 목적의 일부는 이와 같은 지피지기 전략을 사이버 방어에 적용하기 위해 알아야 하는 구성요소들을 정리하는 것이다. 정보자산의 취약점, 위협(공격자), 방어 체계에 대해서 이들 각각의 핵심 구성요소들을 다음 그림에 정리하였다.

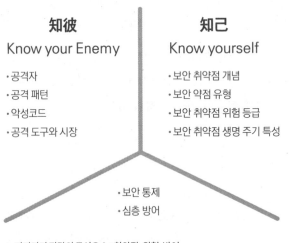

知彼
Know your Enemy

- 공격자
- 공격 패턴
- 악성코드
- 공격 도구와 시장

知己
Know yourself

- 보안 취약점 개념
- 보안 약점 유형
- 보안 취약점 위험 등급
- 보안 취약점 생명 주기 특성

- 보안 통제
- 심층 방어

▲ 지피지기 전략의 구성요소 : 취약점. 위협, 방어

이 책은 이 그림의 3대 구성요소를 정리한 3개의 부로 구성되어 있다. 1부는 사이버 보안 취약점의 이해를 높이기 위해 중요한 개념과 관점을 설명한다. 사이버 또는 사이버 공간의 보안 취약점은 결국 정보 기술에 내재하는 보안 취약점을 의미한다. 사이버 보안 취약점은 사이버 공격자에게 공격의 단초를 제공한다. 거꾸로 뒤집으면 사이버 공격을 방어하기 위해서 보안 취약점을 제대로 이해하고, 적절히 통제할 수 있도록 유지 관리하는 것이 방어의 근간이라 할 것이다. 따라서 보안 취약점에 대한 관심은 공격자와 방어자 모두에게 중요하다. 방어자는 가능한 깊이 있게 보안 취약점의 성질을 알아야 한다. 왜냐하면, 취약점의 속성을 아는 만큼 이로 인해 발생하는 위험의 수준을 알게 되고, 이는 최고 의사결정자의 동의와 협력을 이끌어내는 동력이 되기 때문이다.

1부를 통해 ① 보안 취약점이란 무엇인가? ② 보안 취약점은 왜 만들어지는가? ③ 보안 취약점은 어떤 종류가 있나? ④ 보안 취약점 관리의 우선순위를 결정하기 위해 보안 취약점의 위험 수준을 어떻게 결정하나? ⑤ 누가 보안 취약점을 발견하는가? ⑥ 보안 취약점은 언제 발견되고 언제 소멸되는가? ⑦ 보안 취약점은 얼마나 오래 생존하는가? 등의 질문에 스스로 답할 수 있도록 하여야 한다.

2부는 사이버 보안 위협을 다룬다. 사이버 보안 위협은 사이버 공간을 구성하는 정보 기술과 환경에 내재하는 보안 취약점을 악용하여 정보와 시스템의 보안 속성인 비밀성, 무결성, 가용성을 침해하는 위험을 만들어낸다. 전형적으로 악성코드는 시스템 취약점이나 사용자의 무지나 실수를 이용하여 시스템과 시스템에서 저장, 처리, 전송 중인 정보의 보안 속성을 훼손하는 보안 위협이다. 마찬가지로 해커로 불리는 공격자도 시스템의 보안 속성을 침해한다. 지진이나 홍수 같은 자연 재해, 인간의 무지나 실수도 마찬가지로 보안 속성을 훼손하는 보안 위협이 될 수 있다. 이처럼 다양한 보안 위협이 존재하지만, 방어자 입장에서 대응해야 하는 상대는 궁극적으로 사이버 공격자다. 사이버 보안 전문가가 끊임없이 더 안전한 시스템 개발 방법을 찾는 것처럼 사이버 공격자도 항상 최신의 방어를 극복하기 위해 최신 기술로 무장한다. 싸움에서 이기는 요건의 하나는 적을 아는 것이다. 방어자는 자신의 정보자산에 대하여 목적을 가지고 침투하는 악의적인 공격자의 실체를 이해하는 것이 중요하다. 방어자 입장에서는 누가 어떤 목적으로 우리 조직의 시스템을 공격하려 하는지, 어떤 공격 기술과 기법을 사용하는지, 어떤 공격 수단을 사용하는지 등의 정보는 방어 전략을 수립하고 이를 구현하며, 현재의 방어 전략과 구현이 적정한 수준인지를 결정하는 데 필수 요소다. 시스템에 침입하려는 공격자 관점에서 바라보는 것도 방어 전략 수립에 도움이 된다.

2부는 사이버 공격이 이루어지는 과정과 이 과정에서 어떤 유형의 공격이 있는지 알아보고, 공격자의 유형과 공격 능력을 살펴본다. 공격의 주요 수단인 악성코드와 이 같은 공격 무기가 어떻게 유통되는지 암거래 시장의 현황에 대해서도 살펴본다. 2부를 통해 방어자는 자신의 상대를 더 잘 표현할 수 있으며, 이는 방어 전략 수립에 필요한 위험 분석을 더 정확히 수행하는 바탕이 될 것이다.

3부는 사이버 보안 전략을 구성하는 심층 방어(Defense In Depth) 프레임워크를 살펴본다. 사이버 방어의 핵심은 보안 통제를 이용하여 자산의 보안 취약점을 위협이 악용하지 못하도록 하는 것이다. 그러나 공격자만이 알고 있는 제로데이 보안 취약점을 악용한 공격은 방어하지 못하며, 언제 어떻게 공격할지 사전에 알 수도 없다. 방어자가 통제할 수 있는 영역이 아니다. 통제할 수 없는 위협인 지진에 대처하듯 사이버 보안도 위험 기반 보안 관리 프로세스를 통해 정보 자산에 영향을 미칠 수 있는 위험을 확인, 통제, 제거 혹은 최소화해야 한다. 위험 기반 보안 관리 프로세스가 성공적으로 이루어지기 위해서는 먼저 프로세스가 속한 보안 환경을 알아야 한다. 모든 보안 통제를 조직 자체적으로 생산하는 것은 거의 불가능하며, 시장을 통해 보안 기술(서비스 포함)을 조달·획득하게 된다. 이를 위해서는 보안 기술의 현황을 이해하고, 보안 통제 구현의 적재적소에 보안 기술을 활용해야 한다. 보안 통제의 구현과 운영이 적절하고 정확하려면 검증된 보안 기술을 사용하는 게 중요하다. 보안 관련 인증은 제품뿐 아니라 사람과 프로세스 등에도 적용될 수 있다.

1990년대 중반 영국에서 개발된 보안 관리 프로세스와 이의 구현에 필요한 보안 통제 집합은 2000년대 들어서 ISO 국제표준으로 정착되었고, 새로운 위협의 출현에 따라 진화를 거듭하고 있다. 보안 통제(Security Control)는 물리적 관리적 기술적 보안 대책으로, 관점과 분류 체계에 따라 세부 구성을 달리한다. ISO 국제표준으로 자리 잡은 보안 관리 시스템 ISMS(Information Security Management System)에서 규정한 보안 통제 분류 체계와 함께 미국 NIST의 위험 관리 프레임워크 RMF(Risk Management Framework)에서 제시하는 보안 통제 분류 체계가 대표적이다. 사이버 방어자는 보안 통제의 분류 체계와 개별 보안 통제의 특성을 이해하여, 위험 분석에 기반한 보안 요구사항의 구현에 적절하고 정확하게 보안 통제를 구사할 수 있어야 한다. 보안 통제는 사이버 방어자가 습득해야 하는 가장 방대한 양의 지식과 경험을 요구하는 영역이다. 이는 또한 공격 기술·기법으로 무장한 화이트 햇 양성이 보안 관리자 양성에 얼마나 불충분한지를 알려주는 대목이다.

알려진 보안 취약점을 통제하고, 알려지지 않은 보안 취약점을 이용한 공격에 대비하기 위한 심층 방어 프레임워크는 여러 계층으로 이루어진 보안 통제의 집합이다. 즉, 조직의 정보 자산·환경에 존재하는 알려진 보안 취약점을 제거·최소화하기 위한 보안 통제, 알려지지 않은 보안 취약점을 악용한 공격을 실시간에 가깝게 탐지하고 대응하기 위한 보안 통제, 탐지의 기술적 한계로 인해 놓치는 공격이 주요 업무 프로세스의 가용성에 미치는 영향을 제한 또는 최소화하기 위한 보안 통제 등이 심층 방어 프레임워크의 계층을 형성하는 보안 통제들이다. 계층별로 어떤 보안 통제를 어느 수준으로 구현·운영해야 하는지에 대한 정답은 없지만, 전형적인 보안 통제는 계층별로 식별할 수 있다. 보안 통제를 어떻게 설계·구현해야 할지는 사이버 보안 전략을 수립하는 방어자의 몫이다.

3부에서는 심층 방어 프레임워크의 구조적 특징, 각 계층별 핵심 보안 통제의 역할, 보안 통제의 효과성과 한계를 살펴본다. 사이버 방어자는 보안 전략 수립·구현에 필요한 보안 통제를 더 정확하고 효율적으로 확보하는 데 필요한 환경 요소에 대한 균형 잡힌 통찰력을 얻고, 심층 방어 프레임워크의 각 계층별로 필요한 보안 통제에 대한 깊은 이해의 필요성을 느끼게 될 것이다. 특히 자동화 솔루션에 의한 연속 모니터링과 정보자원 형상의 보안 강화의 구현 방법에 대해 숙고하는 계기가 될 것이다.

차례

1부 사이버 보안 취약점

1. 보안 취약점의 개념

2. 보안 약점의 유형

3. 보안 취약점의 위험도

2부 사이버 보안 위협

6. 사이버 공격 생명 주기

7. 사이버 공격 패턴

8. 사이버 공격자

9. 악성코드 공격벡터

10. 사이버 암거래 시장

3부 사이버 보안 전략

11. 사이버 보안 환경

12. 보안 통제

13. 심층 방어

1부
사이버 보안 취약점

사이버 공간의 보안 취약점은 결국 정보기술에 내재하는 보안 취약점을 의미한다. 사이버 보안 취약점은 사이버 공격자에게 공격의 단초를 제공한다. 거꾸로 뒤집으면 사이버 공격을 방어하기 위해서는 보안 취약점을 제대로 이해하고, 적절히 통제할 수 있도록 유지 관리하는 것이 방어의 근간이라 할 수 있다.

보안 취약점은 시스템을 개발하는 과정에서 만들어져, 우연히 또는 보안 취약점 분석 전문가에 의해 발견된다. 정보 시스템의 해킹으로 얻는 경제적 이득이 늘어남에 따라 보안 취약점을 전문으로 분석하는 공격자가 증가하게 되었고, 이에 맞서 보안 취약점을 선제적으로 제거하거나 통제하기 위한 방어자 역시 증가하고 있다. 이유야 어떻든 공격자와 방어자 모두에게 보안 취약점의 중요성이 커지고 있다.

보안 취약점을 제대로 이해하기 위해서 방어자가 알아야 하는 핵심은 무엇일까? 여기에는 보안 취약점이란 무엇인가? 보안 취약점은 왜 만들어지는가? 보안 취약점은 어떤 종류가 있나? 보안 취약점 관리의 우선순위를 결정하기 위해 보안 취약점의 위험 수준을 어떻게 결정하나? 누가 보안 취약점을 발견하는가? 보안 취약점은 언제 발견되고 언제 소멸되는가? 보안 취약점은 얼마나 오래 생존하는가? 등의 이슈가 있다.

1부에서는 보안 취약점에 대해 이러한 이슈와 같이 방어자가 알아야 하는 핵심 개념들을 알아본다. 여기서 제시한 개념과 용어 설명을 토대로 보안 취약점에 대한 이해를 점차 넓혀갈 수 있도록 보안 취약점의 핵심 사항들을 다루었다.

1. 보안 취약점의 개념

정보기술에 존재하는 보안 취약점은 다양하고 광범위하게 존재한다. 사실, 정보 기술에 존재하는 보안 취약점이 어느정도 인지 아무도 모른다. 놀라울 정도로 다양하고 광범위하며, 아직까지 발견되지 않았거나, 발견되었다고 해도 그 사실을 소수만 알고 있는 경우도 있다. 정보기술은 하드웨어와 소프트웨어로 구현되어 제품이나 서비스 형태로 실체화된다. 보안 취약점의 관점에서 보면, 정보기술의 실제인 컴퓨터와 네트워크 시스템에서 발생한 보안 공격은 대부분 시스템이 수행하는 소프트웨어의 보안 취약점을 공격한 것이라고 할 수 있다. 불행히도 시스템에서 작동하는 소프트웨어들은 수많은 설계 오류들과 구현상 버그들을 내포하고 있고, 이들의 일부가 보안 취약점을 만들어 내기 때문에 정보 시스템에 의한 보안상 위험은 예측 불가능한 상황이다. 스티븐 M. 벨로빈(Steve M Bellovin)[1]은 저서인 『방화벽과 인터넷 보안(Firewalls and Internet Security)』에서 "어떤 프로그램이든 무해하게 보여도 보안 취약점은 있을 수 있다(Any program, no matter how innocuous it seems, can harbor security holes.)"이라는 표현을 통해 소프트웨어의 보안 취약점을 우려하였다.

1.1 보안 약점

다음 예제는 배열 a의 원소를 맨 뒤에서 차례대로 조사하여 인자 x로 주어진 값이 존재하면, 배열 내에서의 위치(Index)를 반환하는 find-Last 함수이다. 프로그램 논리 테스트를 위하여 함수의 매개변수 값으로 a={ }, n=0, x=3을 입력하면, for 문에서 i가 0보다 작아서 for 문을 빠져나와 -1을 반환한다. 이 테스트 케이스를 사용하면, 프로그램의 결함(Fault : 통상적으로 버그Bug라고 부름)을 발견하지 못한다. 다시 테스트 케이스로 a={3,4,5}, n=3, x=2를 적용하면, a 배열에는 2가 없으므로 -1을 반환하여 프로그램이 정확하게 실행된 것처럼 보인다. 그러나 for 문을 보면, i=0이 되는 배열의 첫 번째 원소에 대한 비교가 이루어지지 않는다. 이는 프로그램 논리(Logic)의 결함이지만, 프로그램 실행에서 오류(Error)를 생성하지는 않는다. 테스트 케이스로 a={2,4,5}, n=3, x=2를 적용하면, a 배열에 2가 있으므로, 0을 반환해야 하나, 첫 번째 배열 원소에 대한 비교가 이루어지지 않아 -1을 반환한다. 이는 프로그램의 결함이 프로그램의 실패(Failure)로 나타나는 경우이다.

---

1 https://www.cs.columbia.edu/~smb/

예제

```
int findLast (int a [ ], int n, int x) {
// x가 배열 a에 있으면 해당 원소의 인덱스를, 없으면 - 1을 반환
// n은 배열 a의 길이
 int i;
 for (i = n-1; i > 0; i--) {
  if (a[i] == x)
    return i;
 }
 return -1;
}
```

프로그램 논리에서 발생하는 또 다른 대표적인 유형의 결함에는 나누는 수(분자)가 어떤 일련의 계산을 거치면서 0이 되어 '부정' 조건이 되는 것으로, 일련의 계산 결과가 0이 되도록 유도한다. 이와 같은 프로그램의 결함을 테스트에서 발견되도록 테스트 케이스를 생성하는 것은 쉬운 일이 아니다. 이 조건이 발생하면 프로그램은 실패 상태가 된다. 이와 같이 프로그램 논리에는 다양한 결함이 포함되어 있다.

모든 컴퓨터 프로그램의 논리는 그림 1-1과 같이 순차, 조건, 반복의 3가지 실행 구조로 이루어진다. 이 실행 구조가 생성하는 프로그램의 실행 경로는 그림 1-2와 같이 순차, 조건, 반복의 조합으로 형성되며, 조건과 반복의 조합에 의해 만들어지는 실행 경로는 이론적으로 기하급수적으로 늘어날 수 있다. 프로그램 논리의 정확성(Correctness) 확인은 프로그램의 입력 값이 프로그램 논리가 만들어내는 모든 가능

한 실행 경로를 통과하면서 만들어지는 최종 출력이 기대하는 올바른 것인지를 대조함으로써 이루어진다. 실행 경로가 기하급수적으로 증가하는 프로그램의 경우, 모든 실행 경로에 대해 논리의 정확성을 따지기가 거의 불가능하다.

따라서 컴퓨터 프로그램에 존재하는 결함을 모두 확인하여 제거하는 것은 사실상 불가능하다. 또한 시스템 개발자·제조사는 결함 없는 제품·시스템을 만드는 것을 목표로 하지만, 경쟁이 심한 제품·서비스 시장에서 충분한 시간을 두고 프로그램의 논리를 검증 또는 테스트하기가 어렵다. 때문에 제한된 수준의 검증 또는 테스트된 프로그램이 출시되며, 어느 정도의 결함은 존재한다. 스티브 맥코넬(Steve McConnell)[2]은 프로그램 1000줄의 코드당 3~20개의 결함이 존재하고, 개발 과정에서 철저한 점검(Review) 등을 통해 10분의 일 또는 100분의 일로 그 수가 줄어든다고 추정하였다.

이와 같이 완벽하게 정확성을 검증하지 않아 결함이 존재하는 컴퓨터 프로그램이 실행되는 동안 결함으로 발생하는 프로그램의 실패가 단순히 프로그램 또는 시스템의 중단(Crash)에 그치지 않는다. 시스템이나 시스템이 저장·처리·전송하는 정보에 대해 비밀성·무결성·가용성 등의 보안 속성을 훼손하는 결과를 초래할 수도 있다. 이러한 보안 속성에 영향을 미치는 결함들을 보안 약점(Weakness)이라 부른다. 앞의 소프트웨어 결함 사례와 같이 보안 약점은 정보 시스템의 설계 또는 구현 결함을 통해 만들어진다. 보안 약점은 소프트웨어뿐만 아니라 하드웨어를 포함하여 다양한 형태로 존재한다. 현재까지 알려진

---

2 『Code Complete: A Practical Handbook of Software Construction』(2004)

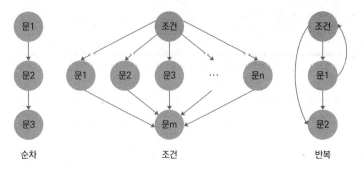

그림 1-1 프로그램의 논리를 구성하는 실행 구조

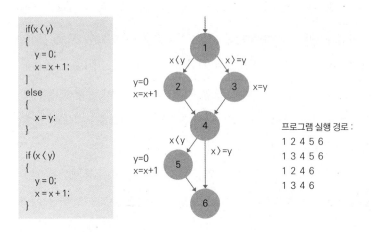

그림 1-2 프로그램의 실행 경로

보안 약점을 분류하여 유형화하려는 노력이 다양하게 있어 왔고, 그 중에서 대표적으로 공통 보안 약점 목록 CWE(Common Weakness Enumeration)가 있다. 이에 대해서 다음 장에서 설명한다.

1.2 보안 취약점

소프트웨어에 존재하는 모든 결함이 보안 약점이 아니며, 모든 보안 약점을 악용할 수 있는 것도 아니다. 프로그램 실행은 그림 1-3과 같이 외부 입력(네트워크 패킷, 다른 프로그램의 출력, 파일, 스캐너, 키보드 등의 주변기기 입력 등)이나 내부 입력(메모리와 레지스터 값 등)이 기능 모듈에 전달되고, 이들 입력에 따라 프로그램의 논리가 결정한 기능 모듈을 거치는 경로를 따라 이루어진다. 실행 프로그램에 존재하는 보안 약점을 삼각형으로 표시하였다. 보안 약점이라고 하더라도 공격자가 접근하여 활용할 수 있는 경우와 그렇지 않은 경우가 있다. 그림 1-3에서 실행경로를 따라 보안 약점에 접근할 수 있는 외부 입력을 알아낸 경우에는 해당 보안 약점을 공격자가 공격에 활용(Exploit)할 수 있다. 이런 경우의 보안 약점을 특별히 보안 취약점(Vulnerability)이라고 부른다. 즉, 보안 취약점이란 공격자가 ① 외부 입력을 통해 프로그램 실행 경로를 따라 보안 약점에 접근하고 ② 이를 악용하여 프로그램이 실행되는 시스템의 보안 성질에 영향을 미칠 수 있는 보안 약점이다. 이는 보안 약점의 일부가 보안 취약점이 된다는 것을 의미한다.

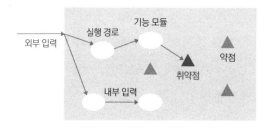

그림 1-3 보안 약점과 보안 취약점의 차이

지금까지의 보안 약점과 취약점에 대한 설명은 편의상 소프트웨어를 대상으로 하였다. 전술하였지만 보안 약점과 취약점은 정보기술과 관련된 모든 것에서 발생한다. 미국 NIST의 보안 용어정의 문서 NISTIR 7298[3]에 의하면, 보안 취약점이란 위협 원(Threat Source)이 악용하거나 유발할 수 있는 정보 시스템, 시스템 보안 절차, 내부 통제, 구현 등에서의 약점(Weakness) 또는 시스템·애플리케이션·네트워크 등에서 오용되거나 악용될 수 있는 약점으로 정의하고 있다. 소프트웨어 실행 경로를 따라 특정 보안 약점에 접근하여 활용하기 위해서 특별한 외부 입력이 필요하다. 이처럼 시스템에 존재하는 특정 보안 약점을 악용하기 위해서는 해당 약점에 접근할 수 있어야 하며, 이를 공격벡터(Attack Vector)라 한다. 공격자들이 주로 사용하는 악성코드 공격벡터에 대해서는 2부 사이버 보안 위협에서 살펴보기로 한다.

지금까지의 설명을 바탕으로 소프트웨어 보안 취약점은 소프트웨어의 기능 명세, 설계 또는 구현 단계의 오류나 시동, 설치 또는 운영상의 문제점으로 인하여 지니게 되는 보안 약점으로 정의된다. 운영체제, 애플리케이션 등의 소프트웨어에는 다양한 설계 및 구현상 알려지지 않은 보안 취약점이 존재한다. 그림 1-4와 같이 보안 취약점은 공격자가 비정상적으로 권한을 획득해 정보 유출, 조작, 파괴 등이 발생하며, 정상적인 사용을 방해하는 등 보안 침해를 허용하는 통로이다. 방화벽도 접근통제를 구현한 소프트웨어이며, 내부 정책의 설정 오류로 인한 침입 허용뿐만 아니라 방화벽 소프트웨어 자체가 갖는 보안 취약점으로 인하여 공격자에게 침입 통로(Security Hole)를 제공할

---

3 「Glossary of Key Information Security Terms」(May 2013), https://nvlpubs.nist.gov/nist-pubs/ir/2013/NIST.IR.7298r2.pdf

수 있다. 공격자는 시스템이 가진 일련의 보안 취약점을 악용하여 보안 침해를 일으킨다.

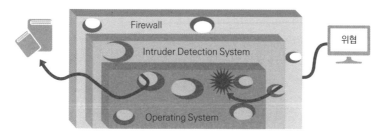

그림 1-4 보안 취약점은 공격의 통로를 제공한다.

1.3 보안 취약점의 악용

프로그램 오류(Error)의 유용성은 코드에서 오류의 위치에 따라 달라질 수 있다. 또한 모든 오류가 보안 취약점이 아니며, 모든 보안 취약점을 공격자가 유리하게 이용할 수 있는 것도 아니다. 코드 오류의 유용성은 언젠가 바뀔 수 있다. 지금은 악용될 수 없었지만, 향후 코드에서 악용될 수도 있고, 반대의 경우도 가능하다. 예를 들어, 유용한 악용 결과에 도달하지는 못하지만 다른 보안 취약점의 발생을 막고 있는 블로커 버그(Blocker Bug)가 코드 또는 컴파일러의 변경으로 인해 제거되면 새로운 보안 취약점이 발생한다. 공격자가 블로커 버그를 발견하면 이를 악용하기 위해 해당 제품의 제조사에게 이를 알려, 버그가 제거되도록 하기도 한다. 즉, 공격자 스스로 소스 코드를 변경할 수 있는 것이 아니기 때문에 블로커 버그에 대한 정보를 제공하여 패치를 통해 보안 취약점을 유발시킨다. 새로운 액세스 방법과 기술이 지속적으로 개발됨에 따라 이전에는 악용하지 못하였던 보안 취약점을 악용할 수 있는 길이 열리기도 하고, 마찬가지로 새로운 보안 대책들이 현재 악용될 수 있는 보안 취약점을 더 이상 사용하지 못하게 하기도 한다.

특정 메모리 위치의 바이너리를 원격 실행할 수 있는 설계결함 취약점은 높은 위험도를 가진 보안 취약점이다. 하지만 이 메모리 위치에 바이너리를 쓸 수 있는 보안 취약점과 결합하여야 원하는 임의 코드의 원격 실행이 가능해진다. 즉, 실행할 코드를 메모리에 투입할 수 없다면, 단순히 실행 능력을 갖는 것은 별 가치가 없다. 공격자들이 높은 위험도의 보안 버그를 발견하였다 하더라도 이를 악용할 수 있는 방법을 찾지 못한 경우, 해당 제품의 갱신된 버전에서 악용 방법을 찾지 못한 이미 발견한 취약점의 악용가능성을 점검하는 것이 갱신된 버전의 새로운 취약점을 찾는 것보다 비용 효과적인 방법일 수 있다.

보안 취약점의 악용으로 인해 공격자는 전형적으로 다음 4가지 유형의 보안 속성을 훼손시킨다. 첫째, 서비스 거부(Denial of Service) 공격으로 공격 대상 시스템의 가용성을 훼손시킨다. 보안 취약점을 악용하는 정교하게 조작된 패킷을 대상 서비스·시스템에 주입하면 이를 처리하는 과정에서 CPU 사이클이나 메모리 자원을 과도하게 소모하여 정상적인 사용자의 처리 요구를 수용하지 못하게 된다. 둘째, 시스템이 허용한 권한에서 상승된 권한(Elevation of Privilege)을 확보하여 시스템의 무결성을 훼손시킨다. 취약점을 악용하려면 먼저 공격자가 시스템에 접근할 수 있어야 한다. 그 후 공격자는 취약점을 악용하는 특수하게 조작된 응용 프로그램을 실행하여 권한을 상승시킨다. 일반 사용자 권한에서 관리자 권한으로 상승하여 임의의 코드를 설치하거나 실행할 수 있다. 셋째, 원격에서 임의의 코드를 주입하고 실행시켜 시스템 무결성을 훼손시킨다. 보안 취약점을 악용하는 정교하게 조작된 패킷을 대상 서비스·시스템에 주입하면 처리 과정에서 조작된 패킷에 포함된 공격 코드를 실행한다. 넷째, 주요 정보를 유출하여 비밀성을 훼손시킨다. 다양한 정보 유출 경로가 존재하며, 한 가지 예로 웹 브라우저가 특정 조건에서 콘텐츠의 유효성을 올바르게 검사하지 않을 때, 이 취약점을 악용한 공격자는 임의의 코드를 실행하여 정상적인 처리에서는 볼 수 없는 정보를 유출시킨다.

2. 보안 약점의 유형

SQL 인젝션, 크로스 사이트 스크립팅, 버퍼 오버플로 등 대중매체를 통하여 들어 봤을 이들 용어는 그 동안 발견된 보안 약점의 대표적인 유형이다. 전술한 바와 같이 정보기술에 존재하는 보안 약점은 다양하고 광범위하게 존재한다. 특정 보안 약점을 논의하기 위해 이들 보안 약점 하나하나에 이름(식별자)을 붙이는 것과 함께 같은 성질을 갖는 보안 약점을 유형화하는 시도도 다양하게 이루어져 왔다. 그림 2-1은 그동안 발견되어 알려진 보안 약점을 쉽게 이해할 목적으로 보안 약점의 유형을 분류하기 위한 노력의 일부이다. 보안 약점의 분류 체계에 대한 여러 연구 결과를 바탕으로 미국 마이터(Mitre)[1] 사를 중심으로 구성된 커뮤니티가 제시한 CWE(Common Weakness Enumeration)가 현재 국제적으로 공통의 분류 체계로 인정받고 있다.

---

[1] 미국 소재 비영리 조직으로, 국토안보부 등을 지원하는 여러 연구개발 센터 운영

그림 2-1 보안 약점의 유형을 분류하기 위한 연구 사례들

　CWE는 보안 약점의 유형에 대한 목록을 체계화한 것이다. 개별 CWE는 하나의 약점 유형을 나타낸다. 시스템의 아키텍처, 설계, 코드 등에서 발견되는 보안 약점의 원인을 논의, 발견, 처리하기 위한 연구자와 개발자 사이의 담론을 위한 공통 언어로 CWE를 사용할 수 있다. 또한 보안 약점을 다루는 보안 도구를 평가하는 데 사용할 수 있으며, 보안 약점의 식별과 완화·방지 등의 노력에 대한 공통 기본 기준을 제공하는 데도 쓸 수 있다.

　마이터 사는 다음 장에서 설명할 보안 취약점 이름 목록인 CVE (Common Vulnerabilities and Exposures) 개발 프로젝트를 시작한 1999년부터 보안 약점을 분류하기 시작하였다. CVE 개발의 일환으로 취약점, 공격, 결함 등을 분류하면서 소프트웨어 약점을 정의하려 하였다. 상향(Bottom-up) 식으로 코드에 존재하는 실제 관찰된 결함을 모으고, 이를 추상화하여, 코드에 존재할 수 있는 더 일반적인 잠재적 약점을 나타내는 공통 클래스로 그룹화하고, 최종적으로 다양한 용도로 다양한 사용자들이 사용할 수 있도록 적절한 상대적 구조로 목록을 구성하였다.

CWE 목록은 현재 마이터 사 웹사이트[2]에서 제공되며, 이 목록은 개별 CWE에 대한 상세한 정의를 제공한다. 개별 CWE는 여러 수준의 추상화를 표현하는 계층 구조 내에 존재한다. 상위 수준의 계층 구조에 위치한 CWE는 하위 보안 약점 유형에 대한 포괄적인 광의의 의미를 제공하며, 하위 수준에 많은 세부 유형의 CWE를 가진다. 더 하위 수준에 위치한 CWE는 더 세부적인 내용을 제공하며, 일반적으로 적은 수의 하위 CWE를 갖거나 전혀 갖지 않는다.

CWE는 2006년 3월에 초안이 발표되었으며, 2008년 9월에 버전 1.0이 출시되었다. 산업계, 학계 등의 공동 노력으로 버전 3.1(2018년 3월)까지 갱신되었다. 신규 항목이 추가되거나, 기존 항목을 통합, 폐기하는 등 지속적으로 버전 변경이 이어지고 있다. 이 책에서는 버전 3.0을 기준으로 설명한다. 버전 3.0에서 3.1로의 변경에서 약점 3개가 추가되었다.

2.1 CWE 항목의 유형

보안 약점을 하나의 잣대로 유형화하기는 어렵다. 보안 약점이 서로 배타적으로 존재하지는 않는다. 그래서 CWE 목록은 표 2-1과 같이 약점(Weakness), 범주(Category), 복합 약점(Compound Element), 뷰(View) 네 가지 유형으로 구성된다. 개별 항목에는 식별번호 ID가 부여된다.

---

2 https://cwe.mitre.org/index.html

유형	설명
약점	실제 보안 약점 자체로서 세 가지 하위 유형이 있음
복합 약점	어떤 의미를 가지고 몇 가지 약점이 모여 하나의 약점을 이룸
범주	공통 속성을 공유하는 약점들을 모아 하나의 항목으로 지정
뷰	어떤 정의된 관점에 따라 구성된 약점을 모아서 하나의 항목으로 지정

표 2-1 CWE 항목의 유형

2.1.1 범주

범주(Category)는 공통 속성을 공유하는 약점들로 구성되며, 버전 3.0
에는 237개의 범주가 있다. 표 2-2는 이들 중 일부를 나열한 것이다.
이 중 범주 310 항목(CWE ID가 310)은 암호 사용과 관련된 약점을 모아
놓은 것으로 구성 약점들은 표 2-3에 나열하였다.

범주 ID	공통 특성
2	예측하지 못한 환경 조건에 의해 발생하는 약점
4	J2EE 프레임워크의 환경 문제와 관련된 약점
16	소프트웨어 구성 설정 과정 중 발생하는 약점
17	코드 개발(스펙, 설계, 구현 등) 중 발생하는 약점
18	소스 코드 내에서 발견되는 약점
19	데이터를 처리하는 기능에서 발견되는 약점
21	제한된 디렉터리의 바깥에 위치한 파일을 액세스하거나, 제한된 파일에 대한 연산을 수행하도록 만드는 약점
133	문자열의 생성과 수정과 관련된 약점
136	부적절한 데이터 타입 변환 또는 여러 데이터 타입의 부적절한 처리로 인해 발생하는 약점
137	한 표현에서 다른 표현으로 데이터를 변환하거나 삽입할 때 발생하는 약점
171	신뢰할 수 없는 데이터를 중화(neutralization)시키는 보호 메커니즘 내에서 부적절한 데이터 처리와 관련된 약점
189	수치에 대한 부적절한 계산 또는 변환과 관련된 약점

199	민감 정보의 부적절한 처리와 관련된 약점
251	무자열을 처리하는 함수의 버퍼 오버플로 약점
254	인증, 액세스 제어, 비밀성, 암호화, 권한 관리 등 보안 기능의 약점
255	자격증명 관리와 관련된 약점
264	접근 통제 수행에 사용하는 특권과 사용권한 등의 관리와 관련한 약점
265	샌드박스 환경의 부적절한 적용 또는 부적절한 특권의 처리, 할당, 관리 등으로 인한 약점
275	사용권한의 부적절한 할당 및 처리와 관련된 약점
310	암호 사용과 관련된 약점
320	암호 키 관리 오류와 관련된 약점
355	사용자 인터페이스와 관련이 있거나 사용자 인터페이스에서 발생한 약점
361	다중 시스템, 프로세스, 스레드에 의한 동시 또는 거의 동시 계산을 지원하는 환경에서 시간과 상태의 부적절한 관리와 관련된 약점
371	시스템 상태의 부적절한 관리와 관련된 약점

표 2-2 범주로 분류된 일부

CWE ID	설명
295	부적절한 인증서 검증
311	저장·전송 전에 민감·중요 정보를 암호화 않음
320	암호 키 관리 오류와 관련된 약점
325	암호화 알고리즘에 필요한 단계를 구현하지 않아 해당 알고리즘이 광고하는 것보다 약하게 암호화
326	이론적으로는 안전하지만 필요한 보호수준이 충분히 강하지 않은 암호화 체계(Encryption Scheme)를 사용하여 민감 데이터를 저장하거나 전송
327	깨졌거나 위험한 암호화 알고리즘을 사용하여 민감 정보가 노출될 수 있음
328	역함수 추정이 가능한 일방향 함수 사용
329	CBC(Cipher Block Chaining) 모드에서 초기화 벡터를 난수로 사용하지 않아 사전 공격(Dictionary Attack)에 취약
347	데이터의 디지털 서명을 검증하지 않거나 잘못 검증
780	OAEP(Optimal Asymmetric Encryption Padding)를 포함하지 않고 RSA 알고리즘을 사용

표 2-3 범주 310에 속한 CWE 항목

2.1.2 약점

약점(Weakness)은 적절한 조건에서 보안 결함을 만드는 실수이다. 설계, 구현 등을 포함하여 시스템 개발 생명 주기 동안 발생한다. 취약점(Vulnerability)이란 누군가가 시스템 내 하나 이상의 약점을 사용하면, 의도하지 않은 데이터를 수정 또는 접근하거나, 적절한 실행을 방해하거나, 약점의 사용자에게 인가하지 않은 행동을 수행하게 한다. 실제로 보안 사고가 발생하는 경우를 약점이 악용되었다고 하고, 악용되는 약점을 보안 취약점이라 한다. 특정 기술이나 프로그래밍 언어에 종속적인 약점도 있지만, 그렇지 않은 약점도 있으며, 구체적으로 정의할 수 있는 약점도 있고, 추상적으로 정의할 수밖에 없는 약점도 있다. 따라서 약점을 정의하는 표현은 추상화 수준에서 차이가 있을 수 있다. CWE 목록은 표 2-4와 같이 약점을 3가지 유형으로 구분한다.

약점의 유형	설명
기본 약점 (Base Weakness)	약점에 대한 설명이 추상적이지만 탐지와 예방을 위한 특정 방법을 고안하는 데 충분한 세부 사항이 있는 약점으로서, 변종 약점보다 개괄적이지만 부류 약점보다는 구체적이다.
부류 약점 (Class Weakness)	추상적으로 설명되지만 일반적으로 특정 언어나 기술과는 독립적이며 기본 약점보다 포괄적이다.
변종 약점 (Variant Weakness)	일반적으로 특정 언어 또는 기술에 국한된 낮은 수준의 세부사항으로 설명되는 약점으로, 기본 약점보다는 구체적이다.

표 2-4 약점의 유형

3가지 유형의 약점을 추상화 수준에 따라 계층 구조도 형식으로 표현할 수 있는데, 추상화 수준에 따라 부류 약점·기본 약점·변종 약점 순으로 계층 구조를 형성한다. 그림 2-2는 CWE-330 항목을 최상위 계층으로 하는 하위 항목들의 계층 구조도이다. CWE-330 항목의 하위 계층에는 부류 약점 2개, 기본 약점 7개, 변형 약점 1개 등 약점 10개가 있다. 부류 약점은 하위에 부류 약점, 기본 약점, 변형 약점 모두를 둘 수 있으며 기본 약점은 하위에 기본 약점이나 변형 약점을 둘 수 있다.

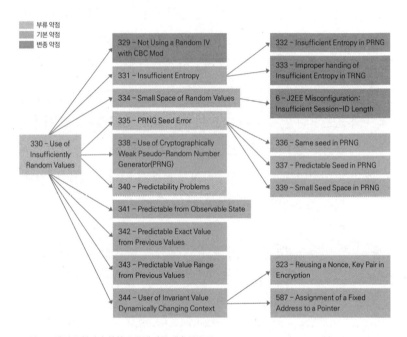

그림 2-2 약점 유형의 추상화 수준에 따른 계층 구조도

표 2-5부터 표2-9까지는 그림 2-2의 계층 구조도에서 계층을 형성하는 약점 항목들 중 각각 CWE-330, CWE-335, CWE-331, CWE-334, CWE-344의 하위 약점을 설명하고 있다.

ID	이름	설명
329	CBC 모드에서 임의의 초기화 벡터를 사용하지 않음	CBC(Cipher Block Chaining) 모드에서 임의의 초기화 벡터 IV(Initialization Vector)를 사용하지 않아서, 알고리즘이 사전 공격에 취약해짐
331	불충분한 엔트로피	엔트로피가 충분하지 않은 알고리즘이나 스키마를 사용하여 다른 것보다 발생할 가능성이 높은 패턴·값 발생
334	작은 개수의 난수 값	가능한 난수 값의 개수가 제품에서 요구하는 개수보다 작아서, 무차별 대입 공격에 더 취약
335	PRNG 시드 오류	의사 난수 생성기(Pseudo-Random Number Generator, PRNG)가 시드(Seed)를 부정확하게 사용
338	암호 강도가 약한 의사 난수 생성기 사용	사용하는 PRNG가 암호학적으로 강하지 않음
340	예측 가능성 문제	프로그램에서 요구하는 것보다 더 예측 가능한 숫자 또는 식별자를 생성
341	관찰 가능한 상태에서 예측가능성	공격자가 관찰할 수 있는 시간, 프로세스 ID 등과 같은 시스템이나 네트워크의 상태에서 숫자나 개체를 예측할 수 있음
342	이전 값에서 정확한 값을 예측	이전 값을 관찰하여, 해당 값이나 난수를 정확하게 예측
343	이전 값으로부터 예측 가능한 값 범위	난수 생성기가 생성하는 일련의 값을 관찰하면 상대적으로 작은 범위의 가능한 값으로부터 다음 생성 값을 유추할 수 있음
344	동적으로 변화하는 문맥에서 불변 값을 사용	불변하는 값·이름·참조를 사용하지만 환경에 따라 변함

표 2-5 CWE-330 (불충분한 난수 값 사용) 하위 약점

ID	이름	설명
336	동일한 시드 사용	초기화 될 때마다 동일한 PRNG 시드를 사용
337	예측가능한 시드 사용	프로세스 ID 또는 시스템 시간과 같은 예측 가능한 시드로 PRNG 초기화
339	작은 규모의 시드 공간	PRNG 시드의 전체 개수가 비교적 작음

표 2-6 CWE-335 (PRNG 시드 오류) 하위 약점

ID	이름	설명
332	PRNG의 엔트로피가 불충분	PRNG 엔트로피가 부족하여 안정성과 보안 위협이 됨
333	TRNG의 불충분한 엔트로피의 부적절한 처리	일반적으로 TRNG(True Random Number Generators)의 엔트로피 소스가 제한되어 있어서, 난수 생성을 못하거나 중단될 수 있음

표 2-7 CWE-331 (불충분한 엔트로피) 하위 약점

ID	이름	설명
6	J2EE 구성 오류 : 세션 ID 길이 부족	J2EE 애플리케이션이 세션 ID 길이를 짧게 구성 설정

표 2-8 CWE-334 (작은 개수의 난수 값) 하위 약점

ID	이름	설명
323	암호화에서 Nonce 재사용	암호화에서 Nonce는 단 한 번만 사용해야 함
587	포인터에 고정주소 할당	NULL 또는 0 이외의 특정 주소를 포인터에 할당
798	코드 내에 자격증명 정보를 직접 사용	인바운드 인증, 외부 컴포넌트에 대한 아웃바운드 통신, 내부 데이터 암호화 등에 사용하는 패스워드·암호키 등의 자격증명 정보를 코드 내에 직접 기입(hard-coded)

표 2-9 CWE-344 (동적으로 변화하는 문맥에서 불변 값을 사용) 하위 약점

CWE 버전 3.0 목록에는 약점 706개가 있다. 목록의 버전이 변경될 때마다 기존 항목으로 식별한 것도 재분류되어 하나로 통합되거나, 더 이상 분류할 필요가 없으면 삭제된다. 표 2-10과 같이 CWE 버전이 개선될 때마다 포함된 약점의 수는 대체적으로 증가하고 있다.[3]

CWE 버전	연도	포함된 약점의 수
3.0	2017.11	706
2.11	2017.05	705

---

3 버전 3.1(2018년 3월), 버전 3.2(2019년 1월)

2.10	2017.01 ·	707
2.9	2015.12	706
2.8	2014.07	706
2.7	2014.06	706
2.6	2014.02	704
2.5	2013.07	701
2.4	2013.02	694
2.3	2012.10	682
2.2	2012.05	682
2.1	2011.09	682
2.0	2011.06	682
1.13	2011.06	682
1.12	2011.03	679
1.11	2010.12	671
1.10	2010.09	665
1.9	2010.06	658
1.8	2010.02	658
1.7	2009.12	649
1.6	2009.10	641
1.5	2009.07	638
1.4	2009.05	630
1.3	2009.03	617
1.2	2009.01	610
1.1	2008.11	610
1.0	2008.09	609

표 2-10 CWE 버전에 포함된 약점의 수

2.1.3 복합 약점

둘 이상의 약점이 상호작용하거나 동시에 존재해야 만들어질 수 있는 취약점도 있다. 이와 같이 2개 이상의 CWE 항목을 밀접하게 연관시켜 만들어진 약점을 복합 약점(Compound Element)이라 정의한다. 복합 약점에는 '합성(Composite) 약점'과 '이름을 가진 체인(Named Chain) 약점'이 있다. 체인과 합성 약점은 보안 약점 분류 체계 내에서 모든 약점이 서로 배타적으로 발생하기 어렵다는 것을 보여주는 사례이다. CWE 버전 3.0 목록에는 5개의 합성 약점(표 2-11)과 3개의 이름을 가진 체인 약점(표 2-12)이 있다.

ID	이름	설명
61	유닉스 심볼릭 링크(Symlink) 따라가기	파일이 의도한 제어영역 외부의 대상으로 해석되는 기호 링크(Symbolic Link)인 경우, 이를 열(Open) 때 주의하지 않아서 비인가 대상(파일등)에 접근 허용
352	교차 사이트 요청 위조(Cross-Site Request Forgery, CSRF)	올바른 형식의 유효하고 일관된 요청을 제출한 사용자가 의도적으로 제공하였는지를 웹 응용 프로그램이 충분히 검증하지 않거나 검증할 수 없음
384	세션 고정	기존 세션 식별자를 무효화하지 않고 사용자를 인증하거나 새로운 사용자 세션을 설정하면 공격자가 인증된 세션을 도용할 수 있음
426	신뢰할 수 없는 검색 경로	애플리케이션을 통해 외부에서 제공한 검색 경로를 사용하여 중요한 자원을 검색하는 경우 악성 검색 경로를 제공하여 애플리케이션이 직접 제어하지 않는 자원 검색
689	자원 복사 중 사용권한 경쟁 조건	자원을 복사하는 경우 복사가 완료될 때까지 자원의 사용권한(Permission)이나 액세스 제어를 설정하지 않아서 복사가 수행되는 동안 다른 통제구역에 자원을 노출시킴

표 2-11 합성 약점

ID	이름	설명
000	정수 오버플로 후 버피 오버플로 발생	할당할 메모리 양을 결정하기 위해 계산을 수행하지만, 정수 오버플로가 발생하여 예상보다 작은 메모리가 할당되어 버퍼 오버플로가 발생
690	반환값이 NULL 포인터인지 확인하지 않고, NULL 포인터 값 접근	함수가 실패할 경우 NULL 포인터를 반환하는 함수를 호출한 후 오류를 점검하지 않아 결과적으로 NULL 포인터의 값을 접근(Dereference)
692	불완전한 블랙리스트로 인한 XSS(Cross-Site Scripting) 공격 허용	XSS 공격 방어를 위해 블랙리스트 기반 보호 메커니즘을 사용하지만, 블랙리스트가 완전하지 않아 XSS 약점에 대한 공격을 허용

표 2-12 이름을 가진 체인 약점

합성 약점

취약점이 발생하기 위해서 모든 약점이 동시에 존재해야 하는 둘 이상의 개별 약점들로 구성된다. 어느 하나의 약점을 없애면 취약점으로 인한 위험을 없애거나 크게 줄일 수 있다. 하나의 약점 X는 Y와 Z 두 개 약점으로 쪼개질 수 있다. 예를 들어 CWE-689(자원 복사 중 사용 권한 경쟁 조건)는 주요 자원의 사용 권한이나 접근 제어를 제대로 설정하지 않아서, 자원에 대한 복사가 수행되는 동안 통제구역 바깥의 공격자에게 자원을 노출시키는 약점이다. 이 약점은 표 2-13과 같이 두 개의 약점이 결합되어야만 발생한다. 이들 중 어느 하나를 제거하면, 합성(Composite) 약점의 악용을 방지할 수 있다. 표 2-14는 CWE 버전 3.0에 등재된 5개의 합성 약점 목록이다.

ID	이름	설명
362	공유 자원을 사용한 동시 실행에서 부적절한 동기화	다른 코드와 동시에 실행할 수 있는 코드 시퀀스가 포함되어 있으며, 코드 시퀀스는 공유 자원에 대한 임시 독점 액세스를 필요로 하지만, 동시에 작동하는 다른 코드 시퀀스가 공유 자원을 수정할 수 있는 시간 틈(timing window)이 있음

| 362 | 공유 자원을 사용한 동시 실행에서 부석실한 동기화 | 다른 코드와 동시에 실행할 수 있는 코드 시퀀스가 포함되어 있으며, 코드 시퀀스는 공유 자원에 대한 임시 독점 액세스를 필요로 하지만, 동시에 작동하는 다른 코드 시퀀스가 공유 자원을 수정할 수 있는 시간 틀(timing window)이 있음 |
| 732 | 주요 자원에 대한 잘못된 사용권한 할당 | 의도하지 않은 행위자가 자원을 읽거나 수정할 수 있도록 보안에 중요한 자원에 대한 사용권한을 지정 |

표 2-13 CWE-689 합성 약점의 구성 약점

합성 약점	구성 약점
CWE-61	CWE-216, CWE-275, CWE-340, CWE-362, CWE-386
CWE-352	CWE-346, CWE-441, CWE-613, CWE-642
CWE-384	CWE-346, CWE-441, CWE-472
CWE-426	CWE-216, CWE-275, CWE-471
CWE-689	CWE-362, CWE-732

표 2-14 합성 약점과 합성 약점의 구성 약점

체인 약점

체인(Chain) 약점은 시스템 내에서 서로 밀접하게 연결될 수 있는 두 개 이상의 개별 약점의 시퀀스로 구성된다. 하나의 약점 X는 다른 약점 Y가 취약한 상태에 빠지게 하는 데 필요한 조건을 직접 만든다. 이 경우 X를 Y에 대해 '일차(Primary) 약점'으로, Y는 X에 대해 '결과(Resultant) 약점'으로 부른다. 즉, 일차 약점은 소프트웨어를 실행하는 과정에서 나중에 다른 약점을 노출시키는 최초의 악용 원인을 제공하는 약점이다. 결과 약점은 다른 약점이 악용된 후에야 공격에 노출되는 약점이다. CWE-680(정수 오버플로 후, 버퍼 오버플로 발생[4])과 같이 CWE

---

4 Integer Overflow to Buffer Overflow

ID가 할당되어 있는 체인을 '이름을 가진 체인 약점'이라고 한다. 표 2-15는 CWE 버전 3.0에 등재된 3개의 이름을 가진 체인 약점과 관련된 일차 약점과 결과 약점의 목록이다.

일차 약점	결과 약점
CWE-190(정수 오버플로 또는 랩 어라운드)	CWE-680(정수 오버플로 후, 버퍼 오버플로 발생)
CWE-252(반환값 미확인)[5]	CWE-690(반환값이 NULL 포인터인지 확인하지 않고, NULL 포인터 값 집근)
CWE-184(불완전한 블랙리스트)	CWE-692(불완전한 블랙리스트로 인한 XSS 공격 허용)

표 2-15 '이름을 가진 체인 약점'과 관련된 일차 약점과 결과 약점

2.1.4 뷰

뷰(View)란 CWE 목록의 내용을 조사하는 방법을 제공하는 CWE 항목의 부분집합을 말한다. 뷰의 구조에는 '슬라이스(Slice)[6]'와 '그래프(Graph)[7]'가 있다. 그래프는 일반적으로 계층적 형태로 특정 뷰에 포함된 CWE 항목 간 관계를 나타내는 구조로서, 뷰 그래프의 최상위 노드는 하위 노드와 HasMember 관계를 사용하여 지정되고, 자식 노드는 ChildOf 관계를 사용하여 지정된다. 특정 뷰가 그래프로 구조화되었다면 그래프를 따라가며 전체 목록을 탐색할 수 있다.[8]

관점이나 주체에 따라 다양한 뷰가 만들어졌는데, '연구 개념(Research Concepts)'의 뷰와 '개발 개념(Development Concepts)'의 뷰가 대

---

5 매소드나 함수로부터 반환값을 검사하지 않으므로 예기치 않은 상태와 조건을 감지하지 못함

6 항목 사이의 관계를 나타내지 않고 펼쳐놓은(Flat) 목록

7 항목 간 관계 포함

8 미국 NIST에서 운영하는 보안 취약점 데이터베이스)에서 2007년~2016년에 사용한 약점 집합

표적이다. CWE 버전 3.0에서 '구조적 개념(Architectural Concepts)'이라는 새로운 뷰가 추가되었다. 연구 개념의 뷰는 약점의 행위(Behavior)를 기준으로 전체 목록을 그래프로 구소화하고, 약섬 유형에 내한 연구를 촉진하기 위한 것이다. 개발 개념의 뷰는 개발 중에 자주 사용되거나 만나는 개념을 기준으로 항목들을 그래프로 구조화하였다. CWE 버전 3.0까지 31개의 뷰가 개발되었다. 표 2-16은 개발된 뷰의 사례이다.

뷰 ID	설명	구조	항목 수
658	C로 작성된 소프트웨어의 약점 집합	슬라이스	79
659	C++로 작성된 소프트웨어의 약점 집합	슬라이스	83
660	자바로 작성된 소프트웨어의 약점 집합	슬라이스	73
661	PHP로 작성된 소프트웨어의 약점 집합	슬라이스	21
900	2011 CWE·SANS 가장 위험한 소프트웨어 오류 상위 25개 약점 집합	그래프	45
928	2013 OWASP 상위 10개 약점 집합	그래프	46
700	7개의 악의적인 약점 유형(Seven Pernicious Kingdoms) 집합	그래프	97
888	21개 유형의 소프트웨어 결함 패턴(Software Fault Patterns) 집합	그래프	700
635	NVD(National Vulnerability Database)[8]	슬라이스	19
919	모바일 애플리케이션에서의 약점 집합	슬라이스	19

표 2-16 뷰의 사례 일부

연구 개념 뷰

CWE ID가 1000인 연구 개념 뷰에서는 약점을 탐지하는 방법, 약점이 나타나는 위치, 개발 생명 주기에서 발생하는 시기 등은 무시하고, 약점이 포함된 코드의 행위에 따라 약점을 그래프로 분류한다. 즉, 가능하면 특정 언어, 프레임워크, 기술, 생명 주기의 개발 단계, 발생 빈도, 자원 유형 등은 고려하지 않는다. 이 뷰는 약점 간 상호의존성과 역할 등을 규명하며, 학술 연구자에게 기존 여러가지 약점 분류 체계와 다른 구성 방식을 제공하며, 응용 연구자에게 새로운 약점의 유형을 연구할 수 있도록 한다.

다른 뷰보다 그래프 구조에서 추상화 계층이 더 많다. 그림 2-3과 같이 CWE-1000은 11개의 부류 약점(C로 표시)이 최상위 그래프 노드를 구성하며, 포함된 약점들을 계층 구조로 나타낸다. 표 2-17은 이들에 대한 간단한 설명이다.

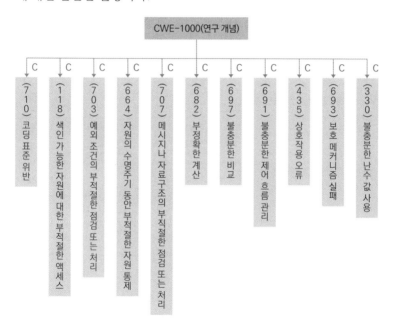

그림 2-3 CWE-1000의 최상위 그래프 노드

ID	이름	설명
710	코딩 표준 위반	개발용 코딩 규칙을 따르지 않아, 약점을 만들거나 관련 취약점의 심각도를 증가시킴
118	색인가능한 자원에 대한 부적절한 액세스	인덱스나 포인터를 사용하여 액세스하는 메모리나 파일 등과 같은 자원의 경계 내에서 연산이 이루어지도록 제한하지 않거나 부정확하게 제한
703	예외조건의 부적절한 점검 또는 처리	정상 작동 중에 드물게 발생하는 예외조건을 적절히 예측 또는 처리하지 않음
664	자원의 생명 주기 동안 부적절한 자원 통제	자원의 생성·사용·해제 생명 주기에 걸쳐 자원에 대한 통제를 유지하지 않거나 부정확하게 유지
707	메시지나 자료구조의 부적절한 점검 또는 처리	메시지나 데이터를 송신하거나 수신하기 전에 올바른 형식인지 점검·처리하지 않거나 부정확하게 점검·처리
682	부정확한 계산	나중에 보안에 영향을 미치는 결정이나 자원관리에 사용되는 부정확하거나 의도하지 않은 결과를 생성하는 계산 수행
697	불충분한 비교	보안과 관련된 문맥에서 두 개체를 비교하지만 비교가 불충분하게 이루어져 결과적으로 약점을 초래
691	불충분한 제어흐름 관리	코드 실행 중에 제어 흐름을 충분히 관리하지 못하기 때문에 제어 흐름을 예기치 않은 방식으로 수정할 수 있는 조건이 만들어짐
435	상호작용 오류	두 개체가 독립적으로 실행될 때 올바르게 작동하지만 함께 실행될 때는 예기치 않은 방식으로 상호작용 발생
693	보호 메커니즘 실패	제품에 대한 직접 공격에 대해 충분한 방어를 제공하는 보호 메커니즘을 사용하지 않거나 잘못 사용
330	불충분한 난수 값 사용	예측할 수 없는 숫자에 의존하는 보안 문맥에서 불충분한 난수 또는 값 사용

표 2-17 CWE-1000의 최상위 그래프 노드를 구성하는 부류 약점

그림 2-4과 표 2-18은 CWE-710(코딩 표준 위반) 항목의 하위 계층에 위치하는 5개의 부류 약점(C로 표시)과 1개의 기본 약점(B로 표시)을 보여준다.

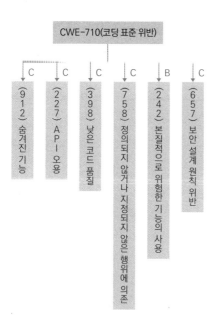

그림 2-4 CWE-710의 하위 수준 약점

ID	이름	설명
912	숨겨진 기능	사용자 또는 관리자에게 명시적인 인터페이스 또는 명령어 시퀀스를 통해서는 액세스할 수 없는 문서화되지 않은 기능이며 스펙에 포함되지 않음
227	API 오용	의도한 용도에 반하는 방식으로 API 사용
398	낮은 코드 품질	코드에는 약점이나 취약점을 직접적으로 유발하지는 않지만, 신중하게 개발하거나 유지관리하지 않아서 예측하지 못하는 행위를 할 수 있음
758	정의되지 않거나 지정되지 않은 행위에 의존	항상 보유한다고 확신할 수 없는 API 기능이나 데이터 구조 등의 개체 사용
242	본질적으로 위험한 기능의 사용	안전하게 작동할 수 없는 기능 호출
657	보안 설계 원칙 위반	보안 설계를 위한 잘 정립된 원칙 위반

표 2-18 CWE-710(코딩 표준 위반) 하위 계층의 약점

그림 2-5와 표 2-19는 CWE-912(숨겨진 기능)의 하위 계층에 위치하는 2개의 부류 약점을 보여주고 있다.

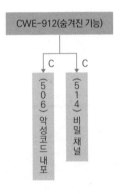

그림 2-5 CWE-912의 하위 수준 약점

ID	이름	설명
506	악성코드 내포	본질적으로 악의적인 것으로 보이는 코드 포함
514	비밀 채널	비밀 채널은 시스템 설계자가 의도하지 않은 방식으로 정보를 전송하는 데 사용할 수 있는 경로

표 2-19 CWE-912(숨겨진 기능) 하위 계층의 약점

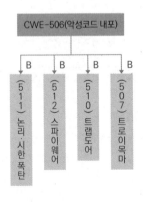

그림 2-6 CWE-506의 하위 수준 약점

그림 2-6과 표 2-20은 CWE-506(악성코드 내포)의 하위 계층에 위치하는 4개의 기본 약점을 보여주고 있다.

ID	이름	설명
511	논리 시한폭탄	특정 시간이 경과하거나 특정 논리 조건이 충족될 때, 적법한 작동을 방해하도록 고안된 코드가 소프트웨어에 포함
512	스파이웨어	사용자 개인정보 또는 사용자의 활동을 수집하고, 사용자가 안다면 승인하지 않을 기능을 설치함, 개인 정보수집에 있어 사용자가 명시적으로 승인하거나 직접 입력할 것을 요구하지 않음
510	트랩 도어	특별한 입력에 응답하는 숨겨진 코드로, 정상적인 보안 점검·처리 메커니즘을 거치지 않고 자원을 액세스할 수 있도록 함
507	트로이 목마	유용한 기능이 포함되어 있지만, 정상적인 작동에서는 나타나지 않는 숨겨진 코드도 포함하며, 사용자 또는 시스템 관리자가 의도한 보안 정책을 위반

표 2-20 CWE-506(악성코드 내포) 하위 계층의 약점

그림 2-7과 표 2-21은 CWE-507(트로이 목마)의 하위 계층에 있는 2개의 기본 약점을 보여주고 있다.

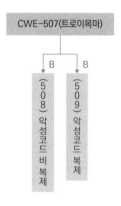

그림 2-7 CWE-507의 하위 수준 약점

ID	이름	설명
508	악성코드 비 복제	악성코드는 공격 대상 시스템이나 소프트웨어에만 상주하며 다른 시스템으로 확산 시도를 하지 않음
509	악성코드 복제	바이러스와 웜 등의 악성코드를 복제하며, 공격대상 시스템이나 소프트웨어를 성공적으로 장악하면 다른 시스템을 공격하려고 시도

표 2-21 CWE-507(트로이 목마) 하위 계층의 약점

개발 개념 뷰

CWE ID가 699인 개발 개념 뷰는 소프트웨어 개발에서 자주 사용되거나 접하는 개념과 관련된 약점을 하나로 묶어 구조화한 것이다. 따라서 이 뷰는 개발자, 교육자, 평가 업체의 관점을 밀접하게 반영하고 있다. CWE 3.0 버전에서 CWE-699는 20개의 범주(표 2-22)와 1개의 부류 약점(표 2-23)이 최상위 그래프 노드를 구성한다.

ID	이름	설명
16	구성 설정	소프트웨어 구성 설정 중 발생하는 약점
19	데이터 처리	데이터를 처리하는 기능에서 발생하는 약점
21	경로 탐색, 경로 동일시 오류	허용 경로 외부의 파일을 액세스하거나 이로 인해 발생하는 파일에 대한 연산을 허용하는 약점
189	숫자 오류	수에 대한 부적절한 계산 또는 변환과 관련된 약점
254	보안 기능	인증, 액세스 제어, 비밀성, 암호화, 권한 관리 등의 보안 기능에서 발생하는 약점
355	사용자 인터페이스 보안 이슈	사용자 인터페이스에서 발생하거나 이와 관련된 약점
361	시간과 상태	다중 시스템·프로세스·스레드에 의한 동시 또는 거의 동시 계산을 지원하는 환경에서 시간과 상태의 부적절한 관리와 관련된 약점
389	오류상태, 반환값, 상태코드	함수가 반환값·상태코드를 정확히 생성하지 못할 때 또는 애플리케이션이 함수가 생성한 모든 가능한 반환값·상태코드를 제대로 처리하지 못할 때 발생하는 약점
399	자원 관리 오류	부적절한 시스템 자원 관리와 관련된 약점
417	채널과 경로 오류	통신 채널과 접근 경로의 부적절한 처리와 관련된 약점
429	핸들러 오류	핸들러(Handler)의 부적절한 관리와 관련된 약점
438	행위 문제	애플리케이션에서 사용하는 코드의 예기치 않은 행위와 관련된 약점
442	웹 문제	웹 기술과 관련된 약점
452	초기화와 정리 오류	초기화와 정리(Cleanup)에 사용되는 행위에서 발생하는 약점
465	포인터 이슈	부적절한 포인터 처리와 관련된 약점

490	모바일 코드 이슈	모바일 코드에서 자주 발견되는 약점
559	인자와 매개변수 오용	함수 호출에서의 인자와 매개변수에 대한 부적절한 사용과 관련된 약점
569	수식 이슈	정확하지 않게 기술된 수식(Expression)과 관련된 약점
840	비즈니스 로직 오류	공격자가 애플리케이션의 비즈니스 논리를 조작할 수 있도록 하는 근본적인 문제들과 관련된 약점
1006	나쁜 코딩 실무	취약점이 코드에 존재할 가능성을 높이는 안전하지 않은 코딩 실무(Practice)와 관련된 약점

표 2-22 CWE-699 최상위 그래프 노드 (범주)

ID	이름	설명
657	보안 설계 원칙 위반	보안 설계를 위한 잘 정립된 원칙 위반

표 2-23 CWE-699 최상위 그래프 노드 (부류 약점)

2.2 CWE 탐색

CWE는 현재 미국 국토안보부의 국가 사이버 보안국(National Cyber Security Division)의 지원을 받아 마이터 사에서 유지관리되고 있다. CWE 목록은 현재 마이터 사 웹 사이트에서 제공되며, 이 목록은 각각의 개별 CWE에 대한 상세한 정의를 제공한다. 그림 2-8와 같이 CWE 목록 페이지[9]의 CWE 검색 섹션에서 개별 CWE-ID 번호 또는 키워드를 사용하여 특정 항목을 검색할 수 있다.

검색된 약점 유형에 해당하는 CWE 항목은 표 2-24와 같은 세부 내용을 포함한다.

---

9 https://cwe.mitre.org/index.html

Search CWE

Easily find a specific software weakness by performing a search of the CWE List by keywords(s) or by CWE-ID Number. To search by multiple keywords, separate each by a space.

Google™ Custom Search   Search ✕

그림 2-8 키워드 또는 식별자(ID) 등을 이용한 CWE 항목 탐색

세부 내용 이름	설명
이름 (Name)	항목을 식별하는 문자열로서 약점을 악용하는 공격이나 악용의 결과와는 관련 짓지 말고 약점을 설명하는 데 주력
다른 이름 (Alternate term)	알려진 다른 이름으로서 모든 항목에 필수 사항은 아님
설명 (Description)	요약(Summary)설명 부분은 항목의 초점을 이해하는 데 필요한 최소한의 정보를 제공하며 추가적인 정보를 제공할 필요가 있는 경우 확대(Extended)설명 부분을 포함시킴
도입 방식 (Modes of Introduction)	약점이 도입될 수 있는 시점과 방법을 제공하며 복수의 방식이 있는 경우에는 각각을 모두 포함
적용 가능한 플랫폼 (Applicable Platforms)	약점이 존재하는 언어, 운영체제, 하드웨어 아키텍처, 아키텍처 사례, 환경, 기술의 유형 등을 기술
악용 결과 (Common Consequences)	약점과 관련된 하나 이상의 개별 결과 기술
악용가능성 (Likelihood of Exploit)	노출된 약점을 악용할 가능성이 있는 대략적인 추정치
탐지 방법 (Detection Methods)	약점을 탐지하는 데 사용할 수 있는 다양한 기술에 대해 장점과 한계를 담은 정보 제공
시연 사례 (Demonstrative Examples)	실제 코드에서 어떻게 약점이 나타나는지를 예시로 보임
실제 사례 (Observed Examples)	실제 보고된 약점 사례의 CVE 식별자를 가능한 많이 나열
완화 대책 (Potential Mitigations)	생명 주기에서 약점을 완화시킬 수 있는 하나 이상의 가능한 대책 기술
약점 계층에서의 관계 (Relationships)	계층 구조 또는 특정 기준으로 묶인 약점 그룹 내에서 연관 관계 명시
추가 연구 이슈 (Research Gaps)	취약성 연구 커뮤니티가 이 약점과 관련된 이슈들을 추가적으로 조사할 필요가 있다는 것을 알림
분류 체계 관련성 (Taxonomy Mappings)	이 약점과 의미상으로 유사한 약점을 포함하는 다른 분류 체계를 식별하고 해당 분류 체계에서의 해당 항목을 명시

관련 공격 패턴 (Related Attack Patterns)	이 약점과 관련된 공격 패턴을 하나 이상의 CAPEC[10] ID를 표시
참고 지료 (References)	더 많은 정보와 많은 풍실딕를 얻를 수 있노록 연구 논문이나 간행물 빌쭤와 같은 다수의 출처 제공
유지보수 노트 (Maintenance Notes)	관련 개념을 명확히 하거나 연관 관계를 보완해야 하는 등 여전히 해결되어야 하는 작업을 기술

표 2-24 약점 항목 페이지의 세부 내용

예를 들어, 표 2-25는 CWE-362(경쟁 조건) 약점 항목에서 검색한 결과 중 일부를 정리한 것이다.

세부 내용 이름	설명
이름	공유 자원을 사용한 동시 실행에서 부적절한 동기화
다른 이름	경쟁 조건(Race Condition)
설명	프로그램에 다른 코드와 동시에 실행할 수 있는 코드 시퀀스를 포함하고, 코드 시퀀스는 공유 자원에 대한 임시적인 독점 액세스를 요구하지만, 동시에 작동하는 다른 코드 시퀀스가 공유 자원을 수정할 수 있는 시간 틈(Timing Window)이 존재
도입 방식	• 아키텍처와 설계 • 구현
적용 가능한 플랫폼	• 언어 : C, C++, Java • 아키텍처 사례 : 공유 자원에 작동하는 병행(Concurrent) 시스템
악용 결과	• 가용성 : DOS(자원 소모 : CPU, 메모리, 기타), DOS(크래시, 종료, 재시작), DOS(불안전 상태) • 비밀성 : 파일 또는 디렉터리 열람, 애플리케이션 데이터 열람 • 무결성 : 기밀 데이터에 대한 액세스 또는 덮어쓰기
악용가능성	중간
탐지 방법	블랙박스, 화이트 박스, 자동 동적 분석, 자동 정적 분석(바이너리, 바이트 코드), 수동·자동 정적 분석(소스 코드), 아키텍처·설계 검토
시연 사례	약점을 포함한 Perl 코드와 C 코드를 예제로 보임

---

10 공격 패턴은 취약점 공격 방법을 추상적으로 표현한 매커니즘이며, CAPEC(Common Attack Pattern Enumeration and Classification)는 알려진 공객 패턴의 공식 목록

실제 사례	CVE-2008-5044, CVE-2008-2958, .., CVE-2009-3547
완화 대책	아키텍처·설계 단계(동기화 프리미티브를 지원하는 언어에서는 동기화 프리미티브를 사용), 구현(공유자원에 대한 연산과 멀티스레딩이 필요한 경우, thread-safe 함수만 사용) 등
약점 계층에서의 관계	상위 계층 항목 : CWE-361, CWE-691, CWE-743… 하위 계층 항목 : CWE-364, CWE-366, CWE-367…
추가 연구 이슈	웹 애플리케이션에서의 경쟁 조건은 연구가 덜 되었음 동기화 문제와 관련된 경쟁 조건 중 반드시 time-of-check을 필요로 하지 않는 것이 많음
분류 체계 관련성	분류 체계(CERT C Secure Coding, CERT Java·C++ Secure Coding)에도 경쟁조건에 해당되는 항목이 있음
관련 공격 패턴	CAPEC-26, CAPEC-29
참고 자료	Matt Bishop. 「Race Conditions, Files, and Security Flaws; or the Tortoise and the Hare Redux」. September 1995. 등 11건
유지보수 노트	경쟁 조건과 동기화 문제(CWE-662) 사이의 관계를 좀 더 세부적으로 밝혀야 함

표 2-25 CWE-362 세부내용

3. 보안 취약점의 위험도

보안 취약점이 얼마나 위험한지에 대한 정보는 해당 제품의 제조사뿐만 아니라 방어자의 입장에서도 매우 중요하다. 왜냐하면 다양한 제조사의 소프트웨어를 설치하여 운영하는 사용자나 시스템 관리자에게는 패치 파일의 우선순위와 설치 일정 등을 수립하는 데 취약점의 위험 수준에 대한 정보가 필수적이기 때문이다. 또한 보안 취약점을 알리는 기관이나 언론에도 해당 제품의 제조사가 내놓은 보안 패치의 긴급성을 알리는 데, 취약점의 위험등급이 유용한 지표 역할을 한다. 제품 제조사별로 통일되지 않은 취약점 위험등급을 발표하면, 방어자의 입장에서 혼선이 발생할 수 있기 때문에 이에 대한 표준화가 필요하다. 보안 취약점에 대한 위험도 등급은 취약점 악용(Exploit)으로 예상되는 피해, 악용에 필요한 노력의 복잡도, 악용 방어수단의 여부 등을 기준으로 결정한다.

CVSS(Common Vulnerability Scoring System)[1]는 보안 취약점의 위험도(Severity)를 평가하기 위해 고안된 가장 널리 사용하는 산업 표준이다[2]. CVSS로 평가한 위험도 점수를 이용하여 취약점으로 인한 위험에 대한 대응 방식과 자원의 우선순위를 결정할 수 있다. 악용의 용이성과 영향 등 몇 가지 지표의 함수 형식으로 표현하는 수식으로 취약점 위험도 점수를 계산한다. 점수의 범위는 0에서 10까지이며 가장 심각한 것은 10이다. 최신 표준은 2015년 6월에 발표된 3.0 버전이다. 본 장에서는 보안 취약점의 위험도 평가를 위해 산업표준으로 사용하는 CVSS에 대해 설명한다. 보안 취약점의 위험도를 결정하는 것은 단순하지 않은 일이며, 모든 보안 취약점이 항상 같은 값의 위험도를 갖지 않음을 알 수 있다.

3.1 측정 지표

보안 취약점 위험도 점수는 그림 3-1과 같이 기본(Base), 시제(時制, Temporal), 환경(Environmental) 3가지 종류의 지표를 기준으로 채점할 수 있다. 대부분은 보안 취약점 위험도 점수를 기본 지표로 표시하지만, 보안 취약점을 완화시키는 보안 시스템의 운용이나 취약한 시스템이 조직 내에 얼마나 광범위하게 존재하는지에 따라 좀 더 정밀한 점수를 계산하기 위해 시제와 환경 지표를 이용한 보안 취약점 위험도 점수를 산정한다.

---

1 https://www.first.org/cvss
2 https://en.wikipedia.org/wiki/CVSS

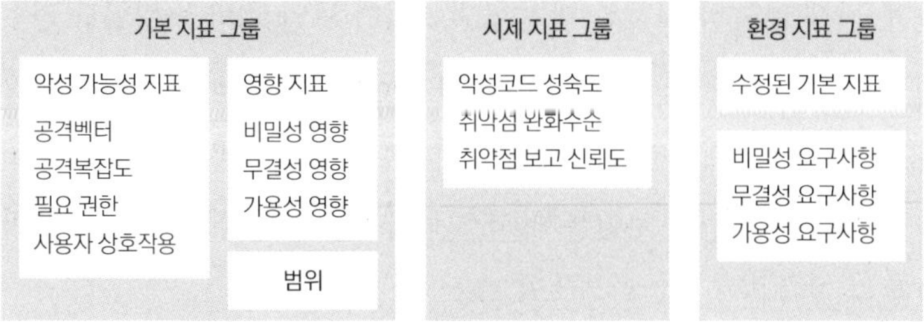

기본 지표 그룹		시제 지표 그룹	환경 지표 그룹
악성 가능성 지표	영향 지표	악성코드 성숙도	수정된 기본 지표
공격벡터	비밀성 영향	취약섬 완화수순	
공격복잡도	무결성 영향	취약점 보고 신뢰도	비밀성 요구사항
필요 권한	가용성 영향		무결성 요구사항
사용자 상호작용			가용성 요구사항
	범위		

그림 3-1 CVSS v3.0 보안 취약점 위험도 점수 지표 그룹

기본 지표(Base Metric) 그룹은 보안 취약점이 존재하는 사용자 환경이 무엇이든 시간이 지나도 변하지 않는 취약점의 본질적 특성을 반영하며, 악용가능성(Exploitability)과 영향(Impact) 세부 지표로 구성된다. 보안 취약점을 가진 시스템 구성요소를 '취약한 구성요소(Vulnerable Component)'라 부른다. 악용가능성 지표는 취약한 구성요소에 대한 악용의 용이성과 기술적 수단을 반영한다. 보안 취약점이 악용되었을 때, 비밀성이나 무결성 등의 침해가 발생하며, 이러한 영향을 받는 시스템 구성요소를 '영향받는 구성요소(Impacted Component)'라고 부른다. 영향 지표는 보안 취약점 악용이 성공하였을 때 직접적인 결과를 반영하며, 영향받는 구성요소에 야기하는 결과를 나타낸다. 취약한 구성요소는 주로 소프트웨어 응용 프로그램, 모듈, 드라이버 등이며 영향받는 구성요소는 소프트웨어 응용 프로그램, 하드웨어 장치, 네트워크 자원 등이다.

시제 지표(Temporal Metric) 그룹은 보안 취약점이 존재하는 사용자 환경 전체에서 변경되는 것은 아니지만, 시간이 지나면 변할 수 있는 보안 취약짐의 특싱을 반영한다. 예를 들어 사용하기 산변한 취약섬 악용 도구(Exploit Kit)가 만들어지면 보안 취약점 위험도 점수가 증가하며, 반대로 공식 취약점 패치가 발표되면 보안 취약점 위험도 점수는 감소한다. 환경 지표(Environmental Metric) 그룹은 사용자의 특정 환경에 따른 보안 취약점의 특성을 나타낸다. 이를 통해 취약점 악용 결과를 완화할 수 있는 보안통제 시스템 사용을 보안 취약점 점수에 반영할 수 있다.

3.2 기본 지표

3.2.1 악용가능성

취약한 구성요소의 특성을 반영하기 때문에 악용가능성 지표는 취약한 구성요소를 기준으로 채점한다. 악용가능성 지표는 공격벡터, 공격복잡도, 필요 권한, 사용자 상호작용 4개의 세부 지표로 이루어진다.

공격벡터

공격벡터(Attack Vector)는 취약한 구성요소와 공격자 사이의 '논리적·물리적 네트워크 거리(Remoteness)'를 반영하는 지표이다. 취약한 구성요소에 논리적·물리적 네트워크 거리를 기준으로 더 멀리서 공격자가 악용할 수 있으면, 더 큰 점수가 주어진다. 이는 인터넷을 통해 악용할 수 있는 보안 취약점에 대한 공격자의 수가 악용을 위해 물리적 접근이 필요한 취약점에 대한 공격자 수보다 더 많으므로, 더 큰 점수가 부여된다는 것을 의미한다.

지표 값	설명
네트워크 (N)	취약한 구성요소가 네트워크에 연결되고, OSI 계층 3(네트워크 계층)을 통해 원격으로 악용할 수 있나. 인터넷을 통해 특수하게 조작한 TCP 패킷을 취약한 구성요소에 보내 서비스 거부를 유발하는 것이 네트워크 공격의 사례이다.
인접 (A)	취약한 구성요소가 네트워크에 연결되어 있지만, 공격 범위는 동일한 물리적(예 : 블루투스, IEEE 802.11) 또는 논리적(예 : 로컬 IP 서브넷) 공유 네트워크로 제한되며, OSI 계층 3 경계(예 : 라우터)를 넘어서는 악용할 수 없다. 로컬 LAN 세그먼트에서 서비스 거부를 유발하는 ARP 넘침(Flooding)이 인접한 공격의 사례이다.
로컬 (L)	로컬 접근으로 악용할 수 있는 취약점은 취약한 구성요소가 네트워크에 연결되어 있지 않으며, 공격은 로컬 시스템 자원에 대한 읽기·쓰기·실행을 통해 이루어진다. 경우에 따라 취약점을 악용하기 위해 공격자가 로컬 로그인을 해야 하거나, 악성파일을 실행하기 위해 사용자 상호작용이 필요할 수도 있다.
물리 (P)	물리적 접근으로 악용할 수 있는 취약점은 공격자가 취약한 구성요소를 물리적으로 만지거나 조작해야 한다. 물리적 상호작용은 일시적이거나 지속적으로 이루어진다. 이러한 공격 사례에는 시스템에 물리적으로 접근한 후에 디스크 암호 키에 접근할 수 있는 콜드 부팅(Cold Booting) 공격이 있다.

표 3-1 공격벡터 값

공격복잡도

공격복잡도(Attack Complexity)는 공격자가 제어할 수 없지만 보안 취약점을 악용하기 위해 필요한 조건을 반영하는 지표이다. 이러한 조건에는 목표 시스템에 대한 정보 수집, 시스템의 특정한 구성 설정의 존재 등이 있다. 이 지표를 평가할 때 보안 취약점을 악용하기 위해 사용자 상호작용이 필요한지는 포함하지 않는다(이 조건은 사용자 상호작용 지표에서 평가). 이 지표는 공격복잡도가 최소일 때 가장 큰 값을 갖는다.

지표 값	설명
낮음 (L)	보안 취약점 접근을 위한 특별한 조건이나 고려해야 할 상황은 없다. 공격자는 취약한 구성요소를 반복적으로 악용할 수 있다.

높음 (H)	공격자의 통제 범위를 벗어난 조건에 따라 보안 취약점 악용의 성공이 좌우된다. 즉, 공격자의 의지대로 공격을 성공하는 것이 아니라, 공격자가 취약한 구성요소에 대해 적절한 양의 노력을 기울여야 공격에 성공할 수 있다. 예를 들어, 공격 성공을 위해 공격자는 다음 조건 중 하나를 실행해야 한다. • 공격자는 표적에 대한 정찰을 수행해야 한다. 예를 들어, 표적의 구성 설정 값, 순서번호, 공유 비밀정보 등을 수집해야 한다. • 공격자는 악용가능성을 높이기 위해 표적 환경(Target Environment)을 준비한다. 예를 들어 경쟁 조건(Race Condition)에서 이기기 위해 표적 환경에서 취약점을 반복적으로 악용하거나, 최신 방어 기술을 우회하는 기법을 알아낸다. • 공격자는 표적과 표적이 요청한 자원 사이의 네트워크 경로 중간에 끼어들어(예: 중간자 공격) 네트워크 통신을 읽거나 수정한다.

표 3-2 공격복잡도 값

필요 권한

필요 권한(Privileges Required)은 보안 취약점을 성공적으로 악용하기 전에 공격자가 가져야 하는 권한 수준을 반영하는 지표이다. 이 지표 값은 어떤 권한도 필요 없을 경우에 가장 크다.

지표 값	설명
없음 (N)	권한이 필요 없으므로 공격을 수행하기 위해 구성 설정 값이나 파일에 대한 액세스가 필요하지 않다.
낮음 (L)	사용자가 소유한 구성 설정 값과 파일에만 영향을 줄 수 있는 기본 사용자 권한이 필요하다. 낮은 권한을 가진 공격자는 중요하지 않은 리소스에만 영향을 줄 수 있다.
높음 (H)	취약한 구성요소에 대해 관리자와 같은 중요한 접근 권한이 필요하다.

표 3-3 필요 권한 값

사용자 상호작용

취약한 구성요소를 성공적으로 공격하기 위해서 공격자가 아닌 사용자의 개입 여부를 반영하는 지표이다. 보안 취약점이 공격자의 의지만으로 악용될 수 있는지 또는 별도로 사용자(또는 사용자가 시작한 프로세스)가 어떤 방식으로든 개입해야 하는지를 결정한다. 사용자 상호작용(User Interaction) 지표 값은 사용자 상호작용이 필요하지 않을 때 가장 크다.

지표 값	설명
없음 (N)	사용자의 상호작용 없이도 취약점을 악용할 수 있다.
필요 (R)	성공적으로 취약점을 악용하려면 취약점 악용이 일어나기 전에 사용자가 어떤 행동을 해야 한다. 예를 들어, 시스템 관리자가 응용 프로그램을 설치하는 동안에만 취약점 악용이 성공적으로 이루어진다.

표 3-4 사용자 상호작용 값

3.2.2 범위

취약한 구성요소에 존재하는 보안 취약점이 악용되었을 때 다른 소프트웨어나 하드웨어 또는 네트워킹 장치 등이 영향을 받는 경우가 있다. 인가 범위(Authorization Scope) 또는 간단히 범위(Scope)는 어떤 시스템 구성요소의 취약점이 해당 구성요소의 권한이나 목적 이상으로 시스템 자원에 영향을 줄 수 있는가를 반영한 지표이다. 하나의 인가 주체(Authority)에 의해 관리되는 시스템 구성요소의 취약점이 다른 인가 주체에 의해 관리되는 시스템 자원에 영향을 줄 수 있으면 범위 변경(Scope Change)이 발생한 것이다.

예를 들어 호스트 운영체제를 손상시키는 가상 머신의 보안 취약점에서 취약한 구성요소는 가상 머신이고 영향을 받는 구성요소는 호스트 운영체제이다. 이 두 구성요소는 시스템 자원에 대한 권한을 독립적으로 관리하는 별도의 인가 주체이다. 그림 3-2에서 가상 머신은 '인가 주체 A'에 의해 관리되고, '인가 주체 B'는 호스트 운영체제를 관리한다. 두 인가 주체가 보안 취약점 악용에 연루되면, 범위 변경이 발생하였다고 간주하고, 이러한 상태를 범위 지표에 반영한다.

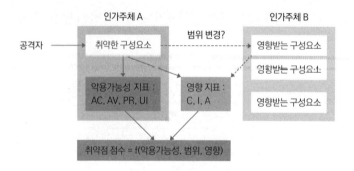

그림 3-2 범위 변경과 보안 취약점 위험도 점수 계산

공격자가 호스트 운영체제의 모든 시스템 파일을 손상시킬 수 있는 마이크로소프트 워드의 보안 취약점은 악용이 성공해도 범위 변경이 발생하지 않는다. 이는 사용자가 실행한 워드 프로세스와 해당 호스트의 시스템 파일에 대한 접근권한을 동일한 인가 주체가 부여하기 때문이다.

보안 취약점을 채점할 때 악용가능성 지표는 취약한 구성요소에 대하여 채점한다. 영향 지표는 영향을 받는 구성요소에 대하여 채점한다. 경우에 따라 취약한 구성요소는 영향을 받는 구성요소와 같으며, 이 경우 범위 변경이 발생하지 않는다. 그러나 어떤 경우에는 취약한 구성요소뿐 아니라 영향을 받는 구성요소에도 영향을 미칠 수 있다. 이 경우 범위 변경이 발생하고, 비밀성·무결성·가용성 영향 지표는 취약한 구성요소 또는 영향을 받는 구성요소가 받는 영향 중에서 가장 심각한 영향을 반영한다.

패스워드 파일을 훔칠 수 있는 보안 취약점은 공격자가 계정에 대한 비인가 접근을 위해서 여러 가지 조치를 취해야 하지만, 가장 직접적 취약점 악용의 결과는 로컬 시스템 파일의 비밀성 상실이다. 따라서 범위 변경은 없다. 그러나 라우터의 ARP 테이블을 공격자가 덮어쓸 수 있는 보안 취약점의 경우, 두 가지 영향이 발생한다. 라우터의 시스템 파일에 대한 영향(취약한 구성요소의 무결성 손실)과 라우터가 제공하는 인터넷 서비스에 대한 영향(영향을 받는 시스템의 가용성 손실)이다. 점수는 가장 심각한 결과를 반영해야 하기 때문에 영향 지표 점수는 취약한 구성요소에 대한 무결성 손실과 인터넷 서비스에 대한 가용성 손실 중 더 심각한 것을 반영한다. 범위 변경이 발생할 때 기본 점수가 더 크다.

지표 값	설명
변경없음 (U)	악용된 보안 취약점은 동일한 인가 주체가 관리하는 자원에만 영향을 미친다. 이 경우 취약한 구성요소와 영향을 받는 구성요소는 같다.
변경됨 (C)	악용된 보안 취약점은 취약한 구성요소에 부여된 권한을 넘어서서 다른 자원에 영향을 줄 수 있다. 이 경우 취약한 구성요소와 영향을 받는 구성요소가 다르다.

표 3-5 범위 값

3.2.3 영향

영향 지표는 영향을 받는 구성요소의 보안 속성을 반영한다. 성공적으로 악용된 보안 취약점이 얼마나 많은 구성요소에 영향을 미치는지와 관계없이, 공격의 성공으로 가장 직접적으로 예측할 수 있는 최악의 결과가 발생되는 구성요소에 따라 영향 지표를 채점한다. 즉, 분석가는 공격자가 달성할 수 있다고 확신하는 합리적인 최종 결과로 공격의 영향을 정한다.

범위 변경이 발생하지 않은 경우, 영향 지표는 취약한 구성요소에 대한 비밀성, 무결성, 가용성 영향을 반영한다. 그러나 범위 변경이 발생한 경우, 영향 지표는 취약한 구성요소 또는 영향받는 구성요소 중 가장 심각한 결과를 초래하는 구성요소의 비밀성, 무결성, 가용성에 대한 영향을 반영한다.

비밀성 영향

비밀성 영향 지표는 성공적으로 보안 취약점이 악용되면, 취약한 또는 영향받는 구성요소가 관리하는 정보 자원의 비밀성에 미치는 영향을 측정한다. 비밀성이란 정보 접근과 열람을 인가한 사용자로만 제한하고, 비인가 사용자가 접근하거나 보지 못하게 하는 것이다. 지표 값은 영향받는 구성요소의 손실 정도에 따라 증가한다.

지표 값	설명
높음 (H)	비밀성의 완전한 손실로 인해 영향받는 구성요소 내의 모든 자원이 공격자에게 노출된다. 또는 일부 제한된 정보에 대한 접근만 가능하지만, 정보의 노출은 직접적이고 심각한 영향을 끼친다. 예를 들면 공격자가 관리자의 패스워드 또는 웹 서버의 비밀 암호 키를 훔치는 경우이다.
낮음 (L)	비밀성의 부분적 손실이 발생한다. 제한된 일부 정보에 대한 접근이 가능하지만, 공격자는 얻으려는 정보를 특정하지 못하거나, 노출 정보의 종류나 양이 제한적이다. 정보 노출로 인해 영향을 받는 구성요소에 직접적이고 심각한 손실이 발생하지 않는다.
없음 (N)	영향을 받는 구성요소에 비밀성 손실이 없다.

표 3-6 비밀성 영향 값

무결성 영향

무결성 영향 지표는 성공적으로 악용된 보안 취약점의 무결성에 대한 영향을 측정한다. 무결성이란 정보의 신뢰성(Trustworthiness)과 진실성(Veracity)을 말한다. 지표 값은 영향을 받는 구성요소의 결과에 따라 증가한다.

지표 값	설명
높음 (H)	완전한 무결성의 손실이 발생한다. 예를 들면 공격자는 영향을 받는 구성요소가 보호하는 모든 파일을 변경할 수 있다. 또는 일부 파일만 변경할 수 있지만 이러한 비인가 변경은 영향을 받는 구성요소에 직접적인 심각한 결과를 초래할 수 있다.
낮음 (L)	데이터 변경은 가능하지만 공격자는 변경의 결과에 대한 통제권을 갖지 못하거나, 변경의 양이 제한적이다. 데이터 변경은 영향을 받는 구성요소에 직접적이고 심각한 영향을 미치지 않는다.
없음 (N)	영향을 받는 구성요소에 무결성 손실이 없다.

표 3-7 무결성 영향 값

가용성 영향

가용성 영향 지표는 성공적으로 악용된 보안 취약점으로 인해 영향을 받는 구성요소의 가용성에 미치는 영향을 측정한다. 비밀성과 무결성 영향 지표는 영향을 받는 구성요소가 사용하는 데이터의 비밀성 또는 무결성 훼손에 적용되지만 가용성 영향 지표는 영향을 받는 구성요소 (예: 웹, 데이터베이스, 전자메일 등의 네트워크 서비스) 자체의 가용성 훼손을 나타낸다. 가용성은 정보 자원에 대한 접근 가능성을 나타내기 때문에 네트워크 대역폭, 프로세서 사이클 또는 디스크 공간을 소모하는 공격은 모두 영향을 받는 구성요소의 가용성에 영향을 미친다. 지표의 값은 영향을 받는 구성요소의 결과에 따라 증가한다.

지표 값	설명
높음 (H)	가용성이 완전히 상실되어 영향을 받는 구성요소의 자원에 대한 사용자의 접근이 완전히 차단된다. 가용성 상실은 공격이 이루어지는 동안 지속되거나 공격이 끝난 후에도 지속된다. 공격자는 가용성의 일부를 훼손할 수 있지만, 가용성 손실의 영향을 받는 구성요소에 직접적이고 심각한 결과를 낳는다. 예를 들면 공격자가 기존 연결은 방해할 수 없지만, 새로운 연결을 막을 수 있다. 또는 공격자가 반복적으로 보안 취약점을 악용할 수 있으며, 공격이 성공할 때마다 적은 양의 메모리 누수가 발생하지만, 반복적인 공격으로 인해 서비스는 완전히 사용할 수 없게 된다.

높음 (H)	가용성이 완전히 상실되어 영향을 받는 구성요소의 자원에 대한 사용자의 접근이 완전히 차단된다. 가용성 상실은 공격이 이루어지는 동안 지속되거나 공격이 끝난 후에도 지속된다. 공격자는 가용성의 일부를 훼손할 수 있지만, 가용성 손실의 영향을 받는 구성요소에 직접적이고 심각한 결과를 넣는다. 예를 들면 공격사가 기존 연결은 방해할 수 없지만, 새로운 연결을 막을 수 있다. 또는 공격자가 반복적으로 보안 취약점을 악용할 수 있으며, 공격이 성공할 때마다 적은 양의 메모리 누수가 발생하지만, 반복적인 공격으로 인해 서비스는 완전히 사용할 수 없게 된다.
낮음 (L)	자원 가용성의 저하 또는 성능 저하가 발생한다. 이 보안 취약점을 반복해서 악용할 수 있는 경우에도 공격자는 사용자에 대한 서비스를 완전히 중단시키지는 못한다. 영향을 받는 구성요소의 자원은 부분적으로 사용가능하거나 일부 시간에만 사용가능하지만, 전체적으로 영향을 받는 구성요소에 직접적이고 심각한 결과는 없다.
없음 (N)	영향을 받는 구성요소에 가용성 손실이 없다.

표 3-8 가용성 영향 값

3.2.4 기본 지표 평가 사례

보안 취약점 CVE-2012-5376, CVE-2014-0160에 대해 기본 점수를 산출해 본다. 보안 취약점에 대한 간단한 설명과 함께 기본 점수를 구성하는 하위 지표(공격벡터, 공격복잡도, 필요 권한, 사용자 상호작용, 범위, 비밀성·무결성·가용성 영향)에 대해 위에서 살펴본 가능한 값의 목록으로부터 적절한 값을 할당한다. 이들 하위 지표 값을 기본 점수 방정식에 대입하여 얻어진 것이 기본 점수이다.

구글 크롬 샌드박스 우회 취약점(CVE-2012-5376)

구글 크롬 22.0.1129.94 이전 버전의 IPC(Inter Process Communication) 모듈에 존재하는 보안 취약점이다. 악용하면 원격으로 공격자가 렌더러(Renderer) 프로세스에 대한 액세스를 활용하여 샌드박스(Sandbox) 실행환경 통제를 우회하고, 로컬 파일 시스템에 임의의 파일을 쓸 수 있다.

공격 방식

구글 크롬은 각 브라우저 탭[3]에서 IPC를 사용하여 다른 크롬 프로세스와 통신하는 별도의 렌더러 프로세스를 실행할 수 있는 다중 프로세스 아키텍처를 사용한다. 피해자가 특수하게 조작된 웹 사이트를 방문하도록 유도함으로써, 공격자는 원격에서 이 보안 취약점을 악용하여 임의의 파일을 로컬 파일 시스템에 쓸 수 있다.

기본점수: 9.6

지표	값	설명
공격벡터	네트워크	로컬 네트워크 외부에 위치하는 악성 웹사이트를 피해자가 방문
공격복잡도	낮음	공격자는 공격을 위해 특별한 정보수집 활동을 할 필요 없음
필요 권한	없음	공격자는 공격을 수행하기 위해 어떠한 권한도 필요하지 않으며, 공격자를 대신하여 피해자가 행위를 하도록 함
사용자 상호작용	필요	공격자가 제공한 특별히 조작된 링크를 피해자가 클릭해야 함
범위	변경	공격자가 크롬의 샌드박스의 통제 환경을 벗어난다는 가정 하에 취약한 구성요소는 크롬이며, 영향을 받는 구성요소는 크롬이 실행되는 운영체제임
비밀성 영향	높음	크롬이 관리자 권한으로 실행되고 있을 때 최악의 시나리오가 발생. 공격자는 시스템 구성 설정을 덮어쓰고 시스템의 모든 데이터에 액세스 할 수 있음
무결성 영향	높음	크롬이 관리자 권한으로 실행되고 있을 때 최악의 시나리오가 발생. 공격자는 중요한 시스템 파일을 포함하여 모든 파일을 덮어 쓸 수 있음
가용성 영향	높음	크롬이 관리자 권한으로 실행되고 있을 때 최악의 시나리오가 발생. 공격자가 특정 시스템 파일을 덮어 쓰면 시스템이 중단될 수 있음

---

3 탭 브라우징(Tabbed browsing)은 단일 창에서 여러 페이지를 탐색할 수 있도록 하는 인터넷 탐색 양식으로, 여러 사이트를 보고 싶지만 여러 브라우저 창을 열지 않으려는 사용자를 위한 기능

OpenSSL 하트블리드 취약점(CVE-2014-0160)

1.0.1g 이전 버전의 OpenSSL 1.0.1에서 TLS와 DTLS 모듈에 존재하는 취약점으로, 하트비트(Heartbeat) 확장 패킷을 올바르게 처리하지 못한다. 공격자가 원격에서 조작된 패킷을 보내면 버퍼 넘쳐 읽기(Buffer Over-Read)[4]가 발생하여 프로세스 메모리에서 중요한 정보를 얻을 수 있다.

공격 방식

공격자는 필드 길이가 길고 페이로드 크기는 작은 '하트비트 요청' 메시지를 만들어, OpenSSL을 실행하는 웹서버로 보낸다. 취약한 서버는 받은 패킷의 필드 길이와 페이로드 길이를 비교하지 않으며, 최대 64KB의 서버 메모리를 공격자에게 반환한다. 이 메모리가 이전 OpenSSL이 사용한 것이라면 반환된 데이터에는 공격자가 추가적인 공격에 사용할 수 있는 암호화 키나 사용자 이름, 패스워드 같은 중요한 정보가 포함될 수 있다.

기본점수: 7.5

지표	값	설명
공격벡터	네트워크	OpenSSL을 사용하는 네트워크 서비스에 취약점이 존재
공격복잡도	낮음	공격자는 공격을 위해 해당 네트워크 서비스를 제공하는 사이트를 찾기만 하면 됨
필요 권한	없음	공격자는 공격을 수행하기 위해 어떠한 권한도 필요하지 않음
사용자 상호작용	없음	공격을 성공하기 위해서 사용자 개입이 필요하지 않음
범위	없음	취약한 구성요소는 네트워크 서비스에 통합되어 있는 OpenSSL이며, 공격이 이루어지는 동안 범위의 변경이 발생하지 않음

---

4 버퍼에서 데이터를 읽는 과정에서 버퍼의 경계를 초과하고 인접한 메모리를 읽음

비밀성 영향	높음	공격자는 일부 제한된 정보만 획득하지만 노출된 정보는 영향을 받는 범위에 직접적으로 심각한 영향을 줌 (예 : 공격자가 관리자 패스워드를 읽거나, 메모리에 위치할 비밀 키가 공격자에게 노출될 수 있음)
무결성 영향	없음	공격자가 수정할 수 있는 정보는 없음
가용성 영향	없음	공격자가 가용성에 영향을 미칠 수 없음

3.3 시제 지표

시제 지표는 보안 취약점 악용기술 또는 악용코드의 현 상태, 패치 또는 임시 해결책의 존재, 취약점 정보의 확실성 등으로부터 산출한다. 이들은 시제 지표의 하위 지표를 구성하며, 시간이 지남에 따라 동적으로 보안 취약점의 악용가능성을 결정하는 변수들이다.

3.3.1 악용코드 성숙도

악용코드 성숙도(Exploit Code Maturity) 지표는 보안 취약점이 악용될 가능성을 측정하며, 일반적으로 악용 기술의 현 상태, 악용코드의 존재, 빈번한 취약점 악용 사례의 발생 등에 따라 결정된다. 사용하기 쉬운 악용코드가 공개되면 스크립트 키디(Script Kiddie) 수준의 공격자를 포함한 공격자 수가 늘어나서 보안 취약점 악용에 대한 우려를 높인다. 처음에는 보안 취약점의 악용이 이론적인 수준이었다가 개념 증명(Proof-of-Concept) 코드, 실제로 작동하는 악용코드, 보안 취약점 악용에 필요한 기술적 세부사항이 차례로 공개된다. 심각한 경우에는 네트워크 기반 웜이나 바이러스 또는 자동화 공격 도구에 탑재되어 배포된다. 보안 취약점 악용이 쉬울수록 점수가 올라간다.

지표 값	설명
정의 않음 (X)	점수에 영향을 미치지 않는다. 점수 계산식에서 이 지표는 생략한다.
높음 (H)	스스로 보안 취약점을 악용할 수 있는 코드가 존재하거나 수삭법으로 악봉이 가능하여 악용코드가 필요 없거나, 악용 세부사항이 널리 공개되어 있다. 악용코드가 모든 상황에서 작동하거나 웜 또는 바이러스와 같이 스스로 보안 취약점을 악용하는 모듈 형태로 활발히 배포되고 있다. 네트워크에 연결된 시스템에 대한 스캔이나 악용 시도의 발생 가능성이 높다. 악용 기법은 널리 사용가능한 자동화 도구 수준까지 개발되었다.
기능적 (F)	실제로 작동하는 악용코드가 존재한다. 보안 취약점이 존재하는 대부분의 상황에서 악용코드가 작동한다.
개념증명 (P)	개념 증명 수준의 악용코드가 존재하거나 대부분의 시스템에 실제로 작동하는 공격은 나타나지 않았다. 악용코드나 기법은 모든 상황에 대해 작동하지 않으며 숙련된 공격자의 상당한 수정이 필요하다.
증명안됨 (U)	악용코드가 존재하지 않거나 보안 취약점 악용은 이론적 수준이다.

표 3-9 악용코드 성숙도 값

3.3.2 교정 수준

보안 취약점의 교정 수준(Remediation Level)은 알려진 보안 취약점에 대해 어떤 수준의 대응책이 마련되어 있는지를 나타내는 지표로서, 보안 취약점 대응의 우선순위 지정에 중요한 요소이다. 보안 취약점이 최초 공개될 때 대부분의 보안 취약점은 패치 되지 않은 상태이다. 제조사는 보안 취약점을 본질적으로 제거하는 공식 패치 또는 업그레이드를 발표할 때까지 간이조치(Workaround)나 핫픽스(Hotfix) 등을 제공하기도 한다. 덜 공식적이고 덜 영구적인 교정 대책일수록 보안 취약점 점수가 높아진다.

지표 값	설명
정의 않음 (X)	점수에 영향을 미치지 않는다. 점수 계산식에서 이 지표는 생략한다.
없음 (U)	해결책이 존재하지 않거나 적용이 불가능하다.
간이조치 (W)	취약한 구성요소 제조사가 아닌 다른 업체(Non-Vendor)의 비공식적인 솔루션이 존재한다. 경우에 따라 영향을 받는 기술의 사용자는 스스로 패치를 만들거나 보안 취약점을 피하거나 완화시키는 조치를 취한다.
임시교정 (T)	공식적이지만 임시적인 해결책이 존재한다. 여기에는 취약한 구성요소의 제조사가 제공하는 임시 핫픽스, 도구, 대안 등을 포함한다.
공식교정 (O)	취약한 구성요소 제조사의 완전한 해결책이 존재한다. 제조사가 공식 패치를 발표하였거나 업그레이드가 존재한다.

표 3-10 교정 수준 값

3.3.3 보고 신뢰도

보고 신뢰도(Report Confidence) 지표는 보안 취약점이 존재한다는 믿음의 정도와 보안 취약점에 대해 알려진 기술 세부사항의 신뢰를 측정한다. 보안 취약점의 존재만 공개되지만 구체적인 내용은 공개되지 않는 경우가 있다. 예를 들어 보안 취약점 악용의 영향이 바람직하지 않은 것으로 알려져 있지만 그 원인이 무엇인지 알려지지 않을 수 있다. 나중에 보안 취약점이 있는 곳을 밝혀낸 연구에 의해 보안 취약점의 존재가 입증되기도 한다. 최종적으로 영향을 받는 기술이나 제품의 개발자나 제조사의 인정으로 보안 취약점은 확인된다. 보안 취약점이 확실하게 존재하는 것으로 밝혀지면 보안 취약점 대응에 대한 긴급성이 높아진다. 이 지표는 잠재적인 공격자가 얻을 수 있는 기술적 지식의 수준을 의미하기도 한다. 제조사나 평판 좋은 누군가가 보안 취약점을 확인할수록 점수가 높아진다.

지표 값	설명
정의 않음 (X)	점수에 영향을 미치지 않는다. 점수 계산식에서 이 지표는 생략한다.
확인됨 (C)	상세한 보고서가 있거나 악용 기법이 재생산 되고 있다. 보안 취약섬 손새를 녹립적으로 확인시켜주는 소스 코드가 존재하거나 영향을 받는 구성요소의 개발자나 제조사가 보안 취약점의 존재를 확인하였다.
합당 (R)	상당한 양의 세부사항이 공개되었지만 보안 취약점의 근본 원인에 대해서 충분한 확신을 갖지 못하거나 보안 취약점 악용으로 이어지는 과정을 완전히 검증하기 위한 소스 코드가 없다. 그러나 결함을 재현할 수 있고 개념 증명 코드를 사용하여 최소한 하나의 보안 취약점 악용 결과를 확인할 수 있기 때문에 보안 취약점 존재에 대한 믿음이 합당하다. 결과를 재현하는 방법에 대한 확신을 주는 설명(어떤 부분은 감추어져 있거나, 독자의 몫으로 돌리는 방식으로 기술하는 경우가 많다)과 함께 보안 취약점에 대한 연구를 세부적으로 기록한 자료가 존재한다.
모름 (U)	보안 취약점이 있음을 나타내는 영향 보고서가 있다. 보안 취약점의 원인이 무엇인지 모른다고 기록되어 있거나, 보안 취약점의 원인 또는 영향이 상이한 보고서들이 존재한다. 보고서 작성자는 보안 취약점의 본질에 대해 잘 모르며 보고서의 유효성에 대하여 확신이 없다. 서비스 거부 공격이나 더 심각한 영향을 끼칠 수 있는 메모리 훼손의 증거가 될 수 있는 간헐적이지만 재현 불가능한 중단(Crash)이 발생하였다고 기록한 결함 보고서가 하나의 사례이다.

표 3-11 보고 신뢰도 값

3.4 환경 지표

환경 지표는 영향을 받는 정보기술 자산이 조직에 미치는 중요성에 따라 보안 취약점 점수를 보완할 수 있게 해주며, 비밀성, 무결성, 가용성 등을 위한 보안 통제 상태를 반영한다. 기본 지표를 수정한 형태로 조직의 정보기술 자산의 배치에 따라 값이 결정된다.

3.4.1 보안 요구사항
이 하위 지표를 사용하여 영향을 받는 정보기술 자산의 중요성에 따라 보안 취약점 점수를 조정할 수 있다. 가용성이 가장 중요한 업무를 정보기술 자산이 지원하는 경우, 분석가는 비밀성과 무결성보다는 가용성에 상대적으로 더 큰 비중을 두어 보안 취약점 위험도 점수를 매길 수 있다. 각 보안 요구사항은 낮음, 중간, 높음의 세 가지 값을 가진다.

기본 지표의 영향 하위지표를 수정하여 환경 지표에 대한 점수를 결정한다. 즉, 보안 요구사항 지표는 비밀성, 무결성, 가용성 영향을 재조정(Modified)한다. 예를 들어 비밀성 요구사항이 높으면 수정된 비밀성(Modified Confidentiality) 영향 지표의 가중치가 증가한다. 마찬가지로 비밀성 요구사항이 낮으면 수정된 비밀성 영향 지표의 가중치가 감소한다. 비밀성 요구사항이 중간이면 수정된 비밀성 영향 지표는 중간 크기의 가중치를 가진다. 무결성과 가용성 요구사항에도 동일한 프로세스가 적용된다.

(수정된 기본) 비밀성 영향이 없음으로 설정된 경우 비밀성 보안 요구사항은 환경 점수에 영향을 미치지 않는다. 또한 (수정된 기본) 영향 지표가 높음으로 설정될 때 비밀성 요구사항을 중간에서 높음으로 높여도 환경 점수가 변경되지 않는다. 이는 수정된 영향 하위 점수(영향을 계산하는 수정된 기본 점수의 일부)가 이미 최댓값 10이기 때문이다.

표 3-12의 값은 비밀성, 무결성, 가용성 보안 요구사항 모두에 동일하게 적용된다. 보안 요구사항이 높을수록 점수도 높다. 중간을 디폴트로 간주한다.

지표 값	설명
정의 않음 (X)	점수에 영향을 미치지 않는다. 점수 계산식에서 이 지표는 생략한다.
높음 (H)	[비밀성|무결성|가용성] 손실은 조직과 관련된 개인(직원, 고객 등)과 조직에 파국적인(Catastrophic) 악영향을 미친다.
중간 (M)	[비밀성|무결성|가용성] 손실은 조직과 관련된 개인(직원, 고객 등)과 조직에 심각한(Serious) 악영향을 미친다.

| 낮음 (L) | [비밀성\|무결성\|가용성] 손실은 조직과 관련된 개인(직원, 고객 등)과 조직에 제한된(Limited) 악영향을 미친다. |

표 3-12 보안 요구사항 값

3.4.2 수정된 기본 지표

환경에 존재하는 수정사항에 따라 기본 지표를 조정할 수 있다. 즉, 환경이 해당 취약한 구성요소에 대해 변경을 일으켜 악용가능성, 범위, 영향 등 하위 지표에 영향을 미치는 경우 적절히 이를 반영하여 환경 점수를 수정할 수 있다.

환경 점수는 온전히 해당 기본 지표에 의해 결정된다. 환경의 보안 요구사항을 적용하여 기본 지표 값을 재할당하여 환경 점수를 수정한다. 예를 들면 취약한 구성요소의 디폴트 구성 설정이 관리자 권한으로 인터넷 서비스를 제공하는 경우 취약점 악용은 비밀성, 무결성, 가용성 영향을 모두 높음으로 만든다. 그러나 분석가의 환경에서 동일한 인터넷 서비스를 제한된 권한으로 실행하는 경우 수정된 비밀성, 수정된 무결성, 수정된 가용성은 각각 낮음으로 설정할 수 있다.

이 지표의 목적은 주어진 환경에 설치된 보안 취약점 완화대책(Mitigation)을 정의하는 것이다. 기본 점수를 높이는 상황을 묘사하는 데 수정된 지표를 사용한다. 예를 들면 한 구성요소의 디폴트 구성 설정은 특정 기능을 액세스하기 위해 높은 권한(필요 권한 : 높음)을 요구할 수 있지만 분석가의 환경에서는 권한이 필요하지 않을 수 있다(필요 권한 : 없음). 분석가는 '수정된 필요권한 : 없음'을 설정하여 더 심각한 환경의 상태를 반영할 수 있다.

수정된 기본 지표	지표 값
수정된 공격벡터 (MAV) 수정된 공격복잡도 (MAC) 수정된 필요 권한 (MPR) 수정된 사용자 상호작용 (MUI) 수정된 범위 (MS) 수정된 비밀성(MC) 수정된 무결성(MI) 수정된 가용성 (MA)	각 하위 지표별로 기본 지표와 같은 값을 갖거나 값을 정의하지 않음 (니볼트 값)

표 3-13 수정된 기본 지표 값

3.5 채점

하나의 보안 취약점에 대해 CVSS 점수는 그림 3-3과 같이 기본 지표의 점수를 먼저 측정하고, 시제 지표와 환경 지표의 값은 상황에 따라 선택적으로 측정한다. 기본 점수 산출을 위한 계산식은 악용가능성 점수 계산식과 영향 점수 계산식에서 파생된다. 악용가능성 점수는 기본 지표의 하부 지표인 악용가능성 지표 값으로부터 계산하고, 영향 점수는 기본 지표의 영향 하부 지표 값으로부터 계산한다.

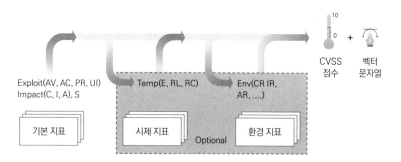

그림 3-3 CVSS 측정 지표 간 관련성

하나의 보안 취약점이 사용자 환경에 가하는 위험을 정확하게 반영하기 위해 시제와 환경 지표를 적용하여 기본 점수를 재조정할 수 있다. 시제와 환경 지표의 반영은 반드시 필요한 것은 아니다. 일반적으로 보안 취약점 특성에 대해 가장 정확한 정보를 가지고 있는 보안 취약점이 있는 제품의 개발자·제조사, 보안 업체, 보안 취약점 분석가 등이 기본과 시제 지표를 산출한다. 반면에 환경 지표는 컴퓨팅 환경에 미치는 보안 취약점의 영향을 가장 잘 아는 개별 환경의 사용자 조직이 산출한다.

3.5.1 CVSS 점수 계산식

공격자가 이미 해당 보안 취약점을 찾아 알고 있다고 가정하여 모든 지표를 채점해야 한다. 즉, 보안 취약점 위험도 점수를 계산할 때 보안 취약점을 어떻게 찾았는지에 대해서는 고려할 필요가 없다. 또한 보안 취약점의 채점은 분석을 하는 개인과 조직에 무관하게 보안 취약점의 채점이 이루어지도록 설계되었다.

기본 점수 : 영향과 악용가능성 점수의 함수로 구성

If (영향 점수 ⟨= 0)	*0 else*
범위 변경없음	*라운드업 (최솟값[(영향+악용가능성), 10])*
범위 변경	*라운드업 (최솟값[1.08 × (영향+악용가능성), 10])*

[영향 점수]

범위 변경없음	$6.42 \times$ *영향$_{기본}$*
범위 변경됨	$7.52 \times$ *[영향$_{기본}$ – 0.029] $3.25 \times$ [영향$_{기본}$ – 0.02]*[15]
여기서, 영향$_{기본}$ = 1 – [(1–영향$_{비밀성}$) × (1–영향$_{무결성}$) × (1–영향$_{가용성}$)]	

[악용가능성 점수]

$0.22 \times$ 공격벡터 $\times$ 공격복잡도 $\times$ 필요권한 $\times$ 사용자 상호작용

시제 점수

라운드업(기본점수 $\times$ 악용코드 성숙도 $\times$ 교정수준 $\times$ 보고신뢰도)

환경 점수

If (수정된 영향 점수 $\langle = 0$)   0 else,
If 수정된 범위 : 변경없음   라운드업(라운드업(최소 [수정된 영향 +
수정된 악용가능성), 10]) $\times$ 악용코드 성숙도 $\times$
교정수준 $\times$ 보고신뢰도)
If 수정된 범위 : 변경됨   라운드업(라운드업(최소 [1.08 $\times$ (수정된 영향 +
수정된 악용가능성), 10]) $\times$ 악용코드 성숙도 $\times$
교정수준 $\times$ 보고신뢰도)

[수정된 영향 점수]

If 수정된 범위 : 변경없음 $6.42 \times$ 영향$_{수정됨}$
If 수정된 범위 : 변경됨 $7.52 \times$ [영향$_{수정됨} - 0.029] - 3.25 \times$ [영향$_{수정됨} - 0.02]^{15}$

여기서, 영향$_{수정됨}$ = 최소[[1 - (1 - 수정된 영향$_{비밀성} \times$ 비밀성 요구사항) $\times$ (1 - 수정된 영향$_{무결성} \times$ 무결성 요구사항) $\times$ (1 - 수정된 영향$_{가용성} \times$ 가용성 요구사항)], 0.915]

[수정된 악용가능성 점수]

$$8.22 \times 수정된\ 공격벡터 \times 수정된\ 공격복잡도 \times 수정된\ 필요권한 \times 수정된\ 사용자\ 상호작용$$

표 3-14는 각각의 지표 값에 따라 점수 계산식에 대입하는 수치 값을 정의한 것이다.

지표	지표 값	수치 값
공격벡터· 수정된 공격벡터	네트워크	0.85
	인접	0.62
	로컬	0.55
	물리	0.2
공격복잡도· 수정된 공격복잡도	낮음	0.77
	높음	0.44
필요권한·수정된 필요권한	없음	0.85
	낮음	0.62(0.68 범위/수정된 범위 변경)
	높음	0.27(0.50 범위/수정된 범위 변경)
사용자 상호작용· 수정된사용자 상호작용	없음	0.85
	필요	0.62
비밀성·무결성·가용성 영향 수정된 비밀성·무결성·가용성 영향	높음	0.56
	낮음	0.22
	없음	0
악용코드 성숙도	정의 않음	1
	높음	1
	기능적	0.97
	개념증명	0.94
	증명안됨	0.91
교정수준	정의 않음	1
	없음	1
	간이조치	0.97
	임시교정	0.96
	공식교정	0.95

보고신뢰도	정의 않음	1
	화이될	1
	합당	0.96
	모름	0.92
보안 요구사항 – 비밀성·무결성·가용성 요구사항	정의 않음	1
	높음	1.5
	중간	1
	낮음	0.5

표 3-14 지표 값에 대한 수치 값 정의

3.5.2 정성적 등급 부여

정량적인 기본, 시제, 환경 점수를 정성적으로 표현하는 것이 유용할 경우가 있다. 모든 CVSS 수치 점수는 표 3-15에 정의된 정성적 등급에 매핑된다. 예를 들어 CVSS 기본 점수 4.0은 중간 등급을 가진다. 정성적 등급의 사용은 선택 사항이며 CVSS 점수를 발표할 때 포함시켜야 할 필요는 없다. 정성적 등급은 조직의 보안 취약점 관리 프로세스를 적절히 평가하고 우선순위를 정하는 데 도움을 주기 위한 것이다.

등급	CVSS 점수
없음	0.0
낮음	0.1 ~ 3.9
중간	4.0 ~ 6.9
높음	7.0 ~ 8.9
매우 높음	9.0 ~ 10.0

표 3-15 정성적 등급 범위

3.5.3 벡터 문자열

CVSS 점수는 취약점을 채점하는 데 사용한 지표를 글로 나타낸 벡터 문자열(Vector String)도 생성한다. 이는 지표 정보를 간결한 형식으로 기록하거나 전송하는 데 사용하며, 취약점 점수와 함께 표시한다.

벡터 문자열은 'CVSS :' 라벨과 현재 버전 '3.0'으로 시작한다. 이 다음에 '/'로 구분된 일련의 지표 정보가 따라온다. 각 지표 정보는 축약 형식의 지표 이름, ':', 지표 값으로 구성된다. 표 3-16은 각 지표 이름과 값에 대한 축약 형식의 목록이다.

지표 그룹	지표 이름과 축약 형식	가능한 값	강제?
기본	공격벡터, AV	[N,A,L,P]	예
	공격복잡도, AC	[L,H]	예
	필요 권한, PR	[N,L,H]	예
	사용자 상호작용, UI	[N,R]	예
	범위, S	[U,C]	예
	비밀성, C	[H,L,N]	예
	무결성, I	[H,L,N]	예
	가용성, A	[H,L,N]	예
시제	악용코드 성숙도, E	[X,H,F,P,U]	아니오
	교정 수준, RL	[X,U,W,T,O]	아니오
	보고 신뢰도, RC	[X,C,R,U]	아니오
환경	비밀성 요구사항, CR	[X,H,M,L]	아니오
	무결성 요구사항, IR	[X,H,M,L]	아니오
	가용성 요구사항, AR	[X,H,M,L]	아니오
	수정된 공격벡터, MAV	[X,N,A,L,P]	아니오
	수정된 공격복잡도, MAC	[X,L,H]	아니오
	수정된 필요 권한, MPR	[X,N,L,H]	아니오
	수정된 사용자 상호작용, MUI	[X,N,R]	아니오
	수정된 범위, MS	[X,U,C]	아니오
	수정된 비밀성, MC	[X,N,L,H]	아니오
	수정된 무결성, MI	[X,N,L,H]	아니오
	수정된 가용성, MA	[X,N,L,H]	아니오

표 3-16 기본, 시제, 환경 벡터 문자열을 위한 축약 목록

지표 정보는 벡터 문자열에서 임의의 순서로 지정될 수 있지만 선호하는 순서는 표 3-16과 같다. 모든 기본 지표 정보는 벡터 문자열에 포함되어야 한다. 시제와 환경 지표 정보는 선택 사항이며, 생략된 지표는 '정의 않음(X)' 값을 가지는 것으로 간주한다. '정의 않음(X)' 값을 가진 지표는 원하는 경우 벡터 문자열에 명시적으로 포함시킬 수 있다. 벡터 문자열을 읽는 프로그램은 임의의 순서로 지표를 받아들이고, 지정되지 않은 시제와 환경 지표를 '정의 않음'으로 처리해야 한다. 하나의 벡터 문자열에 동일한 지표를 두 번 이상 포함해서는 안 된다.

벡터 문자열의 사례를 들어 보면 어떤 취약점의 기본 지표 값이 '공격 벡터:네트워크, 공격복잡도:낮음, 요구권한:높음, 사용자 상호작용:없음, 범위:변경없음, 비밀성:낮음, 무결성:낮음, 가용성:없음'이고, 시제와 환경 지표가 지정되지 않은 취약점의 벡터 문자열은 다음과 같다.

CVSS:3.0/AV:N/AC:L/PR:H/UI:N/S:U/C:L/I:L/A:N

위의 취약점에 '악용코드 성숙도:기능적, 교정수준:정의 않음'를 추가한 벡터 문자열은 다음과 같다.

CVSS:3.0/S:U/AV:N/AC:L/PR:H/UI:N/C:L/I:L/A:N/E:F/RL:X

4. 보안 취약점 식별자

CVE(Common Vulnerabilities and Exposures)는 공개된 보안 취약점에 대한 표준화된 공통 이름을 부여하기 위한 노력의 결과로 보안 취약점의 이름(Name) 또는 식별자(Identifier)의 사전이다. CVE의 식별자를 사용하면 개별 보안 업체와 제품 개발자가 자체적으로 이름을 부여하여 각자 보유한 보안 취약점 데이터베이스와 도구 사이에 보안 취약점 정보의 공유가 가능하다. 또한 개별 조직의 보안 도구가 보안 취약점을 다루는 범위를 평가하기 위한 기준(Baseline)을 제공할 수 있다. 보안 도구가 자동으로 생성하는 보고서에 CVE 식별자가 포함되어 있으면 이 보안 취약점을 교정하기 위한 정보를 여러 보안업체가 제공하는 보안 관련 데이터베이스에서 CVE 식별자를 기준으로 정확하게 액세스할 수 있다. 미국의 마이터 사가 운영하는 CVE 사이트[1]에는 CVE를 다음과 같이 소개하고 있다.

- 하나의 취약점에 대한 하나의 이름
- 각 취약점에 대한 하나의 표준화된 설명
- 데이터베이스가 아닌 사전
- 다른 데이터베이스와 도구 사이에 동일한 언어로 취약점을 표현할 수 있게 함
- 상호운용성과 보안 적용 영역(Security Coverage)을 향상시키는 방법
- 도구와 데이터베이스 사이의 평가 기준을 제공
- 무료 다운로드 및 사용
- CVE 번호부여 기관, CVE 위원회, CVE 호환(CVE-Compatible) 제품 등을 통해 업계에서 수용

각자 주체마다 다르게 불렀던 보안 취약점의 이름을 공통 이름으로 표준화를 시도한 시기는 1999년부터이다. 현재 CVE는 보안 취약점 이름의 업계 표준이 되었으며, 2011년 국제 전기통신·정보 시스템 표준화 기구 ITU-T는 국제 사이버 보안 정보 교환 기술(X.CYBER)의 일환[2]으로 CVE를 채택하였다.

---

1 https://cve.mitre.org/about/
2 ITU-T X.1520 CVE

4.1 CVE 식별자 구문

CVE 식별자는 CVE 이름, CVE 번호, CVE ID 등으로 부른다. 식별자는 다음의 3 요소로 구성된다.

CVE 접두사 (Prefix) - 연도 - 순서번호

연도 부분은 CVE 식별자가 할당되었거나 보안 취약점이 공개된 연도를 의미한다. 2014년 1월부터 새로 적용된 구문에서 CVE 식별자의 순서 번호는 최소 4자리이며, 최대 자릿수는 제한이 없다. 예를 들면 CVE-2017-0001, CVE-2013-9999는 순서번호가 4자리인 경우이고 CVE-2014-765342, CVE-2017-999999는 순서번호가 6자리인 경우이다.

4.2 CVE 커뮤니티

CVE는 국제적인 사이버 보안 커뮤니티의 노력으로 유지되고 있다. CVE 위원회와 CVE 후원자의 기부 외에도 전 세계 수많은 조직이 CVE 번호 부여 기관으로 참여하고 있다. CVE 위원회는 보안도구 공급업체, 학계, 연구기관, 정부기관, 기타 저명한 보안 전문가 등 국제적 사이버 보안 조직의 구성원으로 구성된다. 공개적이고 협력적 논의를 거쳐 위원회는 CVE 목록 항목에 대한 데이터 소스, 제품 적용범위 등을 승인하고, 진행 중인 신규 항목의 할당을 감독한다. CVE 후원자는 미국 국토안보부의 사이버보안과통신국이 관장하는 US-CERT 이다. CVE 번호부여 기관 CNA(CVE Numbering Authority)에는 주요 운영체제 공급업체, 보안 연구자, 연구기관 등이 참여하며 새로 발견된 이슈에 CVE 식별자를 할당하고 취약점의 최초 공개에 CVE 식별자를 포함시킨다.

4.3 CVE 호환 제품과 서비스

전 세계의 수많은 조직이 자사 제품이 취급하는 보안 취약점의 이름을 CVE 식별자로 사용(CVE 호환)하며, CVE 식별자를 자사 보안 권고문(Security Advisory)에 포함시키고 있다. CVE 호환 제품과 서비스는 2000년 12월에 29개 조직 43개 제품을 시작으로, 2017년 9월 집계까지 84개 조직 153개의 제품과 서비스가 CVE 호환으로 공식적으로 CVE 웹 사이트[3]에 등록되어 있다. CVE 호환성 프로그램은 2018년 현재, 중단된 상태이다.

4.4 보안 취약점 검색

전체 CVE 목록은 CVE 웹사이트[4]에서 저장되어 있으며, 목록을 열람

---

3 https://cve.mitre.org/compatible/compatible.html

4 https://cve.mitre.org/cve/search_cve_list.html

하거나 특정 CVE 항목을 검색할 수 있다. 그림 4-1과 같이 특정 취약점 항목을 검색하려면 공백으로 구분되는 복수의 키워드 또는 CVE 식별자를 검색창에 입력한다.

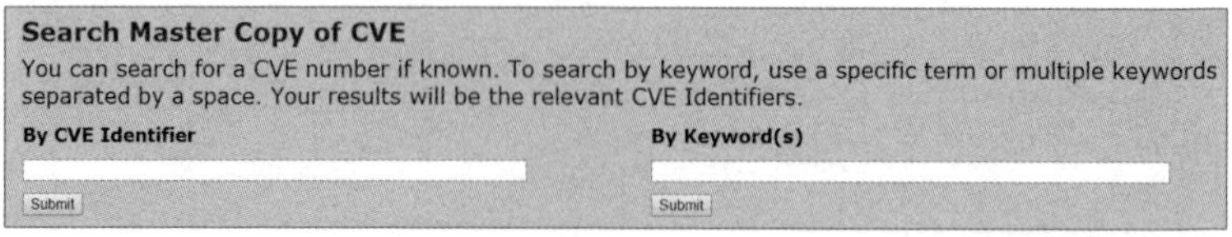

Search Master Copy of CVE
You can search for a CVE number if known. To search by keyword, use a specific term or multiple keywords separated by a space. Your results will be the relevant CVE Identifiers.

By CVE Identifier   **By Keyword(s)**

Submit   Submit

그림 4-1 보안 취약점 검색 창

각 CVE 식별자에 대한 검색 결과는 표 4-1과 같은 정보로 구성된다.

CVE 식별자 번호(예, CVE-1999-0067, CVE-2014-10001, CVE-2014-100001)
보안 취약점에 대한 간단한 설명
관련 참고문헌(예, 취약점 보고서, 보안 권고문)

표 4-1 CVE 식별자 검색 결과

CVE-ID
CVE-2012-5376
설명(Description)
구글 크롬 22.0.1129.94 이전 버전의 IPC(Inter-Process Communication) 모듈에 존재하는 취약점으로 악용하면 원격으로 공격자가 렌더러(Renderer) 프로세스에 대한 액세스를 활용하여 샌드박스 실행 환경 통제를 우회하고, 로컬 시스템에 임의의 파일을 쓸 수 있다.
참고문헌(References)
• CONFIRM:http://blog.chromium.org/2012/10/pwnium-2-results-and-wrap-up_10.html • CONFIRM:http://code.google.com/p/chromium/issues/detail?id=154983 • CONFIRM:http://code.google.com/p/chromium/issues/detail?id=154987 • CONFIRM:http://googlechromereleases.blogspot.com/2012/10/stable-channel-update_6105.html • OSVDB:86156 • URL:http://osvdb.org/86156 • OVAL:oval:org.mitre.oval:def:15156

표 4-2 CVE-2012-5376 검색 결과

예를 들어 보안 취약점 식별자 CVE-2012-5376를 검색한 결과는
표 4-2와 같다.

미국 NIST의 국가 취약점 데이터베이스 NVD(National Vulnerability
Database)에서도 보안 취약점에 대한 검색 서비스[5]를 제공하고 있다.
검색 창에 전체 기간 동안 'Windows' 키워드, 결과 유형을 통계로 검
색하면 그림 4-2와 같은 통계 정보를 보여준다.

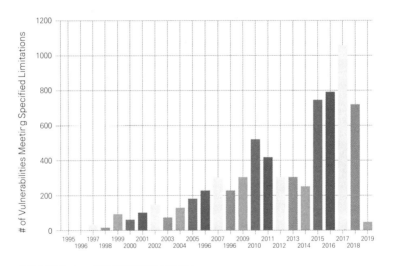

그림 4-2 'Windows' 키워드로 검색한 통계 정보

---

5 https://nvd.nist.gov/vuln/search

5. 보안 취약점의 생명 주기

보안 취약점의 생명 주기(Life Cycle)는 제조사가 시스템을 개발하는 동안 보안 취약점이 만들어지고, 누군가에 의해 발견되어, 제조사가 이 보안 취약점에 대한 패치를 개발·배포하고, 시스템의 최종 사용자가 이 패치를 설치하여 보안 취약점을 제거할 때까지의 시간으로 정의할 수 있다. 즉, 그림 5-1과 같이 시간의 흐름에 따라 보안 취약점은 생성에서부터 소멸에 이르는 4개의 단계를 거친다. 각 단계에서 보안 취약점의 상태는 해당 보안 취약점을 가진 시스템이 어느 정도의 위험에 노출되는지를 결정한다. 보안 취약점 생명 주기 각 단계의 특징을 표 5-1에 요약하였다.

그림 5-1 보안 취약점 생명 주기 (생성에서 소멸까지)

단계	특징
생성	• 시스템 개발 과정에서 보안 결함이 만들어지고, 테스트나 검사 과정에서 걸러지지 않은채 사용자에게 배포 • 만일 보안 취약점을 악의적으로 만들었다면 생성과 발견은 동시에 발생
발견	• 보안 취약점이 발견되면 보안 위험이 발생하는 것으로, 보통 보안 취약점이 공개되기 전까지는 언제 발견되었는지 알 수 없음
공개	• 보안 취약점에 대한 정보가 대중에 공개되면 해당 보안 취약점이 존재하는 제품과 관련된 모든 사람들이 이 사실을 인지 • 보안 취약점에 CVE 식별 아이디가 할당되어 보안 취약점 목록에 등재 • 악성코드 백신(Anti-Virus), 침입 차단·방지 업체는 해당 보안 취약점을 악용하는 시도(악성코드, 해킹 등)를 탐지하기 위한 탐지패턴(Signature)을 제작하여 배포 • 해당 보안 취약점을 가진 제품의 제조사는 보안 취약점의 발견에 따라 최대한 빨리 또는 정기적인 일정에 따라 보안 취약점 패치를 개발하여 배포
소멸	• 보안 취약점에 대한 패치가 설치되면 해당 보안 취약점으로 인한 보안 위험은 소멸

표 5-1 보안 취약점 생명 주기의 세부 단계와 그 특징

보안 취약점 생명 주기에서 보안 취약점의 최초 발견 시점은 분명하지 않다. 해당 보안 취약점의 발견자조차도 이것이 최초 발견인지 확실히 모른다. 이미 누가 발견하였을 가능성을 배제할 수 없다. 누군가가 자신만의 공격에 이를 사용하고 있을 수 있다. 보안 취약점 악용의 최초 시점도 분명히 알 수 없다. 최초 발견 이후이긴 하나 현재 탐지된 보안 취약점 악용 이전에 탐지되지 않은 보안 취약점 악용이 있을 수 있기 때문이다. 이번 장에서는 보안 취약점 생명 주기에서 발생하는 주요 논점들을 살펴본다.

5.1 보안 취약점의 생존 상태

그림 5-2에서 보는 바와 같이 보안 취약점은 발견되어 누구에게나 알려져(Publicly Known) 제거되거나, 일반에 알려지지 않은(Publicly Unknown) 상태로 특정 공격자들만 알고 해킹에 악용하거나, 아무도 그존재를 모르는(Unknown) 세 가지 상태로 나눌 수 있다. 발견되지 않고 지속적으로 해당 시스템에 존재하는 보안 취약점이 얼마나 되는지는 아무도 모른다.

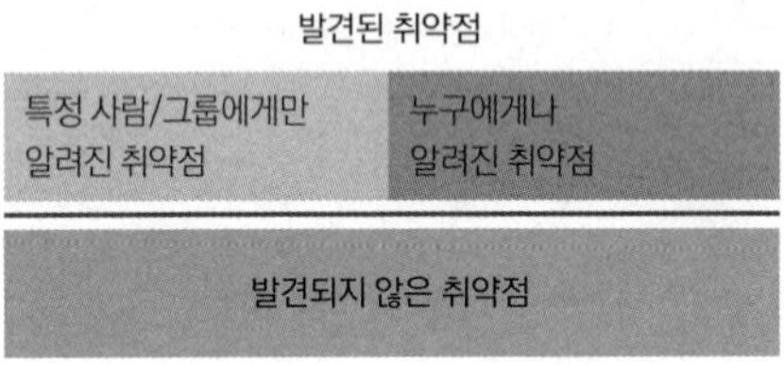

발견된 취약점

특정 사람/그룹에게만 알려진 취약점	누구에게나 알려진 취약점
발견되지 않은 취약점	

그림 5-2 보안 취약점의 발견·공개 여부에 따른 구분

살아있는(Alive) 보안 취약점이란 공개되지 않아 알려지지 않은(Publicly Unknown) 경우를 말하며, 누군가 발견하여 공개하여 알려져(Publicly Known), 제조사에 의해 보안 패치가 개발되어 패치가 설치되면 보안 취약점은 소멸한다(Dead). 이와 같이 보안 취약점의 생성과 소멸 과정에서 단순히 그 존재의 인지와 공개 여부로 구분할 수도 있으나, 살아있는 보안 취약점의 생존 상태를 좀 더 세부적으로 들여다보면 표 5-2과 같이 구분할 수 있다.

최신 버전의 운영체제나 애플리케이션은 보안 취약점이 발견되어 인지되면, 제조사가 보안 패치·업데이트를 개발, 발표한다. 제조사가 더 이상 코드를 유지관리 하지 않아서 보안 업데이트를 발표하지 않는

생존 상태	설명
생존(Living)	• 제품의 현재 버전에서 공개적으로 알려지지 않은 보안 취약점으로, 보안 취약점 발견자가 적극적으로 찾는 대상
불멸(Immortal)	• 발견되어 공개되지 않은 보안 취약점 • 발견된 보안 취약점이 있는 제품에 대한 지원 만기로 보안 패치가 개발되지 않음
보안 취약점 발견자가 공개	• 발견한 보안 취약점에 대한 공개가 예상되거나 마케팅 목적 또는 교육 목적으로 이를 사용하고자 할 때, 공개됨
공개되어 인지	• 누군가 발견하여 공개적으로 논의하고 있으나, 아직 보안 취약점으로 인지되지 않음 • 패치와 보안권고문 없음
보안 패치	• 발견되어 보안 취약점으로 인지됨(CVE 지정) • 패치와 보안권고문이 발표
코드 개정(Code Refactor)	• 코드 개정으로 인해 제품의 현재 버전에서 더 이상 악용될 수 없으나, 이전 버전에 존재하는 보안 취약점 • 보안 취약점이 있는 버전에 대한 제조사 지원이 이루어지며, 보안 패치의 적용이 가능

표 5-2 살아있는 보안 취약점의 세부적인 생존 상태 구분

경우, 발견된 보안 취약점은 영구적으로 해당 제품에 존재하게 된다. 공개되지 않은 취약점도 패치의 존재 유무에 따라 생존(Living)과 불멸(Immortal)로 구분할 수 있다.

발견된 보안 취약점은 최초 발견자나 이를 신고 받은 제조사 또는 사고 대응 기관 등에 의해 공개된다. 최초 발견자인 보안 취약점 연구자가 공개하는 이유는 보안 취약점 정보를 공유함으로써 전체적으로 정보보안 커뮤니티를 돕기 위한 것일 수도 있고, 다른 사람도 쉽게 발견할 수 있는 보안 취약점을 먼저 발견·공개하여 명성을 얻기 위한 것일 수도 있다. 보안 취약점은 통상적으로 보안 권고문·게시판 형식으로 보안 패치와 함께 공개된다. 보안 권고문(Security Advisory)에는 보안 취약점에 대한 설명과 CVE 번호, CVSS 점수가 포함된다.

보안 취약점 연구자 등이 메일링 리스트, 온라인 블로그 등에 자신이 발견한 버그 또는 결함을 논의하기 위해 게시하는 경우에는 비록 그것이 보안 취약점이라고 해도 보안 패치가 만들어지기 전 단계이다. 보안 취약점으로 인지되지 않았지만 코드 개정(Revision)을 통해 제거되는 보안 취약점의 경우에는 최신 버전에서 더 이상 존재하지 않기 때문에 '죽은' 것으로 볼 수 있으나, 이전 버전에서는 차후에 누군가가 발견하여 악용할 수 있다.

5.2 제로데이 보안 취약점

보안 취약점이 발견되어 해당 보안 취약점에 대한 패치가 개발·배포되기 전의 시점까지는 보안 취약점에 대한 악용을 막지 못하며, 이 시기의 보안 취약점을 제로데이(Zero-day) 보안 취약점이라고 부른다. 보안 취약점이 해당 제품 제조사에 보고된 날짜가 알려진 것도 있지만, 제조사나 사이버 공격자들이 보안 취약점을 발견한 날짜는 대개 알려지지 않는다. 따라서 보안 취약점의 공개 날짜를 0일(Day Zero)로 간주하여, 이 날짜에 패치가 존재하지 않는 경우에 해당 보안 취약점은 제로데이 취약점이 된다.

제로데이 보안 취약점은 패치나 픽스(Fix)가 공개적으로 릴리스되지 않은 보안 취약점이다. 경우에 따라 제조사가 보안 취약점을 인식하지 못할 수도 있다(0 일이라는 용어는 제조사가 취약점에 대해 알고 있는 기간을 나타낸다). 제로데이 악용코드(Exploit)는 제로데이 보안 취약점을 이용하는 코드로, 악용코드의 작성자가 시스템을 공격할 수 있게 한다. 소프트웨어를 실행하는 모든 시스템이 제로데이 보안 취약점을 가지고 있고, 제로데이 악용코드를 발견·중지하기가 어렵기 때문에 제로데이 보안 취약점은 공격자에게 매우 가치있는 자산이다.

제로데이 보안 취약점과 악용코드는 범죄자, 사이버 전사, 정보기관 등 다양한 그룹에게 가치가 있으며, 사이버 공격에 사용될 뿐만 아니라, 침투 테스트와 연구 목적으로도 유용하다. 보안 취약점 연구 업체의 직원 또는 독립적으로 연구하는 사람, 정부기관, 방산업체, 시스템 제조사 등이 제로데이 보안 취약점을 찾는다. 필연적으로 악용 가능한 제로데이 보안 취약점을 거래하거나 판매하기 위해 비즈니스 모델과 거래 시장이 출현하였다.

대부분의 방어 테스트 또는 해킹에서는 알려진 보안 취약점을 사용하지만, 일부 유명한 해킹공격 사례에서 보는 바와 같이 제로데이 보안 취약점도 공격에 사용한다. 스턱스(Stuxnet) 웜은 마이크로소프트 제품에 존재한 제로데이 보안 취약점 4개를 이용하여 이란의 핵 프로그램을 훼손시켰다. 하트브리드(Heartbleed)는 개인 키를 공격자에게 유출시키는 OpenSSL(웹 사이트에서 사용되는 암호화 라이브러리)에 존재하는 제로데이 보안 취약점이었다.

앞에서 언급한 것처럼 발견된 보안 취약점은 표 5-3과 같이 공개되지 않고 사적으로 보관되는 것과 대중에 공개되는 두 가지 유형으로 구분할 수 있다. 사적 영역에 존재하는 보안 취약점은 패치가 적용되지 않은 것으로 공격용으로 사용될 수 있다. 공개 영역의 보안 취약점은 해당 공급 업체에게 알려져서 패치 또는 교정수단(Fix)이 제공되며, 보안 취약점이 공개되어 패치가 개발되면 더 이상 잠재적 위험으로 간주되지 않는다.

유형	특징
사적 영역 (Private)	• 제로데이 보안 취약점 • 부아 취약점이 패치되지 않았음 • 보안 취약점 악용코드가 작동
공개 영역 (Public)	• 보안 취약점 패치가 개발되어 발표되면, 제로데이 보안 취약점이 아님 • 보안 취약점이 패치되거나 교정수단이 제공됨 • 보안 취약점 악용코드가 작동하거나, 개념증명코드가 존재

표 5-3 보안 취약점 공개 여부에 따른 특징

보안 취약점이 발견되어 공개되지 않고 조용히 패치될 수 있다. 따라서 이는 더 이상 제로데이로 간주되지 않는다. 반대로 취약점이 공개되었지만 패치가 아직 개발되지 않은 상태에 있을 수 있다. 사적 영역의 보안 취약점은 한 개인·그룹만 아는 경우와 여러 개인·그룹이 같이 아는 경우가 있다. 사적 영역의 보안 취약점 발견자는 취약점을 공격 용도로만 사용하거나, 그 반대로 패치 용도로만 사용하는 경우로 상반된 목적을 가질 수 있다. 따라서 보안 취약점을 표 5-4와 같이 분류할 수 있다.

구분	유형
사적 영역	• 한 개인·그룹만 아는 보안 취약점 • 둘 이상의 개인·그룹(서로 적대적 또는 우호적 관계)이 아는 보안 취약점, 모두 취약점을 비공개로 유지 • 둘 이상의 개인·그룹이 아는 보안 취약점, 이들 중 보안 취약점을 공개하려는 목표를 가진 개인·그룹이 있음 • (아마 누군가 비공개로 알려서) 해당 제조사만 알고 패치를 개발하여 공개하지만, 보안 취약점으로 알려지지 않음
공개 영역 (제조사 인지)	• 패치나 교정수단이 없음 • 교정수단은 있으나, 부분적으로만 패치됨 • 교정수단이 있고, 완전히 패치됨

표 5-4 보안 취약점 유형

시간이 지남에 따라 사적 영역에 있던 보안 취약점은 이를 찾는 누군가에게 발견되고, 여러 가지 이유로 공개 지식이 된다. 따라서 시간이 지남에 따라 사적 영역에 있는 보안 취약점 목록은 다른 사적 영역의 보안 취약점 목록과 중복되거나 공개 영역의 목록에 편입하게 된다.

5.3 보안 취약점 공개

보안 취약점의 발견자는 발견한 보안 취약점 정보를 공개하는 데 있어 표 5-5와 같은 선택을 한다. 일단 발견한 사실을 아무에게도 알리지 않는 선택은 별로 현실성이 없다. 보안 취약점 발견의 대부분은 기술적으로 상당한 수준의 지식을 요구하고, 이러한 노력을 외부에 알리고 싶은 것이 사람의 본성이다. 따라서 제품의 제조사에만 알리거나, 대중에 공개하거나, 특정 그룹에게 판매하는 등의 선택을 한다. 보안 관점에서 협력 공개가 더 바람직하지만, 완전 공개하면 보안 취약점의 신고에 응답하지 않는 제조사에게 자극을 주는 효과가 있다. 또한 제조사가 더 이상 존재하지 않거나, 제조사가 더 이상 지원하지 않는 제품의 경우에 해당 제품 사용자에게 주의를 환기시킬 수 있기 때문에 완전 공개가 바람직하다.

옵션	특징
공개 않음	• 아무에게도 알리지 않음 - 비공개가 보안에 유리하다고 판단 • 다른 사람이 이미 동일한 보안 취약점을 발견하지 않았다는 보장이 없고, 시간이 지나면서 이 보안 취약점을 발견할 가능성이 높아짐
협력 공개 (Coordinated Disclosure)	• 제품 제조사 또는 국가 CERT(한국의 KrCERT 또는 미국의 US-CERT, Cert/CC 등)에 보안 취약점의 세부 내용을 알려서 패치를 개발할 시간을 줌 • 제조사는 패치 권고문(Bulletin 또는 Advisory) 내에 신고자를 명기

완전 공개 (Full Disclosure)	• 보안 취약점 정보를 해당 제품의 제조사에게 사전에 알리지 않고 공격자를 포함 하여 모든 당사자에게 공개적으로 발표 • 개인적으로 제공한 보안 취약점 정보에 제대로 조치를 취하지 않는 제조사를 자 극하는 데 도움이 될 수 있음 • 제조사가 더 이상 존재하지 않거나, 제조사가 더 이상 지원하지 않는 제품의 경우 에 선택

판매 또는 보상	• 보안 취약점 정보를 구매자에게 직접 또는 중개인(Broker)을 거쳐 판매
	  – 제조사 : 보안 취약점 정보를 직접 알려주는 대가로 보상금을 지급
	  – 보안 기업 : 자사의 보안제품의 보안 취약점 방어 기능에 반영
	  – 보안 취약점 전문 기업 : 보안 취약점과 이를 악용하는 악성코드를 판매
	  – 국가 정보기관 : 방어하거나 공격하기 위해 보안 취약점 정보를 수집
	  – 사이버 범죄자 : 사이버 공격에 보안 취약점 정보를 이용

표 5-5 보안 취약점 공개 유형

5.4 보안 취약점 발견자

보안 취약점 발견자 중에는 보안 취약점 발견에 집중하고, 보안 취약
점이 존재하는 제품 제조사에 제공한다. 때로는 돈으로, 때로는 인정
받는 것으로 그친다. 이러한 보안 취약점은 보안 권고문과 보안 취약
점 공지를 통해 공개된다. HackerOne[1]과 BugCrowd[2]와 같은 신고
보상제(Bug Bounty Program)의 인기가 높아짐에 따라 '화이트 햇(White
Hat)' 버그 헌터(Bug Hunter)들이 늘어나고 있다. 제조사 스스로 자사
제품의 보안 취약점을 찾아내는 내부 그룹을 운영하는 경우도 있다.
Exodus Intelligence[3], ZDI[4], iDefense[5] 등의 보안업체는 고객(제조

---

1 https://www.hackerone.com

2 https://www.bugcrowd.com

3 https://rsp.exodusintel.com

4 https://www.zerodayinitiative.com

5 https://www.accenture.com/us-en/service-idefense-security-intelligence

사 등)이 방어 테스트와 보안 수단을 구현할 수 있도록 찾아낸 보안 취약점 정보를 제공하고, 대체로 90일 후에 보안 취약점 정보를 공개한다. 버그 바운티 프로그램 등을 이용하여 발견한 보안 취약점 정보를 해당 제품 제조사에 제공하는 연구자는 일반적으로 보안 취약점을 발견하고 이에 대한 기본적인 개념증명(Proof of Concept) 수준의 악용코드를 개발하는 데 주력한다.

보안 취약점 발견자가 보안 취약점을 발견하고서 블랙마켓이나 일반에 공개를 하지 않고 제조사에게만 알리면, 신고자에게 금액을 보상하는 신고 보상제를 운영하는 제조사가 늘어나고 있다. 제조사 입장에서는 내부적으로 인원을 고용하는 것보다 경제적으로 적은 비용으로 보안 취약점을 발견할 수 있다. 내부적으로 발견한 보안 취약점의 경우 패치 개발에 대한 업무 우선순위가 낮아서 패치 개발·배포가 지연될 수 있다. 그러나 외부의 삼자가 아는 상황에서 무한정 패치 개발 일정을 늦출 수 없기 때문에 내부적으로 발견한 보안 취약점보다 더 신속하게 패치를 개발하게 된다는 장점이 있다.

비공개로 유지되는 보안 취약점은 때로는 조용히 패치되거나 패치되지 않은 상태로 유지된다. 개인적 용도로 보안 취약점을 찾는 그룹은 공격이나 방어 목적으로 보안 취약점을 찾는 사람들이며, '그레이 햇(Gary Hat)'으로 불리는 국가 조직 또는 방위산업체 소속이거나, '블랙 햇(Black Hat)'으로 부르는 사이버 범죄자이거나, 다양한 동기를 지닌 해커들이다. 가장 수준 높은 그룹은 보안 취약성을 발견할 뿐만 아니라 완전한 기능으로 무장한 악용코드도 개발한다.

제조사는 내부 연구팀을 두거나 외부 계약업체를 이용하여 자사 제품을 대상으로 보안 취약점을 찾는다. 보안 취약점이 발견되면 내부적으로만 공유하고, 언제 어떤 보안 취약점을 대상으로 패치를 개발할지 결정한다. 즉시 패치를 개발하기도 하지만, 차기 버전의 제품에 발견된 보안 취약점을 제거하기로 하는 경우 상당한 기간 동안 보안 취약점을 패치하지 않아서 해당 제품의 사용자가 위험에 노출될 수 있다. 또한 내부적으로 발견된 보안 취약점이 나중에 외부자(조직)가 발견하여 신고하면, 그때서야 패치개발이 이루어지는 경우도 있다.

보안 컨설팅 기업은 컨설팅 대상 사이트의 제품·서비스를 대상으로 보안 취약점을 찾아내기 위해 역공학(Reverse Engineering)에 능숙한 전문가를 고용하거나 외주 계약 맺는다. 컨설팅의 결과로 발견한 보안 취약점과 이를 악용하는 공격코드 등의 보고서를 컨설팅을 의뢰한 사이트에게 제공한다.

보안 취약점을 찾아 악용코드를 개발하는 사람들은 3가지 계층으로 구분할 수 있다. 매우 숙련된 맨 위층에 포함된 사람들은 단독으로 일하거나, 수십 명의 팀으로, 수백 명의 조직에 모여 일한다. 이들이 작성한 보안 취약점 악용코드는 높은 품질과 신뢰성을 제공한다. 이 계층의 일부는 발견한 보안 취약점을 공개하는 화이트 마켓에 위치하지만, 대다수는 정부 또는 방위 산업체에 악용코드를 판매하는 그레이 마켓에 종사한다. 또한 일부는 자금과 가용자원에 따라 그레이 마켓과 화이트 마켓 사이를 오가기도 한다. 예를 들어 구글의 Project Zero 팀의 많은 연구원이 정부 또는 그레이 마켓 출신이다. 미국의 RAND 보고서[6]에 의하면 최상위 수준의 연구자 수는 300~3000명으로 추정한다. 또한 미국 방위 산업체에 3000명 정도의 보안 취약점 관

---

6 『Zero Days, Thousands of Nights, The Life and Times of Zero-Day Vulnerabilities and Their Exploits』(RAND, 2017년), Lillian Ablon, Timothy Bogart

련 연구원이 있다고 추정하며, 중국의 텐센트(Tencent)의 Keen Security Lab[7]에 있는 3000명의 보안 연구원 무두가 최고 수준의 기술과 능력을 갖춘 것은 아니지만 상당한 규모의 보안 취약점 연구원이 있다고 한다.

중간 계층 개발자는 보안 취약점을 발견하고 악용코드를 작성할 수 있지만, 어려운 목표시스템에 대한 악용코드를 작성할 수는 없으며, 기성 도구에 의존하거나, 기존 악용코드를 자신의 목적에 맞게 수정할 수 있다. 이들 중간 계층이 사이버 범죄 시장을 주도한다고 추정되기도 한다. 맨 아래 계층에는 보안 취약점을 발견하고 악용이 가능하다고 추정하는 정도의 버그 헌터(Bug Hunter)들이 있다. 이 수준에서 요구되는 기술은 학습을 통해서 훈련할 수 있다. 가장 낮은 계층의 연구원 수가 가장 높은 계층의 연구자 수보다 적어도 열배 이상이라고 추정된다. 예를 들어 BugCrowd의 버그 바운티 프로그램에는 2만 6000명 이상이 참여하고 있다(적극적인 버그 사냥꾼이 얼마나 되는지는 분명하지 않으며, 총 지불금의 23%를 단 10명이 차지하였다). HackerOne이 운영하는 버그 바운티 프로그램에는 수천 명이 버그 사냥에 등록하였고, 중국의 대표적인 보안 취약점 정보 공유 사이트인 Wooyun[8]의 취약점 공개 프로그램에 거의 8000명이 참여하였다.

---

7 2016년 1월에 설립되었으며, PC·모바일 운영체제, 애플리케이션, 클라우드 컴퓨팅, IOT 등의 보안 기술 연구에 집중, 2016년 9월 테슬라 모델 S의 취약점을 악용한 무선 해킹을 시연함

8 제조사에게 취약점에 대해 인지할 수 있는 기간을 5일정도 주고, 취약점이 발견된 지 10일 후, 고급 해커들에게 관련 상세내용을 공개, 20일 후에는 일반 해커들에게, 30일 후에는 인턴 해커들에게 상세내용을 공개함. 만약 45일 후에도 제조사가 취약점에 대하여 아무런 조치를 취하지 않는다면, 사이트는 일반 사용자들에게까지 취약점의 상세 내용을 공개함, 중국 당국에 의해 2016년 7월에 사이트가 폐쇄됨

5.5 보안 취약점 시장

보안 취약점은 다양한 목적으로 사용될 수 있기 때문에 이를 구매하려는 다양한 그룹이 존재한다. 첫 번째 그룹으로는 사이버 범죄자(조직)를 들 수 있다. 이들은 보안 취약점 정보가 제조사나 사용자에게 알려지지 않고, 독점적으로 사용하기를 바라는 대표적인 그룹이다. 미국 정보기관 NSA는 2013년에 취약점 정보를 구매하는 데 2500만 달러를 소비하였다[9]. 이는 제로데이 취약점 정보의 평균적인 시장가격으로 100개 이상을 구매할 수 있는 금액이다. 취약점 정보를 사들이는 큰 손으로는 미국, 이스라엘, 영국, 러시아, 인도, 브라질 등의 정부기관들이다. 정보전 기술을 개발하여 정부에 판매하는 방위산업 기업(Defense Contractor)들도 보안 취약점을 악용하는 공격 코드를 사이버 무기로 인식하였고, 보안 취약점 암거래 시장의 주요 고객이다.

전문화되고 네트워킹에 능한 해킹코드 중개인(Exploit Broker)은 구매자와 판매자를 연결한다. 구매자에게만 독점적으로 보안 취약점 정보가 제공되는 것으로 추정되며, 보안 취약점의 영향을 받는 제품 제조사에게는 정보가 제공되지 않는다. 보안 취약점 중개인은 이 보안 취약점에 관심을 갖는 다른 사람에게 판매하지 못하도록 하기 위해 보안 취약점 판매자에게 일정 기간에 걸쳐 대금을 분할 지급하기도 한다. 중개인은 상업용 소프트웨어를 판매하는 것과 마찬가지로 판매를 위하여 해킹코드를 패키지화하고, 전문적으로 판매를 하고 있으며, 문서 및 기술지원도 제공한다.

---

9 「The NSA hacks other countries by buying millions of dollars' worth of computer vulnerabilities」(Washington Post, 2013)

보안 취약점을 전문적으로 발굴하여 등록된 고객에게 판매하는 소규모 악성코드 전문개발 기업들이 증가하고 있다. 고객이 누구인지 밝히지 않고 있기 때문에 정확하지는 않으나, 정부기관이 큰 손인 것으로 추정된다[10]. 이들 기업이 판매하는 보안 취약점은 평균적으로 4만 달러에서 16만 달러의 가격을 형성하고 있다. 구매자의 국가를 제한하기도 하고, 특정 국가 기관에게만 판매한다고 소개하고 있지만 구매자가 대리인을 이용하면 이를 피해갈 수 있을 것으로 보인다. 이들 기업의 홍보 자료에 의하면 매년 적어도 100개 이상의 보안 취약점 정보를 거래하는 것으로 추정된다. 이 분야의 대표적인 전문기업인 부펜(VUPEN)은 알려지지 않은 보안 취약점을 악용하는 공격코드를 개발하여 판매하는 프랑스 기업이었다[11]. 위키리크스(WiKiLeaks)에 2011년 12월에 공개된 부펜의 선전물[12]에는 연간 가입비의 종류에 따라 제공하는 서비스를 구분하고 있는데, 가장 높은 수준의 가입자에게는 자체 발견한 취약점을 악용하는 공격코드도 제공하였다.

VUPEN Security @VUPEN
VUPEN is the leading provider of defensive & offensive cyber security capabilities, advanced vulnerability research & government-grade zero-day exploits.
http://www.vupen.com

그림 5-3 부펜의 트위터 계정의 회사 소개 글

---

10 「Nations Buying as Hackers Sell Flaws in Computer Code」 New York Times, July 13, 2013 http://www.nytimes.com/2013/07/14/world/europe/nations-buying-as-hackers-sell-computer-flaws.html

11 부펜은 2015년에 비즈니스를 중단하였으며, 창업자는 보안 취약점을 공개적으로 구매하는 사이트 제로디움(Zerodium)을 개설

12 http://wikileaks.org/spyfiles/docs/vupen-security/279_threat-protection-program-exploits-for-law-enforcement.html

5.6 보안 취약점 패치 개발에 필요한 유예 기간

보안 취약점 발견자가 제조사에게 보안 취약점 정보를 알려서 패치를 개발할 시간을 주는 협력 공개가 이루어지는 경우, 제조사가 패치를 개발하고 배포할 준비가 되면 보안 취약점을 대중에게 알린다. 이때 제조사는 패치를 개발하기 위한 기간이 필요하며 이를 유예 기간(Grace Period)이라 한다. 제조사의 패치 개발은 보안 취약점 수명과 관련된 중요한 사항이며, 신속한 패치 개발은 해당 제품의 사용자에게 미치는 보안 위험을 감소시키는 데 결정적인 역할을 한다.

　보안 취약점 발견자는 제조사의 패치가 있든 말든 부분적 또는 완전히 보안 취약점 내용을 공개할 수도 있다. 협력 공개의 경우 유예 기간이 끝나는 패치를 배포하는 시점에 이르면, 보안 취약점 발견자 또는 제조사는 보안 취약점 내용을 공개한다. 보안 취약점 발견자가 임의로 패치 개발 전에 보안 취약점 내용을 공개하는 완전 공개 시점은 유예 기간이 끝나기 전이 된다.

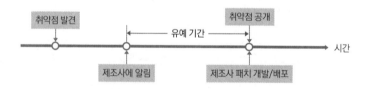

그림 5-4 보안 취약점 협력 공개에서의 패치 개발 유예 기간

　패치 개발이 가급적 빨리 이루어져야 하나, 패치 개발에 있어 제조사는 비즈니스 관점에서 비용 대비 이익을 고려한다. 패치 개발에 걸리는 시간은 제조사가 작업에 투입하는 자원의 양과 질에 직접적인 영

향을 받는다. 제조사에게 주어지는 유예 기간의 길이를 제한하면 패치 개발을 촉진하는지에 대한 연구[13]에 의하면, 유예 기간이 확실히 제조사를 압박하여 패치 개발을 촉진한다는 것을 알 수 있다. 2010년 8월 4일 HP의 ZDI(Zero Day Initiative)[14]는 패치 개발의 유예 기간을 6개월로 한다는 정책을 발표하였다. 유예 기간에 대한 정책을 발표한 날을 기준으로 이전과 이후에 제조사들의 패치 개발 속도를 비교하기 위하여 그림 5-5와 같이 2009년 11월 8일부터 2011년 4월 30일 사이에 공개된 137개 보안 취약점을 대상으로, 제조사가 자사의 제품에 보안 취약점의 존재를 인지하고, 이에 대한 패치를 개발·배포할 때까지의 시간을 비교하였다. 표 5-6과 같이 유예 기간 설정으로 평균 패치 개발 기간이 단축되고, 6개월 이후에도 패치하지 않은 보안 취약점 비율은 반으로 줄었다. 이는 유예 기간 설정이 패치 개발 속도를 촉진하는 것을 의미한다. 그러나 유예 기간 정책이 시행된 후 6개월이 지나도 패치 개발을 완료하지 못한 취약점이 25.9%에 이른다.

그림 5-5 유예 기간 설정 전과 후의 보안 취약점 집합(A, B) 선정

---

13 「Are Vulnerability Disclosure Deadlines Justified?」(2011), https://ieeexplore.ieee.org/document/6165770

14 협력 공개에 참여한 취약점 발견자에 대한 보상 프로그램

취약점 집합	A	B
전체 취약점 수	56개	81개
패치 개발 기간 범위	11 ~ 416일	21 ~ 210일
평균 패치 개발 기간	189일	122일
패치 개발 기간 중간값	190일	118일
패치 개발 기간 〈 6개월	27개	60개
패치 개발 기간 〉 6개월	29개	21개
(패치 개발 기간 〉 6개월) 비율	0.518	0.259

표 5-6 유예 기간이 설정된 전과 후의 보안 취약점 패치 개발 기간 비교

기관·업체	유예 기간
CERT/CC	45일[15]
Secunia	2003년부터 2011년까지 1년, 2012년부터 6개월[16] 제조사가 취약점을 해결하기 위한 분명한 의사가 있고, 취약점이 해결하기 어려운 것으로 간주되는 경우 최대 1년
HP Zero Day Initiative	120일[17]
Rapid7	60일[18], 제조사 최초 연락 후 15일 후에 CERT/CC에 알림
Yahoo	90일[19]
Google	90일(중요 보안 취약점의 경우[20]

표 5-7 보안 취약점 연구 기관·업체들의 유예 기간

---

15 「CERT Vulnerability Disclosure Policy」 http://www.cert.org/vulnerability-analysis/vul-disclosure.cfm?

16 https://secuniaresearch.flexerasoftware.com/community/research/policy

17 http://www.zerodayinitiative.com/advisories/disclosure_policy

18 https://www.rapid7.com/disclosure

19 https://yahoopolicy.tumblr.com/post/104477538533/users-first-our-vulnerability-disclosure-policy

20 「Rebooting Responsible Disclosure: a focus on protecting end users」(2010), https://security.googleblog.com/2010/07/rebooting-responsible-disclosure-focus.html

예상치 못한 모듈간 의존성, 코드 복잡도 등으로 패치 개발을 위해 계획한 유예 기간을 제조사가 지키지 못하기도 하고, 어떤 경우에는 무한정 연기하거나, 수년씩 걸리는 경우가 있다. 공격자도 보안 취약점 발견자가 사용한 방법과 도구를 사용하여 재발견할 수도 있으므로 유예 기간을 줄이는 것이 필요하다.

표 5-7과 같이 취약점 연구 기관·업체마다 상이한 유예 기간을 두고 있어 공통적인 표준을 추진할 필요가 있다. 그러나 보안 취약점의 유형이나 제품 특성을 고려하면 패치 개발 기간은 다양할 수밖에 없다고 주장하는 제조사도 있다. 또한 제품의 구조적 수정을 요하는 패치 개발에는 상당한 시간이 걸릴 수 있어 제조사가 이를 입증한다면 유예 기간을 연장할 수 있어야 한다.

5.7 보안 취약점 생존 기간

보안 취약점은 얼마나 오랫동안 발견되지 않은 상태로 존재할까? 보안 취약점의 생존기간, 즉 수명(Longevity)은 발생 이후 발견·공개되지 않을 때까지의 기간으로 정의할 수 있다. 보안 취약점의 수명에 대한 통계를 내는 것은 불가능하지만 알려지지 않은 보안 취약점을 이용한 악용코드의 수명을 산출하여 간접적으로 보안 취약점의 수명을 추적한 조사가 있다. 보안 취약점의 수명 분석을 위해 127개 악용코드 표본에 대해서 생성에서부터 소멸까지의 시간 분포를 조사하였다.

여기서 생성이라 함은 악용코드 개발자가 보안 취약점을 발견하여 악용코드를 생성하는 것을 말하며, 소멸은 악용코드가 악용하는 보안 취약점을 누군가가 발견하여 이에 대한 대책이 마련되어 더 이상 악용코드를 사용할 수 없는 것을 말한다. 이 조사에 의하면 보안 취약점 악용코드는 95%의 신뢰도로 5.39~8.84년 생존하며, 평균 기대 수명은 6.9년(2,521 일)이다. 보안 취약점 악용코드의 평균 기대 수명이 6.9년이라는 점은 제로데이 보안 취약점도 그만큼 비공개로 지속된다는 것을 의미한다. 보안 취약점의 25%는 1.51년까지 생존하지 못하며, 25%만이 9.5년 이상 생존하였다.

표 5-8[21]은 오랜 동안 발견되지 않고 존재하였던 보안 취약점 사례들이다. 여기서 발견되지 않았다는 것은 보안 취약점의 존재가 대중에게 알려지지 않았다는 의미로, 반드시 아무도 몰랐다는 것을 의미하는 것은 아니다. 가장 오랫동안 발견되지 않고 존재하는 보안 취약점은 무엇인지 알 수는 없다. 표에 의하면 모든 유닉스 계열의 시스템에 장착되어 있는 명령어 해석기(Command-Line Interpreter) 배시(Bash)[22]에 포함된 4개의 보안 취약점들은 최초 개발 시점인 1989년부터 2014년 9월에 보안 패치가 나올 때까지 25년 이상 지속되었다는 것을 알 수 있다. 동일한 윈도 라이브러리 코드에 존재하였던 다른 보안 취약점들이 수정되는 동안에도 누구의 눈에도 띄지 않았던 보안 취약점 CVE-2014-6332도 19년 이상 생존하였다.

유닉스 운영체제 버전 7의 디폴트 명령어 해석기인 본 셸(Bourne shell)을 대체하기 위하여 1989년 만들어진 배시는 모든 유닉스 기반의 시스템(BSD, 리눅스, 맥 OS X 등)에 장착되어 있다. 2014년, 리눅스

---

21 http://alizul2.blogspot.kr/2014/11/10-long-lived-software-superbugs.html
22 Bourne-Again Shell

SW 이름	생존 기간	취약점 번호	CVSS 기본점수
Bash	25년 1개월(1989.8 ~ 2014.9)	CVE-2014-6271	10.0
		CVE-2014-7169	10.0
		CVE-2014-7186	10.0
		CVE-2014-7187	10.0
Windows OLE	19년 3개월(1995.8 ~ 2014.11)	CVE-2014-6332	9.3
LZO(Lempel-Ziv-Oberhumer)[23]	18년 3개월(1996.3 ~ 2014.6)	CVE-2014-4607	–
Windows NT Virtual DOS Machine	16년 8개월(1993.7 ~ 2010.3)	CVE-2010-0233	7.2
OpenSSL	15년 6개월(1998.12 ~ 2014.6)	CVE-2014-0224	6.8
IE6's Flash exploit	12년 9개월(2001.8 ~ 2014. 5)	CVE-2014-1776	10.0

표 5-8 장시간 발견되지 않았던 보안 취약점 사례들

개발자 스테판 차젤라스(Stéphane Chazelas)가 셸쇼크(Shellshock)로 알려진 일련의 보안 취약점의 첫 번째 사례를 발견하였다. 아파치 웹서버는 백그라운드에서 배시를 실행하므로 셸쇼크 보안 취약점에 매우취약하며, 해커는 셸쇼크 보안 취약점을 악용하여 원격에서 해킹 코드를 전송하여 실행할 수 있다. 최초 발견된 보안 취약점 CVE-2014-6271을 포함하여 연속으로 발견된 보안 취약점은 모두 CVSS 기본점수 10.0이라는 가장 높은 위험도를 갖는 심각한 보안 취약점이었다.

오픈 SSL은 전 세계 모든 활성 웹 사이트의 52%[24]를 구동하는 아파치와 엔진x(nginx) 웹 서버의 기본 암호화 엔진으로 사용된다. 2014년

---

23 데이터 압축 알고리즘

24 2014년 11월 기준, http://news.netcraft.com/archives/category/web-server-survey

5월 1일에 일본 레피덤(Lepidum)사의 키쿠치 마사시(Kikuchi Masashi)가 JPCERT/CC를 통해 오픈 SSL의 ChangeCipherSpec에서 보안 취약점을 보고하였고, 오픈 SSL 코어팀에서 보안 패치를 2014년 6월 5일 발표하였다[25]. 오픈 SSL의 ChangeCipherSpec 메시지 처리 과정에서 해커가 클라이언트와 서버의 핸드셰이킹 중 유효하지 않은 신호를 보냄으로써 중간자 공격이 발생할 수 있다. CVE-2014-0224는 정보의 비인가 노출이나 수정을 가능하게 하며, CVSS 기본 점수가 6.8로서 중상 정도의 위험을 갖는다.

다양한 오픈소스 등에서 사용되는 데이터 압축 알고리즘 LZO는 1996년 3월에 마커스 오버휴머(Markus Oberhumer)에 의해 발표되었다. 2014년, 랩 마우스 시큐리티(Lab Mouse Security)의 돈 베일리(Don Bailey)가 LZO 알고리즘에서 정수 오버플로 보안 취약점 CVE-2014-4607을 발견하였다. 이론적으로 시스템은 원격 코드 실행, 서비스 거부 공격, 인접 개체 덮어쓰기에 노출될 수 있으며, CVSS 기본 점수는 아직 산출되지 않았다. 2014년 6월, 버그를 수정한 LZO 버전 2.07이 나왔다.

2013년 5월 IBM의 엑스포스(X-Force) 연구 팀이 마이크로소프트 윈도 OleAut32 라이브러리에서 드물긴 하지만 치명적이고 복잡한 보안 취약점을 발견하였다. 엑스포스 팀이 발견한 바에 따르면 VB스크립트를 도입한 인터넷 익스플로러 3.0부터 해커가 원격으로 컴퓨터를 제어하기 위한 드라이브-바이(Drive-by) 공격을 감행할 수 있다. IBM은 즉시 마이크로소프트사에 알렸지만 마이크로소프트사는 문제에

---

25 https://www.openssl.org/news/secadv_20140605.txt

대해 함구하고 있다가 2014년 11월에서야 보안 패치를 내놨다. 문제의 코드가 처음 등장하고 19년이 넘게 지나고, 보안 취약점을 발견한 지 1년 6개월에서야 보안 패치가 나온 것이다. CVSS 기본 점수 9.3이라는 가장 높은 위험도를 갖는 심각한 보안 취약점이다.

NT VDM(Virtual DOS Machine)는 DOS 및 16비트 프로그램을 윈도 NT(그 이후에 나온 모든 32비트 버전의 윈도 NT, 2000, XP, 서버 2003, 비스타, 서버 2009, 윈도 7까지)에서 실행하는 프로그램이다. 2009년 6월에 구글 연구원 타비스 오맨디(Tavis Ormandy)가 NT VDM 코드에서 보안 취약점을 마이크로소프트에 신고[26]하였다. 이 보안 취약점을 통해 공격자가 컴퓨터에 직접 로그인해서(원격 악용은 되지 않음) 자신의 권한을 시스템 수준으로 높일 수 있었다.

2014년 4월 보안 업체 파이어아이(FireEye)는 IE6과 그 이후의 모든 버전에서 플래시 악용 보안 취약점을 발견하였다. 해커는 원격 코드 실행이 가능한 이 보안 취약점을 통해 공격 대상 컴퓨터에서 사용자와 동일한 수준의 권한을 얻을 수 있었다. 마이크로소프트는 2014년 5월, 지원 기간이 끝난 윈도 XP의 IE6까지 포함하여 보안 패치를 내놨다.

---

26 https://docs.microsoft.com/en-us/security-updates/securitybulletins/2010/ms10-015

5.8 보안 취약점 수의 증가

보안 취약점이 얼마나 존재하는지는 아무도 알 수 없으며, 정보기술의 진전과 확장으로 기술의 복잡도가 증가하고, 이에 상응하는 정도로 보안 취약점이 증가하는 것으로 보는 것이 타당하다. 그림 5-6과 표 5-9는 미국 국립표준국 NIST가 운영하는 NVD(National Vulnerability Database)에 축적된 보안 취약점 정보를 바탕으로, 2000년 이후부터 2017년까지의 통계를 보여준다. 보안 취약점은 지속적으로 증가하고 있다. NVD에는 알려진 보안 취약점의 대부분을 포함하지만, 그렇지 않은 것들도 있다.

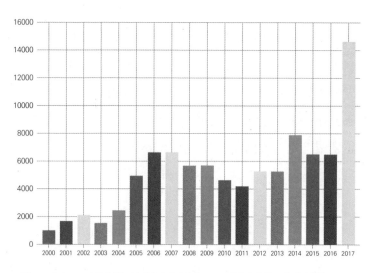

그림 5-6 미국 NIST가 운영하는 취약점 데이터베이스 NVD에서 추출한 보안 취약점 통계

연도	개수	연도	개수
2000	1,020	2009	5,732
2001	1,677	2010	4,639
2002	2,156	2011	4,150
2003	1,527	2012	5,288
2004	2,451	2013	5,187
2005	4,932	2014	7,937
2006	6,608	2015	6,487
2007	6,516	2016	6,447
2008	5,632	2017	14,650

표 5-9 그림 5-6 그래프에 대한 연도별 취약점 발생 수치

2부
사이버 보안 위협

사이버 보안 전문가가 끊임없이 더 안전한 시스템 개발 방법을 찾는 것처럼 사이버 공격자도 항상 최신의 방어를 극복하기 위해 최신 기술로 무장한다. 싸움에서 이길 수 있는 요건의 하나가 지피(知彼), 즉 적을 아는 것이다. 방어자의 입장에서 누가 어떤 목적으로 우리 조직의 시스템을 공격하려 하는지, 어떤 공격 기술과 기법을 사용하는지, 어떤 공격 수단을 사용하는지 등에 대한 정보는 방어 전략을 수립하고 이를 구현하며, 현재의 방어 전략과 구현이 적정한 수준인지를 결정하는데 필수 요소이다. 성공적인 방어를 위해서 시스템에 침입하려는 공격자의 관점에서 바라보는 것도 도움이 된다.

  사이버 보안 위협(Threat)은 사이버 공간을 구성하는 정보 기술과 환경에 내재하는 보안 취약점을 악용하여 정보와 시스템의 보안 속성인 비밀성, 무결성, 가용성을 침해하는 위험을 만들어낸다. 전형적으로 악성코드는 시스템의 취약점을 이용하거나 사용자의 무지나 실수를 이용하여 시스템과 시스템에서 저장·처리·전송 중인 정보에 대한 보안 속성을 훼손하는 보안 위협이다. 마찬가지로 해커로 부르는 공격자도 시스템 보안 속성을 침해한다. 지진이나 홍수 같은 자연재해, 인간의 무지나 실수도 마찬가지로 보안 속성을 훼손하는 보안 위협이 될 수 있다. 이처럼 다양한 보안 위협이 존재하지만, 방어자 입장에서 대응해야 하는 상대는 궁극적으로 사이버 공격자이다. 방어자는 자신의 정보자산에 대하여 목적을 가지고 침투하는 공격자가 누구이고 그들의 공격 역량을 이해하는 것이 중요하다.

2부에서는 공격이 이루어지는 과정과 이 과정에서 어떤 유형의 공격이 있는지 알아보고, 공격 당사자인 공격자의 실체와 공격 능력에 대해 설명한다. 공격의 주요 수단인 악성코드의 성질과 이러한 악성코드 같은 공격 도구와 보안 취약점 정보가 어떻게 유통되는지 암거래 시장의 현황에 대해서도 살펴본다.

6. 사이버 공격 생명 주기

성공한 사이버 공격은 공격 대상의 정보자산에 비밀성, 무결성, 가용성을 훼손시키는 결과를 초래한다. 공격 대상의 환경에 직접 침투하지 않고 외부에서 수행할 수 있는 서비스 거부 공격 유형의 공격도 있지만, 비인가 접근을 통해 정보자산의 비밀성과 무결성을 손상시키는 공격을 방어하기 위한 보안 관리 프로세스 구축에 주력한다는 점에서 정보기술 환경 내부로 침입(Intrusion)하는 공격을 어떻게 방어하느냐가 가장 중요하다. 따라서 내부로 침입하려는 공격자의 공격 프로세스에 대한 이해가 필요하다. 특히 공격 대상을 특정화해 공격 목표를 달성할 때까지 공격을 지속하는 경우, 공격자가 네트워크에 성공적으로 침투하는 과정, 시스템 내부에서 데이터를 빼내가거나 인가하지 않은 파일을 설치하는 등의 과정, 공격의 흔적을 지우거나 침입의 지속성을 유지하기 위해 시스템의 주요 파일을 변조하는 과정 등 일련의 행위들을 수반한다.

시스템과 네트워크에 대한 침입은 그림 6-1과 같은 일련의 단계로 이루어진 사이버 공격의 생명 주기(Life Cycle)를 형성한다. 공격 대상에 대하여 침투에 필요한 정보를 입수하고, 시스템과 네트워크 내부로 침투하여 비인가 행위를 하고, 흔적을 지우고, 향후 재공격에 필요한 작업을 하거나, 더 이상 필요하지 않으면 시스템을 파괴하거나, 그냥 빠져나가서 공격의 전 과정을 종료한다. 그림 6-1은 공격의 생명주기를 세부 4단계로 구성하여 개념화한 것이다. 거점 확보와 정보 유출 사이의 단계는 순서대로 이루어질 필요가 없다. 목적을 달성할 때까지 필요한 행위를 반복적으로 수행한다.

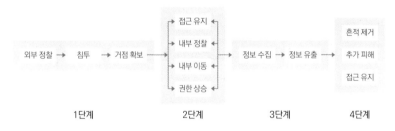

그림 6-1 사이버 공격의 생명 주기와 세부 단계

첫 번째 단계는 공격자가 공격 대상 네트워크 내부에 거점(Foothold)을 확보하는 시점까지의 과정으로 구성된다. 공격 대상에 대한 외부 정찰, 침투, 거점 확보 순으로 이루어진다.

외부 정찰

공격자는 공격 대상(Target)에 대한 조사를 수행한다. 공격자는 공격 대상(시스템과 사람 모두)을 식별하고 공격 방법을 결정한다. 공격자는 인터넷에 접속한 서비스나 사용자를 탐색하는 등 다음과 같은 외부 정찰(External Reconnaissance) 활동을 한다.

- 웹 애플리케이션 보안 취약점을 가진 웹 사이트를 찾음
- 공격 대상의 현재 또는 예상 업무 활동 분석
- 공격 대상 조직의 내부 구조와 제품 파악
- 공격 대상 조직의 직원들이 참석한 컨퍼런스 조사
- 소셜 미디어 사이트를 탐색하여 공격 대상 조직의 직원을 더 효과적으로 식별하고 사회 공학적 접근을 통해 파악

침투

외부 정찰 정보를 활용하여 공격 대상 조직의 네트워크에 침투(Penetration)하는 단계이다. 전형적으로 공격자는 공격 대상의 하나 이상의 시스템에 악성코드를 투입하여 실행한다. 지인을 가장한 이메일을 보내는 것과 같은 사회 공학적 접근[1]으로 희생자를 속이거나, 인터넷에 연결된 시스템의 보안 취약점을 악용하는 등 다양한 공격 수단(Attack Vector)을 사용하여 악성코드를 투입하여 실행한다.

거점 확보

공격자는 해킹한 시스템에 대한 지속적인 제어를 유지한다. 이는 침

---

1 표적-피싱(Spear-phishing) 메시지에는 악의적인 첨부 파일, 악성 파일에 대한 링크 또는 악성 웹 사이트 링크가 포함될 수 있다. 소셜 네트워킹 사이트 또는 인스턴트 메시징을 통해 악의적인 콘텐츠를 전송하려고 시도할 수 있다. 또는 공격 대상 조직의 사람들이 방문할 가능성이 높은 웹 사이트를 공격하여 악성코드를 심어둔다. 정상적인 업무를 수행하기 위해 이들 웹 사이트를 방문하면 컴퓨터가 공격자의 악성코드에 취약한 경우 악성코드가 설치된다.

투를 성공한 즉시 시행한다. 대개 백도어[2]를 설치하거나 악성코드 또는 추가적인 행위에 필요한 유틸리티 프로그램을 대상 시스템에 다운로드하여 향후 공격 거점을 마련한다.

두 번째 단계는 공격자가 공격 목표인 정보 수집을 위해 침투한 네트워크 내부 활동으로 이루어진다. 세부 활동으로는 내부 정찰, 내부 이동, 권한 상승, 접근 유지 등이 있다.

내부 정찰

공격자는 공격 대상 시스템 환경에 대한 정보를 수집[3]하여, 주요 인물들의 역할과 책임, 시스템·네트워크 환경 등에 대한 이해도를 높이고 주요 정보를 어디에 저장하는지 파악한다.

내부 이동

공격자는 액세스 권한을 사용하여 목표 정보를 가진 시스템을 찾기 위해 공격 대상 환경 내의 시스템에서 시스템으로 이동한다. 일반적으로 네트워크 공유(Network Share) 접근, 윈도 작업 스케줄러(Windows Task Scheduler)를 사용한 프로그램 실행, PsExec과 같은 원격 액세스 도구 사용 등 다양한 기법을 사용한다.

---

2 해커 사이트에서 GhOst RAT, Poison Ivy 등의 공개된 백도어를 확보하거나, 자체 제작한 맞춤형 백도어를 사용한다. 공격자는 명령 셀이나 그래픽 사용자 인터페이스를 통해 시스템 액세스 권한을 유지한다.

3 합법적인 운영체제 명령어를 사용하여 호스트, 신뢰관계, 사용자, 그룹 등을 포함한 내부 네트워크에 대한 정보를 얻는다. 관심있는 데이터를 식별하기 위해 디렉터리 또는 네트워크 공유의 목록을 검색하고, 파일 확장자, 키워드, 마지막 수정 날짜 등을 바탕으로 데이터를 검색한다. 관심있는 데이터를 찾기 위해서 주로 파일 서버, 전자메일 서버, 도메인 컨트롤러 등을 대상으로 내부 정찰을 수행한다. 맞춤형 스크립트를 사용하여 내부 정찰 단계를 자동화하기도 한다.

권한 상승

공격자는 초기 해킹한 시스템에 연결된 타 시스템들과 이들 시스템에 저장된 데이터에 대한 더 많은 액세스 권한을 확보한다. 애플리케이션이 보유한 권한 활용, 취약한 소프트웨어의 보안 취약점 사용, PKI 인증서 획득, 키 스트로크·패스워드 로깅, 패스워드 해시(Password Hash)[4] 크래킹을 통한 계정의 패스워드 추출 등과 같은 다양한 기법을 활용하여 공격자의 접근 권한을 상승[5]시킨다.

접근 유지

공격자는 공격 대상 환경에 대한 지속적인 액세스를 확보한다. 일반적으로 여러 종류의 백도어 악성코드를 설치하거나, 가상 사설망과 같은 원격 액세스 서비스[6]에 대한 접근 권한을 얻는 등의 기법을 사용한다.

세 번째 단계는 공격자가 공격 목표인 정보를 찾아 수집하고, 이를 외부로 반출하는 활동으로 이루어진다. 세부 활동으로는 정보 수집과 정보 유출이 있다.

정보 수집

공격자가 공격 목표인 지적 재산, 재무 데이터, 사업 계약, 정책 문서, 개인 식별정보, 내부 메모 등을 찾아 복사하는 것을 의미한다. 복사한

---

4 인증 과정에서 실제 패스워드 대신 패스워드 해시를 사용하는 경우, 해시 자체를 활용할 수 있다.

5 도메인 관리자, 도메인 권한이 있는 서비스 계정, 로컬 관리자 계정 등 일반 사용자 계정보다 권한이 높은 계정과 패스워드를 확보한다.

6 합법적인 VPN 접근 계정과 신원증명정보(Credential)를 사용하여 합법적인 사용자로 가장하여 네트워크 및 내부 자원에 액세스한다.

파일을 아카이브 파일로 압축하고 눈에 띄지 않는 위치에 보관한다. 아카이브 파일에 패스워드를 걸기도 한다.

정보 유출

공격자가 공격 목표를 달성하는 단계이다. 유출할 정보를 FTP, 맞춤형 파일 전송 도구, 이미 구축한 백도어 등과 같은 다양한 방법으로 외부로 유출한다. 트래픽 감시 장치에서 감지되지 않도록 유출 데이터를 파편화하거나 암호화하는 등의 조치를 취한다.

마지막 단계는 공격자가 공격 목표를 완수한 다음 선택할 수 있는 활동으로 구성된다. 일단 임무가 완수되면 공격자는 환경을 떠나지 않고 새로운 임무를 위하여 액세스를 유지하거나, 더 이상 머무를 필요가 없을 때는 공격자 행위에 관련된 로그 기록, 설치하였던 악성코드 등을 지우는 등 공격과 관련된 흔적을 지워 희생자가 공격 상황을 모르게 하거나, 시스템의 주요 정보를 지우는 등 추가 피해를 입히기도 한다.

7. 사이버 공격 패턴

방어자는 사이버 공격 생명 주기에서 공격 대상 네트워크에 대한 침투나 네트워크 내부 정찰과 이동 과정에서 필요한 권한 상승 등과 같은 공격이 어떻게 이루어지는 지에 대한 이해가 필요하다. 즉 다양한 공격 방식이 단일 또는 복합적으로 연결되는데, 공격자가 정보 자산과 환경의 보안 취약점을 어떻게 악용하여 이러한 공격을 성공시키는지 이해하는 것은 방어의 효율을 높이는 데 중요하다. 공격 패턴(Attack Pattern)은 이러한 공격 방식을 식별하고 추상화한 것으로, 사이버 공간에서 공격이 어떻게 수행되는지 설명하기 위해 개발되었다. 공격 패턴은 실제 보안 사고(Security Incident) 사례를 심층 분석하여 만들어 진다. 각 공격 패턴은 공격자가 해결해야 하는 문제를 정의하고, 이를 해결하는 데 사용하는 기법들을 설명하며, 실제 공격을 대처하기 위한 방법을 권고한다. 시스템 설계자와 개발자에게 시스템 공격 방식과 이에 대한 효과적 방어 방법을 제공하기 위하여 공격 패턴을 체계적으로 분류할 필요가 있다.

보안 사고를 분석한 보안 업체마다 공격 방식의 이름과 표현이 다르기 때문에, 공격 패턴 표준화가 필요하다. 사이버 공격 패턴의 공통된 이름 집합을 제시하고, 사이버 보안 위협을 더 정확하고 일관되게 보고하기 위하여 공격 패턴 표준이 개발되었다. 즉 분석가, 개발자, 테스터 등에게 공격자의 관점을 파악하고, 이를 논의하여 방어를 강화하는 데 사용할 수 있는 알려진 공격에 대한 포괄적인 분류법에 대한 표준이다.

알려진 공격 패턴의 목록인 CAPEC(Common Attack Pattern Enumeration and Classification)은 미국 국토안보부가 주도하여 2007년 처음 공개되었다. CAPEC 목록은 사이버 보안 커뮤니티의 참여와 기여로 계속해서 진화하고 있으며, 공격 패턴을 식별, 수집, 정제, 공유하기 위한 메커니즘의 표준[1]으로 자리잡고 있다. 현재 미국의 사이버 보안 비영리 연구기관인 마이터에서 유지 관리하고 있다. 2007년 5월 31일, 101개의 유형으로 분류된 공격 패턴을 가진 CAPEC 1.0 버전이 발표되었다. 새로운 공격이 등장함에 따라 지속적으로 공격 패턴을 추가하여, 2018년 7월 31일 발표된 버전 3.0이 가장 최신 공격 패턴 목록이다. 공격 패턴을 기술하기 위한 문서 양식인 스키마 또한 변신을 거듭하였다. 표 7-1에서 보는 바와 같이 CAPEC 버전 3.0에 분류된 전체 공격 패턴 수는 519개이다.

---

1 국제통신연합 ITU-T는 2013년 4월 CAPEC을 권고안(Recommendation) X.1544으로 승인하였다. 또한 ISO/IEC TR 20004:2015으로 지정되었다.

버전 번호	발표 날짜	공격 패턴의 수	스키마 버전
3.0	2018년 7월 31일	519	3.0
2.0	2013년 4월 8일	398	2.5
1.0	2007년 5월 31일	101	1.0

표 7-1 CAPEC 버전의 진화

7.1 CAPEC의 계층 구조

취약점 분류 체계인 CWE와 같은 방식으로 CAPEC은 공격 패턴을 특정 관점에서 모아 놓은 뷰(View)를 통해 표현한다. 그래프 뷰(View)는 공격 패턴을 특정 관점으로 계층적 트리 구조로 표현한다. 공격 패턴을 어떤 관점에서 보느냐에 따라 분류 체계를 달리 할 수 있어 다양한 관점의 뷰가 제시되어 있다. 대표적으로는 표 7-2와 같이 공격 메커니즘(Mechanisms of Attack) 뷰와 공격 영역(Domains of Attack) 뷰가 있다.

뷰 이름	설명
공격 메커니즘	보안 취약점을 악용할 때 사용하는 메커니즘을 기반으로 공격 패턴을 계층적으로 구성한다. 이 뷰의 멤버인 범주는 시스템을 공격하는 데 사용되는 여러 기술을 나타낸다. 관점에 따라 일부 공격 패턴들은 하나 이상의 범주에 묶일 수 있다.
공격 영역	소프트웨어, 하드웨어, 공급망 등의 공격이 이루어지는 영역에 기반하여 공격 패턴을 계층적으로 구성한다.

표 7-2 공격 메커니즘과 공격 영역의 관점에서 공격 패턴 구성

뷰에서 공격 패턴 계층 구조의 맨 위에는 메타 레벨 공격 패턴인 일련의 범주(Category)가 있다. 이러한 메타 레벨 패턴은 표준 패턴에 대한 부모 노드이다. 그림 7-1은 공격 메커니즘 뷰 계층 구조의 일부를

표시한 것이다. 계층 구조는 하위로 가면서 뷰 → 범주(C) → 메타(M) → 표준(S) → 세부(D) 형식을 따른다. 표 7-3은 이에 대한 설명이다.

```
1000 - Mechanisms of Attack
  ⊞◉ Collect and Analyze Information - (118)
  ⊟◉ Inject Unexpected Items - (152)
    ⊞Ⓜ Parameter Injection - (137)
    ⊞Ⓜ Code Inclusion - (175)
    ⊞Ⓜ Resource Injection - (240)
    ⊞Ⓜ Code Injection - (242)
    ⊟Ⓜ Command Injection - (248)
      • Ⓢ LDAP Injection - (136)
      • Ⓢ IMAP/SMTP Command Injection - (183)
      ⊞Ⓢ Linux Terminal Injection - (249)
      ⊞Ⓢ XML Injection - (250)
      ⊟Ⓢ SQL Injection - (66)
        • Ⓓ Command Line Execution through SQL Injection - (108)
        • Ⓓ Object Relational Mapping Injection - (109)
        • Ⓓ SQL Injection through SOAP Parameter Tampering - (110)
        • Ⓓ Expanding Control over the Operating System from the Database - (470)
        • Ⓓ Blind SQL Injection - (7)
      • Ⓢ OS Command Injection - (88)
    ⊞Ⓜ Local Execution of Code - (549)
    • Ⓜ Object Injection - (586)
    ⊞Ⓜ Traffic Injection - (594)
    ⊞Ⓜ Fault Injection - (624)
  ⊞◉ Engage in Deceptive Interactions - (156)
  ⊞◉ Manipulate Timing and State - (172)
  ⊞◉ Abuse Existing Functionality - (210)
  ⊞◉ Employ Probabilistic Techniques - (223)
  ⊞◉ Subvert Access Control - (225)
  ⊞◉ Manipulate Data Structures - (255)
  ⊞◉ Manipulate System Resources - (262)
```

그림 7-1 공격 메커니즘 뷰의 공격 패턴 계층 구조

분류	설명
범주(Category)	범주는 몇 가지 공통 특성을 기반으로 하는 공격 패턴 모음이다. 더 구체적으로는 효과·의도(Effect·Intent)에 기반한 공격 패턴의 집합이다. 효과·의도에 기반한 모음은 실행 가능한 공격이 아니므로 공격 행위 패턴이 아니다. 오히려 공통 기준에 따라 패턴을 그룹화한 것이다.
메타(Meta) 공격 패턴	메타 공격 패턴은 공격에 사용된 특정 방법론이나 기술을 추상화한 것이다. 메타 공격 패턴은 특정 기술이나 구현이 없는 경우가 많으며 상위 수준의 공격 방식을 이해하기 위한 것이다. 메타 공격 패턴은 관련된 표준 공격 패턴 그룹을 일반화한 것이다. 메타 공격 패턴은 아키텍처와 설계 수준의 위협 모델링 연습에 유용하다.
표준(Standard) 공격 패턴	표준 공격 패턴은 공격에 사용되는 특정 방법이나 기술에 초점을 맞추고 있다. 이는 완전히 실행된 공격의 한 부분으로 여겨지기도 한다. 표준 공격 패턴은 특정 공격 기술이 원하는 목표를 달성하는 방법을 이해하기에 충분한 세부 정보를 제공하기 위한 것이다. 표준 공격 패턴은 더 추상적인 메타 공격 패턴의 특정 유형이다.

세부(Detailed) 공격 패턴	세부 공격 패턴은 활용하는 특정 기법, 공격 대상인 특정 기술, 완전한 공격 실행 흐름 등의 세부 내용을 제공한다. 세부 공격 패턴은 메타 공격 패턴과 표준 공격 패턴보다 구체적이다.

표 7-3 공격 패턴의 추상화 수준에 따른 구분

예를 들어 공격 메커니즘 뷰에서 가장 구체적인 세부 공격 패턴의 하나인 'Blind SQL Injection'에 대한 계층 구조는 다음과 같다. 이 세부 공격 방식은 예상하지 못한 항목을 주입하는 공격 방식 중에서 명령을 주입하는 공격 방식이며, 구체적으로는 SQL 질의어에 공격 명령을 주입하는 방식으로 분류할 수 있다는 것이다.

> *(View) 공격 메커니즘(CAPEC-1000)*
> → *(Category) 예상치 못한 항목 주입(Inject Unexpected Items)*
>   *(CAPEC-152)*
> → *(Meta) 명령어 주입(Command Injection)(CAPEC-248)*
> → *(Standard) SQL 주입(SQL Injection)(CAPEC-66)*
> → *(Detailed) 블라인드 SQL 주입(Blind SQL Injection)(CAPEC-7)*

7.2 CAPEC 공격 패턴 ID 찾기

CAPEC 버전 3.0에서의 전체 공격 패턴의 수는 519개이다. 각 공격 패턴은 CAPEC-ID 형식의 식별자를 가진다. CAPEC 웹 사이트[2]에서 그림 7-2와 같이 키워드 또는 ID를 이용하여 특정 공격 패턴의 내용을 검색할 수 있다.

---

2 https://capec.mitre.org/index.html

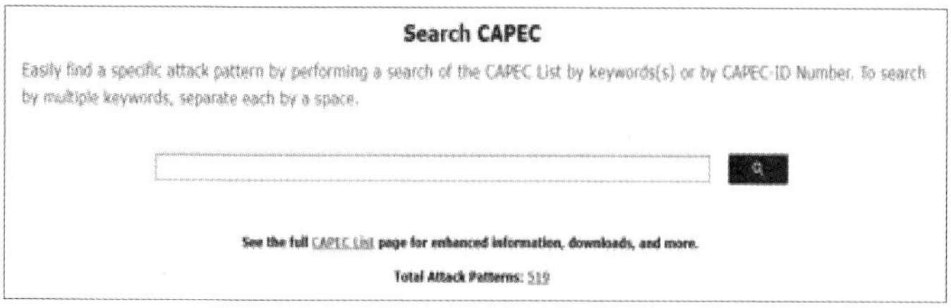

그림 7-2 CAPEC 웹 사이트에서 키워드 또는 ID로 공격 패턴 찾기

결과 화면은 보여주기 필터(Presentation Filter) 옵션에 따라 '기본(Basic)' 또는 '전체(Complete)'로 구분하여 기본 설명 또는 세부 설명을 표시한다. 공격 패턴에 대한 개요를 설명하고, 이후에는 기본은 표 7-4 항목에 대한 설명을 표시하고, 전체는 기본 설명에 추가하여 표 7-5 항목에 대한 설명이 표시된다.

항목 명	설명
관계성	뷰의 계층 구조 내에서 상위(범주 또는 공격패턴)와 하위(공격패턴)를 표시
공격 전제조건	공격에 대한 하나 이상의 전제 조건을 나타내며, 이 유형의 공격이 성공하려면 존재해야 하는 조건에 대한 설명을 제공
대책	이 공격 패턴에 의한 공격의 위험을 막거나 완화하기 위한 조치 또는 대책(시스템 복원력(Resilience) 개선, 공격 면(Attack Surface)의 축소, 공격의 영향 축소 등)을 설명

표 7-4 기본 항목 내용

항목 명	설명
공격 가능성	높음, 중간, 낮음 등의 공격 가능성을 표시
심각도(Severity)	매우 높음, 중간, 낮음, 매우 낮음 등의 공격의 심각도를 표시
요구 기술(Skill)	공격을 수행하기 위해 필요한 지식들의 목록과 요구 지식의 수준
필요한 자원	공격자가 효과적으로 공격하기 위해 필요한 자원(IP 주소, CPU 사이클, 도구 등)을 표시

공격의 결과	공격에 따른 결과를 표시, 필수 항목인 범위(Scope)는 공격으로 인해 훼손되는 보안 속성(비밀성, 무결성, 가용성)을 설명, 선택 항목인 영향(Impact)은 공격에 성공할 경우 발생하는 기술적인 영향을 설명, 추가적인 선택 항목으로 가능성(특정 결과가 다른 결과에 비해 상대적으로 얼마나 많이 나타날 것으로 예상되는지)과 노트(공격 결과에 대한 추가 설명)가 있음
관련 보안 약점	공격이 성공하기 위해 존재해야 하는 보안 약점(Weakness)을 나열, 복수의 보안 약점이 공격 패턴과 관련되어 있으면 반드시 모든 보안 약점을 기술하지 않아도 공격이 성공하기 위해 필요한 약점을 표시, 보안 약점은 CWE 식별자로 표기
공격 실행 흐름	공격 패턴의 세부적인 단계별 흐름을 제공, 구체적인 공격 패턴에 대해서만 적용
징후 (Indicators)	이 공격 패턴을 활용하는 공격이 임박하였거나 진행 중이거나 발생하였음을 나타낼 수 있는 활동, 이벤트, 조건 또는 행위를 설명
예제 (Example Instances)	공격 패턴에 대한 하나 이상의 예제를 설명, 예제를 통해 더 실제적이고 구체적으로 공격의 특성, 상황, 변형 등을 이해할 수 있도록 함
참조	하나 이상의 참조를 포함
내용 기록 (Content History)	내용 변경의 이력을 제공, 제출(Submission)란은 제출자, 소속기관, 날짜 등을 기재, 수정(Modification)란은 수정자의 이름, 소속기관, 날짜 등을 기재, 내용 변경이 이루어질 때마다 수정란이 생성됨, 공격 패턴의 의미를 변경하는 경우에는 주의를 상기시키도록 중요성다는 강조 표시, 기여(Contribution)란은 기여자의 이름, 소속기관, 날짜 등을 기재

표 7-5 '전체' 항목 내용

7.3 CAPEC의 공격 영역 뷰

공격 영역 뷰는 공격이 일어나는 영역에 따라 공격 패턴을 분류한 것으로, CAPEC 버전 3.0에서는 다음과 같이 6개의 공격 영역(범주)으로 구성된다.

- 소프트웨어
- 하드웨어
- 통신(Communications)

- 공급망(Supply Chain)
- 사회 공학(Social Engineering)
- 물리 보안(Physical Security)

소프트웨어 영역

이 영역 내의 공격 패턴은 소프트웨어 애플리케이션의 악용에 중점을 둔다. 정의된 각 공격 패턴은 공격자가 원하는 기술적 영향을 달성하기 위해 애플리케이션 설계와 구현의 약점을 악용한다. CAPEC 3.0에서 소프트웨어 영역은 다음과 같이 43개의 메타 공격 패턴으로 구성된다.

- 신분 정보 악용(Exploitation of Trusted Credentials)
- 클라이언트에 주는 신뢰 악용(Exploiting Trust in Client)
- 강제 데드락(Forced Deadlock)
- 경쟁 조건 악용(Leveraging Race Conditions)
- 퍼징(Fuzzing)
- 사용자 상태 조작(Manipulating User State)
- 무차별 대입 공격(Brute Force)
- API 조작(API Manipulation)
- 인증 오용(Authentication Abuse)
- 인증 우회(Authentication Bypass)
- 정보 수집(Excavation)
- 권한 오용(Privilege Abuse)
- 버퍼 조작(Buffer Manipulation)

- 공유 데이터 조작(Shared Data Manipulation)

- 넘침(Flooding)

- 포인터 조작(Pointer Manipulation)

- 과대 할당(Excessive Allocation)

- 자원 누수와 노출(Resource Leak Exposure)

- 매개변수 주입(Parameter Injection)

- 내용 조작(Content Spoofing)

- 식별자 조작(Identity Spoofing)

- 입력 데이터 조작(Input Data Manipulation)

- 자원 위치 조작(Resource Location Spoofing)

- 파일 조작(File Manipulation)

- 범용 정보수집(Footprinting)

- 행위 조작(Action Spoofing)

- 코드 주소 추가 또는 대체(Code Inclusion)

- 형상·환경 조작(Configuration·Environment Manipulation)

- 소프트웨어 무결성 공격(Software Integrity Attack)

- 역 공학(Reverse Engineering)

- 기능 남용(Functionality Misuse)

- 특정 정보수집(Fingerprinting)

- 클라이언트 지속 공격(Sustained Client Engagement)

- 권한 상승(Privilege Escalation)

- 자원 주입(Resource Injection)

- 코드 주입(Code Injection)

- 명령어 주입(Command Injection)

- 중간에 끼어들어 응용 API 조작(Application API Message Manipulation via Man-in-the-Middle)
- 동일 출처 정책 우회를 위한 중간자 공격(Leveraging Active Man in the Middle Attacks to Bypass Same Origin Policy)
- 자원 조작(Contaminate Resource)
- 로컬 코드 실행(Local Execution of Code)
- 기능 우회(Functionality Bypass)
- 개체 주입(Object Injection)

하드웨어 영역

이 영역 내 공격 패턴은 컴퓨팅 시스템에 사용되는 물리적 하드웨어의 악용에 관련된 것이다. 각 공격 패턴에 정의된 악용 기법은 공격자가 목표로 하는 기술적 영향을 달성하기 위해 공격 대상 시스템의 하드웨어 컴포넌트에 대한 교체, 파괴, 수정, 악용 등을 포함한다. 하드웨어 컴포넌트에 대한 공격은 칩, 회로 보드, 장치 포트, 컴퓨터 시스템, 내장 시스템의 하드웨어 컴포넌트 등을 대상으로 한다는 점에서 소프트웨어 공격과 다르다. 복잡한 공격의 사례에는 노출된 시스템에 점퍼(Jumper)의 추가·제거, 시스템 버스를 지나는 데이터를 읽기 위한 마더보드에 대한 센서 장착 등이 있다. CAPEC 3.0에서 하드웨어 영역은 다음과 같이 5개의 메타 공격 패턴으로 구성된다.

- 범용 정보수집(Footprinting)
- 하드웨어 무결성 공격(Hardware Integrity Attack)
- 악성 논리 삽입(Malicious Logic Insertion)

- 자원 조작(Contaminate Resource)
- 결함 주입(Fault Injection)

통신 영역

이 영역 내 공격 패턴은 통신 및 관련 프로토콜의 악용에 중점을 둔다. 정의된 각 공격 패턴은 원하는 부정적인 기술적 영향을 달성하기 위해 통신의 차단, 조작, 도용 등에 사용된다. CAPEC 3.0에서 통신 영역은 다음과 같이 8개의 메타 공격 패턴으로 구성된다.

- 클라이언트에 대한 신뢰 악용(Exploiting Trust in Client)
- 가로채기(Interception)
- 인프라 소삭(Infrastructure Manipulation)
- 프로토콜 분석(Protocol Analysis)
- 통신 채널 조작(Communication Channel Manipulation)
- 프로토콜 조작(Protocol Manipulation)
- 트래픽 주입(Traffic Injection)
- 상호작용 방해(Obstruction)

공급망 영역

이 영역 내 공격 패턴은 정보수집, 중요한 데이터의 유출, 핵심 업무·인프라의 중단 등을 목적으로 컴퓨터 시스템의 공급망 생명 주기 동안 하드웨어·소프트웨어·서비스 등을 조작하는 데 중점을 둔다. 공급망 운영은 일반적으로 부품·컴포넌트의 생산과 조립, 배송 등이 여러 국가에서 발생하여 다국적으로 이루어지기 때문에 공격자에게 다수의 공격 포인트를 제공한다. CAPEC 3.0에서 공급망 영역은 다음과 같이 2개의 메타 공격 패턴으로 구성된다.

- 제조 과정에서의 변조(Modification During Manufacture)
- 배포 과정에서의 조작(Manipulation During Distribution)

사회공학 영역

이 영역 내 공격 패턴은 사람들을 조종하고 부당하게 이용하는 것에 중점을 둔다. 정의된 각 공격 패턴은 누군가를 설득하여 어떤 행위를 하도록 하거나 기밀 정보를 누설하도록 하여, 결과적으로 이를 컴퓨터 시스템이나 시설에 접근하는 데 사용된다. 신용 사기(Confidence Trick)[3]나 단순한 사기와 유사하지만, 정보 수집 또는 컴퓨터 시스템 접근 등의 목적을 위해 간사한 꾀로 남을 속이는 책략(Trickery or Deception)에 이 용어를 적용한다. 대부분의 경우, 공격자는 희생자와 직접 대면하지 않는다. CAPEC 3.0에서 사회공학 영역은 다음과 같이 2개의 메타 공격 패턴으로 구성된다.

- 정보 도출(Information Elicitation)
- 사람의 행동 조작(Manipulate Human Behavior)

물리 보안 영역

이 영역 내 공격 패턴은 물리적 보안에 중점을 둔다. 정의된 각 공격

---

3 먼저 희생자로부터 신뢰를 얻은 다음, 희생자로부터 사취하는 것

패턴은 원하는 부정적인 기술적 영향을 달성하기 위해 시스템의 물리적 보안의 약점을 악용하기 위해 사용된다. CAPEC 3.0에서 물리 보안 영역은 다음과 같이 5개의 메타 공격 패턴으로 구성된다.

- 물리 보안 우회(Bypassing Physical Security)
- 물리적 잠금장치 우회(Bypassing Physical Locks)
- 자물쇠 따기(Lock Bumping)
- 물리적 도난(Physical Theft)
- 상호작용 방해(Obstruction)

7.4 CAPEC의 공격 메커니즘 뷰

보안 취약점을 악용할 때 사용하는 메커니즘을 기반으로 공격 패턴을 계층적으로 구성한 뷰이다. 이 뷰의 범주는 공격의 결과 또는 목표를 대표하는 것이 아니라 시스템을 공격하는 데 사용하는 여러 기술을 나타낸다. 일부 공격 패턴은 관점에 따라 하나 이상의 범주에 포함될 수 있다. 이를 극복하기 위해 각 범주에 포함된 공격 패턴은 예외없이 하나의 기술을 사용하도록 분류하였다. 공격 메커니즘 뷰는 다음과 같이 9개의 공격 메커니즘(범주)으로 구성된다.

- 기만적 상호작용(Engage in Deceptive Interactions)
- 기능 오용(Abuse Existing Functionality)
- 자료구조 조작(Manipulate Data Structures)

- 시스템 자원 조작(Manipulate System Resources)
- 예상하지 못한 항목 주입(Inject Unexpected Items)
- 확률적 기법 적용(Employ Probabilistic Techniques)
- 타이밍과 상태 조작(Manipulate Timing and State)
- 정보 수집과 분석(Collect and Analyze Information)
- 접근 통제 와해(Subvert Access Control)

기만적 상호작용

이 범주 내 공격 패턴은 희생자가 공격자가 아닌 다른 주체와 상호작용하고 있다고 기만하여, 희생자와 희생자가 상호작용한다고 생각하는 주체 사이의 신뢰에 기반한 공격 행위를 하는 것으로, '조작(Spoofing)'이라 부른다. 이러한 유형의 공격은 콘텐츠나 기능이 ID와 연결되어 있고, 이러한 연결로 인하여 희생자가 콘텐츠·기능을 신뢰하기 때문에 발생한다. 예를 들면 공격자가 두 당사자 간 금융 거래를 변조하여 거래 금액을 증가시킬 수 있다. 받는 사람이 변경 내용을 감지하지 못하면 변경된 메시지가 원래 보낸 사람이 보낸 것으로 착각하게 된다. 이러한 유형의 공격은 공격자가 악성 콘텐츠를 제작하거나, 합법적인 콘텐츠를 가로채서 수정한다. CAPEC 3.0에서 기만적 상호작용 범주는 다음과 같이 5개의 메타 공격 패턴으로 구성된다.

- 콘텐츠 조작(Content Spoofing)
- ID 조작(Identity Spoofing)
- 자원 위치 조작(Resource Location Spoofing)
- 행위 조작(Action Spoofing)

- 사람의 행동 조작(Manipulate Human Behavior)

기능 오용

공격자는 애플리케이션(기능을 수행하는 주체)이 애초에 의도하지 않은 악의적 목적을 달성하거나 공격 대상의 기능이 영향을 받을 정도로 자원을 고갈시키기 위해 애플리케이션의 기능을 사용하거나 조작한다. 이 범주는 공격자가 기능이 의도한 결과 또는 목적을 변경하여 애플리케이션의 동작 또는 정보의 무결성에 영향을 주는 광범위한 공격 유형이다. 공격의 결과는 정보 노출, 파괴, 서비스 저하, 거부, 대상 시스템에서의 임의 코드 실행 등 다양하다. CAPEC 3.0에서 기능 오용 범주는 다음과 같이 9개의 메타 공격 패턴으로 구성된다.

- API 조작(API Manipulation)
- 넘침(Flooding)
- 과도한 할당(Excessive Allocation)
- 자원 누수와 노출(Resource Leak Exposure)
- 기능 남용(Functionality Misuse)
- 통신 채널 조작(Communication Channel Manipulation)
- 클라이언트 지속 공격(Sustained Client Engagement)
- 프로토콜 조작(Protocol Manipulation)
- 기능 우회(Functionality Bypass)

자료구조 조작

이 범주의 공격 패턴은 시스템 자료구조의 특성을 조작하고 악용하여 시스템 자료구조에 대한 보호와 용도를 위반한다. 시스템 자료구조를 처리하고 관리하는 방법의 취약점으로 인해 관련 시스템 데이터에 부적절하게 액세스하거나 시스템 자체의 보안 속성을 위반하는 방식으로 작동한다. 이러한 자료구조의 취약점과 악용가능성은 설계 및 규정된 처리에서의 모호함과 가정으로 인해 발생한다. CAPEC 3.0에서 자료구조 조작 범주는 다음과 같이 4개의 메타 공격 패턴으로 구성된다.

- 버퍼 조작(Buffer Manipulation)
- 공유 데이터 조작(Shared Data Manipulation)
- 포인터 조작(Pointer Manipulation)
- 입력 데이터 조작(Input Data Manipulation)

시스템 자원 조작

이 범주 내 공격 패턴은 원하는 결과를 얻기 위해 하나 이상의 자원을 조작하는 공격자의 능력에 초점을 둔다. 이는 공격자가 시스템 자원의 상태를 변경하여 시스템 동작이나 정보 무결성에 영향을 주는 광범위한 공격 유형이다. 자원의 예로는 파일, 애플리케이션, 라이브러리, 구성 설정 정보 등이 있다. 공격의 결과는 시스템 서비스의 축소 또는 파괴부터 대상 시스템에 대한 임의 코드 실행에 이르기까지 다양하다. CAPEC 3.0에서 시스템 자원 조작 범주는 다음과 같이 10개의 메타 공격 패턴으로 구성된다.

- 인프라 조작(Infrastructure Manipulation)
- 파일 조작(File Manipulation)

- 형상·환경 조작(Configuration·Environment Manipulation)

- 소프트웨어 무결성 공격(Software Integrity Attack)

- 제조 과정에서의 변조(Modification During Manufacture)

- 배포 과정에서의 조작(Manipulation During Distribution)

- 하드웨어 무결성 공격(Hardware Integrity Attack)

- 악성 논리 삽입(Malicious Logic Insertion)

- 자원 조작(Contaminate Resource)

- 상호작용 방해(Obstruction)

예상하지 못한 항목 주입

이 범주 내 공격 패턴은 데이터 입력 인터페이스에 조작된 데이터를 제공하거나 시스템에 악성코드를 설치·실행하여 목표 시스템의 동작을 제어하거나 중단하는 공격들에 중점을 둔다. 전자의 경우, 애플리케이션이 입력된 데이터를 해석하면 애플리케이션이 의도하지 않은 단계를 수행하거나 불안정한 상태에 빠진다. CAPEC 3.0에서 예상치 못한 항목 주입 범주는 다음과 같이 9개의 메타 공격 패턴으로 구성된다.

- 매개변수 주입(Parameter Injection)

- 코드 주소 추가 또는 대체(Code Inclusion)

- 자원 주입(Resource Injection)

- 코드 주입(Code Injection)

- 명령어 주입(Command Injection)

- 로컬 코드 실행(Local Execution of Code)

- 개체 주입(Object Injection)

- 트래픽 주입(Traffic Injection)
- 결함 주입(Fault Injection)

확률적 기법 적용

이 범주 내 공격 패턴은 찾아서 악용하는 것이 극단적으로 낮은 수학적 확률이라는 가정에 근거한 보안 강도로 설정한 보안 속성을 가진 공격 대상 시스템에 대하여 보안 속성이 유지되지 않는 매우 드문 특정 조건을 탐색하고 극복하기 위한 확률적 기법들에 중점을 둔다. CAPEC 3.0에서 확률적 기법 적용 범주는 다음과 같이 2개의 메타 공격 패턴으로 구성된다.

- 퍼징(Fuzzing)
- 무차별 대입 공격(Brute Force)

타이밍과 상태 조작

공격자는 공격 대상 코드 및 프로세스의 정상적인 실행 흐름에서는 이루어지지 않을 행위를 타이밍이나 상태 유지 기능의 약점을 이용하여 수행한다. 상태 조작의 예로는 애플리케이션 정보를 조작하여 자격증명과 같은 정보를 변조하고, 해당 애플리케이션이 평시에 접근할 수 없는 자료를 접근할 수 있도록 하는 것이다. 어떤 상태 정보를 테스트하여 테스트를 통과하면 동작을 수행하는 '테스트-동작' 경쟁 조건(Race Condition)이 일반적인 타이밍 공격의 사례이다. 애플리케이션이 테스트를 수행하는 시간과 작업을 수행하는 시간 사이에 공격사가 상태를 변경할 수 있으면 공격자는 동작의 결과를 악의적인 것으로 돌릴

수 있다. CAPEC 3.0에서 타이밍과 상태 조작 범주는 다음과 같이 3개
의 메타 공격 패턴으로 구성된다.

- 강제 데드락(Forced Deadlock)
- 경쟁 조건 악용(Leveraging Race Conditions)
- 사용자 상태 조작(Manipulating User State)

정보 수집과 분석

이 범주 내 공격 패턴은 공격자에 의한 정보 수집, 정보 훔치기 등에
중점을 둔다. 공격자는 적극적 질의와 수동적인 관찰 등 다양한 방법
으로 정보를 수집한다. 공격자는 공격 대상 시스템과 통신의 설계 또
는 형상의 약점을 악용하여 설계된 것보다 더 많은 정보를 시스템이
노출하도록 한다. 공격자는 공격 대상 시스템의 잠재적인 보안 약점,
공격자에게 악용될 수 있는 기술 등을 추론하는데 수집한 정보로부터
도움을 받는다. 이러한 정보에는 공격 대상의 구성이나 기능에 대한
세부 정보, 활동의 시기나 성격에 관한 단서, 기타 민감한 정보가 포함
될 수 있다. 정보 수집만으로도 공격자의 최종 목표가 될 수도 있지만
이러한 종류의 공격은 다른 유형의 공격을 준비하기 위해 수행되기도
한다. CAPEC 3.0에서 정보 수집과 분석 범주는 다음과 같이 7개의 메
타 공격 패턴으로 구성된다.

- 정보 수집(Excavation)
- 가로채기(Interception)
- 범용 정보수집(Footprinting)

- 역 공학(Reverse Engineering)
- 프로토콜 분석(Protocol Analysis)
- 특정 정보수집(Fingerprinting)
- 정보 도출(Information Elicitation)

접근 통제 와해

이 범주 내 공격 패턴은 공격 대상 시스템이 ID·인증 관리, 자원에 대한 접근 관리, 기능의 인가(Authorization) 등을 위하여 사용하는 메커니즘이 가진 약점, 제한사항, 가정 등을 악용하는 것에 중점을 둔다. 악용의 결과로 공격 대상 시스템이 상호작용하는 모든 개체의 신원에 주어진 신뢰가 와해되거나, 공격 대상 시스템이 데이터 또는 기능에 대해 갖는 모든 통제가 붕괴될 수 있다. 접근 통제 와해 공격이 악용하는 약점은 다음과 같은 세 가지 요인으로 인한 것이다. ① 인증 메커니즘이 효과적일 것이라는 믿음 ② 다양한 개체 간의 권한 분리에 대한 효과적인 통제 부족 ③ 구현된 인가 메커니즘의 강도에 대한 가정과 과도한 확신. CAPEC 3.0에서 접근 통제 와해 범주는 다음과 같이 8개의 메타 공격 패턴으로 구성된다.

- 신분 정보 악용(Exploitation of Trusted Credentials)
- 클라이언트에 주는 신뢰 악용(Exploiting Trust in Client)
- 인증 오용(Authentication Abuse)
- 인증 우회(Authentication Bypass)
- 권한 오용(Privilege Abuse)
- 권한 상승(Privilege Escalation)

- 물리 보안 우회(Bypassing Physical Security)

- 물리적 도난(Physical Theft)

8. 사이버 공격자

사이버 공격자는 다양하다. 호기심이나 행동주의(Activism)로 서버에 침입하는 일반적인 해커, 랜섬웨어(Ransomware)로 돈벌이에 주력하는 범죄조직, 산업기밀을 훔치기 위한 산업 스파이, 대부분의 시간에 비밀 정보를 훔치는 단 한가지 일에만 관심이 있는 국가 지원을 받는 해킹 그룹 등 다양한 이유로 사이버 공격이 이루어진다. 표 8-1에 사이버 공격자의 유형과 이들의 공격 목적 또는 의도를 정리하였다.

　다양한 목적 또는 의도로 사이버 공격을 감행하지만 종국적으로는

공격자 유형	공격 목적 또는 의도
정보 전사(Info Warrior)	군사 작전
국가 정보기관(National Intelligence)	정치 경제 군사적 정보 수집
테러리스트(Terrorist)	혼란, 정치적 목적 달성을 위한 과시
산업 스파이(Industrial Espionage)	돈벌이, 협박, 경쟁 우위

조직범죄자(Organized Crime)	돈벌이, 복수
해커 그룹(Institutional Hacker)	돈벌이, 명망, 모험, 스릴
개인 해커(Recreational Hacker)	스릴, 도전

표 8-1 사이버 공격자의 유형과 목적

정치적 또는 경제적 목적 또는 의도로 구분해 볼 수 있다. 표 8-1의 상위에 위치한 정보전사, 국가정보기관, 테러리스트는 정치적 목적을 달성하기 위해 사이버 공격을 한다고 할 수 있으며 산업 스파이, 조직 범죄자, 해커 조직 등은 경제적 이익을 위해 사이버 공격을 감행한다. 최근 개인과 기업을 상대로 한 램섬웨어와 서비스 거부 공격 등은 국가 정보기관이나 테러리스트에 의한 것이라기보다 돈을 노리는 조직 범죄자나 해커조직에 의한 것이다. 기업의 연구 개발 자료나 영업 기밀에 대한 공격인 산업 스파이 행위는 조직 범죄자와 해커 조직의 주요 활동이다. 국가 또는 국가의 지원을 받는 해커 조직이 산업 기밀을 대상으로 사이버 공격을 하는 사례들이 최근 증가하고 있다.

8.1 개인 해커와 해커 그룹

사이버 공격은 기술적 관점에서 보면, 정보 시스템에 비인가 접근을 하여 보안 속성을 훼손시키는 행위다. 대중 매체에서 해킹[1]이라는 용어로 표현되기도 한다. 해커 조직이나 조직 범죄자들의 공통점은 사이버 공격을 돈벌이 수단으로 사용한다는 점이다. 취미로 해킹하는 개인 해커(Black Hat)에 의한 사이버 침입 및 보안 사고의 수가 가장 많지만, 대다수의 개인 해커는 보안이 강화된 조직이나 주요 정보통신 기반 시설과 같은 어려운 공격 목표를 위협할 수 있는 필수 지식이나 기술을 가지고 있지 않으며, 그럴 동기도 적다. 그럼에도 불구하고 전 세계에 걸쳐 그 수가 대규모이기 때문에 일반 사용자나 시스템 보안에 대한 투자가 미흡한 중소 규모의 기업이나 조직에는 적지 않는 피해를 입힐 소지가 충분하다. 또한 해커 인구가 증가함에 따라 예외적으로 숙련되고 악의적인 해커가 그러한 공격을 시도하고 성공할 가능성이 높다.

표 8-2는 개인 해커 및 해커 그룹의 대표적 사례들이다. 미국 국방부의 지원을 받아 카네기멜론 대학교에 컴퓨터 보안 사고 대응 팀[2] CERT(Computer Emergency Response Team)를 만들게 한 장본인이 코넬 대학원생 로버트 모리스(Robert Tappan Morris)이다. 모리스는 1988년 11월 유닉스 운영체제와 유틸리티 프로그램(Sendmail, Finger, RSH·rex-ec)의 보안 취약점을 악용하여 자동으로 전파하는 악성코드인 웜을 제

---

1 흥미롭게도 해킹이라는 용어는 컴퓨터에서 유래하지 않았다. 1961년 MIT의 Tech Model Railroad Club 회원들이 기능을 수정하기 위해 하이테크 기차 세트를 해킹한 것에 유래한다. 그들은 후에 장난 감 기차에서 컴퓨터로 옮겨 갔고, MIT의 IBM 704 컴퓨터를 사용하여 혁신, 탐색, 새로운 패러다임 창출 및 컴퓨터가 수행할 수 있는 작업을 확장하려고 하였다. MIT 학생들과 초기 해커들은 기존 프로그램의 한계를 탐색, 개선 및 테스트하는 데만 관심이 있었다. 경우에 따라 이러한 해킹은 데니스 리치(Dennis Ritchie)와 키스 톰슨(Keith Thompson)의 유닉스(UNIX) 운영체제처럼 기존의 프로그램보다 훨씬 뛰어난 프로그램을 생성하기도 하였다.

2 컴퓨터 보안 사고 대응 팀(Computer Security Incident Response Team, CSIRT)이 일반적인 용어다.

작 유포하여, 단시간에 수천대의 유닉스 머신을 다운시킨 해킹 사고를 일으켜 언론의 주목을 받았다.

소설 『뻐꾸기 알(Cuckoo's Egg)』은 실제로 발생하였던 해킹 사건에 관한 것이다. 네트워크 관리자 클리포드 스톨(Clifford Stoll)이 75센트 요금계산서 오류(Billing Error)의 원인을 찾던 도중, 수달동안 미군 네트워크를 염탐하던 해커를 발견하고, 그림 8-1과 같은 경로를 거쳐 독일의 거주지까지 추적하여 해커 일당을 적발하는 과정을 그리고 있다. 이 해커들은 표 8-2의 카오스 컴퓨터 클럽 CCC와 연계되어 있었다.

명칭	특징
로버트 모리스	• 1988년 11월, 최초의 인터넷 웜인 모리스 웜(Morris worm)을 만들어 약 6000대의 유닉스 서버를 감염시켜, 네트워크가 마비됨
카오스 컴퓨터 클럽 CCC (Chaos Computer Club)	• 1981년 독일 함부르크에서 설립된 유럽에서 가장 큰 해커 그룹 중 하나이며, 1980년대부터 해킹 기술을 대중에 전파 • 보안 결함을 알리기 위해 함부르크의 한 은행에서 134,000 마르크를 훔치고, 바로 되돌려줌 • 미국 기업과 정부의 소스 코드를 KGB에 판매하여 유죄 판결을 받음
어나니머스 (Anonymous)	• 일반 대중에게 가장 잘 알려진 해커 그룹(진보적 Hacktivist) • 2003년부터 4chan을 기점으로 인터넷에 중요한 영향력을 행사 • 극단적으로 분산된 구조이기 때문에 누군가가 체포된 경우에도 계속 운영을 유지할 수 있음 • Guy Fawkes 마스크 상징은 있지만, 명령을 내리는 리더는 없음
룰즈섹 (Lulz Security)[3]	• 2011년 어나니머스에서 분사하여 설립 • 2011년 소니 픽처스 공격[4] • CIA 웹 사이트 해킹

표 8-2 개인 해커 및 해커 그룹 사례

3　슬로건은 "2011년부터 당신의 보안을 비웃으며(laughing at your security since 2011)" 이다.

4　DDoS 공격으로 크리스마스 기간 동안 플레이스테이션과 엑스박스 네트워크를 무력화

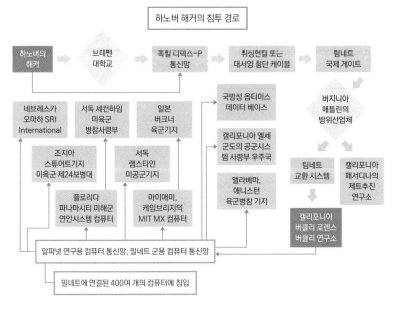

그림 8-1 독일 해커의 미국 연구·국방 네트워크 공격 경로 (출처 : 뻐꾸기 알)

8.2 산업 스파이와 조직 범죄자

산업 스파이와 조직범죄 집단은 유능한 해커를 고용하거나 육성하고 산업 정보 해킹과 대규모 금전 도용을 수행할 수 있는 능력이 있기 때문에 국가 사회에 상당한 수준의 위협을 제기한다. 기업 스파이, 경제 스파이 등으로 불리는 산업 스파이 활동은 상업적, 재정(재무)적 목적에 정탐(스파이, 첩보) 기법을 활용하는 활동이다. 정보 수집 대상 시설에 물리적인 무단침입뿐만 아니라 도청과 시스템 해킹을 활용한다. 불만을 가진 직원, 경쟁자가 정보를 빼내기 위해 몰래 고용한 직원 등 내부자가 기업의 비즈니스 기밀정보를 빼내 넘겨주는 단순한 스파이 활동도 있다.

조직 범죄자나 정부기관의 스파이가 민간 기업이나 단체를 대상으로 하는 산업 스파이 활동의 심각성이 증가하고 있다. 특히 생명공학, 정보기술, 자동차 및 운송, 에너지 등의 분야와 같이 기술을 근간으로 하는 기업일수록 산업 스파이의 먹잇감이 된다. 트럼프 미 대통령이 중국과 무역 전쟁을 하게 된 주요 이유의 하나가 중국이 미국에서 '영업 비밀'을 훔치는 것을 막기 위해서였다. 보안 관리가 부실하였다는 과실로 인한 평판 하락이 공격자를 대상으로 한 법적 조치에 따른 이점보다 크다고 판단하기 때문에 보고되지 않는 산업 스파이 피해 사례도 있을 것이다. 표 8-3은 조직 범죄자 및 산업 스파이 그룹의 대표적 사례들이다.

명칭	특징
Morpho	• Wild Neutron로 알려져 있으며, 자금 지원이 풍부한 해킹 그룹 • 기술, 제약, 투자 회사 등의 주요 기업의 지적 재산을 목표로 2011년부터 수십 개의 해킹을 수행(시만텍 보고서 : 20개국에 최소한 49개 조직·기업이 해킹됨) • 금전적 이익을 위해 내부 정보를 훔치기 때문에 국가 지원 그룹이 아닐 가능성이 높음 : 해킹을 사업으로 접근
Lizard Squad	• 말레이시아 항공(웹 사이트 해킹), 페이스북(서비스 거부 공격으로 인해 네트워크가 잠시 중단), 소니(ISIS 깃발 게시), 마이크로소프트(엑스박스와 플레이스테이션 해킹) 등 공격
Dragonfly	• 2011년부터 활동을 시작한 동유럽과 러시아 출신의 해커 그룹 • 미국과 유럽의 전력망, 에너지 산업, 제어 시스템 등을 목표로 삼음 • 표적-피싱(Spear-phishing)과 워터링 홀 공격을 즐겨 사용 • 산업 제어시스템 용 소프트웨어에 트로이 목마를 포함할 수 있는 능력을 보임(스턱스넷과 유사) • 공격에 사용된 악성코드의 컴파일 시간을 분석해 보면, 주로 월요일과 금요일 사이에 활동, 오전 9시부터 오후 6시까지 9시간에 집중 • 규모가 큰 표적을 공격하기 위해, 규모가 작고 보안이 약한 외주 공급업체의 약점(Soft Underbelly)을 이용

GovRAT	• 몇 명의 영어권 개발자가 정보 수집용 맞춤형으로 만들어 2015년에 사용하기 시작한 악성코드 이름이자, 그룹의 코드명이기도 함 • 공격의 표적은 주로 정부 공무원, 군인, 대기업 등 • 안티 바이러스 소프트웨어 탐지로부터 악성코드를 숨기기 위해 훔치거나 위조한 디지털 인증서를 적극적으로 사용
Waterbug	• 2005년부터 활동을 시작, 국가 지원 해커 그룹일 가능성 있음 • 해킹한 84개 웹 사이트로 구성된 공격 네트워크 Venom을 사용 • 워터링 홀 웹 사이트 위치 : 프랑스 (19%), 독일 (17%), 루마니아 (17%), 스페인 (13%) • 정부 기관, 대사관 및 교육·연구 시설 등을 대상으로 정보수집

표 8-3 산업 스파이 및 조직 범죄자 사례

8.3 국가 정보기관 또는 정보 전사

사이버 공격자 중 정보전사는 전쟁 시 군사 작전의 일환으로 적의 무기 체계를 무력화하거나 적의 정보를 수집 또는 교란하는 정보작전(Information Operation)을 수행한다. 당연히 정보전사는 군과 관련된 요원이다. 오늘날 물리적 군사 대국을 중심으로 정보전에 많은 투자가 이루어지고 있다. 정보전사가 전쟁 시기도 아닌데 민간 기업의 연구개발 정보, 기술 경쟁력 관련 정보 등의 지적 재산을 훔치는 행위는 공정한 세계 시장 질서를 무너뜨리는 행위이므로 국제적 기구 차원에서 근절 대책이 논의되어야 한다.

국가 정보기관이나 이들의 지원·후원을 받는 공격자들은 대개 최상급 공격자이다. 언론 매체에 자주 등장하는 APT(Advanced Persistent Threat)[5]는 네트워크에 침입해 '지속성'을 유지하는 공격자를 강조하

---

5 고급(Advanced) 해킹 능력을 가지고 특정 공격 대상에 대해 지속적으로(Persistent) 해킹을 시도하는 공격자를 의미한다. 주로 대중매체나 보안 기업에서 특정 공격자 그룹을 지칭할 때 사용한다. 그러나 고급 수준의 해킹 능력을 정의하기가 어렵기 때문에 특정 공격자를 APT로 부르는 것은 논리적이지 않다. 지속의 기간도 특정화할 수 없다.

는 용어이다. 대부분의 시간을 비밀 정보를 훔치는 단 한 가지 일에만 몰두하는 국가 정보기관이나 이들의 지원을 받는 해커 그룹에게서 보이는 특성의 하나이다. 국가 정보기관이나 이들의 지원·후원을 받는 공격자들의 공격 방법은 다양하다. 예를 들면 공격 대상 시스템에 악성 소프트웨어를 설치하는 피싱 메일을 사용하거나, 제로데이 보안 취약점의 악용코드(Exploit)를 사용한다. 이 악용코드는 처음 사용되기 전까지 아무도 알지 못하며, 해당 보안 취약점은 알려지지 않아, 패치나 보완 대책을 강구할 시간이 주어지지 않는다. 공격자가 누구인지, 그들이 어디서 왔는지를 숨기기 위해서 여러 개의 프록시를 경유하고, 전 세계의 컴퓨터들을 거치도록 트래픽을 조종한다[6].

사이버 보안 기업들[7]은 공격에 대한 정보를 수집하여 의미있는 정보로 가공하는데, 이를 위협 인텔리전스(Threat Intelligence)라 한다. 공개된 위협 인텔리전스 보고서에는 추적한 공격자들과 이들의 TTP(Tools, Tactics, Procedures)에 대한 세부 정보를 포함하고 있다. 일부 보안 기업에서는 특정 공격자들을 APT 그룹으로 분류하여 표기하기도 한다. 표 8-4는 국가 정보기관 또는 이들이 지원·후원하는 공격자 그룹의 사례들이다.

2013년, 에드워드 스노든(Edward Snowden)의 유출 자료[8]에 따르면

---

6 귀책(Attribution) 문제 : 사이버 공간에서의 공격은 가해자의 정체를 밝혀내기 어렵다는 특징을 갖는다. 즉 공격의 근원지와 책임소재(Attribution)를 정확히 밝혀내기가 쉽지 않다.

7 맨디언트(Mandiant), 크라우드스트라이크(Crowdstrike), 카스퍼스키 랩스(Kaspersky Labs), 시만텍(Symantec) 등

8 에드워드 스노든이 유출한 문서에 포함되어 있는 것 중에서, 2014년 1월 27일 언론에 보도된 아이폰과 안드로이드 스마트 폰에 설치할 수 있는 스파이웨어 키트인 WARRIOR PRIDE(GCHQ(영국의 국가보안 기관)와 NSA가 붙인 코드명)는 원격으로 스마트폰을 켜고, 내장 마이크를 켜고 듣고, 위치 정보를 사용하여 추적할 수 있는 기능을 포함한다.

명칭	특징
TAO (Tailored Access Operations) (미국)	• 에드워드 스노든에 의해 알려짐 • 세계에서 가장 뛰어난 해킹 능력을 보유한 것으로 추정됨 • 미국 메릴랜드 주 포트 미드(Fort Mead)의 NSA 본부와 하와이, 조지아, 텍사스, 덴버의 지사에서 근무 • 시스템에 대한 물리적 접근이나 네트워크 기업, 하드웨어 제조사와 협력을 통해 시스템을 변경하여, 시스템에 보안 취약점을 삽입한다고 알려짐
Pawn Storm (Fancy Bear, APT28) (러시아)	• 러시아 해킹 그룹으로, 모스크바의 정부당국과 연계되어 있는 것으로 추정 • 정부 기관에서 미디어 인물에 이르기까지 유명 목표를 대상으로 사이버 정보 수집(목표는 러시아 정부의 관심 대상 : 러시아 반체제인사, 나토, 폴란드 정부·웹 사이트, 조지아 정부, OSCE 해킹 등) • 2004년부터 공격이 포착, 2014년에 공격의 세부사항이 구체적인 밝혀짐 • 탐지 회피를 위해 공격 TTP를 정기적으로 변경
Elderwood Group (중국)	• Elderwood 그룹은 관련된 그룹을 통칭하여 붙여진 명칭 : 하위 그룹으로는 Hidden Lynx(방위산업 및 일본 사용자 공격), Linfo(제조회사 공격), Sakurel(항공우주회사 공격), Vidgrab(위구르 반체제 공격), Axiom, Unit 61398, Comment Crew, Putter Panda 등 • 오로라 작전(Operation Aurora)으로 명명된 2009년 구글 해킹 사건을 일으킴(2010년, 구글 스스로 해킹 사실을 발표) • 방위 산업, 인권 단체, 비정부기구, IT 서비스 제공업체 등이 주 공격 대상
121국 (북한)	• 자동화 대학을 졸업 후 선발 • 정찰총국 산하 사이버전지도국(제121국)의 300~6000명으로 추산되는 해커들이 2013년부터 총 19건의 사이버 공격을 수행(2018년 국감자료) • 소니 해킹(소니 피해액 약 천 5백만 달러)
SEA(Syrian Electronic Army) (시리아)	• 시리아 친정부 성향의 해커 그룹(영어 구어체와 유머에 익숙하기 때문에 SEA의 정체성에 대한 의문이 제기되지만 뉴욕타임즈는 SEA를 이란인으로 추정) • 피싱, DDoS 공격, 스팸, 악성코드 등의 해킹 기술로 주요 서구 언론 매체의 웹 사이트 변조(시리아 국기 게시) • 영향력 있는 사람들의 트위터 계정과 페이스북 페이지를 해킹
Tarh Andishan /Ajax (이란)	• 스턱스넷 공격에 따라 이란 정부는 사이버 역량을 공격적으로 늘이기 위해, 해킹 그룹(Tarh Andishan)을 조직하고, Ajax와 같은 기존의 이란 핵티비스트 그룹을 활용 • 항공사 보안 게이트 시스템을 공격 • 클리버 작전(Operation Cleaver) 수행 : 중국, 미국, 사우디아라비아, 인도, 이스라엘, 프랑스, 독일, 영국 등 16개국 50개 이상의 기관(군대, 에너지, 공공시설, 석유·가스, 항공, 공항, 운송, 병원 등)이 공격을 당함

표 8-4 국가 정보기관 또는 이들이 지원·후원하는 공격자 그룹 사례

미국 NSA의 공격적인 해킹 능력은 가히 세계 최고 수준이다. 유출 자료로부터 이들이 사용하는 독특한 방법이 공개되었다. 예를 들어 제조사에서 사용자로 제품이 공급되는 과정(Supply Chain)에서 하드웨어 장치나 컴퓨터를 가로채, 백도어로 작동하는 하드웨어 인플란트(Inplant)를 설치하고, 원 수신자에게 보내는 기법도 소개되어 있다. 대부분의 사이버 보안 전문가들은 이스라엘 유닛(Unit) 8200과 함께 이란의 원심 분리기를 물리적으로 파괴한 정교한 사이버 무기인 스턱스넷(Stuxnet)웜을 만든 것이 NSA라고 믿고 있다. 이들은 이란 핵 시설 공격을 위해 4개의 제로 데이 보안 취약점을 사용하였다. 하나의 제로 데이 취약점이면 공격을 성공하기에 충분하지만, 4개의 제로 데이 보안 취약점은 전례가 없는 보기 드문 것이다. 또한 최근 영화 「Zero Days」는 NSA가 어떻게 컴퓨터 코드로 전력망에서 금융 부문에 이르기까지 정보기술 인프라를 무력화시켰는지를 보여주고 있다.

러시아에는 Sandworm, Cozy Bear, Turla Group 등으로 명명된 십여 개의 APT 그룹이 있다. 사이버 보안회사 Crowdstrike가 Fancy Bear라고 명명하였으며, 미국 민주당 전국위원회의 서버 내부에서 발견되었다(악성코드의 이름을 공격자 그룹의 이름으로 사용하기도 한다). 이 회사는 또한 Cozy Bea도 발견하였는데, 두 그룹의 해킹 기술은 누구에게도 뒤지지 않는 탁월한 수준이며, 많은 보안 솔루션을 쉽게 우회할 수 있다고 말하였다. Sandworm이라고 불리는 러시아 연계 해커 그룹의 주 공격 대상은 주요 기반시설이다. 이들은 2015년 말, 우크라이나 전력 회사를 악성코드로 공격하여 약 7시간 동안 정전시켰다.

중국의 APT 그룹 중 가장 악명 높은 그룹은 Comment Crew로 알려져 있다. 사이버 보안 회사 맨디언트(Mandiant)는 2013년에 60페이지 분량의 보고서를 발표하여 코카콜라, RSA, 미국의 주요 기반시설 등에 대한 공격을 이들의 소행으로 연결지었다. 이 보고서는 Comment Crew(Comment Panda 또는 APT 1이라고도 함)가 실제로 PLA Unit 61398으로 알려진 중공 군대였음을 보여주는 많은 증거를 제시하였다. 당연히 중국은 어떠한 개입도 부인하였다[9]. 사이버 공간에서 운영되는 많은 중국 그룹이 있다. Naikon, Shell Crew, Toxic Panda와 같은 이름이 지어졌으며, 미국 정부 기관을 포함하여 전 세계 금융 기관, 에너지 회사에 이르기까지 광범위한 해킹을 자행한 것으로 알려졌다. 2013년 미국 버라이즌의 데이터 침해 조사(Data Breach Investigations) 보고서[10]에 의하면, 4만 7000여 보안 사고에서 정보 유출이 621건 확인되었고, 정보 유출의 96%가 중국 공격자에 의해 이뤄졌다. 보안 기업들의 APT 조사에 의하면, 러시아보다 훨씬 더 많은 50개 이상의 공격자 그룹이 중국과 연결되어 있다.

2013년 3월 20일, KBS·MBC·YTN과 농협·신한은행 등 방송·금융 6개사 전산망 마비 사태가 발생하였다. 이후 4월 10일, 민·관·군 사이버위협 합동대응팀은 이번 사이버테러의 수법과 접속 기록을 정밀 조사한 결과 북한 정찰총국의 소행인 것으로 결론내렸다고 발표하였다. 북한도 중국과 유사하게 그림 8-3과 같이 정찰총국 산하에 해킹 부대를 운용하고 있다.

---

9 2014년 5월 19일, 미연방 대배심은 최초로 중국 인민해방군 61398부대 소속의 요원 5명(Wang Dong, Sun Kailiang, Wen Xinyu : 해킹, Huang Zhenyu, Gu Chunhui : 지원)을 사이버 해킹을 통한 산업 스파이 행위(중국 국영기업들에게 제공할 목적으로 미국의 철광업체와 태양광업체들의 컴퓨터를 해킹)로 기소하였다. 에릭 홀더 미국 법무부 장관은 이날 기자회견을 열고 중국 정부에 대해 이들 5명이 피츠버그 시에서 재판을 받을 수 있도록 신병을 넘기라고 요구하였다(그림 8-2 참고).

10 http://www.verizonenterprise.com/resources/reports/rp_data-breach-investigations-report-2013_en_xg.pdf

그림 8-2 미연방 대배심이 기소한 중공군 61398부대 소속 요원

　스턱스넷에 놀란 이란은 공격적으로 사이버 군대에 투자하였다. 2000만 달러의 예산과 수년간의 경험으로 현재 상당한 규모의 사이버 군대를 보유하고 있다. 새문(Shamoon)[11]이라는 이란 그룹이 2012년에 사우디아라비아 국영 석유회사 사우디 아람코의 약 3만5000대 컴퓨터를 해킹하여 완전히 삭제하였다.

　대규모 해킹과 이를 성사시키는 공격자 그룹으로부터 알 수 있는 것은 사이버 전쟁과 스파이 행위는 어둠 속에서 계속되고, 교전 규칙은 거의 없다는 점이다. 사이버 공격에서는 어떤 국가에게도 구속력을 갖는 국제적인 입장이나 규제 틀이 없으며 그것은 우리가 스스로 결정하는 규칙이다. 공정한 시장 경제 질서를 확립하기 위해서 국제적 협약이나 제도의 마련이 시급하다. 적어도 국가 기관에 소속된 해커나

---

11 보안 업체는 공격을 받은 시스템에서 발견한 대표적인 악성코드의 이름을 공격자의 이름으로 명명하는 경향이 있다. Shamoon은 악성코드의 이름이기도 하며, 이 악성코드의 다른 이름은 W32.DistTrack이다.

그림 8-3 북한의 사이버 공격자 그룹

국가의 지원을 받는 해커 그룹이 민간 기업의 지적 재산을 사이버상에
서 절도하는 행위에 대해서는 국제적 제제가 우선적으로 마련되어야
한다.

9. 악성코드 공격벡터

컴퓨터 프로그램은 목적된 기능을 수행하는 명령어의 집합으로 정의된다. 컴퓨터 프로그램에 구현되는 기능은 문서 편집, 그래픽, 정보 검색, 네트워크 포트 개방, 키보드 입력 기록, 원격 접속, 데이터 삭제, 메시지 전송 등 수를 헤아릴 수 없을 정도로 다양하다. 컴퓨터 프로그램에 구현되는 기능은 개발자의 의도·목적에 의해 결정되며, 개발자가 작성한 컴퓨터 프로그램의 설명서 또는 사용지침서 등 관련 문서를 통해 사용자는 컴퓨터 프로그램에 구현된 기능을 이해하고 사용한다. 상용 프로그램 보급으로 개발자와 사용자가 일반적으로 다르다. 내부 프로젝트를 통해 개발된 컴퓨터 프로그램의 경우에도 개발자와 사용자는 대부분 다르다. 개발자와 사용자가 다르기 때문에 컴퓨터 프로그램에 구현된 기능 중에는 사용자가 원하지 않는 것들도 포함될 수 있다. 의도적으로 사용자가 원하지 않는 기능을 컴퓨터 프로그램에 포함시키는 경우나 컴퓨터 프로그램의 결함으로 오류가 발생하는 경우에는 사용자가 원하지 않는 결과가 발생한다. 원하지 않는 결과는 시스템 충돌(Crash), 프로그램 실행 중단, 개인정보의 수집, 네트워크 포트의 개방 등 다양하다. 시스템 충돌 또는 프로그램 실행 중단 등은 운영체제 또는 응용 프로그램의 실행 중 제어 흐름의 오류가 발생하는 것으로 컴퓨터 프로그램에 구현된 기능과는 무관하다. 그러나 사용자로부터 명시적 허가를 받지 않고 키보드 입력으로부터 패스워드의 수집 또는 임의의 네트워크 포트 개방 등의 행위는 프로그램에 구현된 기능에 기인한다.

컴퓨터 프로그램 소스 코드 또는 어셈블리어 번역문을 직접 읽어보지 않는다면, 사용자 입장에서는 컴퓨터 프로그램에 구현된 모든 기능을 알 수 없다. 방대한 컴퓨터 프로그램 소스 코드로부터 기능 전체를 파악하는 것은 상당히 어려운 작업이며, 심지어 바이너리 코드로 주어진 실행 코드의 기능을 읽어 내는 것은 더욱 어려운 일이다. 컴퓨터 프로그램에는 설계서나 매뉴얼에 기재된 기능 이외의 기능(Undocumented Functionality)을 포함할 수 있다.

9.1 컴퓨터 프로그램의 유해성

컴퓨터 프로그램의 실행으로 컴퓨터 시스템 또는 사용자 정보에 대한 보안 속성(비밀성, 무결성, 가용성)의 침해가 발생할 수 있다. 예를 들어 시스템 구성 설정 파일을 찾아 내용을 변경한다거나, 사용자 데이터 파일을 삭제한다거나, 사용자 패스워드를 수집하여 특정 인터넷 주소로 전송한다거나, 임의의 네트워크 포트를 개방하는 등의 행위가 발생하면, 이는 보안 침해에 해당한다. 권한을 갖지 않고 이루어지는 행위는 모두 보안 속성을 훼손하는 것이다. 이러한 행위를 수행하는 기능이 컴퓨터 프로그램 내부에 구현되어 있기 때문에 가능하다. 개발자가 보안을 침해할 목적으로 이들 기능들을 포함시켰든 아니든 간에 컴퓨터 프로그램의 실행으로 컴퓨터 시스템의 보안 속성을 위반하는 일이 발생한다는 데 주목할 필요가 있다.

보안의 관점에서 컴퓨터 프로그램의 유해성을 보면, 컴퓨터 프로그램의 실행으로 컴퓨터 시스템 또는 사용자 등의 정보에 대한 보안 침해가 발생하는 경우, 이를 '유해 프로그램(또는 코드)'이라 정의할 수 있다. 의도적으로 컴퓨터 시스템의 보안 속성을 침해할 목적으로 작성된 웜, 바이러스, 트로이목마 등은 유해한 컴퓨터 프로그램(독립된 형태를 지니고 있거나 모듈의 형태를 지님)이다. 특히 이들을 악성 프로그램(Malicious Program) 또는 멀웨어(Malware)라고 부른다.

컴퓨터 바이러스, 인터넷 웜, 트로이목마 등과 같이 해를 끼칠 목적으로 만들어진 악성 프로그램 외에도, 컴퓨터 프로그램에 포함된 기능 실행으로 보안 침해를 발생시킬 수 있는 유해 프로그램이 존재한다. 그림 9-1에서 보는 바와 같이 광고, 정보 수집, 구성 설정 변경, 모니터링, 원격자원 사용 등의 기능은 사용 목적에 따라 유해할 수도, 그렇지 않을 수도 있다[1]. 그림 9-1의 오른쪽에서 +로 표시한 사례는 보안 침해를 발생하지 않는 경우이며, −는 보안 침해를 발생시키는 경우이다. 따라서 점선 내에 포함된 컴퓨터 프로그램의 기능은 사용 문

---

1 「Addressing Spyware and other potentially unwanted software」(2005), Meng-Chow Kang

맥(Context)에 따라 유해 여부가 결정된다. 이와 같이 명백히 무해한 컴퓨터 프로그램과 유해한 컴퓨터 프로그램의 중간에 위치하는 컴퓨터 프로그램을 그레이 프로그램Gray Program(또는 코드) 또는 그레이웨어(Grayware)라고 부른다. 그레이 프로그램이 보안 침해에 사용되는 경우 침해의 정도에 따라 유해 수준을 다르게 정의할 수 있다.

	기능	설명	사례
없음	무해	잠재적 위해 없음	+ Notepad
유해도	광고하기	광고 디스플레이	+ Ad-supported software − Unauthorized pop-ups
	정보수집	개인정보 수집	+ Authorized search toolbar − Surreptitious data collector
	구성설정 변경	설정 변경	+ Settings utilities − Browser hijacker
	모니터링	키 입력 기록	+ Parental controls − Key-loggers
	다이얼링	유료전화 자동 다이얼	+ ISP software − Pom dialer
	원격자원사용	원격으로 자원 사용	+ Cycle sharing apps − Backdoor software
최대	유해 행위	명백한 유해(바이러스, 웜, 트로이목마)	− Slammer worm

그림 9-1 컴퓨터 프로그램의 유해싱에 의한 구분

컴퓨터 바이러스, 웜 프로그램처럼 악의적인 행위를 특성화한 탐지패턴(Signature)에 의해 진단될 수 있는 악성 프로그램과는 달리 그레이 프로그램은 합법적으로 사용될 수 있기 때문에, 유해한 그레이 프로그램을 진단하기 위해 일률적인 탐지패턴의 적용은 가능하지 않다. 표 9-1에 일반적으로 알려진 그레이 프로그램을 기능별로 분류[2]하였

---

2 「Anti-Spyware Coalition, Anti-Spyware Coalition Definitions and Supporting Document」(2005)

다. 그레이 프로그램을 악의적으로 사용하면 보안 침해를 발생시키는 유해 프로그램이 된다. 예를 들어 다운로더(Downloader)는 운영체제 또는 안티 바이러스 프로그램 등의 자동 갱신을 위한 기능으로 개발되었으나, 악성 프로그램을 원격 컴퓨터로부터 전송받아 사용자의 허락이나 인지없이 설치하는 데 사용될 수 있다. 후자의 경우 다운로더는 컴퓨터 시스템의 무결성을 침해하는 유해 프로그램이다.

기능	설명	역기능	순기능	사례
추적	사용자 행위 또는 사용자 정보 관찰(수집)	개인정보 노출 ID 도난 컴퓨터 속도 저하 보안침해 기회 제공	부모·기업의 합법적 관찰	snoopware Keylogger
광고 배너 디스플레이	광고성 콘텐츠 화면 표시	성가심과 생산성 지장 불쾌한 내용 디스플레이 컴퓨터 속도 저하	광고성 정보 제공	Adware
원격 제어	원격 제어 또는 액세스	컴퓨터 자원 도용 대량 메일 발송 DDoS 공격 가담 음란 자료 서비스	자신의 데이터에 대한 원격 액세스, 원격 기술지원 및 고장수리	Backdoor Botnet Zombie Droneware
시스템 수정	시스템 또는 사용자 설정 변경	적절한 동의없이 시스템 무결성 훼손	시스템 커스터마이징	Hijacker Rootkit
보안 분석	보안 상태 분석 및 우회	보안 침해	보안 연구 또는 합법적 보안 실행	Hacker Tool
자동 다운로딩	사용자 개입 없이 소프트웨어 다운로드·설치	비인가 소프트웨어 설치	자동 갱신 또는 시스템 자동관리	Tricker

표 9-1 그레이 프로그램의 기능별 유형

애드웨어(Adware)는 팝업 창 또는 배너 형태로 광고 콘텐츠를 디스플레이 하는 프로그램이다. 일반적으로 공유(Shareware) 또는 무료(Freeware) 소프트웨어 등이 다운로드될 때 같이 다운로드되어, 소프트웨어를 설치하는 과정에서 같이 설치된다. 개발자가 광고를 통해 소프트웨어 개발비를 충당하거나, 사용자의 소프트웨어 비용을 억제해 주는 순기능을 가진다. 그러나 단순 광고의 배포 기능 외 목적 광고를 위해서 사용자의 개인 정보(나이, 성별, 주소, 구매 선호도, 웹 항해 습관 등)를 수집하여 광고업자 등의 제삼자에게 사용자의 인지 또는 허락 없이 전달해 주는 기능이 포함되어 있으면 사용자의 프라이버시 침해가 발생한다. 사용자에게 명백히 인지시키고 동의를 받지 않은 이러한 행위는 정보 절도로 보안 침해에 해당한다.

원격 접근·관리 도구 RAT(Remote Access·Administration Tool)는 합법적인 원격 시스템 관리 프로그램이다. RAT 프로그램이 설치된 컴퓨터의 현재 스크린 내용이나 마우스 조작을 원격 컴퓨터에서 볼 수 있다. 상용 RAT 프로그램의 취약성을 공격하여 해커가 이용할 수 있고, 임의로 RAT 프로그램을 희생자 컴퓨터에 설치하여 원격에서 희생자 컴퓨터를 제어할 수도 있다. 원격 접근 트로이 목마 프로그램은 감염된 희생자 컴퓨터에 설치되는 서버 프로그램과 공격자가 희생자 컴퓨터의 서버에 접속하기 위하여 사용하는 클라이언트 프로그램 등 두 부분으로 구성된다. 클라이언트 프로그램을 서버 프로그램에 접속하여 희생자 컴퓨터의 정보를 훔치거나, 서비스 거부 공격과 같은 공격 명령을 수행한다. 봇넷(Botnet)은 공통 클라이언트 프로그램으로 제어할 수 있는 다수(수천~수만)의 희생자 컴퓨터에 설치된 원격 접근 악성 프로그램의 사례이다. 악성 프로그램의 부가 기능으로는 스팸 원격 발송이나 음란물 호스팅 등 다양하다.

9.2 유해 그레이 프로그램

유해 그레이 프로그램도 웜, 바이러스 등과 같은 악성 프로그램과 마찬가지로 광범위한 감염 및 전파를 원하며, 감염된 시스템에 생존하려 노력한다는 점에서 동일하다. 설치 패키지 형태의 합법적인 소프트웨어를 다운로드하여 설치할 때 포함되거나, 웹 브라우저를 통하여 설치되는 등 감염(전파) 방식이 기존의 악성 프로그램과 같다. 프로그램 설치 또는 실행 전에 목적·출처·동작 등에 대한 정보를 분명히 제시하지 않아 감염의 가능성을 높인다. 소프트웨어의 실행 시작 및 중지 등의 작동에 대한 통제를 어렵게 하거나, 사용자가 익숙한 과정에 따라 명확하고 쉽게 설치·제거(또는 비활성화)되지 않도록 하여 감염 시스템에서의 생존성을 높이려 한다.

또한 악성 프로그램의 부가 기능과 마찬가지로 유해 그레이 코드도 보안 속성에 대한 다양한 침해를 발생시킨다. 사용자 개인정보에 대한 수집·전달·사용 방식을 임의로 결정하여 프라이버시 침해와 개인 및 기업 정보 유실을 초래한다. 유해 그레이 프로그램 실행으로 운영체제 또는 소프트웨어 보안 설정을 사용자 허가 없이 변경하기, 방화벽·백신 등의 보안 소프트웨어를 비 활성화시키거나 간섭하기, 다른 컴퓨터를 해킹하는 데 컴퓨터를 무단 이용하는 등의 무결성에 대한 침해가 발생할 수 있다. 그레이 프로그램 실행으로 시스템 자원의 과도하게 높은 점유로 인한 컴퓨터 속도의 현저한 저하, 정기적으로 수집한 데이터를 다른 컴퓨터로 전송하는데 따른 네트워크 전송 능력(Bandwidth) 저하, 웹 브라우저 내에서 실행되는 그레이 코드가 시스템 프로세스와 충돌하여 브라우저를 먹통으로 만들거나 중단시킴, 빈번히 뜨는 팝업 광고 창을 끔으로 인한 작업 방해 등의 시스템 가용성을 침해한다. 유해한 그레이 프로그램의 일반적인 특징을 표 9-2에 정리하였다.

구분	사례
설치·제거 시의 행동	• 동의 요구에 거절하였음에도 소프트웨어를 설치 • 설치 프로그램이 이전에 설치된 관계없는 소프트웨어와 접촉함 • 허가한 소프트웨어 설치 과정에서 비밀리에 설치 • 삭제 기능을 명시적으로 알기 어려움 • 삭제 프로그램이 정상적으로 작동하지 않음 • 시스템 제어판의 추가·삭제 프로그램 인터페이스에 존재하지 않음 • 프로그램 삭제 시에 하드디스크에 저장된 구성요소들을 완전히 제거하지 않음 • 웹 브라우저의 설정을 마음대로 변경 • 타 회사의 광고의 대치 또는제거
메모리· 프로세스 액세스	• 프로세스 이름을 위장시켜 작업 관리자(Task Manager)로 식별하기 어렵게 함 • 시스템 시동 시의 자동실행을 위하여 레지스트리·파일구조를 무단 변경 • 삭제 프로그램을 실행한 후에도 메모리에 상주 • 사용자 모르게 응용 프로그램을 삭제 또는 변경 • 키보드 입력 등의 사용자 입력을 비밀리에 로깅
파일시스템 액세스	• 시스템의 호스트 파일(설정 파일)을 변경하여 도메인 참조를 딴 곳으로 변경 • 관계없는 소프트웨어의 일부를 변경 또는 제거 • 삭제 프로그램의 작동을 방해 • 파일의 보안 구조를 변경
네트워크 액세스	• 정상적인 활동 중에, 사용자허락 없이 자신을 갱신 • 설치 과정 동안에 사용자 동의를 얻지 않고 갱신을 수행 • 사용자 허락을 받아 갱신하는 동안에 다른 컴포넌트를 사용자 동의 없이 갱신 • 수집된 정보를 네트워크 또는 호스트로 릴레이 • 네트워크에 접속된 다른 호스트의 보안을 훼손

표 9-2 유해 그레이 프로그램의 행동 사례

9.3 악성 프로그램

9.3.1 악성 프로그램의 유형

그림 9-2와 같이 감염과 생존 방식에 따라 악성 프로그램은 컴퓨터 바이러스, 웜, 트로이목마 등 3가지로 구분된다. 대표적인 유해 프로그램인 컴퓨터 바이러스는 자기복제 특성을 가진다. 실행파일 또는 스크립트(매크로) 파일에 기생하여 전파된다. 인스턴트 메신저, 전자우편 첨부파일, P2P 파일 다운로드 등을 통하여 사용자 컴퓨터로 전파하며, 사용자가 바이러스에 감염된 파일을 실행하여야 바이러스가 실행되고 감염 기능이 작동한다.

컴퓨터 웜 프로그램은 바이러스와 달리 다른 파일에 기생하지 않고, 스스로 감염을 전파하는 실행 파일이다. 웜은 감염 대상을 결정하는 방식에 따라 2가지로 구분할 수 있다. 인터넷에 접속된 시스템 IP 주소를 임의로 생성하여 감염 대상으로 삼는 웜과 전자우편이나 인스턴트 메시징 소프트웨어(메신저) 등과 같이 사전에 등록된 전자우편 주소나 대화 상대를 감염 대상으로 삼는 웜이다. 전자우편이나 인스턴트 메신저 소프트웨어를 감염 매체로 사용하는 웜은 해당 소프트웨어 사용자의 명시적인 사용(몇 번의 클릭을 수반)을 필요로 한다. 따라서 IP 주소를 통해 감염 대상을 결정하는 웜이 사용자의 개입을 필요로 하는 웜보다 감염 전파속도가 빠르다.

컴퓨터 트로이목마 프로그램은 유용한 유틸리티 프로그램처럼 위장하고 있지만, 사용자를 속여 실행하도록 하여 백도어 코드를 설치하거나 주요 파일을 수정·삭제하는 등의 악성 행위를 하는 프로그램이다. 컴퓨터 바이러스 프로그램과 마찬가지로 사용자의 설치 및 실행을 필요로 한다.

그림 9-2 악성코드 컴퓨터 바이러스, 웜, 트로이 목마 비교

9.3.2 악성 프로그램의 생리적 기능

악성 프로그램은 더 많은 컴퓨터에서 실행할 수 있도록 감염 및 생존 등의 생명 기능(Life Cycle Function)[3]을 기본적으로 갖추고, 악성 행위를 담당하는 부가 기능(Payload)을 선택적으로 포함한다. 악성 프로그램에 대한 감염 자체도 보안 속성인 무결성을 침해하지만, 부가 기능에 의한 악성 행위의 실행으로 보안 침해가 궁극적으로 이루어진다. 악성 프로그램의 생리적 기능(Physiology)에 대한 구분을 표 9-3에 정리하였다.

생리 기능			방법
생명 기능	감염 및 전파	목표 시스템에 침투	목표 시스템 소프트웨어 보안 취약점 이용
			목표 시스템의 사용자 행위의 결과
	생존	감염 시스템 내에서 생존하기 위한 조치	잠복, 탐지회피, 역공학 방해 등을 이용
부가 기능(Payload)		악성 행위 실행	파일 수정·삭제, 아웃바운드 패킷 전달, 포트 개방 등

표 9-3 악성코드의 생리적 기능 구분

---

3 「The Case for Using Layered Defenses to Stop Worms」(2004).

감염 및 전파

감염(Infection)은 악성 프로그램을 가지고 있지 않은 컴퓨터 시스템에서의 행위로 인해 악성 프로그램을 가진 컴퓨터로부터 악성 프로그램이 옮겨지는 것을 의미한다. 전파(Propagation)는 감염의 반대 개념이다. 즉 악성 프로그램을 가진 컴퓨터로부터 악성 프로그램을 갖지 않은 컴퓨터로 악성 프로그램이 이동하는 것이다. 감염과 전파는 동전의 양면과 같은 관계이다. 따라서 감염 또는 전파의 방법은 2가지이다. 컴퓨터 사용자 행위의 결과로 악성 프로그램에 감염되거나, 시스템의 보안 취약점을 악용하여 악성 프로그램 스스로 타 컴퓨터에 전파한다. 한 사용자의 컴퓨터가 악성 프로그램에 감염되면 악성 프로그램은 시스템을 장악하고, 자신을 감염되지 않은 다른 컴퓨터로의 전파를 시도한다.

공격자의 공격 경로(Route) 또는 수단을 공격벡터(Attack Vector)라 한다. 공격 대상 조직의 보안 취약점을 악용하여 공격자가 직접 공격하거나 악성 프로그램을 침투시켜 공격자의 공격을 조력한다. 악성 프로그램도 공격자의 공격 수단 중 하나이며 공격벡터에 해당한다. 악성 프로그램의 감염 또는 전파 경로는 공격 경로 또는 수단이므로, 이 또한 공격벡터를 의미한다. 그림 9-3은 악성 프로그램의 공격벡터의 유형을 나타낸다.

사용자 행위의 결과로 인한 감염은 다음과 같이 대부분 악성 프로그램 배포자에 의해 사용자가 현혹되어 클릭하는 등 사용자 행위의 결과로 악성 프로그램이 설치된다. 이들은 그림 9-3에서 분류한 악성 프로그램의 공격벡터들이다.

그림 9-3 악성 프로그램의 공격벡터 유형

- 인터넷 상에서의 인스턴트 메시징, 전자우편, 웹 브라우징, SNS 브라우징 등의 행위를 통해 다운로드
- 첨부 파일, 웹 페이지의 하이퍼링크에 대한 클릭
- P2P 파일 공유프로그램, 스크린-세이버, 게임 등과 같은 사용자가 원하는 파일에 번들로 포함되어 있는 경우, 해당 파일을 설치하면 같이 설치
- 웹 하드, P2P 등과 같은 파일 공유 네트워크를 통해 주고받음
- 구매하였거나 복사한 메모리 매체(CD, USB 등)의 연결 또는 파일을 불러오는 경우
- 컴퓨터 구매 시에 제조사에 의해 소프트웨어가 설치된 경우에 포함될 수 있음
- 시스템 공급망(Supply Chain) 상에서 악성코드를 탑재한 하드웨어 모듈이 설치됨

시스템의 보안 취약점을 악용한 감염 사례로는 네트워크 기반 소프트웨어가 입력을 처리하는 모듈에서의 논리적 결함으로 인하여 입력으로 투입된 데이터(악성 프로그램)를 실행하여 감염되는 경우가 있다. 버퍼 오브플로가 가장 대표적인 보안 취약점으로, 버퍼 크기를 넘친 데이터는 함수 복귀주소 또는 함수 포인터를 변경시켜 프로그램의 실행 경로를 바꾼다. 또한 주요 시스템 프로그램 설정정보의 보안 취약점을 이용한 감염도 가능하다. 프로그램 구성 설정(Configuration) 정보의 디폴트 값이 보안에 취약한 경우, 이를 이용하여 악성 프로그램이 침투할 수 있다. 예를 들어 데이터베이스 서버의 디폴트 구성 설정 파일 속에 데이터베이스 관리자의 계정이 패스워드 없이 기록되어 있는 경우, 패스워드를 설정하거나 계정을 정지시켜야 한다. 그렇지 않으면, 악성 프로그램이 패스워드 없이 로그인하는 경로를 제공한다.

생존

일단 목표 시스템의 제어권을 확보한 후, 감염시킨 시스템 내에서 자신의 흔적을 감추어 제거되지 않기 위한 조치를 실행한다. 악성 프로그램의 생존(Survival) 기능은 감염 컴퓨터 시스템 내에서 지속적으로 실행될 수 있는 환경을 만드는 행위이다. 예를 들어 프로그램의 저장 위치가 정상적인 경로에 위치하지 않거나, 시스템 관리 도구의 인터페이스에 디스플레이 되지 않는 등의 조작을 가한다. 생존을 위해 잠복, 탐지회피, 역공학 방해 등의 기능을 선택적으로 구현할 수 있다.

추후 실행을 보장하기 위하여 시스템 내부에 잠복하기 위한 다음과 같은 조치를 취한다.

- 시작(Startup) 파일 수정 : 시스템 기동 시에 운영체제가 실행시키는 파일 목록에 추가
- 윈도 운영체제가 자동실행시키는 프로그램의 목록을 기록하는 Run 레지스트리 키를 수정
- 설정된 시간에 따라 프로그램을 실행하는 잡 스케줄링Job Scheduling 유틸리티의 작업 목록에 삽입
- 실행 파일 또는 스크립트 파일을 대체하거나 내부에 삽입
- 확장자로 파일의 유형을 구분하는 윈도 운영체제 환경에서, 파일 유형에 따른 처리기(Handler)를 교체

탐지 패턴 기반의 악성코드 탐색기에게 발각되지 않기 위한 탐지 회피 조치로 다음을 실행한다.

- 암호화 또는 은폐(Obfuscation) 기술 적용
- 다형성(Polymorphic) 기술을 이용한 변형
- 정상적인 네트워크 트래픽으로 위장하기
- 악성코드 탐지 프로그램, 방화벽 시스템, 침입탐지 시스템 등의 탐지 소프트웨어를 무력화(Disable)시키거나 수정하여 발각되지 않도록 조치

분석을 통한 탐지 패턴 개발이 어렵도록 다음과 같은 역공학 방해 조치를 취한다.

- 악성 프로그램의 실행에 필요한 부분만을 복호화 또는 은폐를 해제하고, 그렇지 않은 부분은 암호화 또는 은폐시킴

- 안티-디버깅 기술의 적용
- 악성 프로그램의 분석만으로 암호 키를 구성하기 어렵게 만듦

부가 기능

악성 프로그램의 기본 기능에 부가된 기능으로, 보안 침해를 일으키는 행위가 이루어지는 영역이다. 기본적인 악성 프로그램의 생명 기능을 넘어선 기능으로, 반드시 모든 악성 프로그램이 부가 기능(Payload)을 지니는 것은 아니다. 아래는 대표적인 부가 기능 사례이다.

- 백도어 설치 및 백도어 제어 채널 구성(원격 제어)
- 서비스 거부 공격 에이전트 설치 : 서비스 거부 공격 대상은 에이전트 코드 내에 지성되거나 원격 조정으로 수신 받음
- 정보 수집·전송 : 패스워드 파일, 키보드로 입력되는 패스워드 등을 수집하여 공격자에게 전송
- 시스템 파괴(Destruction) : 컴퓨터 BIOS를 파괴하거나, 하드디스크에 겹쳐 쓰기를 하는 등, 시스템의 작동을 불능으로 빠뜨림

10. 사이버 암거래 시장

사이버 공격은 강력한 지하 해커 시장(Underground Hacker Market) 또는 암거래 시장(Black Market)의 뒷받침으로 증가하고 있다. 사이버 공격을 위한 해킹 도구를 파는 다크 웹(Dark Web)[1] 마켓이 즐비하다. 이들은 토르(Tor) 브라우저를 통해 접근할 수 있는 암호화된 웹 사이트들이다. 해킹 도구는 공격 대상 시스템에 대해 도구의 사용을 안내하는 사용자 매뉴얼과 함께 판매되고 있다. 사이버 범죄(Cyber Crime) 관련 상품과 서비스는 암거래 시장에서 쉽게 거래되고, 이를 통해 그리 복잡하지 않은 사이버 공격을 수행하는데 필요한 기술적 진입 장벽을 낮춘다. 이는 사실상 누구나 사이버 범죄자가 될 수 있고, 누구나 잠재적

---

1 다크 웹(Dark Web 또는 다크 넷(Darknet 또는 Dark-net)은 특정 소프트웨어, 구성 또는 인가를 통해서만 접근할 수 있는 오버레이(Overlay) 네트워크로 비표준 통신 프로토콜 및 포트를 사용하는 경우가 많다. 두 가지 전형적인 다크 넷 유형은 friend-to-friend 네트워크(보통 P2P 연결로 파일 공유에 사용됨)와 토르(Tor) 같은 프라이버시 네트워크이다.

공격 대상이라는 의미이다.

자체 개발하는 고도로 뛰어난 고급 해커 그룹을 보유한 국가 기관이나 국가 후원 해커 그룹이 아니라면, 대부분 사이버 공격자가 사용하는 공격 도구(사이버 무기)는 암거래 시장과 연결되어 있기 때문에 공격 도구·서비스에 대한 암거래 시장 현황을 이해할 필요가 있다. 예를 들어 암거래 시장에서 판매 중인 공격 도구를 기반으로 한 워터링 홀(Watering-hole) 공격의 증가는 사이버 공격과 암거래 시장이 연관되어 있음을 보여주는 증거이다.

해커 시장은 자아실현과 평판 목적으로 개인 간 독립적인 거래의 모습에서 돈을 벌 목적으로 조직화되고 정교한 해커 그룹의 놀이터로 변모하였다. 최종 사용자와 더 직접적으로 연결되고, 전자적으로 전 세계적인 배포가 이루어지고 있다. 익명성과 암호화 처리, 지리적 분산, 다양화, 세분화, 다크 넷 은닉 등으로 인해 암거래 시장 전체를 이해하는 것은 어렵다. 보안 관련 업체의 위협 동향 보고서 등으로부터 추측할 수 있는 것은 암거래 시장이 사이버 공간에 의존적인 임무·업무를 수행하는 개인과 조직에게 점증하는 위협을 제기한다는 것이다.

시간이 갈수록 암거래 시장의 규모와 복잡성이 커지고 있다. 주문을 받아 해킹한 지적 재산, 개인정보, 제로-데이 보안 취약점, 보안 취약점 악용코드 제작 키트 등 거래되는 제품과 서비스가 꾸준히 증가하고 있다. 암거래 시장에 대한 접근은 점점 더 엄격해지고 있다. 최근 암거래 시장에 대한 사법당국의 수사·체포가 늘어남에 따라 암거래 시장에 참여하는 사람에 대한 더욱 엄격하고 적극적인 신분 확인이 이루어지고 있다. 본 절에서는 암거래 시장의 상품과 서비스의 유형, 거래 가격, 암거래 시장의 구조 등에 대해 살펴본다.

10.1 암거래 시장의 상품과 서비스 유형

암거래 시장에서 판매되는 항목의 종류는 다양하다. 여기에는 해킹 도구, 훔친 디지털 정보, 해킹 서비스, 디지털 자산 처리 등이 포함된다. 해킹 상품에는 공격 대상에 대한 초기 접근을 위한 도구, 페이로드 내에 포함시킬 기능, 원하는 효과를 얻기 위한 페이로드(악성기능) 등이 있다. 해킹 서비스는 페이로드를 확장 또는 배포하기 위한 서비스, 전체 공격 과정을 제공하는 서비스 등으로 구성된다. 공격을 지원하고, 해킹 상품과 서비스가 제대로 작동하고 장애물이 없는지 확인하는 서비스도 있다. 여기에는 인프라 및 암호 해독 서비스가 포함된다. 디지털 자산(금융 정보, 데이터 레코드, 계정, 지적 재산 등)은 성공적인 해킹 또는 해킹 서비스의 결과이다. 디지털 자산 처리에는 사이버 세탁이 포함되어 있어 훔친 디지털 자산을 현금으로 바꾸는 것을 용이하게 한다. 암거래 시장에서 청부 해킹 등 해킹 기술의 외주가 흔해지면 사이버 공격의 진입 장벽이 낮아져서, 공격의 일상화로 전이될 수 있다.

표 10-1은 암거래 시장에서 판매되는 상품과 서비스를 분류[2]한 것이다. 서비스는 새로운 제품과 기술로 급성장하고 있다. 암거래 시장은 사용하기 쉬운 인터페이스로 더욱 전문화되고 사용자에게 친숙한 서비스 모델을 요구하여 기술 능력에 관계없이 더 많은 참여자가 시장에 진입하고 참여할 수 있도록 한다. 단순히 설치비용만 지불하면 서비스가 작동된다. 시장에 참여하는 정보기술에 정통한 디지털 원주민이 증가하기 때문에 구매자가 존재하기만 한다면 상품과 서비스 제공

---

2 「Markets for Cybercrime Tools and Stolen Data Hackers' Bazaar」(RAND, 2014), Lillian Ablon, Martin C. Libicki, Andrea A. Golay.

은 훨씬 더 창조적으로 변화되고 있다. 한편으로 비즈니스 모델과 금융 혁신이 더욱 정교해졌다. 예를 들어 구매자는 특정 소프트웨어 또는 도구의 불필요한 기능을 빼고 기본적인 셋만 남긴 버전을 구입하거나, 무료 버전의 상품에 액세스할 수 있다. 제품에 만족하면 더 많은 비용을 지불하고 정식 버전으로 업그레이드 하는 '프리미엄 가격 책정(Freemium Pricing)'[3]도 있다.

분류	정의	사례
초기 액세스 도구	공격 수행을 위해 보안 취약점 악용 페이로드를 전달	• 악성코드 제작 키트 • 제로 데이 취약점(과 이를 이용한 악용코드)
페이로드 부품과 기능	시스템에 거점을 마련하기 위해 페이로드 개발, 패키지化	• Packer, Obfuscation/evasion, Binder, Crypter
페이로드	파괴, 거부, 유출 등의 악성 행위 전달	• 판매용 봇넷(Botnet for sale)
개시 (Enabling) 서비스	희생자가 초기 액세스 도구나 페이로드를 사용하도록, 공격 대상을 찾아주거나 공격 대상을 원하는 목적지로 유도하는 것을 도와줌	• 검색엔진 최적화(optimization) 서비스 • 스팸 서비스 • Pay-per-install [4] • 피싱, 표적-피싱(Spear-phishing) 서비스 • 가짜 웹 사이트 설계·개발
전체 (Full) 서비스	공격의 전 과정을 제공, 고객을 대신해서 공격을 수행하기 위해 초기 액세스 도구와 페이로드 등을 묶어 패키지 상품으로 제공	• 해커 고용(Hackers for hire) • 임대용 봇넷(Botnets for rent) • Doxing[5] • DDoS 서비스
개시 & 해킹 서비스 지원 제품	초기 액세스 도구와 해킹 서비스(개시 또는 전체 서비스)가 원하는 대로 정확하게 작동하도록 하고, 장애물 제거·우회 등을 지원	• 인프라 서비스(임대 서비스, VPN 서비스, Bulletproof hosting[6], 해킹된 사이트와 호스트 등) • 암호해독 서비스(패스워드 크랙킹, 패스워드 해시 크래킹 등) • CAPTCHA 해독(Breaking) 서비스

3   기본 버전을 구매하거나 무료로 사용하다가, 만족스러우면 비용을 더 지불하거나 풀 버전으로 업그레이드

4   Pay-Per-Install 배포 모델 : 수익 공유와 수수료에 의지한다. 악성코드 개발자는 악성코드를 대규모로 전파할 수 있는 자원이나 네트워크 대역폭을 가지지 않는다. 대신 악성코드를 배포하는 협약사(affiliate)의 네트워크를 이용하고, 매 설치마다 수수료를 지불한다.

5   Doxing(dox는 documents의 약어) : 악의적인 의도로 인터넷에서 특정 개인에 대한 사적인 정보 또는 신원 정보를 검색하고 공표하는 것

디지털 자산	공격 대상 시스템으로부터 획득한 디 지털 정보	• 신용카드 정보 • 계정 정보(상거래사이트·SNS·뱅킹 계정 등) 이메일 계정과 패스워드 • 온라인 지불 계좌 • 로그인 패스워드 • 개인정보, 건강정보
디지털 자산 거래 및 사이 버 세탁	적절한 곳에서 디지털 자산을 현금으 로 바꿈	• 현금화(Mule) 서비스 • 위조 상품과 서비스(위조 문서·신분증·화폐 등) • 카드 복제기, 모조 ATM • 신용카드 결제 서비스 • 상품 운송 서비스

표 10-1 암거래 시장의 상품과 서비스

　판매자는 종종 제품의 수명 또는 가치를 보장한다. 예를 들어 판매한 악성코드 변종이 10시간 동안 바이러스 백신 제품에 탐지되지 않는다고 보장하거나, 고객이 구매한 제품으로 무엇을 하는지 추적하여 사용 조건을 위반하지 않도록 한다. 이는 일종의 디지털 권한 관리라고 할 수 있다. 예를 들어 판매한 각 설치 파일에 레이블을 붙여 추적할 수 있으며, 너무 많은 시스템을 감염시켜 언론이나 사법당국의 주목을 받는 구매자를 중단시키기도 한다.

　모바일 기기를 공격하는 것이 개인용 컴퓨터를 공격하는 것보다 더 빨리 수익을 거둘 수 있기 때문에 최근 모바일 기기용 악성코드 거래 시장이 성장하고 있다. 단문메시지(SMS)를 이용한 트로이 목마 설치, 가짜 설치 프로그램 등은 가장 널리 사용되는 모바일 악성코드 형식

6　Bulletproof hosting(Bulk-friendly hosting이라고도 함) : 일부 도메인 호스팅 또는 웹 호스팅 업체에서 제공하는 서비스로, 고객이 업로드하고 배포할 수 있는 자료의 종류에 상당한 관대함을 제공한다. 이러한 관용은 스팸 발송자, 온라인 도박·불법 포르노 제공업체들이 이용

이다. 우발적 공격(Opportunistic Attack)[7]에서 대체할 수 없는 대상(소스 코드, 지적 재산, 특정 목표물에 대한 정보, 패스워드 등)에 대한 표적 공격(Targeted Attack)이 증가할 것이라는 전망과 우발적 공격은 지속적으로 큰 규모로 유지될 것이라는 전망이 상존하고 있다.

10.2 암거래 시장의 상품과 서비스 가격과 지불

사이버 공격 도구 암거래 시장은 전통적인 시장과 동일한 방식으로 운영된다. 개인정보 또는 계좌정보와 같이 판매가 용이한 상품은 통상적인 수요와 공급의 미시적 변동에 영향을 받는다. 대부분 상품이 통상 가격으로 판매되지만 신기술 설계, 연구개발 세부내용, 인수합병 정보 등과 같은 대체할 수 없고 청부·절도로만 구할 수 있는 상품에 대해서는 구매자가 존재한다면 매우 높은 가격을 요구할 수 있다.

상품의 수율(Yield)은 가격에 영향을 미친다. 트위터 계정은 도난당한 신용카드 정보보다 가격이 더 높다. 트위터 계정이 잠재적으로 더 높은 수익을 창출하기 때문이다. 사이버 공격을 통해 새롭게 획득한 신용카드 정보는 신용카드를 사용할 수 있는 가능성이 높기 때문에 높은 가격이 매겨진다. 그러나 시간이 지나면 시장에 그러한 정보들이 넘쳐나기 때문에 가격이 하락한다. 매번 새로운 대규모 정보유출이 발생할 때마다 이러한 사이클이 반복된다. 봇넷과 DDoS 기능에 대한 액세스는 소비자 입장에서 훨씬 더 많은 선택지가 있기 때문에 저렴

---

[7] 특정 대상이 아닌, 가능한 많은 기기를 감염시키는 형태의 공격으로, 대표적으로 광범위한 희생자를 찾아 공격하는 랜섬웨어 악성코드를 이용한 공격이 있다.

하다. (그 가치가 상승하고 있다고 믿는 사람들도 있지만) 개인정보의 가격은 하락하고 있다.

상품과 가격의 관계는 매우 미묘하고 다양한 요인(브랜드 이름, 서비스 품질, 임대 또는 구매 등)에 따라 달라질 수 있다. 예를 들어 계정의 유형에 따라 해당 계정에 대한 해킹 비용은 16달러에서 325달러 이상으로 다양하다. 악용코드 제작 키트 가격은 직접 구매하였는지, 일정 기간 동안 임대하였는지, 어떤 악용코드가 포함되어 있는지 등과 같이 제공되는 서비스와 상품 품질에 따라 다양하다. 브랜드 인지도 또한 중요한 역할을 한다. 서비스에는 서버 임대, 목표 네트워크 트래픽 찾기, 개인화된 페이로드 생성(또는 안티 바이러스 탐지를 피하기 위해 기존의 페이로드를 제거하거나 난독화), 인프라 설치 등이 포함된다.

계정이나 신용카드 정보에 대한 가격도 다양하다. 계정 정보는 더 가치가 있기 때문에 더 비싸다. 계정이 은행이나 전자상거래 사이트에서 아직 폐쇄되지 않았거나 흔하지 않은 계정이라면, 이들 계정에 대해 더 비싼 가격이 매겨진다. 대형 데이터 유출 사고가 발생하면, 시장에 계정 데이터가 넘쳐나서 가격이 내려간다. 페이팔(PayPal)이나 아마존(Amazon) 계정 같은 전자 상거래 계정은 고정 가격으로 판매되거나, 판매되지 않고 남아 있는 비율에 따라 판매 가격이 결정된다.

신용카드 정보의 가격은 공급이 제한적이거나 카드가 새로 발급된 경우, 레코드당 20~45달러를 형성하며, 공급이 늘어나면 레코드당 10~12달러로 떨어진다. 미국의 할인점 타깃(Target)의 해킹[8]으로부터 탈취된 신용카드 정보는 해킹 초기 시점에 카드유형, 사용한도, 만료

---

8 2013년 12월, 해킹으로 7000만 건의 고객정보가 도난되었다.

일 등에 따라 20~135달러 사이에 판매 되었다. 칩과 개인 식별번호가 있는 사용한도가 크거나 무제한인 카드가 더 가치가 있으며, 더 높은 가격이 책정된다. 시간이 지나면서 김이 빠지기 시작하면 레코드당 2~7달러로 하락한다.

지적재산은 고유의 성질이 있고, 이를 구매하려는 고객은 제한적이기 때문에 가치를 부여하는 것이 어렵다. 의도된 목표의 부산물로 본의 아니게 지적재산을 획득하거나, 의도적으로 해킹하여 지적재산을 획득한다. 암거래 시장에는 특정 구매자가 요구하는 지적재산을 해킹해주는 서비스를 파는 사람들과 적절한 구매자를 찾는 사람들이 있다.

VPN 리뷰 서비스를 제공하는 Top10VPN.com에서 2018년 7월 2일에서 25일 사이에 드림(Dream), 포인트(Point), 월 스트리트(Wall Street), 베를루스코니(Berlusconi), 엠파이어(Empire) 등 5대 다크 웹에서 거래되는 사이버 공격 관련 상품의 목록을 수집하여 상품별 평균 판매가를 조사하였다[9]. 표 10-2에 이들의 일부를 정리하였다. 다양한 가격대를 형성하지만 평균 가격 측면에서 보면 상당한 낮은 가격[10]으로도 초보적인 해킹에 입문할 수 있다는 것을 알 수 있다.

품목	평균 판매가 (달러)	개요
패스워드 해킹 도구	50.64	패스워드 크래킹 도구는 다양한 가격대를 형성하고 있다. 이득을 많이 취할 수 있는 계정에 대한 패스워드 크래킹일수록 가격이 높게 형성되며(750 달러 이상), 페이스북·인스타그램 등의 SNS 계정이나 넷플릭스, 아마존 등의 일반 계정에 대한 패스워드 크래킹 도구는 10달러 미만이다.
키로거	2.07	주로 로그인 인증정보를 획득하고 계정에 부정 액세스하기 위해 사용한다.

---

9 「Dark Web Market Price Index: Hacking Tools」(2018)

10 표 10-2에 나열된 도구 중에 암호화폐 채굴도구를 제외한 나머지 도구 모두를 구입하는 데 87,76달러가 들고, 추가로 이들 도구의 매뉴얼을 구입하는 비용을 고려하면 100달러 남짓이면 된다.

와이파이 해킹 노구	3.00	패스워드 전수 조사나 브로드캐스트 되는 데이터를 검사하는 등의 무선 네트워크 보안 테스트에 사용할 수 있지만, 반대로 공격자도 이를 사용할 수 있다. 이중 사용 도구이기 때문에 정상 웹에서 무료로 구할 수 있다. 다크 웹 판매자들은 싼 가격을 책정하고, 고객 유치를 위해서 추가 자원과 고객 지원을 번들로 포함하기도 한다.
블루투스 해킹 도구	3.48	다크 웹에서 판매되는 블루투스 해킹 도구는 스마트폰을 해킹하여 프리미엄 번호로 전화를 걸어, 피해자들의 통신비를 증가시키는 목적을 가진 것이다. 전형적인 블루투스 해킹은 정상 웹에서 판매되는 하드웨어 장치를 통해 이루어진다.
FBI/NSA 해킹 도구	5.64	최근 몇 년 동안 미국 정보기관의 사이버 도구가 연이어 유출됨에 따라, 여기에 포함된 일부 매우 강력한 해킹 도구(스마트폰에서 삭제된 텍스트 추출, 잠금 화면 우회, 암호화된 백업에 대한 암호 찾기, 클라우드 서비스에서 데이터 추출, BitLocker·TrueCrypt 및 기타 암호화 서비스에 의해 보호되는 항목의 암호 해독 등의 기능을 제공)가 저렴한 가격으로 거래되고 있다.
암호화폐 채굴 도구	73.74	암호화폐 채굴(Mining)을 위한 계산능력을 많이 가질수록 더 많은 화폐를 생성할 수 있기 때문에 가능한 한 많은 컴퓨터에 채굴 도구를 심어 백그라운드에서 실행한다. 암호화폐의 가치에 따라 채굴 도구의 가격은 달라진다.
원격 액세스 트로이 목마 (RAT)	9.74	피해 컴퓨터를 완전히 통제할 수 있게 해주며, 특히 웹캠을 통해 사생활을 훔쳐보는 데 사용한다. 악명 높은 블랙쉐이드(Blackshades) RAT은 장악한 컴퓨터를 봇넷에 포함시킬 수 있게 해준다.
익명성 도구	13.19	흔적을 감추기 위한 도구로서, FraudFox VM이라고 불리는 파이어폭스를 수정한 웹 브라우저, 악성 프로그램을 양성 파일로 위장하는 도구인 크립터(Crypter), 익명 SMS 등이 있다.

표 10-2 다크 웹에서 거래되는 사이버 공격 도구의 평균 가격 (사례)

암거래 시장에서의 거래는 비 디지털 통화로 이루어질 수 있지만, 거래 사이트는 익명성과 보안 특성을 갖춘 디지털 암호통화(Cryptocurrency)만 허용하는 쪽으로 변화하고 있다. 다양한 버전의 디지털 통화와 디지털 통화 플랫폼은 2000년대 초반부터 사용되어 왔다. 리버티 리저브(Liberty Reserve)[11], 웹머니(WebMoney), 비트코인(Bitcoin) 등이 인기를 끌었다. 많은 디지털 통화가 상호교환 가능하다. 어떤 디지털

---

11 2013년 5월 폐쇄.

통화가 지배적이 될지는 익명성, 보안성, 추적불가성(Nontraceability) 등에 의해 결정될 것이다. 암호통화를 이용한 거래의 인기가 증가함에 따라 암호통화에 대한 공격도 증가하고 있다. 전문가들은 전자지갑과 비트코인만을 노리는 악성코드, 암호통화에 대한 DDoS 공격 등 디지털 화폐(사이버 머니)를 목표로 하는 공격이 늘어날 것으로 예측한다.

10.3 암거래 시장의 구조

암거래 시장이란 사이버 범죄와 관련된 상품과 서비스의 공급자, 제조자, 구매자, 중개인 등의 집합을 의미하며, 장터(Marketplace)는 시장이 작동하는 장소이다. 전체 시장이 어떻게 생겼는지 표현하기는 어렵다. 얼마나 많은 사람들이 참여하는지 아무도 모른다. 매우 방대하고, 많은 참여자가 있으며, 서로 지리적으로 떨어져있고, 계속해서 변화하고 있다.

　미국 RAND 연구소가 2014년 발간한 보고서[12]에 의하면, 시장 참여자는 그림 10-1과 같이 계층 구조를 형성하고 있다. 전통적인 시장과 마찬가지로 암거래 시장은 판매자(공급), 구매자(수요), 중개자로 구성된다. 구매자는 개인, 범죄 조직, 영리기업 등 다양하다. 중개자는 제3자로서 거래 물건과 참여자를 확인하고 검증한다. 중간에 다리를 놓거나 담장과 같은 역할을 통해 거래를 촉진하고 참여자의 신원을 보

---

[12] 「Markets for Cybercrime Tools and Stolen Data Hacker's Bazaar」(RAND, 2014년)

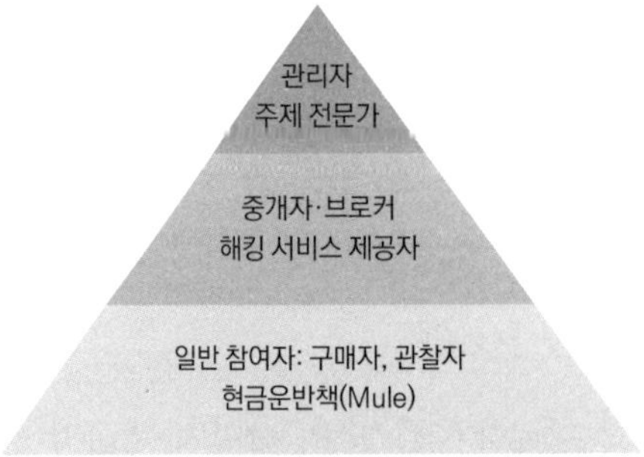

그림 10-1 계층 구조로 이루어진 암거래 시장 참여자

호한다. 상위 계층의 참여자들은 일반적으로 더 높은 이득을 취한다. 시장의 계층 구조에서 접근하기 어려운 상위 계층으로 이동하려면, 해당자에 대한 광범위한 신분 조사가 이루어진다.

시장의 계층 구조에 따른 역할이 있다. 사이트 관리자는 맨 위에 위치하고 그 아래에 특정 영역(예 : 루트 키트 제작, 제로-데이 취약점 발견, 암호 분석, 개인정보 수집 등)에 대한 고급 지식을 갖춘 전문가가 있다. 가운데 계층에는 중개자·브로커, 해킹 서비스 제공자가 있으며, 맨 아래 계층에는 일반 참여자와 현금운반책(Mule)이 있다.

사이버 공격 도구 거래의 대가로 현찰을 취급해야 하는데, 현금운반책과 가상 현금 운반 서비스를 통해 이루어진다. 현금운반책들은 도난당한 신용카드 또는 전자거래 계정을 현찰로 전환시키는 데 여러 가지 방법을 사용한다. 예를 들면 계좌 이체, 해외 상품 구입 등이 있다. 현금운반책에는 의도적인 사람(조직적으로 움직임) 또는 고의적이지 않은 사람(순진한 개인이 속아서 현금을 운반)이 있다.

암거래 시장 참가자의 몫은 계층 구조에서의 역할, 판매 물품, 평판, 기술 수준 등에 따라 다르다. 어떤 요인이 몫의 차이를 가장 크게 만드는지에 대해서는 일치된 것은 없다. 일반적으로 계층 구조에서 상위에 있는 사람들(특히 신용카드와 데이터 거래자)이 가장 많은 보상을 받는다. 현금에 더 가까울수록 더 많은 돈을 벌 수 있다. 한 전문가는 의도적인 현금운반책이 장물을 실제 돈으로 바꾸는 것에 가장 가깝기 때문에 이 시스템의 '핵심 인물'이라고 지적한다.

암거래 시장이 점점 정교하고 치밀해지고 있다. 사이버 해킹이 필요한 곳이라면 이를 위한 서비스를 판매하는 고도로 숙련된 개인이 나타난다. 결과적으로 참여자 수, 특히 고도로 숙련된 인력의 수는 최근 제공되는 다양한 서비스와 함께 급격히 증가한 것으로 보인다. 난이도와 기술 수준 또한 공격 목표에 좌우된다. 일반적으로 개인은 조직보다 쉬운 공격 목표이다. 어떤 시장에서나 그렇듯이 판매자의 성공은 제품의 차별성에 있다. 얻기 어려운 대체 불가능한 물건을 판매하려는 사람들은 '이중 은폐' 경매와 사법당국을 피하기 위해 다단계 비밀 거래를 원한다. 접근이 쉬운 계층의 진입 장벽은 낮지만, 최상위 계층에 올라서고, 고급 수준의 복잡한 범죄에 참여하려면 여전히 신뢰를 얻을 수 있는 인적 네트워크와 좋은 평판이 필요하다.

암거래 시장의 참여자들은 지리적으로 전 세계에서 걸쳐있다. 사이버 공간에서 더 많은 일을 할 수 있고, 더 숙련되게 자라온 '디지털 원주민'이 암거래 시장으로 진입함에 따라 시장이 점점 고도화되고 있다. 이들은 프로그램 역공학이나 취약점 악용코드를 만들기 위해 다른 사람을 고용할 필요가 없다.

암거래 시장에서 사람, 제품, 지불에 대한 검증은 까다롭다. 구매자와 판매자는 평판, 개인 관계, 중개인, 중개자(예: 포럼 관리자)를 통해 서로를 확인한다. 판매자는 데모 버전이나 상품 샘플을 제공할 수 있다.

암거래 시장이라 지불을 확인하는 것이 더 힘들지만, 상대적으로 규모가 작은 커뮤니티이고, 적어도 참여자에 대한 검증 수준이 높은 상위 계층에서, 사기꾼 같은 불량 참여자의 감지가 더 신속하게 이루어진다.

초창기에는 자격 심사가 거의 없었다. 참여를 원하면 입성하기 쉬웠다. 사법당국의 검거가 증가하고, 사법당국과 보안업체가 암거래 시장에 더 성공적으로 침투함에 따라, 현재 자격 심사 강도는 높아지고 진입 비용이 증가한다. 이러한 추세는 공격자와 방어자 사이의 작용과 반작용의 전형이다. 특히 높은 품질의 사이트 및 상위 계층에 대한 접근의 경우, 더 공격적인 심사로 의심스럽다고 간주될 수 있는 신규 참여자의 액세스가 어렵게 된다. 다크 넷에서의 거래 증가는 사법당국이 암거래 시장을 찾기가 더 어려워지는 것을 의미한다.

암거래 시장에서의 계약은 법적 보증이 없기 때문에 광고하는 대로 상품이나 서비스를 제공하지 않는 사기꾼이 끊임없이 문제를 일으킨다. 한 추정에 따르면 판매자의 약 30%는 사기꾼이며, 돈을 되돌려 받는 경우는 15~20%에 불과하다. 정교하지 못한 구매자 또는 신참 구매자가 사기를 자주 당한다. 대부분의 접근이 용이하고 자격 심사가 약하게 이루어지는 암거래 시장의 낮은 계층에 사기꾼이 널리 퍼져있다.

암거래 시장은 전통 시장과 매우 유사하다. 수익을 통해 혁신하고 빠르게 변화하는 기술을 따라잡으려 한다. 더 많은 공격 대상이 디지털로 연결되고 사이버 접속점이 늘어남에 따라 암거래 시장도 이에 맞추어 속도를 낸다. 모바일 기기에서 클라우드 솔루션과 새로운 소셜 미디어 플랫폼에 이르기까지 새로운 것이면 무엇이든 새로운 공격 포인트를 제공히므로 암기레 시장에는 이와 관련된 공격 기법과 도구가 등장한다.

최근 암거래 시장에 대한 사법당국의 봉쇄 노력이 증가해도 암거래 시장 규모나 구성에 거의 영향을 미치지 않는다. 사법당국의 활약으로 사이버 범죄자 제포 사실이 더 많이 미디어에 노출됨에 따라 해커들은 암거래 시장이 제공하는 기회를 더 많이 인식하게 되었고, 사법당국의 수사 기법을 파악함에 따라 더 영리하게 되었다. 하나의 개체가 무너지면 다른 개체가 수일 내에 그 위치를 차지한다. 일시적으로 참여자 사이에 의심과 편집증이 급증하지만 더 강력한 암호, 더 엄밀한 검열, 더 은밀한 거래 등의 대책이 수립된다. 다소 접근성이 떨어지고 공개 수준이 줄어들기는 하지만 시장은 평상 상태를 회복한다. 표 10-3은 전술한 RAND 보고서의 사이버 공격 무기 암거래 시장의 현황과 발전 추세를 전망한 내용이다. 사물인터넷 IOT 등의 초연결 (Hyper-connectivity)[13]은 더 많은 공격과 악용 시점을 만들고[14] 사이버 구성요소가 범죄에 더 많이 연루되어 암거래 시장에 대한 더 광범위한 기회를 만들 것이다.

특성	진단	추세
정교	해킹 서비스가 증가, 보안 기술 발전에 따라 이에 대응하는 해킹 기법과 도구들도 지속적으로 최신 기술을 접목하고 있음	정교함의 고도화
신뢰	거래되는 신용카드 정보나 악성코드의 신뢰성이 높아지고 있으며, 해킹도구에 숨겨진 기능이 대부분 존재	신뢰성이 보장되는 편이나 숨겨진 추가기능의 내포에 대한 검증이 요구
접근	기술의 보편화에 의해 접근성이 더 향상되고 있음	신분 확인의 강화, 다크 넷으로 이동, 익명과 암호 사용
전문	맞춤형 악성코드, 고객 특화된 해킹 서비스, 역할의 분업화 지속	지속적으로 전문화가 진행

---

13 사람과 사람, 사람과 사물, 사물과 사물이 네트워크로 연결된 상황으로 사용자 수보다 네트워크 노드 수가 더 많은(Hyper) 상태.

14 보안 패치를 잘하는 사람들도 네트워크에 연결된 모든 기기들의 패치를 까먹을 수 있다.

복원	사법당국의 적발 및 구속이 늘어나고 있지만, 얼마 안 있어 시장이 복원됨	사법당국의 적발이 증가하고 있지만 시장은 지속적으로 유지

표 10-3 사이버 공격 도구 암거래 시장의 발전 전망

10.4 보안 취약점 거래

제로데이 보안 취약점보다 암거래 시장에서 더 널리 거래되는 것은 소프트웨어 개발자·제조사가 보안 취약점의 존재를 알고 있는 half-days[15] 보안 취약점이다. 대부분 사이버 공격의 경우, 일반 사용자 수준의 악성코드 및 공격 전술이면 충분하기 때문이다. 많은 사용자가 보안 패치가 발표되었어도 즉시 보안 패치를 설치하지 않기 때문에 보안 패치가 발표된 사용자 시스템은 여전히 공격에 취약한 상태이다. 이러한 시스템이 널리 분포되어 있어서 이들을 공격하기 위해서 제로데이 보안 취약점을 이용한 악용코드가 요구되지 않으므로 제로데이 보안 취약점이 필요하지 않다.

제로데이 보안 취약점은 패치가 만들어지지 않은 악용 가능한 보안 취약점이다. 해당 보안 취약점을 가진 모든 시스템이 악용에 취약하기 때문에 제로데이 보안 취약점은 공격자에게는 매우 가치있는 자산이다. 제로데이 보안 취약점은 찾기 어렵고 개발하기 어려워서 값이 비싸다. 제로데이 보안 취약점은 산업 스파이 활동이나 공격의 유일한 관문이 제로데이 보안 취약점인 고도의 목표 지향적 공격에 주로

---

15 반일, 1일, 2일 등의 기간 동안 보안 패치가 설치되지 않아 취약한 시기를 의미한다. 제조사가 보안 취약점의 존재를 인지하고 패치를 개발한 상태이나, 해당 제품의 사용자가 패치가 개발되었다는 사실을 모르거나, 알더라도 패치를 설치하지 않은 상태의 보안 취약점은 반일, 1일, 2일 등으로 부름

사용된다.

암거래 시장에서 제로데이 보안 취약점의 판매자와 구매자는 서로 찾기 어렵다. 상호 의심이 높고 신원 확인을 철저히 하기 때문이다. 보안 취약점 정보를 강탈당할 위험이 줄어들고, 미래의 일자리 제안받을 가능성이 있기 때문에 보안 회사에 판매하는 것이 유리할 수 있다. 제로데이 보안 취약점 판매자와 구매자(보안회사, 정부기관 등) 간의 거래에 중개상(Broker)이 개입하기도 한다. 중개를 사업으로 하는 기업으로 부펜, 엔드게임(Endgame), 넷트라가드(Netragard), 리번(ReVuln) 등이 있다. 이들 중 일부는 직접 취약점을 연구하여 찾는다고 주장하기도 한다. 제로데이 보안 취약점은 고객에 특화되므로 검증과 확인은 필수적이다. 검증 과정에서 평판이 상당한 중요하며, 중개상이 잘 분서화된 제로데이 보안 취약점을 검증하고, 확인된 보안 취약점은 비싼 가격에 팔린다.

암거래 시장에서 제로데이 보안 취약점의 가격 범위를 알 수 있는 정보는 거의 없다. 가격 형성의 요소에는 보안 취약점의 심각도, 악용 코드의 복잡도, 들키지 않고 얼마나 오래 남을 수 있는가, 보안 취약점과 관련된 제조사의 제품, 구매자 등이 있다. 단 한번 사용하는 성질상 높은 가격을 형성하며, 제조사들이 운영하는 버그 바운티 프로그램보다 훨씬 높게 가격을 책정한다. 보안 시스템을 제조하는 업체에서도 보안 취약점이 중요한 자산이며, 이들도 보안 취약점을 구매하는데 HP의 Zero Day Initiative, Verisign의 iDefense Vulnerability Contributor Program 등은 최대 1만 달러 정도의 가격을 지불한다. 이 때문에 구글의 경우 버그 바운티 프로그램의 보상금을 높이기도 하였다[16].

　제로데이 보안 취약점과 이를 악용하는 악용코드(Exploit)가 공격자의 우월적 지위를 제공하는 핵심 요체이기 때문에 제로데이 보안 취약점 가격은 시간이 갈수록 높아지는 경향을 보인다. 제로데이 보안 취약점이 공개되면, 이를 악용하는 변종 악성코드가 183~8만5000배 증가하고, 공격의 수가 2~10만 배 증가한다는 조사 결과[17]도 있다. 그림 10-2은 제로데이 보안 취약점을 악용한 악용코드의 최근 지급액을 보이고 있다. 이에 의하면 아이폰에서 원격으로 운영체제 탈옥(Jailbreak)을 가능하게 하는 보안 취약점과 이를 실제로 악용하는 악용코드의 가격이 최대 150만 달러에 이르고 있다.

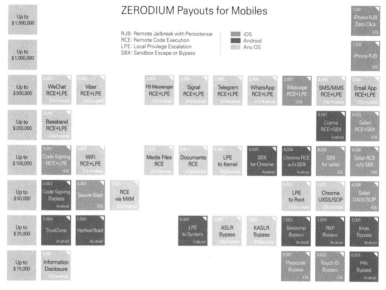

그림 10-2 제로디움 사이트에 게재된 보안 취약점 악용코드에 대한 지불 금액 (2018년 9월 기준)

---

16 보안 취약점당 보통 3~5천 달러 정도이나, 크롬의 보안 취약점 경우에 15만 달러까지 지불

17 「Before We Knew It: An Empirical Study of Zero-Day Attacks in the Real World」(2012), Bilge, Leyla, Tudor Dumitras,

3부
사이버 보안 전략

사이버 방어의 핵심은 보안 통제를 이용하여 위협이 자산의 보안 취약점을 악용하지 못하도록 하는 것이다. 그러나 공격자만이 알고 있는 제로데이 보안 취약점을 악용한 공격은 방어하지 못하며, 언제 어떻게 공격할지 사전에 알 수도 없으며, 방어자가 통제할 수 있는 영역이 아니다. 통제할 수 없는 위협인 지진에 대처하듯 사이버 보안도 위험 기반 보안 관리 프로세스를 통해 정보 자산에 영향을 미칠 수 있는 불확실한 사건을 확인, 통제, 제거 혹은 최소화해야 한다. 위험 기반 보안 관리 프로세스가 성공적으로 이루어지기 위해서 프로세스가 속한 보안 환경에 대해 알아야 한다. 모든 보안 통제를 조직 자체적으로 생산하는 것은 거의 불가능하며, 시장을 통해 보안 기술(서비스 포함)을 조달·획득하게 된다. 이를 위해 보안 기술 현황을 이해하고, 보안 통제 구현의 적재적소에 보안 기술을 활용해야 한다. 보안 통제의 구현과 운영이 적절하고 정확하려면 검증된 보안 기술을 활용할 필요가 있다. 보안 환경에서 보안과 관련된 인증은 제품뿐만 아니라 사람과 프로세스 등에도 적용될 수 있다.

영국에서 1990년대 중반에 개발된 보안 관리 프로세스와 이에 필요한 보안 통제 집합이 2000년대 들어서 ISO 국제 표준으로 정착되어, 새로운 위협의 출현에 따라 진화를 거듭하고 있다. 보안 통제는 물리적 관리적 기술적 보안 대책으로, 관점에 따라 여러 가지 분류 체계(Taxonomy)로 나뉜다. 사이버 방어자는 보안 통제의 분류 체계와 개별 보안 통제의 특성을 이해하여, 위험 분석에 기반한 보안 요구사항의 구현에 적절하고 정확하게 보안 통제를 구사할 수 있어야 한다.

알려진 보안 취약점을 통제하고 알려지지 않은 보안 취약점을 이용한 공격에 대비할 수 있는 심층 방어 프레임워크는 다단계로 이루어진 보안 통제 집합이다. 즉, 조직의 정보 환경에 존재하는 알려진 보안 취약점을 제거·최소화하기 위한 보안 통제, 알려지지 않은 보안 취약점을 악용한 공격을 실시간에 가깝게 탐지하고 대응하기 위한 보안 통제, 탐지의 기술적 한계로 인해 놓치는 공격이 주요 업무 프로세스의 가용성에 미치는 영향을 제한하기 위한 보안 통제 등이 심층 방어의 계층을 형성하는 보안 통제들이다.

3부에서는 앞서 언급한 사이버 보안 환경의 구성요소, 보안 관리 프로세스를 형성하는 보안 통제, 심층 방어 계층의 핵심 보안 통제와 실무에 대해 살펴본다.

11. 사이버 보안 환경

사이버 보안 전략을 수립하는 데 있어, 고려해야 하는 다양한 환경적 요소가 있다. 그림 11-1은 사이버 보안 전략 수립을 위해 고려해야 하는 사이버 보안 환경의 구성요소와 이들 간 관계를 나타내고 있다. 개인정보보호법 같은 법 제도, 조직의 자산을 보호하는 보안 관리 프로세스, 보안 관리에 사용되는 보안 통제를 기술적으로 구현하는 보안 기술, 이러한 보안 기술이 적정한 수준인가를 확인해 주는 보안 인증(Certification) 등이 사이버 보안 환경의 주요 구성요소이다. 보안 전략 구현에 필요한 제품과 서비스를 공급하는 요소를 통칭하여 보안 기술로 분류하였고, 보안 기술과 이를 서비스하는 사람의 수준에 대한 최소한의 기준을 평가하여 일정 수준 이상이 공급될 수 있도록 하는 기반이 보안 인증이다. 보안 인증은 신뢰를 기반으로 공정하게 제공되어야하기 때문에 법 제도에 의해 선정된 국가 권력이나 대리자가 제공한다. 모든 기술이 인증되는 것이 아니며, 현대 사회가 기술 기반 사회로 진입하여 심화되는 과정에서 기술의 쓰임에 따른 오남용 또는 위험이 미치는 영향이 커짐에 따라 인증 대상이 자연스럽게 증가한다.

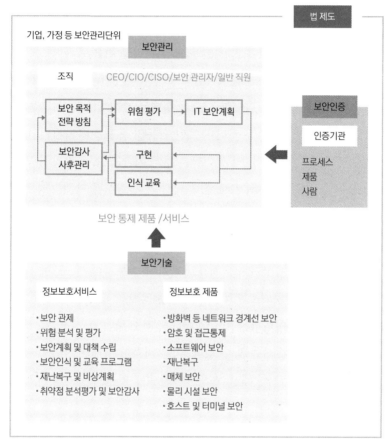

그림 11-1 사이버 보안 환경 구성요소와 그 관계

보안 관리는 사이버 공간의 구성요소를 소유하는 개인이나 조직에 의해 수행되며 경영자, 보안 담당자(Security Manager), 최고정보기술책임자(CIO), 최고정보보안책임자(CISO, Chief Information Security

Officer), 일반 사용자 등이 참여한다. 보안 관리는 정보 시스템의 목적과 조직의 임무·업무 등과 같은 조직 특성에 따라 적절한 혈태의 정책, 절차, 표준, 운영실무, 시스템 등으로 구현한다. 보안 관리에 필요한 보안 통제들을 모두 조직 내부에서 조달할 수는 없다. 이는 모든 조직이 자체적으로 악성코드를 검출하는 보안 프로그램을 개발하지 않는 것과 같은 이치이다. 보안 기술은 보안 관리를 비용 효과적으로 수행할 수 있도록 하는 수단을 제공한다. 보안 기술은 주로 서비스와 제품의 형태로 조달되며, 다양한 기능과 형태로 사이버 보안 시장을 형성하고 있다. 보안 인증은 사이버 보안 활동의 품질을 유지시키기 위한 목적으로 이루어지며, 인증 대상은 보안 기술과 보안 관리의 구성요소들이다. 인증은 제품, 프로세스, 사람 등이 명시된 기준을 충족하는지를 독립적 기구(실험실)가 공식적으로 평가하여 승인하는 것을 말한다. 조직의 성질에 따라 특정 보안 요구사항을 만족해야 하는 경우가 있다. 예를 들면, 국가 사회적으로 중요한 정보기술 시스템에 대해서는 유지해야 하는 최소한의 보안 수준을 정할 수 있다. 또는 개인정보나 금융 정보를 처리하는 조직에 대해서 최소 보안 요구사항을 정하고 이를 만족하도록 요구할 수 있다. 이는 법률이나 해당 산업의 자체 규범 등에 명문화되며, 해당 조직은 이를 준수(Compliance)할 의무를 지닌다.

11.1 보안 기술

11.1.1 보안 기술의 정의와 분류

정보 보안 기술이란 정보 시스템을 이용한 정보의 생산, 가공, 유통 과정에서 정보의 비밀성(정보 노출·유출 방지)과 무결성(정보 위.변조 방지)을 유지하고 각종 정보 서비스의 가용성을 보장하기 위한 기술을 의미한다. 정보기술에 대한 응용 증가, 충분히 검증되지 않은 정보 기술 사용, 사이버 공격자의 다양화와 능력 향상 등으로 인한 위협 양상의 변화에 따라 이에 대응하는 보안 기술이 다변화되고, 보안 기술 영역도 계속해서 진화하고 있다. 따라서 어느 시점에서든 보안 기술의 구성요소와 분류 체계를 확정할 수는 없다. 기본적으로 비밀성을 지키기 위해 암호와 인증 기술이 요소 기술로 자리하고 있다. 세부 분류기술을 표 11-1, 11-2에 나열하였다. 해킹이라는 시스템 무단 침입이나 시스템 작동 방해를 막기 위한 무결성과 가용성 기술은 주로 시스템과 네트워크에 적용되며, 표 11-3과 표 11-4에 나열하였다.

대분류	세부 분류	설명
암호 기술	암호 알고리즘 설계 분석	전자서명, 비밀성 유지 등을 위한 공개 키와 데이터 암·복호화를 위한 대칭 키 암호 알고리즘 설계 및 안정성 분석 기술
	암호 프로토콜	전자화폐·지불, 전자입찰, 전자선거, 정보은닉 기술 등 기존의 물리적인 서비스를 인터넷에서 안전하게 구현하기 위해 위조 방지, 익명성 보장, 추적, 양도성, 시점 확인, 워터마킹 등의 기반 기술을 설계하고 분석하는 기술
	암호 키 관리	암호 키의 생성, 분배, 갱신, 복구, 폐기 등의 키 관리 기술
	·암호 구현	암호 API, 암호 프로세서 등 암호 기능을 탑재한 정보보안 시스템의 처리속도를 높이고 보안 취약점을 줄이기 위한 기술

표 11-1 암호 기술과 그 세부기술

대분류	세부 분류	설명
인증 기술	공개 키 기반 (PKI)	인증 서버, 디렉토리 서버 등 네트워크·인터넷상에서 공개 키 암호와 인승서 사용을 위한 시스템 구축 기술
	생체인식 (Biometrics)	사용자 신분 확인을 위하여 지문, 홍채 등 생체 특성 정보 인식 기술
	보안(Secure) 스마트카드	전자화폐, 교통카드, 사용자 인증 등 키 저장 수단인 전자카드에 대한 암호화 저장 등의 보안 기술

표 11-2 인증 기술과 그 세부기술

대분류	세부 분류	설명
시스템 보안 기술	보안(Secure) 운영체제	인증, 접근 제어, 암호화 등의 보안 기반 요소를 추가하여 시스템 해킹을 차단하는 보안 강화 운영체제 기술
	보안(Secure) DBMS	DBMS에 대한 인증, 접근 제어, 암호화 지원 기술
	매체 보안 기술	하드웨어와 기억매체에 대한 전자파 공격 방어용 전자파 차폐 기술
	안전한 응용 소프트웨어 기술	응용 프로그램의 안전한 설계 및 구현 방법론, 기존 응용 프로그램의 보안 취약성 분석과 제거 기술
	악성코드 탐지	PC와 서버의 악성코드(바이러스·웜·트로이목마 등) 탐지와 제거 기술
	호스트 침입 탐지·차단 기술	호스트의 보안 취약점을 찾아내고, 침입 행위를 탐지하고 차단하는 기술

표 11-3 시스템 보안 기술과 그 세부기술

대분류	세부 분류	설명
네트워크 보안 기술	네트워크 침입 탐지·차단 기술	네트워크의 보안 취약점을 찾아내고, 침입 행위를 탐지하고 차단하는 기술(예 : 취약점 점검 스캐너, 침입탐지시스템, 방화벽 시스템 등)
	침입 방지 기술	안전한 네트워크 프로토콜 및 네트워크 컴포넌트(스위치, 라우터, 게이트웨이 등) 보호 기술(VPN, IPv6, Secure Router 등)
	침입 대응·복구	탐지된 침입에 대해 침입자 감시와 네트워크 재구성 등의 대응·복구 기술

표 11-4 네트워크 보안 기술과 그 세부기술

11.1.2 보안 제품

보안 기술은 제품과 서비스 형태로 시장에 나타나는데, 한국정보보호산업협회에서는 등록된 보안 제품을 암호·인증, 콘텐츠(데이터)·정보유출방지, 시스템(단말) 보안, 네트워크 보안, 보안 관리 등으로 분류하고 있다. 각 분류 그룹에 속하는 세부 분류(각각 별도의 제품으로 나타남)는 표 11-5부터 11-9에 나열하였다[1].

대분류	세부 분류	설명
암호·인증	보안 스마트카드	일반 카드와는 달리 반도체 칩을 내장한 스마트카드로 방대한 양의 데이터를 저장할 수 있으며 보안성이 뛰어남
	하드웨어 보안 모듈 (HSM)	전자서명 생성키 등 비밀정보를 안전하게 저장·보관할 수 있고 기기 내부에 프로세스와 암호 연산장치가 있어 전자서명 키 생성, 전자서명 생성 및 검증 등이 가능한 장치
	일회용비밀번호 (OTP)	로그인할 때마다 새로운 패스워드를 생성하는 보안 시스템
	공개키기반(PKI)	공개 키 암호와 인증서 사용을 위한 시스템 구축 기술
	통합접근관리	인트라넷, 엑스트라넷 및 일반 클라이언트·서버 환경에서 자원의 접근 인증과 이를 기반으로 자원에 대한 접근 권한을 부여 관리하는 통합 인증 관리 솔루션
	싱글 사인온 (SSO)	이 기종의 시스템을 사용할 때 한번 인증만으로 전 시스템을 하나의 시스템처럼 사용할 수 있도록 하는 시스템
	통합계정관리	ID와 패스워드를 종합적으로 관리해주는 역할 기반의 사용자 계정 관리 솔루션

표 11-5 암호 인증 제품 분류

---

1 http://www.kisia.or.kr/new_kisia/s6_menu4.html(제품별 설명은 가급적 사이트 내용을 인용하였으나, 일부 내용을 수정함)

대분류	세부 분류	설명
콘텐츠 (데이터)·정보 유출방지	DB 보안 (접근통제)	DB 및 DB 내에 저장된 데이터를 인가되지 않은 변경, 파괴, 노출 및 비일관성을 발생시키는 사건 등으로부터 보호
	DB 암호	데이터의 실제 내용을 허가받지 않은 사람이 볼 수 없도록 은폐하기 위해 DB 내의 데이터를 암호화
	보안 USB	사용자식별, 지정 데이터 암복호화, 지정 데이터의 임의복제 방지, 분실 시 데이터 보호를 위한 삭제 등의 기능을 지원하는 보안 컨트롤러가 있는 휴대용 메모리 스틱
	디지털저작권관리 (DRM)	웹을 통해 유통되는 각종 디지털 콘텐츠의 안전 분배와 불법 복제 방지
	네트워크 DLP(Data Loss Prevention)	사용자의 고의 또는 실수, 외부 해킹, 악성코드 등으로 인해 네트워크를 이용한 정보 유출을 콘텐츠 수준에서 방지
	단말 DLP	사용자의 고의 또는 실수, 외부 해킹, 악성코드 등으로 인해 네트워크를 이용한 정보 유출을 단말 수준에서 방지
	망간 자료전송 제품	보안 수준이 서로 다른 영역 간 데이터 및 정보흐름을 통제
	개인정보보호 제품	PC 내 존재하는 개인정보를 보호하고 점검 및 관리를 통해 유출 위험 제거

표 11-6 콘텐츠(데이터)·정보 유출방지 제품 분류

대분류	세부 분류	설명
시스템 (단말)보안	시스템 접근통제 (PC 방화벽 포함)	자료가 외부로 유출되는 것을 방지하기 위해 온라인을 통한 파일유출 방지·감시 기능, SMTP-Mail, Web-Mail 등을 통한 파일유출 방지·감시 기능, 프린터인쇄 모니터링 기능 등 자료 유출을 차단하는 기능 등을 제공
	안티멀웨어· 바이러스	컴퓨터의 운영을 방해하거나 정보를 유출 또는 불법적으로 접근권한을 취득하는 소프트웨어인 멀웨어 및 바이러스를 방지
	스팸 차단 S·W	스팸을 방지하기 위해 스팸 차단 또는 필터링 기능 제공
	보안 운영체제 (Secure OS)	해킹으로부터 시스템을 보호하기 위해 기존 운영체제 내에 보안 기능을 추가한 운영체제
	APT 대응	APT 공격에 대응하기 위한 소프트웨어
	모바일 보안	모바일 서비스에 발생할 수 있는 위협으로부터 보호

표 11-7 시스템(단말) 보안 제품 분류

대분류	세부 분류	설명
네트워크 보안	웹 방화벽	다양한 형태의 웹 기반 해킹 및 유해 트래픽을 실시간 감시하여 탐지하고 차단하는 웹 애플리케이션 보안 시스템
	네트워크(시스템) 방화벽	외부의 불법침입으로부터 내부의 정보자산을 보호하고 유해정보 유입을 차단하기 위한 정책과 이를 지원하는 보안 시스템
	침입 방지 시스템 (IPS)	유무선 네트워크에서 공격 서명(Signature)을 찾아내 자동으로 모종의 조치를 취하여 비정상 트래픽을 중단시키는 보안 솔루션
	DDoS 차단 시스템	대량 트래픽을 전송해 시스템을 마비시키는 DDoS 공격 전용 차단시스템, 대량으로 유입되는 트래픽을 신속하게 분석하여 유해 트래픽을 걸러줌
	통합보안 시스템 (UTM)	다중 위협에 대해 보호기능을 제공할 수 있는 포괄적인 보안 제품
	가상 사설망 (VPN)	인터넷망 또는 공중망을 사용하여 둘 이상의 네트워크를 안전하게 연결하기 위하여 가상의 터널을 만들어 암호화된 데이터를 전송할 수 있도록 만든 네트워크
	네트워크접근 제어 (NAC)	유무선 네트워크에 접근하는 접속단말의 보안성을 강제화할 수 있는 보안 인프라. 허가되지 않거나 악성코드에 감염된 PC 등이 네트워크에 접속되는 것을 차단해 시스템 전체를 보호하는 솔루션
	무선 네트워크 보안	무선을 이용하는 통신네트워크 상에서 인증, 키 교환, 데이터 암호화 등을 통해 위협으로부터 보호하기 위한 기술
	가상화(망분리)	조직에서 사용하는 망(네트워크)을 업무 및 내부용 망(인트라넷)과 외부망(인터넷)으로 구분하고 각 망을 격리
	인터넷전화(VoIP) 보안제품	인터넷전화 관련 유해트래픽 탐지 및 침입차단

표 11-8 네트워크 보안 제품 분류

대분류	세부 분류	설명
보안 관리	통합보안관리	방화벽, 침입탐지시스템, 가상 사설망 등 각종 보안 시스템 및 주요시스템 장비를 연동하여 효율적으로 운영할 수 있도록 하는 시스템
	위협관리시스템	국내외 최신 취약점 정보와 보안 트렌드, 정밀 분석된 네트워크 트래픽 및 공격 형태를 상관 분석해 사이버 공격을 예측하고 판단하여 능동적으로 대응할 수 있는 체계적인 위협관제 및 대응 시스템

보안 관리	통합보안관리	방화벽, 침입탐지시스템, 가상 사설망 등 각종 보안 시스템 및 주요시스템 장비를 연동하여 효율적으로 운영할 수 있도록 하는 시스템
	위협관리시스템	국내외 최신 취약점 정보와 보안 트렌드, 정밀 분석된 네트워크 트래픽 및 공격 형태를 상관 분석해 사이버 공격을 예측하고 판단하여 능동적으로 대응할 수 있는 체계적인 위협관제 및 대응 시스템
	패치관리시스템	시스템의 보안 취약점을 보완하기 위하여 배포되는 보안 패치 파일을 원격에서 자동으로 설치 관리해주는 시스템
	자산관리시스템	조달부터 폐기까지 생명 주기 전체에 걸쳐 자산을 기록추적하는데 사용하는 시스템으로 자산의 위치, 사용자, 사용 방법 등과 같은 자산의 세부 정보를 제공
	백업복구 관리 시스템	자료 손실을 예방하기 위해 자료를 미리 다른 곳에 보관해 두었다가 원래 상태로 복구해주는 관리 시스템
	로그관리분석시스템	로그를 실시간 수집, 저장, 분석하는 시스템
	취약점 분석 시스템	안전하지 않은 소프트웨어 설정, 열린 포트 같은 컴퓨터 시스템의 알려진 취약점들을 분석하는 시스템
	디지털 포렌식 시스템	정보기기 내에 저장된 디지털 자료를 법적 증거가 되도록 하기 위해 자료의 수집, 보관, 분석, 보고 등을 지원하는 시스템

표 11-9 보안 관리 제품 분류

11.1.3 보안 서비스

보안 기술을 시장에서 서비스 형태로 제공하는 보안 서비스도 보안 제품과 마찬가지로 보안 위협과 정보기술의 진화와 확장에 따라 그 영역을 넓혀가고 있다. 보안 서비스는 전통적으로 표 11-10과 같이 크게 3가지로 구분할 수 있다. 이 중 보안 컨설팅 서비스는 한국정보보호산업협회에 따르면 표 11-11과 같이 세부적으로 분류될 수 있다.

대분류	세부 분류	설명
보안 서비스	부아 과제	조직의 IT 자원 및 보안 시스템에 대한 운영 및 관리를 전문적으로 시원아른 서비스(원석싼세 서비스, 파건싼세 서비스)
	인증	사용자 신원확인 및 전자문서의 안전신뢰성을 보장하기 위한 인증기관의 인증서 발급 및 검증수단을 제공하는 서비스
	컨설팅	조직의 보안 취약점을 분석하고 그에 맞는 최적의 보안 솔루션을 제공하는 서비스

표 11-10 보안 서비스 분류

대분류	세부 분류	설명
보안 컨설팅	인증 (ISO, ISMS-P)	조직이 수립 및 운영하는 정보보호 관리체계가 인증제도의 요구수준을 만족하도록 점검하고, 만족할 수 있도록 지원하는 자문 서비스
	진단 및 모의해킹	인가받은 해킹 전담 컨설턴트가 외부 또는 내부 네트워크상에서 실제 해커가 사용하는 최신 해킹기법 및 도구를 이용하여 보안 취약점을 악용하여 정보 시스템으로 침입 가능성을 진단하는 서비스
	개인정보보호컨설팅	온라인상에서 개인정보를 보호하는 것을 목적으로 개인의 허락없이 개인 정보가 유출되어 도용되는 것을 방지할 수 있도록 지원하는 자문 서비스
	종합보안컨설팅	조직의 목적을 달성하는데 있어 IT 자산과 조직에 일어날 수 있는 위험을 분석하고 대책을 수립함으로써 관리자와 조직이 그 대책을 실현할 수 있도록 지원하는 자문 서비스
	정보감시 (내부정보유출방지 컨설팅 등)	고객정보, 핵심기술, 영업정보 등 기업 내부정보기 전산시스템, 사람 등에 의해 유출될 수 있는 위협을 분석하고 대책을 수립할 수 있도록 지원하는 자문 서비스

표 11-11 보안 컨설팅 서비스 세부 분류 (한국정보보호산업협회 사이트 참조)

11.1.4 보안 기술의 진화

국방, 통신, 금융, 전력 등 국가 주요 기반시설의 운영, 인공 심장 박동기, 자동차 ABS 시스템 등과 같은 내장형 시스템(Life-Critical), 인터넷 TV, 홈뱅킹 등과 같은 네트워크형 시스템(Business-Critical) 등으로 정보 기술이 확대됨에 따라 다양한 보안 기술에 대한 요구가 증가하고 있다. 과거에는 시스템에 저장된 정보와 통신망상의 전송 정보의 비밀성 유지를 위한 암호 기술에 관심이 집중되었다면 해킹 사고의 빈발에 따라 시스템의 무결성과 가용성을 위한 보안 기술에 많은 노력이 기울어졌다. 현재도 그렇지만, 앞으로도 디지털 경제 시스템에서 지식 정보의 안전한 흐름을 보장하기 위한 요소 기술로 보안 기술이 계속해서 진화해 갈 것이다.

보안 기술의 진화는 그림 11-2와 같이 세대로 나누어 구분할 수 있다. 이러한 세대 구분은 미국 국방부의 DARPA 프로젝트의 연구 자료[2]를 인용한 것이다. 그림에서와 같이 보안 기술은 1세대 '침입 차단(Prevent Intrusion)' 기술에서 현재 2세대 '침입 탐지 및 제한적 피해(Detect Intrusion & Limit Damage)' 관련 기술이 주류를 이루고 있으며, 3세대 '침입 감내(Operate Through Attacks)' 관련 기술로 발전하고 있다.

1세대를 구성하는 보안 기술에는 암호 강도가 높은 블록 암호화 알고리즘의 개발, 운영체제의 보안성을 강화하기 위한 보안 기술을 들 수 있다. 미 국방부의 보안평가기준 TCSEC(Trusted Computer System Evaluation Criteria)의 상위 레벨을 만족하는 시스템을 구현하기 위한 보안 기술이 1세대 기술의 주류를 이룬다 해도 과언이 아니다. 접근 주체의 권한과 접근 대상의 보안 수준(Sensitivity Level)을 정하고 이들 간 접근을 통제하는 여러 가지 수학적 모델이 제시되고 구현되었는데, 이를 MLS(Multi-Level Security 또는 Multiple Levels of Security)라고 부른다. 컴퓨터 시스템의 TCB(Trusted Computing Base)는 컴퓨터에 보안 환경을 제공하기 위해 필수적인 하드웨어, 펌웨어, 소프트웨어 등의 집합으로

---

2 https://slideplayer.com/slide/8802739

정의되며, 시스템의 보안 정책을 수립하고 유지하기 위한 기본이다.

시스템 침입을 완벽하게 방지하기 위한 기술을 구현하는 것이 불가능하기 때문에 침입을 실시간으로 탐지하고 차단하며, 피해가 확산되지 못하도록 하는 보안 기술 개발에 주력한 시기를 2세대로 구분하고 있다. 공격자나 악성코드가 네트워크와 시스템 진입 시 이를 탐지하여 차단하기 위해서 네트워크 기반 또는 호스트 기반의 경계선 통제 시스템(방화벽, 필터링 라우터 등)과 침입탐지시스템 등의 보안 기술에 대한 연구개발이 활발히 이루어졌다. 또한 인터넷과 같은 공개 네트워크에서 안전한 정보 전송을 위해서 VPN(Virtual Private Network)과 PKI(Public Key Infrastructure) 같은 보안 기술이 시장에 등장하였다.

2세대 보안 기술이 침입 탐지와 차단에 주력하였음에도 침입 탐지 기술이 완벽하지 않아서, 여전히 조직은 침입을 당할 수밖에 없다. 조직 임무·업무의 지속성 확보를 위해서 침입이 발생한 상태에서도 여전히 주요 시스템 기능 또는 자원에 대한 보호가 이루어지기 위한 기술 개발을 모색한 시기를 3세대로 구분한다. 침입 탐지 시의 점진적인 기능 축소(Graceful Degradation) 메커니즘, 침입이 아주 어려운 시스템이나 시스템 모듈(Hardened Core) 등은 결국 침입의 범위를 제한하고, 침입이 발생해도 최소한의 핵심 기능이 작동하는 침입 감내(Intrusion Tolerance) 기술을 구성한다.

다양한 정보 기술과 서비스의 전개, 이에 대한 보안 아키텍처 구현 등으로 인해 다양한 시스템·애플리케이션·보안 이벤트 데이터가 발생한다. 실시간으로 쏟아지는 이벤트 정보로부터 침입 탐지가 효율적으로 이루어지기 위한 기술 개발과 함께 상황에 따라서 성능·기능에 대비하여 보안 수준을 적절히 조절하는 기술 등도 진화된 보안 기술의

| 1세대 침입 차단
Prevent Intrusion | • TCB(Trusted Computing Base)
• 접근 통제와 물리 보안(Access Control & Physical Security)
• 다단계 보안(Multiple Levels of Security)
• 암호(Cryptography) |

⬇ 침입이 발생

| 2세대 침입 탐지 및 제한적 피해
Detect Intrusion & Limit Damage | • 방화벽(Firewall)
• 침입탐지시스템(Intrusion Detection System)
• 경계선 통제장치(Boundary Controller)
• 가상사설망(Virtual Private Network)
• 공개키기반(Public Key Infrastructure) |

⬇ 일부 침입은 성공

| 3세대 공격 중에도 작동
Operate Through Attacks | • 실시간 상황 인식 및 대응
  (Real-time Situation Awareness & Response)
• 실시간 성능, 기능, 보안 조절
  (Real-time Trade-off of Performance, Functionality
  and Security)
• 침입 감내(Intrusion Tolerance)
• 점진적 기능 축소(Graceful Degradation)
• 침입이 아주 어려운 시스템이나 시스템 모듈(Hardened Core) |

그림 11-2 보안 기술의 진화

관심 영역이다. 사이버 보안은 단순히 정보 시스템을 공격으로부터 방어하는 개념에서 정보 시스템과 서비스의 신뢰성을 포괄하는 안전 신뢰성(Dependability) 개념으로 진화하고 있다. 안전신뢰성이란 컴퓨터 시스템이 제공하는 서비스에 당연히 부여되어야 하는 믿음이며 보안(Security), 안전(Safety), 신뢰(Reliability) 등을 포괄하는 개념이다.

또한 사이버 보안 기술은 초고속·대용량화[3], 지능화·인간화[4], 통합화[5], 부품화[6] 등의 특징을 가지고 진화할 것이다.

---

[3] 악성코드 조기경보 및 분초를 다투는 바이러스 백신 개발과 함께 침입 탐지·대응 및 침입자 역추적 등 초고속 데이터 처리 기능 강화가 요구되고 있음

[4] 시스템 내 악성코드 침투 및 시스템 불법 접근을 일반 데이터 흐름과 구분하여 능동적으로 대처할 수 있는 인공지능 기술이 요구됨

[5] 네트워크 환경 변화와 부가 서비스에 대한 요구가 증가함에 따라 시스템 및 애플리케이션에 보안 기술이 기본적으로 탑재되고 통합되는 추세가 지속되고. 유무선 간 경계가 모호해진 네트워크 환경 변화의 영향으로 개별적으로 운용되는 보안 제품에 대한 통합성 및 상호운영성이 강조됨

[6] IT 시스템의 설계에 있어 보안 기능이 주요 요구사항으로 자리잡고 있으며, 이러한 정보보안 기능을 내포하기 위한 메커니즘 기술이 API 형태로 제공

11.1.5 보안 시장의 변화

초창기 사이버 보안시장에서 인수합병(M&A)은 주로 사이버 보안업체 간 이뤄졌다. 세계 최대 보안업체 시만텍은 1982년 설립 이후 70개 이상의 사이버 보안 업체와 M&A를 체결하였다. 그러나 최근에는 정보기술 업체들과 사이버 보안업체와의 M&A가 늘어나는 추세다. 정보기술 업체들은 보안업체 인수를 통해 자사 제품 보안을 강화하고 사이버 보안시장에 참여하고 있다. 이와 같이 사이버 보안 산업은 전통적인 정보기술 기업의 보안사업 부문과 규모를 키운 사이버 보안 기업의 각축장이 되고 있다.

소프트웨어 중심의 대표적인 정보기술 기업인 마이크로소프트는 빌 게이츠가 2002년 1월 정규 직원에게 보낸 신뢰 컴퓨팅(Trustworthy Computing) 메모를 기점으로 안전한 소프트웨어 개발에 투자를 시작하여, 2004년 8월 보안이 강화된 윈도 XP SP2를 출시하였다. 자사 보안 역량 강화를 위해 표 11-12와 같이 안티 바이러스 분야의 전문 보안기업들을 인수하여, 보안 비즈니스 시장에 진입하였다. 대표적으로 2005년 10월 기업용 보안 소프트웨어 패키지인 마이크로소프트 클라이언트 프로텍션(Microsoft Client Protection), 2006년 2월 일반 소비자용 안티 바이러스 서비스 원케어 라이브(OneCare Live) 등을 출시하였다[7]. 마이크로소프트의 안티 바이러스 소프트웨어는 유료 서비스였던 원케어 라이브에서 무료 소프트웨어인 MSE(Microsoft Security Essentials)로 대체되고, 윈도 8부터 운영체제에 내장된 윈도 디펜더(Windows Defender)[8]로 진화하였다.

---

7 http://www.zdnet.com/article/microsoft-security-product-makes-official-debut

8 윈도 8 이전의 윈도 디펜더는 2004년에 인수한 자이언트컴퍼니소프트웨어(GIANT Company Software)의 안티 스파이웨어(Anti-Spyware) 기술에 기반하여 개발된 안티 스파이웨어 소프트웨어였다.

날짜	업체명	핵심기술	비고
2014년 7월	InMage	재난복구, 업무 연속성	
2012년 10월	PhoneFactor	이중(two-factor) 인증	
2008년 3월	Komoku	루트킷(rootkit) 탐지	인수가격 : 500만 달러
2005년 8월	FrontBridge Technologies	이메일 및 메시징 보안	
2005년 6월	Sybari Software	바이러스·스팸 필터링	
2004년 12월	Giant Company Software	안티-스파이웨어·스팸	
2003년 6월	GeCad Software	안티-바이러스	루마니아 보안 기업

표 11-12 마이크로소프트의 연도별 주요 보안기업 합병인수

IBM은 컴퓨터 하드웨어와 소프트웨어를 생산 판매하고, 컨설팅 서비스를 제공하는 미국의 다국적 정보기술 기업이다. 1911년 설립 이래로 6명의 직원이 튜링 상[9]을 받았으며 ATM(Automated Teller Machine), 플로피 디스크, 하드 디스크 드라이브, 관계형 데이터베이스(Relational Database) 등을 개발하였으며 다수의 특허를 생산하는 기업이다. IBM 역시 정보 보안을 사업화하는 과정에서 표 11-13과 같이 다수의 보안 기업을 인수합병하였다[10]. IBM의 보안 기업 인수 여정에서 가장 큰 규모의 인수 금액은 13억 달러로 1994년에 설립된 ISS(Internet Security Systems)를 2006년에 인수에서였다. ISS는 자사의 X-force 팀이 생산하는 보안 취약점 데이터베이스를 기반으로 개발한 보안 취약점 스캐너와 침입탐지 시스템 등에서 두각을 보인 업체였다. 두 번째는 10억 달러를 기록한 2006년 이스라엘에서 설립된 트러스티어(Trusteer) 인수였다.

---

9 미국 ACM(Association for Computing Machinery)이 수여하는 상으로 컴퓨터 과학·기술 분야의 노벨상이라 부를 만큼 가장 권위가 있다.

10 http://en.wikipedia.org/wiki/List_of_mergers_and_acquisitions_by_IBM

날짜	업체명	핵심기술	비고
2013년 8월	Trusteer	피싱, 악성코드 대응	10억 달러, 이스라엘 기업
2011년 10월	Q1 Labs	보안 이벤트 모니터링·분석	
2010년 7월	BigFix	단말 보안 관리(패치 관리 등)	
2009년 11월	Guardium	DB 모니터링·보안	
2007년 7월	Watchfire	소프트웨어 보안 취약점 평가	
2006년 10월	Internet Security Systems	보안 취약점 스캐닝, 보안관제 (Managed Security Service)	13억 달러, 1994년 설립

표 11-13 IBM의 연도별 주요 보안기업 합병인수

구글도 웹 브라우저인 크롬에 가상머신 기술을 적용하여 악성코드나 비정상 행위를 하는 웹 콘텐츠 행위를 차단하기 위해 브라우저 샌드박스 기술을 가진 그린보더(GreenBorder)를 2007년 인수하였다. 또한 해킹 커뮤니티에서 할바 플레이크(Halvar Flake)로 알려진 독일인 토마스 덜리엔(Thomas Dullien)이 2004년 설립한 자이나믹스(Zynamics)는 소프트웨어 보안 취약점과 악성코드를 분석하는 역공학 도구를 개발한 기업으로, 2011년 3월 구글에 인수되었다.

날짜	업체명	핵심기술	비고
2012년 9월	VirusTotal.com 웹사이트	악성코드 온라인 검색서비스	스페인 기업 소유
2011년 3월	자이나믹스	소프트웨어 리버스 엔지니어링 도구	독일 기업
2007년 7월	포스티니(Postini)	이메일 스팸·악성코드 필터링	6억2500만 달러
2007년 5월	그린보더	샌드박스를 이용한 악성코드 대응	

표 11-14 구글의 연도별 주요 보안기업 합병인수

마이크로프로세스 CPU의 지평을 개척한 인텔은 존 맥아피(John McAfee)가 1989년 설립한 맥아피(McAfee) 사를 2010년 8월 76억8000달러에 매입한다고 발표하였다. 2011년 2월에 맥아피는 인텔의 자회사가 되었으며, 2014년 초에 회사명을 인텔 시큐리티(Intel Security)로 개명하였다[11]. 맥아피 인수 발표 컨퍼런스 콜에서 CEO 폴 오텔리니(Paul Otellini)는 인텔의 마이크로프로세서가 판매되는 어디에서도 보안 솔루션이 판매될 기회가 함께 한다고 설명하며, 단순히 보안 솔루션을 프로세서와 함께 판매하는 차원이 아니라 아키텍처에 포함시켜 새로운 기회를 창출할 수 있다고 주장하였다. 이후 맥아피의 보안 기술은 PC의 펌웨어와 서버 칩에 내장되었다. 인텔에 인수되기 전 맥아피는 표 11-15와 같이 광범위한 분야에 걸친 인수합병을 거쳐 기술과 서비스를 보강하여 왔다.

날짜	업체명	핵심기술	비고
2013년 7월	Stonesoft	네트워크 방화벽	3억8900만 달러, 핀란드 회사
2013년 2월	ValidEdge	샌드박싱 기술	
2011년 11월	NitroSecurity	SIEM(보안이벤트 분석·침입탐지)	1999년 설립
2011년 4월	Sentrigo	DB 보안	
2010년 8월	tenCube	모바일 기기 데이터 보안·도난 방지	싱가포르 회사
2010년 6월	Trust Digital	스마트폰 보안	모바일 OS 전문기술 보유
2009년 9월	MX Logic	전자우편 웹 보안	1억4000만 달러
2009년 6월	Solidcore Systems	화이트리스 관리(whitelisting) 기술	
2009년 2월	Endeavor Security	침입 탐지·차단	320만 달러

---

11 2017년 4월, 인텔은 투자회사 TPG에 맥아피 지분 51%를 31억 달러에 매각하였다.

2008년 11월	Secure Computing	네트워크 보안 (방화벽, 웹필터링, VPN 등)	4억6500만 달러, 1989년 설립
2008년 8월	Reconnex	데이터 유출 방지	4000만 달러
2008년 2월	ScanAlert	악성 웹 페이지 탐지	5100만 달러
2007년 11월	SafeBoot	파일·디스크 암호화	3억5000만 달러
2006년 12월	Citadel Security	패치 관리	6000만 달러
2006년 10월	Onigma	데이터 유출 방지	2000만 달러, 이스라엘 기업
2006년 6월	Preventsys	보안 위험 관리[12]	
2006년 4월	SiteAdvisor	악성 웹 페이지 탐지	7000만 달러
2004년 8월	Foundstone	소프트웨어 보안 취약점 탐지·관리	8600만 달러
2003년 4월	Entercept Security	호스트 침입 탐지·차단	1억2000만 달러
2003년 4월	IntruVert Networks	네트워크 침입 탐지·차단	1억 달러

표 11-15 맥아피의 연도별 보안기업 합병인수

 시스코는 1984년 설립된 미국의 네트워크 기술 기업이다. 시스코는 첫 번째 상업적 인수합병이 이루어진 1993년 이래 인수합병을 기업 성장의 주요 전략으로 삼아, 네트워크 기술업체인 만큼 네트워크 보안과 관련된 두 자리 수의 네트워크 보안 기업을 인수합병하여 왔다. 표 11-16은 시스코가 인수 합병한 주요 보안기업을 연대순으로 정리한 것이다[12]. 시스코가 인수한 사이버 보안 기업 중 가장 큰 비용(약 3조 원)을 기록한 소스파이어(Sourcefire)와 같이 10년 이상된 기업도 있지만, 버추어타(Virtuata)와 같은 2년밖에 안 된 스타트업 업체도

---

12 http://www.cisco.com/web/about/doing_business/corporate_development/acquisitions/ac_year/about_cisco_acquisition_years_list.html

인수하였다. 최근에 인수 합병한 보안 업체들을 통해 시스코는 'Security Everywhere' 전략을 강화시켜가고 있다.

날짜	업체명	핵심기술	비고
2017년 7월	Observable Networks	네트워크 모니터링, 포렌식	
2016년 6월	CloudLock	클라우드 서비스에서 행위 분석	2억9400만 달러
2015년 10월	Lancope	네트워크 행위 분석	4억5300만 달러
2015년 9월	Portcullis	보안 컨설팅	영국 기업
2015년 8월	OpenDNS	네트워크 보안, 콘텐츠 필터링	6억3500만 달러
2014년 12월	Neohapsis	보안 컨설팅	
2014년 5월	ThreatGRID	악성코드 분석	
2013년 7월	Sourcefire	IDS[13] 등의 네트워크 보안	27억 달러, 2001년 설립
2013년 2월	Cognitive Security	행위 기반 네트워크 침입 탐지	체코 기업
2012년 7월	Virtuata	가상머신 보안	2010년 10월에 설립
2009년 10월	ScanSafe	웹 필터링, 악성 웹페이지 탐지	1억8300만 달러, 영국 기업
2007년 11월	Securent	저작권 관리(DRM)	1억 달러
2007년 1월	IronPort	스팸 차단 등 메시지 보안	8억3000만 달러
2006년 7월	Meetinghouse	네트워크 유무선 인증	4370만 달러
2005년 6월	M.I. Secure	가상 사설망	1300만 달러
2005년 5월	FineGround Networks	응용 방화벽	7000만 달러
2004년 12월	Protego Networks	보안 이벤트·로그 분석	6500만 달러
2004년 3월	Riverhead Networks	분산 서비스 거부 공격 대응	3900만 달러
2003년 1월	Okena	비정상행위 기반 침입탐지	1억5400만 달러

---

13 오픈소스 침입탐지시스템인 Snort에 기반한 어플라이언스

2002년 10월	Psionic Software	침입탐지	1200만 달러
2001년 7월	Allegro Systems	가상 사설망	1억8100만 달러
2000년 1월	Altiga Networks	가상 사설망	2억5000만 달러

표 11-16 시스코의 연도별 보안기업 합병인수

미국의 대표적인 사이버 보안 기업인 시만텍(Symantec)도 다수의 인수합병을 통해 몸집을 불려왔다. 표 11-17에 2000년부터 시만텍이 최근까지 인수합병한 주요 보안 기업을 나열하였다[14].

날짜	업체명	핵심기술	비고
2017년 7월	Skycure	모바일 보안	2억500만 달러
2017년 7월	Fireglass	악성코드 방지	2억2500만 달러
2016년 11월	LifeLock	ID 도난 방지	23억 달러
2016년 6월	Blue Coat Systems	웹 보안, 클라우드 보안	46억5000만 달러
2013년 7월	PasswordBank	ID 관리	
2012년 3월	Odyssey Software	모바일 기기 관리(MDM)	3600만 달러
2011년 5월	Clearwell Systems	디지털 포렌식(eDiscovery)	3억9000만 달러
2010년 6월	PGP	암호, 키관리	3억 달러
2010년 5월	VeriSign 보안사업부	식별인증	12억8000만 달러
2008년 11월	MessageLabs	메시징·웹 보안	6억9500만 달러, 영국 기업
2006년 1월	IMlogic	인스턴트 메시징 시스템 보안	7000만 달러
2005년 10월	BindView	보안 정책 및 구성 설정 관리	2억2000만 달러

14 https://en.wikipedia.org/wiki/List_of_mergers_and_acquisitions_by_Symantec#Acquisitions

2005년 9월	WholeSecurity	안티피싱, 행위기반 악성코드탐지	6800만 달러
2004년 12월	Veritas Software	네이터 백업 및 복구	135억 달러
2004년 10월	@stake	보안 컨설팅·교육 서비스	
2002년 8월	SecurityFocus	취약점 메일링 리스트 BugTraq 운영	7500만 달러
2000년 12월	AXENT Technologies	보안 솔루션 (방화벽, 취약점분석 등)	9억8800만 달러

표 11-17 시만텍의 대표적인 보안기업 합병인수 사례

마이크로소프트, 인텔, HP, 시스코시스템즈 등 정보기술 플랫폼 업체들의 최고경영자가 RSA 컨퍼런스[15], 블랙햇 브리핑[16], 데프콘[17] 등 같은 사이버 보안 컨퍼런스에서 기조연설을 하는 것이 낯설지 않게 되었다. 이는 사이버 보안이 메이저 정보기술 기업의 주요 관심사가 되었다는 것을 의미한다. 사이버 보안은 하드웨어에서 인터페이스에 이르기까지 조직의 시스템과 네트워크의 모든 계층에 작동하는 필수 기능에 포함되고 있다. 보안 기술은 독립적인 제품으로 구현될 수도 있지만 IT의 일부로써 보안 기술이 부품처럼 사용되기도 한다. 따라서 독립적인 영역으로 시장에서 거래되기도 하지만 IT 제품의 내장된 기능 형태로 존재하기도 한다. 예를 들어 운영체제의 진화에 따라 기존 보안 기능들이 신규 운영체제의 기능으로 내장되고 있으며, 이를 잘 활용하면 중복된 기능을 수행하는 보안 제품을 구매할 필요가 없다. 네트워크, 통신, 시스템 관리 분야의 정보기술 기업들이 보안 업체를

---

[15] www.rsaconference.com

[16] Black Hat Briefings(www.blackhat.com)

[17] DEFCON Hacking Conference(www.defcon.org)

인수 합병하는 것은 자사 제품에 보안 기능을 내포하여 경쟁력을 높이기 위한 전략이라고 볼 수 있다. 하나의 업체가 모든 사이버 보안 기술을 나 개발할 수 없기 때문에 라우터 제조업체 주니퍼네트웍스가 넷스크린테크놀로지스의 VPN과 방화벽 기술을 자사 라우터에 내장하기 위해 40억 달러에 인수한 것과 같은 인수합병 사례는 정보기술 기업 입장에서는 자연스러운 현상이다.

시만텍과 같은 전문 보안기업의 몸집 불리기와 IT 플랫폼 메이저 업체들의 보안제품 출시는 사이버 보안 시장의 주도가 이들 2개의 축으로 정리되고 있다는 것을 시사한다. 사이버 보안 산업은 전통적인 정보기술 기업의 보안사업 부문과 규모를 키운 사이버 보안 기업의 각축장이 될 것이다. 앞에서 살펴본 것처럼 수많은 스타트업 기업이나 중소규모의 기업들은 시장에서 사라지거나 메이저 업체들의 경쟁력이나 사업영역을 확장하는 재료로 사용될 것이다. 정보기술의 눈부신 발전과 위협의 확대로 새로운 유형의 보안 기술이 요구되며, 이를 메꾸는 새로운 보안 업체들은 특정한 전문분야를 해결하기 위해 탄생하고 있으며, 이러한 추세는 앞으로도 계속될 것이다.

현재 공격자의 뚜렷한 특징의 하나는 국가 또는 국가 지원 그룹들이 주요 공격자들이라는 것이다. 이들은 지능적 표적 공격(Advanced Targeted Attack)으로 주요 기업이나 국가기관을 해킹하고 있다. 이러한 수준 높은 표적 공격을 방어하기 위해, 다국적 메이저 보안 업체들은 사이버 위협정보[18]를 수집 분석하여 공격 탐지·대응에 적용하는 위협 인텔리전스(Threat Intelligence) 기술력 확보에 주력하고 있다. 사이버 공

---

18 사이버 공격자와 이들의 TTP(Tactics, Techniques, Procedures) 등을 포함

간은 국경의 개념이 없는 한 덩어리이기 때문에 위협 인텔리전스를 위한 정보 수집이 글로벌하게 이루어져야 한다. 사이버 보안 기술 시장은 SIEM과 같은 통합 관제 시스템에 다양한 이벤트 정보를 매끈하게 통합하고 위협 정보를 실시간으로 결합해 조직의 위험 수준 결정에 활용할 수 있는 역량의 각축장이 될 것이다.

11.2 보안 관리

그림 11-3은 자산의 보안 취약점을 악용하여 위험(자산의 오남용, 중단, 고장 등의 피해)을 증가시키는 공격자(위협)와 자산의 보안 취약점을 제거하여 위험을 감소 또는 최소화하려는 방어자(사용자, 보안 관리자 등)와의 관계를 보여주고 있다. 방어의 핵심은 자산의 보안 취약점을 보안 통제[19]를 이용하여 위협이 악용하지 못하도록 하는 것이다. 알려진 보안 취약점에 대해서는 패치의 설치나 보안 시스템 설치·운영 등을 통해 공격자가 악용하지 못하도록 조치할 수 있으나 공격자만이 알고 있는 제로데이 보안 취약점을 악용한 공격은 방어하지 못한다. 따라서 방어 입장에서는 나날이 진화하고 있는 위협이 언제 어떻게 공격할지 사전에 알 수 없으며, 방어자가 통제할 수 있는 영역이 아니다. 방어자는 자신이 소유한 자산의 보안 취약점을 통제함으로써 보안 위험에 대응하게 된다. 그런데 보안 취약점으로부터 발생하는 위험을 감소 또는 최소화하기 위한 보안 통제를 구현하는 데 있어 자원이 소요

---

[19] 보안 통제(Security Control)는 보안 대책(Countermeasure 또는 Safeguard)과 같은 의미이다.

되며, 방어자는 대부분의 조직에서 자원의 제한을 받는다. 즉 유한의 자원을 가지고 보안 통제를 구사하게 된다. 따라서 지진(통제할 수 없는 위협)에 내저하듯 사이버 보안도 위험[20] 관리 활동이 되어야 한다. 위험 관리란 불확실한 사건으로부터의 피해를 식별, 통제, 최소화하는 전반적인 절차를 구현하여 측정·평가된 위험에 대한 보안 대책을 일정 수준으로 유지·관리하는 과정을 말한다. 사이버 보안 측면에서 위험 관리는 자산에 영향을 미칠 수 있는 불확실한 사건의 식별, 통제, 제거 혹은 최소화하는 전체 과정이라 할 수 있다.

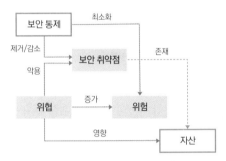

그림 11-3 보안 취약점, 위협, 보안 통제의 관계

자산은 위험에 근거한 보안 관리의 기초가 되는 요소이다. 정확한 자산 파악에 실패하면 보안 취약점 파악에 허점이 발생하고, 올바른 보안 통제를 설계·구현할 수 없다. 조직의 환경과 문화에 따라 정확한 자산평가가 수행되어야 하고, 각 자산 간 상호의존성을 정확히 파악해야 한다. 조직에서의 자산은 물리적인 자산(하드웨어, 건물, 전산자료 저장매체, 통신망 및 관련 장비 등), **정보자산**(데이터, 데이터베이스, 문서 등),

---

20 위험이란 어떤 목적에 불이익 또는 손해를 초래하는 위협을 구체화한 것이다. 위험은 두 가지 요소(발생 가능 확률과 영향)의 결합에 의해 특징이 지어진다.

소프트웨어, 조직원, 무형자산(조직 이미지 등) 등을 포함한다.

위협은 자산에 부정적 영향을 미치는 위험의 원천이다. 각 위협들은 위협원에 따라 크게 자연재해에 의한 것과 인간에 의한 것으로 나눌 수 있고, 인간에 의한 위협은 다시 의도적인 위협과 비의도적인 위협으로 나눌 수 있다. 자산은 화재, 홍수, 폭풍, 지진 등에 의해 위협을 받을 수 있다. 자연적 위협은 단번에 정보 시스템 전체를 손상시킬 수 있고, 정보 시스템 안에 저장된 정보자산들의 파괴, 손상을 가져올 수 있는 엄청난 위협이다. 사람에 의한 의도적 위협에는 하드웨어 파괴·절도, 시스템의 불법사용·방해, 정보의 위조·변조·삭제, 유해 프로그램 삽입 등이 포함된다. 정보 시스템의 미숙한 사용이나 실수 같은 사람에 의한 비의도적 위협도 시스템 전체에 큰 영향을 줄 수 있다. 반면에 소그마한 실수나 운영 미숙의 결과는 위험의 충격이 즉각적으로 나타나지 않을 수도 있다. 불안전한 정보 시스템의 운영은 직접적인 피해뿐만 아니라 간접적으로 해커의 공격에 이용될 수도 있다.

취약점은 자산을 손상시켜서 위험을 만드는 약점으로 자산, 위협, 보안통제 간 함수 관계를 만드는 실체이다. 취약점이 있다고 해서 곧바로 자산의 손실을 입지는 않지만 위협이 공격할 수 있는 근거를 제공하게 된다. 영향이란 보안 사고가 자산에 미치는 결과를 말한다. 특정 자산의 비밀성·무결성·가용성의 상실과 같은 직접적 손실, 조직의 이미지 추락과 같은 간접적인 손실 등을 모두 포함한다. 영향을 측정함으로써 보안 사고로 인한 손실과 손실을 완화하는 보안통제에 대한 비용 간의 균형을 맞출 수 있다. 영향의 측정은 위험 평가와 보안통제의 선정에 있어서 중요한 요소이기도 하다.

12.1.1 위험에 근거한 보안 관리

보안 관리는 정보 시스템이 제공하는 정보와 서비스에 대한 적절한 수준의 비밀성, 무결성, 가용성 등을 유지하는 프로세스이다. 보안 관리역시 관리의 하나이므로, 관리의 일반적인 주기(Plan-Do-See)를 따른다. 그림 11-4에서 보는 바와 같이, 최고 경영자 입장에서 조직 전체수준이 달성해야 할 사이버 보안의 목표와 그 목표를 달성하기 위한전략과 정책(Policy)이 정해지면, 정보 시스템의 자산에 대한 위협을식별하고, 위협의 크기와 빈도를 측정하는 위험 평가를 시행한다. 적절한 위험 수준을 유지하기 위한 보안 계획을 수립하고 이에 따라 대책을 구현한다. 보안 시스템이 효과적으로 유지될 수 있도록 사용자정보보안에 대한 인식 제고 프로그램을 시행한다. 정보보안 기능이무시되면 효과적인 정보보안 목표 달성이 어려우므로 사용자의 정보보호 인식 제고 및 교육은 매우 중요하다. 보안 관리의 마지막 활동인보안 감사는 사후 관리적 측면을 강조한다.

그림 11-4 위험에 근거한 보안 관리 프로세스

정보기술에 대한 보안이 본격적으로 논의되었던 지난 20년 동안 정보기술 보안 전문가들이 보안관리 프로세스를 그림 11-5와 같이 국제표준으로 정립하였다. 이는 위험기반 접근방법에 기초하여 계획 수립, 구현, 운영, 모니터링, 검토·개선 등의 주기에 걸쳐 조직의 정보보안을 관리하고 운영하는 체계이다. 적절한 보안을 유지하기 위해 조직 구성원들은 핵심 업무와 기능, 이를 지원하는 정보 및 정보 시스템에 대한 위험을 적극적으로 관리해야 한다. 위험 관리에서는 정보 및 정보 시스템에 대한 보안 통제 운영비용과 보안 통제 사용으로 인한 개선된 조직의 업무지원 간 균형을 맞추어야 한다.

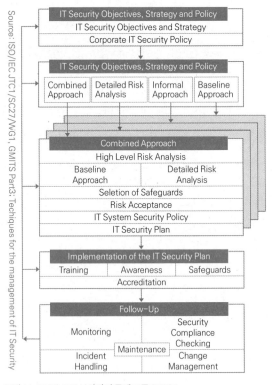

그림 11-5 ISO·IEC 보안관리 국제 표준 27001

모든 위험들에 대해서 자산을 완전하게 보호할 수 있도록 필요한 비용지불이나 조치를 취할 수 있는 여유를 가진 조직은 거의 없다. 대신 조직은 위험으로부터 자산을 보호하기 위해 다양한 형태의 보안 통제를 위험 평가를 통해 비용 효과적으로 유지시킨다. 위험 평가는 자산의 보안 위험을 확인하여 위험의 등급을 결정하고, 필요한 보안 통제의 규모와 범위들을 확인하는 과정이다. 위험 평가를 정확히 하지 않거나 그에 따른 보안 통제를 제대로 구현하지 않았다면 위험에 대한 보안 관리는 실효성이 떨어진다.

11.2.2 NIST의 위험 관리 프레임워크

조직은 적절한 사이버 보안을 유지하기 위해 핵심 업무와 기능, 이를 지원하는 정보 및 정보 시스템에 대한 위험을 적극적으로 관리해야 한다. NIST는 정보 시스템의 위험을 파악하고, 위험을 평가하며, 위험을 허용 수준까지 줄이기 위한 조치를 취하는 구조화된 프로세스인 위험 관리 프레임워크 RMF(Risk Management Framework)를 개발하여[21] 미국의 정부기관에 적용하고 있다[22]. RMF 특성은 다음과 같다.

- 위험에 상응하는 정보 및 정보 시스템 보호가 이루어지도록 설계된 반복 가능한 프로세스
- 견고한 연속 모니터링 프로세스를 구현하여, 거의 실시간으로 위험을 관리하고, 정보 시스템의 인증을 상시적으로 수행하는 것을 기본 개념으로 함

---

21 2010년 2월, NIST는 「Guide for Applying the Risk Management Framework to Federal Information Systems: A Security Life Cycle Approach」를 발간하였다. 이 지침서는 정보 시스템에 대한 보안 위험 관리에 적용되는 기본 개념을 설명하고, 시스템 생명 주기 전반에 걸쳐, 정보 시스템에 정보 보안 기능의 계획과 구현, 최신 관리·운영·기술 보안통제의 구현, 향상된 모니터링을 통해 정보 시스템의 보안 상태에 대한 인식 유지 등을 강조한다.

22 2002년 연방 정보보안 관리법(FISMA), 전자 정부법 Title III, 행정 지침에 따라 NIST의 정보기술연구소는 연방기관이 정보, 시스템 및 자산을 보호하기 위한 효과적인 보안 기술을 적용할 수 있도록 표준과 지침을 개발한다.

- 핵심 업무와 기능을 지원하는 정보 시스템과 관련하여 비용 효과적이고 위험 기반의 의사 결정을 내리는데 필요한 정보를 관리자에게 제공하기 위해 자동화 사용을 권장
- 보안 요구사항과 보안통제를 조직의 정보 시스템 아키텍처, 정보 시스템 개발 생명 주기, 정보 시스템 획득 프로세스, 시스템 엔지니어링 프로세스 등에 통합
- 정보 시스템 단위의 위험관리 프로세스를 조직과 업무 프로세스 단위의 위험 관리 프로세스와 연결
- 정보 시스템 내 구현된 보안통제에 대한 책임을 부여하고 이를 추적할 수 있도록 함

정보 시스템의 보안 위험을 관리하는 것은 복잡하고 다각적인 업무이다. 조직의 전략적 비전과 목표를 총괄하는 경영층, 업무를 계획하고 관리하는 중간 간부, 업무 프로세스를 지원하는 정보 시스템을 개발·구현·운영하는 실무자에 이르기까지 모든 조직 구성원들이 참여해야 한다. 즉, 보안 위험 관리는 통합된 전사적 활동이다. 표 11-18은 조직 수준, 업무 프로세스 수준, 정보 시스템 수준 등 3개 계층에서 이루어지는 전사적 위험 관리 활동을 정리한 것이다.

계층	활동
계층 1 : 조직 (거버넌스)	조직 관점에서 전사적인 위험 관리 전략을 개발 • 정보 시스템 보안 위험을 평가하기 위한 기법과 방법론 • 위험 평가 과정에서 식별된 위험의 중대성 평가 방법과 절차 • 식별된 위험을 해결하기 위한 위험 완화 조치의 유형과 규모 • 수용할 위험 허용 수준 • 정보 시스템과 운영환경의 변경에 대한 지속적인 위험 모니터링 방법 • 위험 관리 전략이 효과적으로 이행되고 있음을 보장하기 위해 사용할 감독의 유형과 정도

계층 2 : 업무 프로세스 (정보의 흐름)	계층 1에서의 위험 결정에 따라 업무 프로세스 관점에서 위험을 해결하며, 엔터프라이즈 아키텍처와 밀접하게 연관 • 조직의 핵심 업무 프로세스를 정의하고 조직의 목표 과정에서 업무 프로세스의 우선순위 결정 • 업무 프로세스를 성공적으로 수행하는 데 필요한 정보의 유형과 조직 내·외부로의 정보 흐름을 정의 • 전사적 정보보안 전략의 정보보안 요구사항을 핵심 업무 프로세스에 통합 • 위험 평가·완화·수용·모니터링을 위해 하부 조직에 허용하는 자율성의 정도를 지정
계층 3 : 정보 시스템 (운영 환경)	계층 3에서는 계층 1, 2에서의 위험 결정에 따라 정보 시스템의 관점에서 위험을 해결한다. 계층 1과 2에서의 위험 결정은 정보 시스템에 필요한 보안 통제의 선택과 배포·설치에 영향을 미친다. 정보보안 요구사항은 적절한 관리·운영·기술적 보안 통제의 선택으로 충족된다. 정보보안 아키텍처에 따라서 보안 통제를 정보 시스템의 다양한 구성요소에 할당한다. 정보 시스템의 설계, 개발, 구현 중에 보안 요구사항을 완전히 소화하였는지 확인하기 위하여, 보안 요구사항에 의한 보안 통제는 추적 가능해야 한다. 보안 통제는 조직 내부 또는 외부 공급자가 제공할 수 있다. 외부 공급자와의 관계는 아웃소싱 계약, 라이센스 계약, 공급망 계약 등 다양한 방식으로 설정된다.

표 11-18 3개 계층에서 전사적 위험 관리 활동

위험관리 업무는 시스템 개발 생명 주기 초기에 시작되며, 시스템의 보안 기능을 형성하는 데 중요하다. 이러한 작업이 시스템 개발 생명 주기의 시작, 개발, 획득 단계에서 적절하게 수행되지 않으면, 필요에 따라 작업이 생명 주기의 후반부에 수행되고, 구현 비용이 더 많이 소요된다. 어떤 경우이든 정보 시스템 보안 위험은 지속적으로 적절히 해결되어야 하고, 인가 책임자는 구현된 보안 통제 집합과 시스템의 현재 보안 상태에 따른 조직의 운영·자산·사람 등 보안 위험을 명확히 이해하고 수용해야 한다.

RMF는 정보보안과 위험관리 활동을 시스템 개발 생명 주기에 통합하는 체계적인 프로세스이다. RMF는 주로 위험관리 계층 3에서 운영되지만 계층 1·2와 상호작용할 수 있다. 그림 11-6은 RMF의 세부 단계이며 각 단계에서 수행하는 주요 활동을 표 11-19에 정리하였다.

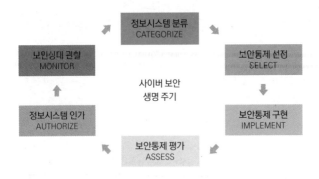

그림 11-6 NIST 위험 관리 프레임워크 세부 단계

단계	주요 활동
정보 시스템 분류	영향 분석을 기반으로 정보 시스템과 해당 시스템이 처리, 저장, 전송하는 정보를 보안 속성(비밀성, 무결성, 가용성)의 위험도에 따라 분류
보안통제 선정	보안 분류를 기반으로 정보 시스템에 대한 보안 통제 기준선(Baseline)을 선정하고, 위험 평가를 기반으로 필요에 따라 보안 통제 기준선을 조정하고 보완
보안통제 구현	정보 시스템과 운영환경 내에 보안 통제를 구현
보안통제 평가	보안 통제가 올바르게 구현되고, 의도대로 작동하며, 원하는 결과를 산출하는지 판단하기 위해 적절한 평가 절차를 사용하여 보안 통제를 평가
정보 시스템 인가	정보 시스템 운영으로 인한 조직의 운영, 자산, 인력, 다른 조직 등에 미칠 위험을 결정하고, 이 위험이 용인할 수 있는 수준에 있다는 판단에 따라 정보 시스템 운영을 인가
보안상태 관찰	보안 통제 효과성 평가, 시스템과 운영환경 변경 사항 문서화, 관련 변경 사항에 대한 보안 영향 분석 수행, 시스템의 보안상태 보고 등과 같은 보안 통제에 대한 지속적인 모니터링

표 11-19 NIST 위험 관리 프레임워크 세부 단계별 주요 활동

보안 통제에는 다음과 같이 세 가지 유형이 있다.

- 시스템에 국한된 보안 통제(특정 정보 시스템에 대해서만 보안 기능을 제공)
- 공통 보안 통제(여러 정보 시스템에 공통된 보안 기능을 제공)
- 하이브리드 보안 통제(공통 보안 통제이면서 특정 정보 시스템에도 적용)

보안 통제의 할당은 인가 책임자, CIO, CISO, 시스템·보안 실무자와 담당자 등이 참여하는 전사적 활동이다. 정보보안 아키텍처의 일부로 나수의 성보 시스템을 공동으로 효율적이고 효과적으로 지원하는 보안 통제들을 식별하고 구현하여야 한다. 이러한 보안 통제가 특정 정보 시스템을 지원하는 데 사용되면, 특정 정보 시스템의 입장에서는 상속된(Inherited) 보안 통제라고 부른다. 공통 보안 통제는 조직 전체에서 더 비용 효과적이고 일관된 정보보안을 촉진하고 위험 관리 활동을 단순화할 수 있다.

RMF 구현 프로세스는 조직마다 다르며, 표 11-20과 같이 RMF 업무를 순차적으로 나열하였지만, 여러 단계에서 작업 순서의 변경이 일어날 수 있다. 중간 과정에서의 작업의 순서가 변경되더라도, 마지막 단계는 정보 시스템의 운영으로 인한 위험을 명시적으로 수용한다는 인가 책임자에 의한 결정이다.

RMF 작업 이름	작업 설명
단계 1 : 정보 시스템 분류	
1-1 보안 분류	정보 시스템을 분류하고, 보안 계획에 보안 분류 결과를 기재
1-2 정보 시스템 설명	정보 시스템(시스템 경계 포함)의 설명을 보안 계획에 기재
1-3 정보 시스템 등록	정보 시스템을 적절한 관리 부서에 등록
단계 2 : 보안 통제 선정	
2-1 공통 보안 통제 식별	조직의 정보 시스템에 공통으로 제공되는 공통 보안 통제를 식별하고 보안 계획에 기재
2-2 보안 통제 선정	정보 시스템을 위한 보안 통제를 선정하여 보안 계획에 기재
2-3 모니터링 전략	정보 시스템과 운영환경의 변경과 보안 통제 효과에 대한 연속 모니터링 전략을 개발
2-4 보안 계획 승인	보안 계획을 검토하고 승인

단계 3 : 보안 통제 구현	
3-1 보안 통제 구현	보안 계획에 명시된 보안 통제를 구현
3-2 보안 통제 문서화	보안계획에 보안 통제 구현(계획된 입력, 예상되는 동작과 결과를 포함)을 문서화하고, 보안 통제 기능을 설명

단계 4 : 보안 통제 평가	
4-1 평가 준비	보안 통제 평가 계획을 개발, 검토, 승인
4-2 보안 통제 평가	보안 평가계획에 정의된 평가절차에 따라 보안 통제를 평가
4-3 보안 통제 보고	보안 통제 평가로부터 발견한 사항과 권고사항을 문서화한 보안평가 보고서를 준비
4-4 개선 조치	보안평가 보고서의 발견된 사항과 권고사항을 기반으로 보안 통제에 대한 개선 조치를 수행하고, 개선된 보안 통제를 적절하게 재평가

단계 5 : 정보 시스템 인가	
5-1 작업 일정표	수행된 개선 조치를 제외하고, 보안평가 보고서의 발견된 사상과 권고사항을 기반으로 작업 일정표를 준비
5-2 보안 인가 문서	보안 인가 문서를 조합하여, 인가책임자에게 제출
5-3 위험 판단	조직 운영(임무, 기능, 평판 포함), 자산, 개인, 다른 조직 등에 대한 위험을 결정
5-4 위험 수용	조직운영, 자산, 개인, 다른 조직 등에 대한 위험이 수용 가능한지 판단

단계 6 : 보안 통제 모니터링	
6-1 정보 시스템과 환경 변경	정보 시스템과 운영환경의 변경에 따른 보안 영향을 결정
6-2 보안 통제 평가	모니터링 전략에 따라 정보 시스템에 채택된 기술·관리·운영 보안 통제를 평가
6-3 개선 조치	모니터링 활동의 결과, 위험 평가, 작업일정 상에서의 미처리 항목 등에 따라 개선 조치를 수행
6-4 주요 업데이트	모니터링 프로세스의 결과에 따라 보안 계획, 보안 평가 보고서, 작업 일정 등을 업데이트
6-5 보안 상태 보고	모니터링 전략에 따라 정보 시스템의 보안 상태(보안 통제의 효과 포함)를 보안책임자에게 보고

표 11-20 RMF 각 단계별 작업 내용

11.3 보안 인증

인증(Certification)은 제품, 프로세스 또는 사람이 명시된 기준을 충족하는지를 독립적 기구(실험실)가 공식적으로 승인하는 것을 의미한다. 예를 들어, 전기 제품은 안전기준을 통과하면 인증을 받고, 의사는 전문 분야에서 일정 수준의 능력을 인증받는다. 인증기관(Certifying Entity)은 정부기관이나 전문가 협회와 같은 기관에 의해 인정(Accreditation)받아야 한다. 또한 인증은 표준을 준수하도록 하는 데 중요한 요소이다. 왜냐하면 표준에 의해 설정된 기준의 만족 여부를 독립적으로 검증하는 수단이기 때문이다. 제정된 표준의 광범위한 채택이나 새로운 표준의 개발과 적용은 사이버 보안을 향상시키는 방법이 될 수 있다. 표준에 대한 다소 넓은 의미의 정의가 보여주듯 여러 가지 다른 종류의 표준이 존재한다. 제품, 프로세스, 테스트, 인터페이스 표준처럼 목적에 따라 나뉠 수 있다. 성능 표준(Performance Standard)과 설계 표준(Design Standard)도 있다. 표준은 자발적으로 사용되거나, 법에 의해 강제적으로 적용될 수도 있다. 사이버 보안을 위해 가장 중요한 표준에는 약칭으로 CC로 부르는 정보기술보안평가를 위한 공통기준(Common Criteria for Information Technology Security Evaluation)과 정보보안 관리체계 ISO/IEC 27001 등이 있다. CC는 보안 제품 평가 기준이며, ISO/IEC 27001은 보안 관리 프로세스 표준이다.

11.3.1 보안 제품 인증
일반적인 제품의 인증을 위한 관련 표준이나 기준은 제품의 품질과 관련되어 있다. 제품의 품질에는 기능, 성능, 호환성, 유지보수성, 사용성, 보안성, 상호연동성 등 다양한 요소를 포함한다. 관련된 보안 위협에 대응하기 위한 보안 제품의 품질을 구성하는 요소 중에서 가장 중요한 3가지 요소는 그림 11-7과 같이 기능, 성능, 보안이나. 예를 들어 컴퓨터 바이러스 위협에 대응하기 위한 안티 바이러스 제품의 경우, 악성코드 탐지율, 오탐율 등은 제품의 성능에 관련된 품질 요소이다. 단위 시간 당 탐지패턴(Signature) 검색 양, 탐지패턴 저장 공간의 크기 등도 성능과 관련된 품질 요소이다.

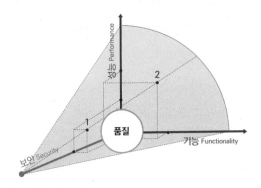

그림 11-7 보안 제품의 세 가지 품질 요소

표 11-21과 같이 안티 바이러스 제품에 대한 요구사항은 제품의 기능에 포함된다. 보안 통제에 대한 개념이 정립되고, 이를 보안기능으로 구현한 제품이 최초로 만들어지며, 시행착오를 통해 진화함에 따라 새로운 보안 기능이 추가 보완된다. 공격자는 공격에 성공하기 위해 설치된 보안 제품을 우회하거나 무력화를 시도한다. 표 11-22는 안티 바이러스 제품에 대한 보안 위협을 구성요소 별로 나타낸 것이다. 이러한 위협에 대응하기 위해 제품에 내재되어야 하는 품질 요소는 보안이다. 또한 보안 취약점이 최소화되도록 보안 제품을 설계·구

현하는 것도 보안 품질 요소에 포함된다. 보안 제품 구매 시에 성능, 기능, 보안 등의 품질 요소들에 대한 균형 잡힌 검토가 필요하다.

제품 구성요소	보안기능 요구사항
PC용 컴퓨터 백신	악성코드 탐지 및 제거, 식별 및 인증, 검사기록, 보안관리, 자체보호, 업데이트 파일 보호
업데이트 서버	업데이트 파일 보호
관리서버	식별 및 인증, 감사기록, 보안관리, 업데이트 파일 보호, 전송 데이터 보호

표 11-21 안티 바이러스 제품 구성요소별 보안기능 요구사항

제품 구성요소	관련 보안 위협
PC용 컴퓨터 백신	기록실패, 악성코드 침해, 우회접근, 위장, 저
업데이트 서버	업데이트 파일 보호
관리서버	식별 및 인증, 감사기록, 보안관리, 업데이트 파일 보호, 전송 데이터 보호

표 11-22 안티 바이러스 제품 구성요소별 보안 위협

보안 제품으로 구현된 보안 통제 기능에 대한 인증 범위는 그림 11-8과 같이 하나의 제품에 포함된 개별 알고리즘, 하나의 제품에 포함된 일부 또는 전체의 보안 기능, 보안 통제 환경에 포함된 전체 또는 일부 보안 제품군의 보안 기능 등으로 구분할 수 있다. 현재 국내에서 제공되고 있는 인증 서비스는 그림 11-9 같이 암호 알고리즘과 개별 보안 제품 단위에 대한 것이다.

그림 11-8 보안 통제 기능의 인증 범위

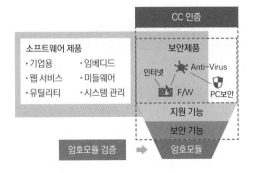

그림 11-9 암호모듈 검증과 보안제품 인증

개별 제품 단위에 다양한 형태의 보안 통제를 구현하고 있으며, 방화벽이나 안티 바이러스 등과 같은 보안 시스템은 보안 제품으로 구현된 대표적인 보안 통제 사례들이다. 그림 11-10[23]에서 제조사·개발자로부터 보안 통제를 구매하여 사용하는 자산 소유자는 이 보안 통제가 충분하고 정확하게 작동하는지 판단하는 데 필요한 지식, 전문성, 자원 등이 부족한 경우가 많다. 또한 보안 통제에 관하여 개발자·제조사

---

23 정보보호시스템 공통평가기준 버전 3.1 개정 5판(Common Criteria for Information Technology Security Evaluation, Part 1: Introduction and general model, April 2017, Version 3.1 Revision 5)

의 주장에만 의존하기를 바라지 않을 것이다. 따라서 보안 통제의 충분성과 정확성에 대한 신뢰를 높이기 위해 제3의 신뢰기관의 평가가 필요하다. 보안 평가는 보안 통제가 수행하기로 선언한 것을 수행하면 자산에 대한 위협이 대응되는지(보안 통제의 충분성)와 보안 통제가 수행하기로 선언한 것을 수행하는지(보안 통제의 정확성)를 검증한다.

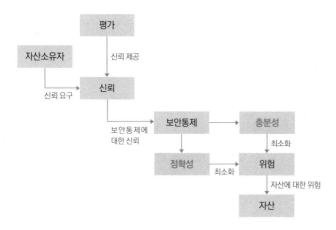

그림 11-10 보안 평가의 개념 및 관계

CC는 미국, 캐나다, 유럽 몇 개 국가에 의해 개발된 정보 기술 보안에 관한 평가 기준으로, 각국에 의해 발전된 각기 다른 평가 기준을 조화시키기 위한 노력에서 비롯되었으며, 1999년에 국제 표준(ISO·IEC 15408)으로 채택되었다. CC는 IT 제품에 대한 소비자와 개발자의 특정 요구를 수용하기 위해, 보호 프로파일(Protection Profile)이라고 부르는 표준 요구사항(Standard Set of Requirement)을 개발하기 위한 프레임워크를 제공한다. 보호 프로파일은 방화벽과 같은 제품이나 전자자금이체와 같은 범용 응용 프로그램을 대상으로 개발될 수 있다. 보호 프로파일에는 보안 목적과 요구사항을 포함한다. 예를 들어, 미 국방부의 방화벽을 위해 개발된 보호 프로파일은 보호 프로파일이 적용될 보안 환경, 해결되어야 하는 위협, 보안 목적, 보안 목적의 달성을 위한 기능 및 보증 요구사항(Functional & Assurance Requirement), 요구사항이 목적을 만족하는 근거와 목적이 위협을 해결하는 근거 등을 기술한다. 프로파일은 별도의 인가된 시험실에 의해 평가를 받을 수도 있다.

하나의 제품에 대하여 보안 목표(Security Target)라고 부르는 보안 요구사항이 만들어 지는데, 이는 한개 이상의 보호 프로파일에 부합하도록 만든다. 그런 다음, 해당 제품이 보안 요구사항을 만족하는지 평가하고, 만족하면 인증서가 부여된다. 제품은 일곱 가지의 평가보증 수준 EAL(Evaluation Assurance Level)으로 평가받는다. 운영체제, 데이터베이스, 방화벽, 컴퓨터 칩, 스마트카드, 라우터 등 소프트웨어와 하드웨어 제품 모두 CC에 의해 인증을 받는다[24].

11.3.2 보안 관리 프로세스 인증

보안 관리 프로세스에 대한 표준들이 몇 개 개발되었다. 좋은 보안 관리 표준은 모든 중요한 보안 이슈들을 다루어야 한다. 또한 포괄적이고 주기적으로 최신의 것으로 갱신되어야 하며, 명료하고 이해와 사용하기 쉽고, 실용적이고 달성 가능하여야 하며, 조직의 규모와 상관없이 적용할 수 있어야 한다.

가장 널리 알려진 보안 관리 프로세스의 표준은 ISO/IEC 27001이

---

24 평가된 제품의 목록은 http://www.commoncriteriaportal.org에서 확인할 수 있다.

다. 조직을 위한 보안 표준과 효과적 보안 관리 실무를 개발하기 위한 바탕을 제공하고, 조직 간 거래에 신뢰를 제공하는 것을 목표로 하였다. ISO/IEC 27001은 표준이라고 불리지만, 일련의 가이드라인에 더 가깝다. 표 11-23과 같이 114개의 보안통제[25]를 포함하지만, 의무적인 것은 아니다. 조직은 필요에 따라 표준을 채택하고, 자신들의 경영 구조에 따라 일부를 수정하거나, 맞지 않는 것은 버리도록 하고 있다. ISO/IEC 27001의 인증체계는 공인된 인증기관에 의해 평가받을 수 있도록 조직의 정보보안관리 시스템 ISMS(Information Security Management System)에 대한 요구사항과 통제를 기술하고 있다.

보안 통제 영역	보안통제 항목 수
정보 보안 정책(Information security policies)	2
정보 보안 조직(Organization of information security)	7
인적 자원 보안(Human resource security)	6
자산 관리(Asset management)	10
접근 통제(Access control)	14
암호화(Cryptography)	2
물리적 환경적 보안(Physical and environmental security)	15
운영 보안(Operations security)	14
통신 보안(Communications security)	7
시스템 도입, 개발 및 유지보수 (System acquisition, development and maintenance)	13
공급자 관계(Supplier relationships)	5
정보 보안 사고 관리(Information security incident management)	7

---

25 ISO/IEC27001:2005의 11개 영역 133개 통제항목은 2013 개정에서 14개 영역 114개 통제항목으로 변경

업무 연속성 관리의 정보 보안 (Information security aspects of business continuity management)	4
준수(Compliance)	8

표 11-23 ISO/IEC 27001 보안통제 영역과 항목 수

　국내에서는 ISO/IEC 27001을 기반으로 정보보호관리체계[26] 인증 제도를 정부주도로 운영하고 있다. ISO/IEC 27001과 유사하지만, 별도의 인증 기준을 마련하고 있다. 「정보통신망 이용촉진 및 정보보호 등에 관한 법률」에 의거하여 그림 11-11과 같은 인증 체계에 따라 그림 11-12와 같은 17개 영역 102개 보안통제를 포함하는 정보보호 및 개인정보보호 관리체계(ISMS-P) 인증 서비스가 제공되고 있다[27].

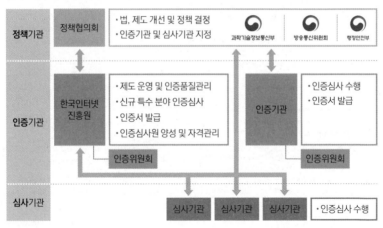

그림 11-11 ISMS-P 인증 체계

---

[26] 정보자산의 비밀성·무결성·가용성을 달성하기 위하여 각종 보안 대책을 관리하고, 위험 기반 접근방법에 기초하여 구축·운영·모니터링·검토·개선 등의 주기를 거쳐 정보보호를 관리하고 운영하는 체계.

[27] ISMS(개인정보를 다루지 않는 경우) 또는 ISMS-P 중의 하나를 선택할 수 있다(https://isms.kisa.or.kr).

그림 11-12 ISMS-P 인증 기준

11.3.3 전문가 인증

사용자, 정보기술 담당 직원, 기업 관리자들의 부적절한 사이버 보안 관습은 주요 취약점이다. 사이버 보안에 있어 사람이 가장 중요한 요소이며, 특히 보안 관리 프로세스를 운영하는 보안 인력의 전문성이 그 어느 때보다 중요해지고 있다. 공격 기술·도구의 진화와 보안 사고의 증가에 따라 이를 방어하는 사이버 보안 전문가에 대한 수요가 증가하고 있다. 고도화되는 공격자를 따라잡는 보안 관리자의 전문성은 광범위한 보안 통제를 조직 환경에 맞게 취사선택하고 적정 수준으로 구현할 수 있는 지식과 경험을 요구하는데, 이를 갖추는 데에는 상당한 시간과 노력이 소요된다. 현재까지 보안 관리 프로세스를 위협의 수준에 맞게 운영할 전문성의 성숙도 수준에 대해 확립된 합의는 없다.

정보보호 관리체계 ISMS-P 인증 심사에 참여할 수 있는 인증 심사원에 대한 자격을 신청하기 위해서는, 4년제 대학졸업 이상 또는 이와 동등학력을 취득한 자로서 정보보호 및 개인정보보호 경력을 각 1년 이상 필수로 보유하고 표 11-24와 같은 요건에 따라 산정한 정보보호, 개인정보보호 또는 정보기술 경력을 합하여 6년 이상이어야 한다.

구분	경력 인정 요건	인정기간
정보보호 경력	• 정보보호 관련 박사 학위 취득자	2년
	• 정보보호 관련 석사 학위 취득자 • 정보보안기사 • 정보 시스템감사통제협회(ISACA)의 정보 시스템감사사(CISA) • 국제정보 시스템보안자격협회(ISC²)의 정보 시스템보호전문가(CISSP)	1년
개인정보보호 경력	• 개인정보보호 관련 박사 학위 취득자	2년
	• 개인정보보호 관련 석사 학위 취득자 • 개인정보 영향평가에 관한 고시 제6조에 따른 개인정보 영향평가 전문인력 • 개인정보관리사(CPPG)	1년
정보기술 경력	• 정보기술 관련 박사 학위 취득자 • 정보관리기술사, 컴퓨터시스템응용기술사 • 정보 시스템감리사	2년
	• 정보기술 관련 석사 학위 취득자 • 정보 시스템 감리원 • 정보처리기사, 전자계산기조직응용기사	1년

표 11-24 ISMS-P 인증심사원 자격 신청에 필요한 경력 인정 요건

표 11-24에서 경력 인정 요건에 포함된 정보보안과 직접적인 자격증은 정보보안기사, 정보 시스템감사사(CISA), 정보시스템보호전문가(CISSP), 개인정보관리사(CPPG) 등이다. 보안 종사자의 전문성에 대하여 자격을 부여하는 인증 프로그램은 정부나 전문가 협회와 같은 기관에서 제공하고 있다. 정보보안기사는 공공기관인 한국인터넷진흥원에서 시행하는 국가기술자격[28]이다. 정보보안기사와 함께 정보보안산

---

28 정보보안국가자격검증시험센터 https://kisq.or.kr

업기사 자격증도 있다. 개인정보관리사 CPPG(Certified Privacy Protection General)는 사단법인 한국CPO포럼[29]에서 운영하는 등록민간자격[30]이다.

- 정보보안기사 : 시스템 및 솔루션 개발, 운영 및 관리, 컨설팅 등의 전문 이론과 실무 능력을 기반으로 IT 기반시설 및 정보에 대한 체계적인 보안업무 수행
- 정보보안산업기사 : 정보보안 기사의 업무를 보조할 수 있는 기초 이론과 실무 능력 수행
- 개인정보관리사 : 개인정보보호 정책 및 대처 방법론에 대한 지식 및 능력을 갖춘 인력(개인정보보호와 관련된 보안정책의 수립, 기업·기관과 개인정보보호의 이해, 개인정보 취급자 관리, 관련법규에 대한 지식 및 적용 등의 업무능력을 보유한 자)

미국에 본사를 둔 ISACA(Information Systems Audit and Control Association)[31]는 CISA(Certified Information Systems Auditor) 자격을 인증해 주며, ISC²(International Information Systems Security Certification Consortium)[32]는 CISSP(Certified Information Systems Security Professional) 자격을 위한 인증서를 발급한다. 이러한 인증은 대개 다년간의 관련 직업 경험, 시험 과정의 성공적 수료, 행동 강령 준수, 계속적인 현장 교육 등을 요구한다. 이 외에도 국내외 민간단체 또는 협회에서 침투 테스트,

---

29 http://www.cpoforum.or.kr
30 https://cpptest.or.kr
31 https://www.isaca.org
32 https://www.isc2.org

컴퓨터 포렌식, 침해 대응, 보안감사 등의 이름으로 다양한 자격 인증서를 교육 훈련 프로그램과 연계하여 발급하고 있다.

교육 훈련은 사이버 보안을 향상시키기 위한 중요한 수단이다. 최적 실무(Best Practice)는 사이버 보안의 교육 훈련에 현장의 실무 경험과 지식을 제공하는 데 도움이 된다. 최적 실무란 가장 성공적이거나 비용 효율적이라고 인정되는 사이버 보안의 전략, 정책, 절차 등을 말한다. 이러한 실무는 목표부터 특정 절차나 스펙에 이르기까지 사이버 보안 프로세스의 거의 모든 요소를 위해 제시될 수 있다. 불행히도 무엇이 최적 실무인지에 대한 일반적인 동의는 없다. 최적 실무라는 용어는 다른 무엇보다 우수하다고 평가된 것이지만 엄격한 실험적 비교가 아니라 델파이 기법에 의한 평가에 불과하다. 대부분 문헌에서 최적 실무라고 주장하는 경우에 어떤 근거로 최적인지에 대한 설명이 없다. 용어 사용의 모호함을 놓고 볼 때 공통적으로 받아들여지는(Commonly Accepted) 또는 일반적으로 받아들여지는(Generally Accepted) 실무라는 말이 더 적당할지 모른다. 최적 실무는 인증이나 감사 프로세스와 반드시 연결된 것은 아니어서 효과적으로 최적 실무를 이행하는지 측정하기 어렵다. 일반적으로 최적 실무는 어느 정도의 유연성과 융통성을 제공하며 기술, 사이버 공간, 위협 환경의 급속한 진화에 대응하여 쉽게 업데이트할 수 있다.

그림 11-13 공격자의 탐지와 대응을 위해 필요한 역량 중 악성코드 분석, 취약점분석, 보안 사고분석 분야의 전문성을 확보하기 위해 필요한 공통 지식을 분류한 것이다. 시스템 운영체제의 동작원리에 대한 이해부터 관련 분석도구의 숙달에 이르기까지 전문성을 확보하기 위해서는 적지 않은 시간과 노력을 요구한다. 이는 흔히 상업적 민간

단체에서 제공하는 단기 교육 훈련 프로그램으로 해결할 수 있는 문제가 아니다.

	악성코드 분석	보안취약점 분석	보안사고 분석
분석기술	보호(Protection) 우회 안티-디버깅 우회 실행압축 해제 　난독화 우회 Behavior 분석 소프트웨어 역공학	Exploit 코드 작성 오염(Taint) 분석 　알고리즘 분석 퍼징(Fuzzing) 파일, API, 네트워크 소스 코드 감사(Auditing) 　crashing 소프트웨어 역공학 　후킹(Hooking)	보안시스템 로그 분석 Attack Reasoning 라이브·데드 시스템 분석 네트워크 트래싱 　데이터 복구 임베디드 포렌식 　안티 포렌식 컴퓨터 포렌식 　네트워크 포렌식
분석 도구	Disassembler 　Decompiler 　유저모드 디버거 　커널모드 디버거 　라이브 분석기 　이미지 분석기 네트워크 패킷 분석기 　물리 메모리 분석기 　보조 메모리 분석기 　파일 분석기 　가상머신		
프로그래밍 언어	고급 언어(C, C++, 자바 …) 　스크립트 언어(자바스크립트, 쉘 스크립트, 파이썬, 펄, VBscript …) 어셈블리어(x86, MIPS, ARM) 　웹 서비스 개발 언어(자바 애플릿, PHP, JSP, Ajax, XML …)		
미들웨어	DB(오라클 SQL, MySQL, Sybase DB2) 　웹 서버(ISS, 아파치) 분산 객체 모델 　API(win32, 리눅스, 유닉스 …) 　라이브러리		
네트워크	유선 네트워크(TCP, UDP, ICMP, ARP …) 　무선 네트워크(WiFi, 블루투스, NFS …)		
운영체제	윈도 　유닉스 　리눅스 　macOS 　안드로이드 　iOS 　IOS 구조 및 매커니즘 이해(커널, 파일 시스템, 프로세스·메모리 관리, 인터럽트 처리, 디바이스 드라이버, 시스템 로그, 실행 프로그램, 보조 메모리 …)		

그림 11-13 보안 사고 대응 전문가의 세부 지식 분류

12. 보안 통제

11장의 그림 11-2에서 공격자(위협)가 자산의 보안 취약점을 악용하지 못하도록 하는 것이 보안 통제의 목적이라고 하였다. 즉 보안 통제는 위협으로 인한 부정적 영향을 방지, 대응 또는 최소화하기 위한 기술적, 관리적 또는 물리적 대책(Countermeasure)이다. 관리적 보안 통제는 사람들이 취하는 행동이며, 또한 정책과 절차를 개발하고 이를 준수하도록 보장하는 활동이다. 이는 주로 조직원들이 할 수 있는 일, 항상 해야 하는 일, 할 수 없는 일 등으로 표현된다. 시스템에 의해 수행되거나 관리되는 보안 통제는 기술적 보안 통제이다. 또한 보안 통제는 보안 사고의 관점에서 보안 사고가 발생하지 못하도록 조치하는 예방적 보안 통제와 발생한 보안 사고에 대한 신속한 탐지와 대응을 위한 보안 통제 등으로 구분할 수 있다. 방화벽 시스템은 기술적 보안 통제이며, 예방적 보안 통제이다. IPS(Intrusion Prevention System) 시스템은 예방적이면서 탐지와 대응을 모두 같이 수행할 수 있는 보안 통제이다. 이처럼 관점과 접근방식에 따라 보안 통제를 다양한 방식으로 분류할 수 있다.

그간 다양한 보안 사고에 대한 경험과 공격 기술·방식의 진화에 따라 보안 통제도 변화하고 있다. 상대적으로 비효율적인 보안 통제를 개선하면서 변경되기도 하고, 새로운 보안 통제가 생겨나기도 한다. 따라서 방어자가 취급해야 하는 보안 통제의 규모와 범위는 계속해서 증가하고 있다. 한편, 모든 상황에서 모든 조직을 포괄하는 정확한 하나의 보안 통제 집합이 없기 때문에 위험 완화를 위한 가장 비용 효과적이고 적절한 보안 통제 집합의 결정은 개별 방어자의 몫이다. 지금까지 알려진 하나의 방법은 정보 시스템의 보안 유형과 영향 수준을 결정하고, 이에 따른 보안 요구사항을 도출한다. 이후 이를 구현하는 보안 통제 기준선(Baseline)을 생성하고, 위험 평가를 통해 최초 선정한 보안 통제 기준선을 검증하여, 추가적인 보안 통제가 필요한지 결정한다. 이렇게 선정한 보안 통제는 컴플라이언스 측면에서 조직의 보안 의무(Security Due Diligence)[1] 수준을 결정하는 잣대가 될 수 있다.

본 장에서는 한국인터넷진흥원의 ISMS-P에서 규정한 보안 통제[2], 미국 NIST에서 규정한 보안 통제[3], 민간 사이버 보안 단체 CIS에서 규정한 보안 통제 등을 차례로 살펴본다. 앞으로 살펴볼 보안 통제는 거

---

1 상당한 주의를 다해 침해가 발생하지 않도록 그 위험을 식별·예방·회피하고, 침해가 발생하였을 경우 그 부정적인 영향을 줄이고, 그에 대해 책임을 져야 할 의무이다.

2 정보보호 관리체계 ISMS의 국제 표준 ISO/IEC 27001에서 규정한 보안 통제를 근간으로 하고 있고, 우리나라에서 가장 영향력 있는 인증 제도이므로, 여기서는 ISMS-P에서 규정한 보안 통제를 살펴본다.

3 NIST 위험관리 프레임워크는 보안 통제의 선정-구현-평가-모니터링의 순환 구조를 강조하고 있다 (『Security and Privacy Controls for Federal Information Systems and Organizations』)

의 예외 없이 정책 및 기술 중립적으로 설계되어 있다. 각각의 보안 통제 집합의 많은 부분에 보안 통제 내용이 중복되어 있다. 분류 체계의 개발자 관점에 따라 보안 통제는 이처럼 다르게 표현할 수 있다. 가장 최근에 개정된 ISMS-P 경우에는 개인정보보호를 위한 보안 통제 항목이 강화되어 포함되어 있다.

12.1 ISMS-P 보안통제

전술한 바와 같이 보안 관리 프로세스 ISMS는 위험기반 접근방법에 기초하여 수립, 구현, 운영, 모니터링, 검토, 개선 등의 주기에 걸쳐 정보보안을 관리하고 운영하는 체계이나. 한국인터넷진흥원이 운영하는 ISMS 인증제도는 2001년부터 도입되었으며, 2018년 11월 7일에 개인정보보호법에서 요구하는 개인정보 처리단계별 요구사항을 반영하여 ISMS-P로 개정하였다. 표 12-1에서 보는바와 같이 3개 분야 102 보안통제 항목이 식별되고 체계화되었다.

분야		보안 통제 항목 수
관리체계 수립 및 운영	관리체계 기반 마련	6
	위험 관리	4
	관리체계 운영	3
	관리체계 점검 및 개선	3
보호대책 요구사항	정책, 조직, 자산 관리	3
	인적보안	6
	외부자 보안	4

	물리보안	7
	인증 및 권한 관리	6
	접근 통제	7
	암호화 적용	2
보호대책 요구사항	정보 시스템 도입 및 개발 보안	6
	시스템 및 서비스 운영관리	7
	시스템 및 서비스 보안관리	9
	사고 예방 및 대응	5
	재해복구	2
	개인정보 수집 시 보호조치	7
	개인정보 보유 및 이용 시 보호조치	5
개인정보 처리단계별 요구사항	개인정보 제공 시 보호조치	3
	개인정보 파기 시 보호조치	4
	정보주체 권리보호	3

표 12-1 ISMS-P 인증기준의 보안통제 분류

12.1.1 관리체계 수립 및 운영

관리체계 수립 및 운영 분야에서는 ISMS 프로세스 운영에 필요한 16개의 보안 통제 항목들을 관리체계 기반 마련, 위험 관리, 관리체계 운영, 관리체계 점검 및 개선 등 4개의 세부 영역으로 구분하였다.

관리체계 기반 마련 영역의 보안 통제에서는 조직이 수행하는 모든 정보보안 활동의 근거가 될 수 있도록 최상위 수준의 정보보호 정책을 수립하고 이를 시행하기 위한 세부적인 수행주체, 방법, 절차 등은 정보보호 지침, 절차, 매뉴얼 등의 형식으로 수립하도록 한다. 조직의 정보 서비스 제공과 관련하여 준수해야 하는 정보보안 관련 법적 요구사항을 분석하고 정보보호 정책에 반영하여야 한다. 조직이 제공하는 정보 서비스와 관련된 임직원, 정보 시스템, 정보, 시설 등 유·무형의 핵심 자산을 ISMS 범위에 포함시킨다. ISMS 수립과 운영을 위한 정보보호 정책의 제·개정 승인과 공표, 위험관리, 내부감사 등과 같은 중요한 사안에 대해 경영진이 참여하여 의사결정을 할 수 있도록 경영진의 책임과 역할을 정보보호 정책에 명시한다. ISMS의 지속적인 운영이 가능하도록 정보보호 조직을 구성하고, 구성과 운영에 필요한 자원(예산, 인력 등)을 할당한다.

위험 관리와 관리체계 운영 영역의 보안 통제에서는 ISMS 범위 내 식별된 정보자산과 환경에 대한 위험 식별 및 평가가 가능하도록 관리적·물리적·기술적 특성을 반영한 위험관리 방법 및 절차를 선정하고, 이에 따른 위험관리계획을 수립한다. 수립된 계획에 따라 위험 식별과 평가를 수행하여, 위험을 수용 가능한 수준으로 감소시키기 위한 보안 통제를 구현한다.

관리체계 점검 및 개선 영역의 보안 통제에는 컴플라이언스(Compliance)라 불리는 법적 요구사항의 준수여부 점검, 관련 문서의 최신성, 유지여부 등 ISMS 활동이 효과적으로 수행되는지 여부에 대한 점검, ISMS 상의 식별된 문제점에 대한 근본 원인 분석과 재발방지·개선 대책 수립·이행 등을 포함한다.

보안 통제 항목	보안 통제 내용
경영진의 참여	최고경영자는 정보보호 및 개인정보보호 관리체계의 수립과 운영활동 전반에 경영진의 참여가 이루어질 수 있도록 보고 및 의사결정 체계를 수립하여 운영하여야 한다..
최고책임자의 지정	최고경영자는 정보보호 업무를 총괄하는 정보보호 최고책임자와 개인정보보호 업무를 총괄하는 개인정보보호 책임자를 예산·인력 등 자원을 할당할 수 있는 임원급으로 지정하여야 한다.

조직 구성	최고경영자는 정보보호와 개인정보보호의 효과적 구현을 위한 실무조직, 조직 전반의 정보보호와 개인정보보호 관련 주요 사항을 검토 및 의결할 수 있는 위원회, 전사적 보호활동을 위한 부서별 정보보호와 개인정보보호 담당지로 구성된 협의체를 구성하여 운영하여아 한다.
범위 설정	조직의 핵심 서비스와 개인정보 처리 현황 등을 고려하여 관리체계 범위를 설정하고, 관련된 서비스를 비롯하여 개인정보 처리 업무와 조직, 자산, 물리적 위치 등을 문서화하여야 한다.
정책 수립	정보보호와 개인정보보호 정책 및 시행 문서를 수립·작성하며, 이때 조직의 정보보호와 개인정보보호 방침 및 방향을 명확하게 제시하여야 한다. 또한 정책과 시행문서는 경영진의 승인을 받고, 임직원 및 관련자에게 이해하기 쉬운 형태로 전달하여야 한다.
자원 할당	최고경영자는 정보보호와 개인정보보호 분야별 전문성을 갖춘 인력을 확보하고, 관리체계의 효과적 구현과 지속적 운영을 위한 예산 및 자원을 할당하여야 한다.

표 12-2 관리체계 기반 마련

보안 통제 항목	보안 통제 내용
정보자산 식별	조직의 업무특성에 따라 정보자산 분류기준을 수립하여 관리체계 범위 내 모든 정보자산을 식별·분류하고, 중요도를 산정한 후 그 목록을 최신으로 관리하여야 한다.
현황 및 흐름 분석	관리체계 전 영역에 대한 정보서비스 및 개인정보 처리 현황을 분석하고 업무 절차와 흐름을 파악하여 문서화하며, 이를 주기적으로 검토하여 최신성을 유지하여야 한다.
위험 평가	조직의 대내외 환경 분석을 통해 유형별 위협정보를 수집하고, 조직에 적합한 위험 평가 방법을 선정하여, 관리체계 전 영역에 대하여 연 1회 이상 위험을 평가하며 수용할 수 있는 위험은 경영진의 승인을 받아 관리하여야 한다.
보호대책 선정	위험 평가 결과에 따라 식별된 위험을 처리하기 위하여 조직에 적합한 보호대책을 선정하고 보호대책의 우선순위와 일정·담당자·예산 등을 포함한 이행계획을 수립하여 경영진의 승인을 받아야 한다.

표 12-3 위험 관리

보안 통제 항목	보안 통제 내용
보호대책 구현	선정한 보호대책은 이행계획에 따라 효과적으로 구현하고 경영진은 이행 결과의 정확성과 효과성 여부를 확인하여야 한다.
보호대책 공유	보호대책의 실제 운영 또는 시행할 부서 및 담당자를 파악하여 관련 내용을 공유하고 교육하여 지속적으로 운영되도록 하여야 한다.

운영관리	조직이 수립한 관리체계에 따라 상시적 또는 주기적으로 수행하여야 하는 운영활동 및 수행 내역은 식별 및 추적이 가능하도록 기록하여 관리하고 경영진은 주기적으로 운영활동의 효과성을 확인하여 관리하여야 한다.

표 12-4 관리체계 운영

보안 통제 항목	보안 통제 내용
법적 요구사항 준수 검토	조직이 준수하여야 할 정보보호 및 개인정보보호 관련 법적 요구사항을 주기적으로 파악하여 규정에 반영하고 준수 여부를 지속적으로 검토하여야 한다.
관리체계 점검	관리체계가 내부 정책 및 법적 요구사항에 따라 효과적으로 운영되고 있는지 독립성과 전문성이 확보된 인력을 구성하여 연 1회 이상 점검하고 발견된 문제점을 경영진에게 보고하여야 한다.
관리체계 개선	법적 요구사항 준수검토 및 관리체계 점검을 통해 식별된 관리체계상의 문제점에 대한 원인을 분석하고 재발방지 대책을 수립·이행하여야 하며 경영진은 개선 결과의 정확성과 효과성 여부를 확인하여야 한다.

표 12-5 관리체계 점검 및 개선

12.1.2 보호대책 요구사항

보호대책 요구사항 분야에서는 관리적 물리적 기술적 보호대책을 12개 세부 영역 64개 보안 통제 항목으로 구분하고 있다.

보안 통제 항목	보안 통제 내용
정책의 유지관리	정보보호 및 개인정보보호 관련 정책과 시행문서는 법령 및 규제, 상위 조직 및 관련 기관 정책과의 연계성, 조직의 대내외 환경변화 등에 따라 주기적으로 검토하여 필요한 경우 제·개정하고 그 내역을 이력관리 하여야 한다.
조직의 유지관리	조직의 각 구성원에게 정보보호와 개인정보보호 관련 역할 및 책임을 할당하고 그 활동을 평가할 수 있는 체계와 조직 및 조직의 구성원 간 상호 의사소통할 수 있는 체계를 수립하여 운영하여야 한다.
정보자산 관리	정보자산의 용도와 중요도에 따른 취급 절차 및 보호대책을 수립·이행하고 자산별 책임소재를 명확히 정의하여 관리하여야 한다.

표 12-6 정책, 조직, 자산 관리

보안 통제 항목	보안 통제 내용
주요 직무자 지정 및 관리	개인정보 및 중요정보의 취급이나 주요 시스템 접근 등 주요 직무의 기준과 관리방안을 수립하고 주요 직무자를 최소한으로 지정하여 그 목록을 최신으로 관리하여야 한다.
직무 분리	권한 오·남용 등으로 인한 잠재적인 피해 예방을 위하여 직무 분리 기준을 수립하고 적용하여야 한다. 다만 불가피하게 직무 분리가 어려운 경우 별도의 보완대책을 마련하여 이행하여야 한다.
보안 서약	정보자산을 취급하거나 접근권한이 부여된 임직원·임시직원·외부자 등이 내부 정책 및 관련 법규, 비밀유지 의무 등 준수사항을 명확히 인지할 수 있도록 업무 특성에 따른 정보보호 서약을 받아야 한다.
인식제고 및 교육 훈련	임직원 및 관련 외부자가 조직의 관리체계와 정책을 이해하고 직무별 전문성을 확보할 수 있도록 연간 인식제고 활동 및 교육 훈련 계획을 수립·운영하고 그 결과를 평가하여 다음 계획에 반영하여야 한다.
퇴직 및 직무변경 관리	퇴직 및 직무변경 시 인사·정보보호·개인정보보호·IT 등 관련 부서별 이행하여야 할 자산반납, 계정 및 접근권한 회수·조정, 결과확인 등의 절차를 수립·관리하여야 한다.
보안 위반 시 조치	임직원 및 관련 외부자가 법령, 규제 및 내부정책을 위반한 경우 이에 따른 조치 절차를 수립·이행하여야 한다.

표 12-7 인적 보안

보안 통제 항목	보안 통제 내용
외부자 현황 관리	업무의 일부(개인정보취급, 정보보호, 정보 시스템 운영 또는 개발 등)를 외부에 위탁하거나 외부의 시설 또는 서비스(집적정보통신시설, 클라우드 서비스, 애플리케이션 서비스 등)를 이용하는 경우 그 현황을 식별하고 법적 요구사항 및 외부 조직·서비스로부터 발생되는 위험을 파악하여 적절한 보호대책을 마련하여야 한다.
외부자 계약 시 보안	외부 서비스를 이용하거나 외부자에게 업무를 위탁하는 경우 이에 따른 정보보호 및 개인정보보호 요구사항을 식별하고, 관련 내용을 계약서 또는 협정서 등에 명시하여야 한다.
외부자 보안 이행 관리	계약서, 협정서, 내부정책에 명시된 정보보호 및 개인정보보호 요구사항에 따라 외부자의 보호대책 이행 여부를 주기적인 점검 또는 감사 등 관리·감독하여야 한다.
외부자 계약 변경 및 만료 시 보안	외부자 계약만료, 업무종료, 담당자 변경 시에는 제공한 정보자산 반납, 정보 시스템 접근계정 삭제, 중요정보 파기, 업무 수행 중 취득정보의 비밀유지 확약서 징구 등의 보호대책을 이행하여야 한다.

표 12-8 외부자 보안

보안 통제 항목	보안 통제 내용
보호구역 지정	물리적·환경적 위협으로부터 개인정보, 중요정보, 문서, 저장매체, 주요 설비 및 시스템 등을 보호하기 위하여 통제구역·제한구역·접견구역 등 물리적 보호구역을 지정하고 각 구역별 보호대책을 수립·이행하여야 한다.
출입통제	보호구역은 인가된 사람만이 출입하도록 통제하고 책임추적성을 확보할 수 있도록 출입 및 접근 이력을 주기적으로 검토하여야 한다.
정보 시스템 보호	정보 시스템은 환경적 위협과 유해요소, 비인가 접근 가능성을 감소시킬 수 있도록 중요도와 특성을 고려하여 배치하고 통신 및 전력 케이블이 손상을 입지 않도록 보호하여야 한다.
보호설비 운영	보호구역에 위치한 정보 시스템의 중요도 및 특성에 따라 온도·습도 조절, 화재감지, 소화설비, 누수감지, UPS, 비상발전기, 이중전원선 등의 보호설비를 갖추고 운영절차를 수립·운영하여야 한다.
보호구역 내 작업	보호구역 내 비인가행위 및 권한 오·남용 등을 방지하기 위한 작업 절차를 수립·이행하고 작업 기록을 주기적으로 검토하여야 한다.
반출입 기기 통제	보호구역 내 정보 시스템, 모바일 기기, 저장매체 등에 대한 반출입 통제 절차를 수립·이행하고 주기적으로 검토하여야 한다.
업무환경 보안	공용으로 사용하는 사무용 기기(문서고, 공용 PC, 복합기, 파일서버 등) 및 개인 업무환경(업무용 PC, 책상 등)을 통해 개인정보 및 중요정보가 비인가자에게 노출 또는 유출되지 않도록 클린 데스크, 정기점검 등 업무환경 보호대책을 수립·이행하여야 한다.

표 12-9 물리 보안

보안 통제 항목	보안 통제 내용
사용자 계정 관리	정보 시스템과 개인정보 및 중요정보에 대한 비인가 접근을 통제하고 업무 목적에 따른 접근권한을 최소한으로 부여할 수 있도록 사용자 등록·해지 및 접근권한 부여·변경·말소 절차를 수립·이행하고, 사용자 등록 및 권한부여 시 사용자에게 보안책임이 있음을 규정화하고 인식시켜야 한다.
사용자 식별	사용자 계정은 사용자별로 유일하게 구분할 수 있도록 식별자를 할당하고 추측 가능한 식별자 사용을 제한하여야 하며, 동일한 식별자를 공유하여 사용하는 경우 그 사유와 타당성을 검토하여 책임자의 승인 및 책임추적성 확보 등 보완 대책을 수립·이행하여야 한다.
사용자 인증	정보 시스템과 개인정보 및 중요정보에 대한 사용자의 접근은 안전한 인증절차와 필요에 따라 강화된 인증방식을 적용하여야 한다. 또한 로그인 횟수 제한, 불법 로그인 시도 경고 등 비인가자 접근 통제방안을 수립·이행하여야 한다.

비밀번호 관리	법적 요구사항, 외부 위협요인 등을 고려하여 정보 시스템 사용자 및 고객, 회원 등 정보주체(이용자)가 사용하는 비밀번호 관리절차를 수립·이행하여야 한다.
특수 계정 및 권한 관리	정보 시스템 관리, 개인정보 및 중요정보 관리 등 특수 목적을 위하여 사용하는 계정 및 권한은 최소한으로 부여하고 별도로 식별하여 통제하여야 한다.
접근권한 검토	정보 시스템과 개인정보 및 중요정보에 접근하는 사용자 계정의 등록·이용·삭제 및 접근권한의 부여·변경·삭제 이력을 남기고 주기적으로 검토하여 적정성 여부를 점검하여야 한다.

표 12-10 인증 및 권한 관리

보안 통제 항목	보안 통제 내용
네트워크 접근	네트워크에 대한 비인가 접근을 통제하기 위하여 IP관리, 단말인증 등 관리절차를 수립·이행하고, 업무목적 및 중요도에 따라 네트워크 분리(DMZ, 서버팜, DB존, 개발존 등)와 접근통제를 적용하여야 한다.
정보 시스템 접근	서버, 네트워크시스템 등 정보 시스템에 접근을 허용하는 사용자, 접근제한 방식, 안전한 접근수단 등을 정의하여 통제하여야 한다.
응용 프로그램 접근	사용자별 업무 및 접근 정보의 중요도 등에 따라 응용 프로그램 접근권한을 제한하고 불필요한 정보 또는 중요정보 노출을 최소화할 수 있도록 기준을 수립하여 적용하여야 한다.
데이터베이스 접근	테이블 목록처럼 데이터베이스에 저장·관리되고 있는 정보를 식별하고 정보의 중요도와 응용 프로그램 및 사용자 유형 등에 따른 접근통제 정책을 수립·이행하여야 한다.
무선 네트워크 접근	무선 네트워크를 사용하는 경우 사용자 인증, 송수신 데이터 암호화, AP 통제 등 무선 네트워크 보호대책을 적용하여야 한다. 또한 ad hoc 접속, 비인가 AP 사용 등 비인가 무선 네트워크 접속으로부터 보호대책을 수립·이행하여야 한다.
원격접근 통제	보호구역 이외 장소에서의 정보 시스템 관리 및 개인정보 처리는 원칙적으로 금지하고 재택근무·장애대응·원격협업 등 불가피한 사유로 원격접근을 허용하는 경우 책임자 승인, 접근 단말 지정, 접근 허용범위 및 기간 설정, 강화된 인증, 구간 암호화, 접속단말 보안(백신, 패치 등) 등 보호대책을 수립·이행하여야 한다.
인터넷 접속 통제	인터넷을 통한 정보 유출, 악성코드 감염, 내부망 침투 등을 예방하기 위하여 주요 정보 시스템, 주요 직무 수행 및 개인정보 취급 단말기 등에 대한 인터넷 접속 또는 서비스(P2P, 웹하드, 메신저 등)를 제한하는 등 인터넷 접속 통제 정책을 수립·이행하여야 한다.

표 12-11 접근 통제

보안 통제 항목	보안 통제 내용
암효전채 적용	개인정보 및 주요정보 보호를 위하여 법적 요구사항을 반영한 암호화 대상, 암후 강두, 암후 사용 정책을 수립하고 개인정보 및 주요정보의 저장·전송·전달 시 암호화를 적용하여야 한다.
암호키 관리	암호키의 안전한 생성·이용·보관·배포·파기를 위한 관리 절차를 수립·이행하고 필요 시 복구방안을 마련하여야 한다.

표 12-12 암호화 적용

보안 통제 항목	보안 통제 내용
보안 요구사항 정의	정보 시스템의 도입·개발·변경 시 정보보호 및 개인정보보호 관련 법적 요구사항, 최신 보안 취약점, 안전한 코딩방법 등 보안 요구사항을 정의하고 적용하여야 한다.
보안 요구사항 검토 및 시험	사전 정의된 보안 요구사항에 따라 정보 시스템이 도입 또는 구현되었는지를 검토하기 위하여 법적 요구사항 준수, 최신 보안 취약점 점검, 안전한 코딩 구현, 개인정보 영향평가 등의 검토 기준과 절차를 수립·이행하고, 발견된 문제점에 대한 개선조치를 수행하여야 한다.
시험과 운영 환경 분리	개발 및 시험 시스템은 운영시스템에 대한 비인가 접근 및 변경의 위험을 감소시키기 위하여 원칙적으로 분리하여야 한다.
시험 데이터 보안	시스템 시험 과정에서 운영 데이터의 유출을 예방하기 위하여 시험 데이터의 생성과 이용 및 관리, 파기, 기술적 보호조치에 관한 절차를 수립·이행하여야 한다.
소스 프로그램 관리	소스 프로그램은 인가된 사용자만이 접근할 수 있도록 관리하고, 운영환경에 보관하지 않는 것을 원칙으로 하여야 한다.
운영환경 이관	신규 도입·개발 또는 변경된 시스템을 운영환경으로 이관할 때는 통제된 절차를 따라야 하고, 실행코드는 시험 및 사용자 인수 절차에 따라 실행되어야 한다.

표 12-13 정보 시스템 도입 및 개발 보안

보안 통제 항목	보안 통제 내용
변경관리	정보 시스템 관련 자산의 모든 변경내역을 관리할 수 있도록 절차를 수립·이행하고, 변경 전 시스템의 성능 및 보안에 미치는 영향을 분석하여야 한다.
성능 및 장애관리	정보 시스템의 가용성 보장을 위하여 성능 및 용량 요구사항을 정의하고 현황을 지속적으로 모니터링하여야 하며, 장애 발생 시 효과적으로 대응하기 위한 탐지·기록·분석·복구·보고 등의 절차를 수립·관리하여야 한다.

백업 및 복구관리	정보 시스템의 가용성과 데이터 무결성을 유지하기 위하여 백업 대상, 주기, 방법, 보관장소, 보관기간, 소산 등의 절차를 수립·이행하여야 한다. 아울러 사고 발생 시 적시에 복구할 수 있두록 관리하여야 하다
로그 및 접속기록 관리	서버, 응용 프로그램, 보안 시스템, 네트워크 시스템 등 정보 시스템에 대한 사용자 접속 기록, 시스템 로그, 권한부여 내역 등의 로그 유형, 보존 기간, 보존 방법 등을 정하고 위·변조, 도난, 분실되지 않도록 안전하게 보존·관리하여야 한다.
로그 및 접속기록 점검	정보 시스템의 정상적인 사용을 보장하고 사용자 오·남용(비인가 접속, 과다조회 등)을 방지하기 위하여 접근 및 사용에 대한 로그 검토 기준을 수립하여 주기적으로 점검하며, 문제 발생 시 사후조치를 적시에 수행하여야 한다.
시간 동기화	로그 및 접속기록의 정확성을 보장하고 신뢰성 있는 로그분석을 위하여 관련 정보 시스템의 시각을 표준시각으로 동기화하고 주기적으로 관리하여야 한다.
정보자산의 재사용 및 폐기	정보자산의 재사용과 폐기 과정에서 개인정보 및 중요정보가 복구·재생되지 않도록 안전한 재사용 및 폐기 절차를 수립·이행하여야 한다.

표 12-14 시스템 및 서비스 운영관리

보안 통제 항목	보안 통제 내용
보안 시스템 운영	보안 시스템 유형별로 관리자 지정, 최신 정책 업데이트, 룰셋 변경, 이벤트 모니터링 등의 운영절차를 수립·이행하고 보안 시스템별 정책 적용 현황을 관리하여야 한다.
클라우드 보안	클라우드 서비스 이용 시 서비스 유형(SaaS, PaaS, IaaS 등)에 따른 비인가 접근, 설정 오류 등에 따라 중요정보와 개인정보가 유·노출되지 않도록 관리자 접근 및 보안 설정 등에 대한 보호대책을 수립·이행하이아아 한다.
공개서버 보안	외부 네트워크에 공개되는 서버의 경우 내부 네트워크와 분리하고 취약점 점검, 접근통제, 인증, 정보 수집·저장·공개 절차 등 강화된 보호대책을 수립·이행하여야 한다.
전자거래 및 핀테크 보안	전자거래 및 핀테크 서비스 제공 시 정보유출이나 데이터 조작·사기 등의 침해사고 예방을 위해 인증·암호화 등의 보호대책을 수립하고 결제시스템 등 외부 시스템과 연계할 경우 안전성을 점검하여야 한다.
정보전송 보안	타 조직에 개인정보 및 중요정보를 전송할 경우 안전한 전송 정책을 수립하고 조직 간 합의를 통해 관리 책임, 전송방법, 개인정보 및 중요정보 보호를 위한 기술적 보호조치 등을 협약하고 이행하여야 한다.
업무용 단말기기 보안	PC, 모바일 기기 등 단말기기를 업무 목적으로 네트워크에 연결할 경우 기기 인증 및 승인, 접근 범위, 기기 보안설정 등의 접근통제 대책을 수립하고 주기적으로 점검하여야 한다.

보조저장매체 관리	보조저장매체를 통하여 개인정보 또는 중요정보의 유출이 발생하거나 악성코드가 감염되지 않도록 관리 절차를 수립·이행하고 개인정보 또는 중요정보가 포함된 보조저장매체는 안전한 장소에 보관하여야 한다.
패치관리	소프트웨어, 운영체제, 보안 시스템 등 취약점으로 인한 침해사고를 예방하기 위하여 최신 패치를 적용하여야 한다. 다만 서비스 영향을 검토하여 최신 패치 적용이 어려울 경우 별도의 보완대책을 마련하여 이행하여야 한다.
악성코드 통제	바이러스·웜·트로이목마·랜섬웨어 등 악성코드로부터 개인정보 및 중요정보, 정보 시스템 및 업무용 단말기 등을 보호하기 위하여 악성코드 예방·탐지·대응 등 보호대책을 수립·이행하여야 한다.

표 12-15 시스템 및 서비스 보안관리

보안 통제 항목	보안 통제 내용
사고 예방 및 대응체계 구축	침해사고 및 개인정보 유출 등을 예방하고 사고 발생 시 신속하고 효과적으로 대응할 수 있도록 내·외부 침해시도의 탐지·대응·분석 및 공유를 위한 체계와 절차를 수립하고 관련 외부기관 및 전문가들과 협조체계를 구축하여야 한다.
취약점 점검 및 조치	정보 시스템의 취약점이 노출되어 있는지를 확인하기 위하여 정기적으로 취약점 점검을 수행하고 발견된 취약점에 대해서는 신속하게 조치하여야 한다. 또한 최신 보안 취약점의 발생 여부를 지속적으로 파악하고 정보 시스템에 미치는 영향을 분석하여 조치하여야 한다.
이상행위 분석 및 모니터링	내·외부에 의한 침해시도, 개인정보유출 시도, 부정행위 등을 신속하게 탐지·대응할 수 있도록 네트워크 및 데이터 흐름 등을 수집하여 분석하며, 모니터링 및 점검 결과에 따른 사후조치는 적시에 이루어져야 한다.
사고 대응 훈련 및 개선	침해사고 및 개인정보 유출사고 대응 절차를 임직원과 이해관계자가 숙지하도록 시나리오에 따른 모의훈련을 연 1회 이상 실시하고 훈련결과를 반영하여 대응체계를 개선하여야 한다.
사고 대응 및 복구	침해사고 및 개인정보 유출 징후나 발생을 인지한 때에는 법적 통지 및 신고 의무를 준수하여야 하며, 절차에 따라 신속하게 대응 및 복구하고 사고 분석 후 재발방지 대책을 수립하여 대응체계에 반영하여야 한다.

표 12-16 사고 예방 및 대응

보안 통제 항목	보안 통제 내용
재해·재난 대비 안전조치	자연재해, 통신·전력 장애, 해킹 등 조직의 핵심 서비스와 시스템의 운영 연속성을 위협할 수 있는 재해 유형을 식별하고 유형별 예상 피해규모 및 영향을 분석하여야 한다. 또한 복구 목표시간, 복구 목표시점을 정의하고 복구 전략 및 대책, 비상시 복구 조직, 비상연락체계, 복구 절차 등 재해 복구체계를 구축하여야 한다.

재해 복구 시험 및 개선	재해 복구 전략 및 대책의 적정성을 정기적으로 시험하여 시험결과, 정보 시스템 환경변화, 법규 등에 따른 변화를 반영하여 복구전략 및 대책을 보완하여야 한다.

표 12-17 재해복구

12.1.3 개인정보 처리 단계별 요구사항

개인정보 처리 단계별 요구사항 분야에서는 개인정보보호법에서 요구하는 정보주체 권리보호와 개인정보 수집, 보유·이용, 제공, 파기 등 개인정보의 생명 주기에 관련된 보호 조치들을 보안 통제로 식별하고 4개 세부 영역 22개 보안 통제 항목으로 구분하고 있다.

보안 통제 항목	보안 통제 내용
개인정보 수집 제한	개인정보는 서비스 제공을 위하여 필요한 최소한의 정보를 적법하고 정당하게 수집하여야 하며 필수정보 이외의 개인정보를 수집하는 경우에는 선택항목으로 구분하여 해당 정보를 제공하지 않는다는 이유로 서비스 제공을 거부하지 않아야 한다.
개인정보의 수집 동의	개인정보는 정보주체(이용자)의 동의를 받거나 관계 법령에 따라 적법하게 수집하여야 하며 만 14세 미만 아동의 개인정보를 수집하려는 경우에는 법정대리인의 동의를 받아야 한다.
주민등록번호 처리 제한	주민등록번호는 법적 근거가 있는 경우를 제외하고는 수집·이용 등 처리할 수 없으며 주민등록번호의 처리가 허용된 경우라 하더라도 인터넷 홈페이지 등에서 대체수단을 제공하여야 한다.
민감정보 및 고유식별정보의 처리 제한	민감정보와 고유식별정보(주민등록번호 제외)를 처리하기 위해서는 법령에서 구체적으로 처리를 요구하거나 허용하는 경우를 제외하고는 정보주체(이용자)의 별도 동의를 받아야 한다.
간접수집 보호조치	정보주체(이용자) 이외로부터 개인정보를 수집하거나 제공받는 경우에는 업무에 필요한 최소한의 개인정보만 수집·이용하여야 하고 법령에 근거하거나 정보주체(이용자)의 요구가 있으면 개인정보의 수집 출처, 처리목적, 처리정지의 요구권리를 알려야 한다.
영상정보처리기기 설치·운영	영상정보처리기기를 공개된 장소에 설치·운영하는 경우 설치 목적 및 위치에 따라 법적 요구사항(안내판 설치 등)을 준수하고 적절한 보호대책을 수립·이행하여야 한다.

| 홍보 및 마케팅 목적 활용 시 조치 | 재화나 서비스의 홍보, 판매 권유, 광고성 정보전송 등 마케팅 목적으로 개인정보를 수집·이용하는 경우에는 그 목적을 정보주체(이용자)가 명확하게 인지할 수 있도록 고지하고 동의를 받아야 한다 |

표 12-18 개인정보 수집 시 보호조치

보안 통제 항목	보안 통제 내용
개인정보 현황관리	수집·보유하는 개인정보의 항목, 보유량, 처리 목적 및 방법, 보유기간 등 현황을 정기적으로 관리하여야 하며, 공공기관의 경우 이를 법률에서 정한 관계기관의 장에게 등록하여야 한다.
개인정보 품질보장	수집된 개인정보는 처리 목적에 필요한 범위에서 개인정보의 정확성·완전성·최신성이 보장되도록 정보주체(이용자)에게 관리절차를 제공하여야 한다.
개인정보 표시제한 및 이용 시 보호조치	개인정보의 조회 및 출력(인쇄, 화면표시, 파일생성 등) 시 용도를 특정하고 용도에 따라 출력 항목 최소화, 개인정보 표시제한, 출력물 보호조치 등을 수행하여야 한다. 또한 빅데이터 분석, 테스트 등 데이터 처리 과정에서 개인정보가 과도하게 이용되지 않도록 업무상 반드시 필요하지 않은 개인정보는 삭제하거나 또는 식별할 수 없도록 조치하여야 한다.
이용자 단말기 접근 보호	정보주체(이용자)의 이동통신 단말장치 내에 저장되어 있는 정보 및 이동통신 단말장치에 설치된 기능에 접근이 필요한 경우 이를 명확하게 인지할 수 있도록 알리고 정보주체(이용자)의 동의를 받아야 한다.
개인정보 목적 외 이용 및 제공	개인정보는 수집 시 정보주체(이용자)에게 고지·동의를 받은 목적 또는 법령에 근거한 범위 내에서만 이용 또는 제공하여야 하며 이를 초과하여 이용·제공하려는 때에는 정보주체(이용자)의 추가 동의를 받거나 관계 법령에 따른 적법한 경우인지 확인하고 적절한 보호대책을 수립·이행하여야 한다.

표 12-19 개인정보 보유 및 이용 시 보호조치

보안 통제 항목	보안 통제 내용
개인정보 제3자 제공	개인정보를 제3자에게 제공하는 경우 법적 근거에 의하거나 정보주체(이용자)의 동의를 받아야 하며, 제3자에게 개인정보의 접근을 허용하는 등 제공 과정에서 개인정보를 안전하게 보호하기 위한 보호대책을 수립·이행하여야 한다.
업무 위탁에 따른 정보주체 고지	개인정보 처리업무를 제3자에게 위탁하는 경우 위탁하는 업무의 내용과 수탁자 등 관련사항을 정보주체(이용자)에게 알려야 하며 필요한 경우 동의를 받아야 한다.
영업의 양수 등에 따른 개인정보의 이전	영업의 양도·합병 등으로 개인정보를 이전하거나 이전받는 경우 정보주체(이용자) 통지 등 적절한 보호조치를 수립·이행하여야 한다.

| 개인정보의 국외이전 | 개인정보를 국외로 이전하는 경우 국외 이전에 대한 동의, 관련 사항에 대한 공개 등 적절한 보호조치를 수립·이행하여야 한다. |

표 12-20 개인정보 제공 시 보호조치

보안 통제 항목	보안 통제 내용
개인정보의 파기	개인정보의 보유기간 및 파기 관련 내부 정책을 수립하고 개인정보의 보유기간 경과, 처리목적 달성 등 파기 시점이 도달한 때에는 파기의 안전성 및 완전성이 보장될 수 있는 방법으로 지체 없이 파기하여야 한다.
처리목적 달성 후 보유 시 조치	개인정보의 보유기간 경과 또는 처리목적 달성 후에도 관련 법령 등에 따라 파기하지 아니하고 보존하는 경우에는 해당 목적에 필요한 최소한의 항목으로 제한하고 다른 개인정보와 분리하여 저장·관리하여야 한다.
휴면 이용자 관리	서비스를 일정기간 동안 이용하지 않는 휴면 이용자의 개인정보를 보호하기 위하여 관련 사항의 통지, 개인정보의 파기 또는 분리보관 등 적절한 보호조치를 이행하여야 한다.

표 12-21 개인정보 파기 시 보호조치

보안 통제 항목	보안 통제 내용
개인정보처리방침 공개	개인정보의 처리 목적 등 필요한 사항을 모두 포함하여 개인정보처리방침을 수립하고 이를 정보주체(이용자)가 언제든지 쉽게 확인할 수 있도록 적절한 방법에 따라 공개하고 지속적으로 현행화하여야 한다.
정보주체 권리보장	정보주체(이용자)가 개인정보의 열람, 정정·삭제, 처리정지, 이의제기, 동의철회 요구를 수집 방법·절차보다 쉽게 할 수 있도록 권리행사 방법 및 절차를 수립·이행하고 정보주체(이용자)의 요구를 받은 경우 지체 없이 처리하고 관련 기록을 남겨야 한다. 또한 정보주체(이용자)의 사생활 침해, 명예훼손 등 타인의 권리를 침해하는 정보가 유통되지 않도록 삭제 요청, 임시조치 등의 기준을 수립·이행하여야 한다.
이용내역 통지	개인정보의 이용내역 등 정보주체(이용자)에게 통지하여야 할 사항을 파악하여 그 내용을 주기적으로 통지하여야 한다.

표 12-22 정보주체 권리보호

12.2 NIST의 보안 통제

NIST의 위험 관리 프레임워크 RMF(Risk Management Framework)는 정보 시스템의 위험을 식별하고 평가하며 허용 수준까지 줄이기 위해 구조화된 프로세스이다. 정보 시스템의 보안 유형을 결정하고 정보 시스템 영향 수준을 도출한 후 보안 통제 기준선(Baseline)을 생성한다. 이를 위해 사용가능한 보안 통제를 목록화하여 SP 800-53[4] 문서에 제공하고 있다. SP 800-53에서 보안 통제는 표 12-23과 같이 18개의 보안 통제 군(Family)으로 대분류 되어 있다. 각 통제 군에는 보안 통제 군의 이름으로 대표하는 특정 보안 목표를 다루는 보안 통제들을 포함한다. 보안 통제를 정책 및 기술 중립적으로 설계하였기 때문에 특정한 기술·운영환경·업무기능을 대상으로 하는 보안 통제는 다루지 않는다. 보안 통제의 세부 내용은 일부 중복이 있을 수 있다.

ID	보안 통제 군	ID	보안 통제 군
AC	접근 통제(Access Control)	MP	매체 보호(Media Protection)
AT	인식과 훈련 (Awareness & Training)	PE	물리 및 환경 보호 (Physical & Environment Protection)
AU	감사와 책임추적 (Audit & Accountability)	PL	계획수립 (Planning)
CA	보안 평가 및 인가(Security Assessment & Authorization)	PS	인사 보안 (Personnel Security)
CM	형상 관리 (Configuration Management)	RA	위험 평가 (Risk Assessment)
CP	비상 계획수립 (Contingency Planning)	SA	시스템과 서비스 획득 (System & Services Acquisition)

---

4 「Security and Privacy Controls for Federal Information Systems and Organizations」

IA	식별과 인증 (Identification & Authentication)	SC	시스템과 통신 보호(System & Communications Protection)
IR	보안 사고 대응 (Incident Response)	SI	시스템과 정보 무결성 (System & Information Integrity)
MA	유지보수 (Maintenance)	PM	프로그램 관리 (Program Management)

표 12-23 NIST의 보안 통제군

12.2.1 접근 통제[5]

다양한 시스템 자원의 사용과 금지에 대한 요구사항은 매우 다양하다. 예를 들어 모든 사용자가 접근할 수 있는 정보, 그룹이나 부서에서 필요한 정보, 소수의 사용자만 접근할 수 정보 등이 있다. 작업 수행에 필요한 정보만 접근할 수 있지만 업무와 관련 없는 정보에 대한 접근은 거부되어야 한다. 또한 사용자가 프로그램을 실행하지만 프로그램에 대한 변경은 허용되지 않는 것과 같이 허용되는 접근의 종류를 통제해야 한다.

접근은 어떤 시스템 자원을 사용할 수 있는 능력이다. 접근 통제는 다음과 같은 특정 요청을 승인하거나 거부하는 프로세스이다. ① 정보와 정보 처리 서비스를 얻고 사용한다. ② 특정 물리적 시설(건물, 시설, 경계 통과 입구 등)에 들어간다. 시스템 기반 접근 통제를 논리적 접근 통제라고 한다. 논리적 접근 통제는 누가 또는 무엇이 특정 시스템 자원에 접근할 수 있을지 뿐만 아니라 허용되는 접근 유형을 지정할 수 있다. 운영체제에 내장하거나 애플리케이션 또는 유틸리티(예: 데이터베이스 관리 시스템, 통신 시스템)에 통합하거나 애드온 보안 패키지를

---

5 Access Control은 접근 통제 또는 접근 제어로 번역되며, 같은 뜻으로 상호 교차 사용한다.

통해 논리적 접근 통제를 구현할 수 있다. 즉, 논리적 접근 통제는 보호하려는 대상 시스템의 내부에 구현되거나 외부 장치에 구현된다.

조직은 ① 인가된 사용자의 시스템 접근 ② 인가된 사용자를 대신하여 행동하는 프로세스 ③ 타 시스템 ④ 인가된 사용자가 행사할 수 있는 기능과 트랜잭션의 유형 등을 제한한다. 접근 통제 보안 통제 군에는 계정 관리, 직무 분리, 최소 권한, 세션 잠금, 정보 흐름 강제, 세션 종료 등 23개 보안 통제 항목이 포함된다.

- AC-1 접근 통제 정책과 절차(Access Control Policy and Procedures)
- AC-2 계정 관리(Account Management)
- AC-3 접근 강제(Access Enforcement)
- AC-4 정보 흐름 강제(Information Flow Enforcement)
- AC-5 직무 분리(Separation of Duties)
- AC-6 최소 권한(Least Privilege)
- AC-7 실패한 로그온 시도(Unsuccessful Logon Attempts)
- AC-8 시스템 사용 알림(System Use Notification)
- AC-9 이전 로그온(접근) 알림(Previous Logon(Access) Notification)
- AC-10 동시 세션 통제(Concurrent Session Control)
- AC-11 세션 잠금(Session Lock)
- AC-12 세션 종료(Session Termination)
- AC-14 식별 또는 인증 없이 허용된 작업(Permitted Actions without Identification or Authentication)
- AC-16 보안 속성(Security Attributes)
- AC-17 원격 접근(Remote Access)

- AC-18 무선 접근(Wireless Access)
- AC-19 모바일 장치용 접근 통제(Access Control for Mobile Devices)
- AC-20 외부 정보 시스템 사용(Use of External Information Systems)
- AC-21 정보 공유(Information Sharing)
- AC-22 공개적으로 접근 가능한 콘텐츠(Publicly Accessible Content)
- AC-23 데이터 마이닝 보호(Data Mining Protection)
- AC-24 접근 통제 결정(Access Control Decisions)
- AC-25 참조 모니터(Reference Monitor)

12.2.2 인식과 훈련

시스템 보안에서 가장 취약한 링크로 인식되는 대상은 사용자이다. 사용자가 보안책임을 인식하고 올바른 실무를 배우면 보안에 부정적인 행동을 바꾸는 데 도움이 된다. 또한 정보 보안을 향상시키는 가장 중요한 방법의 하나인 개인별 책임성을 부과하는 데도 유용하다. 필요한 보안 조치나 사용법을 모르면 사용자는 자신의 행동에 대한 제대로 된 책임을 질 수 없다.

정보보안 인식, 교육, 훈련의 목적은 ① 시스템 자원을 보호할 필요성에 대한 인식을 높이고 ② 사용자가 시스템 작업을 더 안전하게 수행할 수 있도록 스킬과 지식을 익히며 ③ 조직과 시스템을 위한 보안 프로그램을 설계, 구현, 운영하기 위해 필요에 따라 심층 지식을 형성하여 보안을 개선시키는 것이다.

조직은 ① 시스템 관리자와 사용자가 자신의 활동과 관련된 보안 위험과 정보보안 관련 법규·정책·표준·지침·절차 등을 인지하고 있도록 해야 하며 ② 조직 구성원들이 자신에게 부여된 정보보안 관련 직무와 책임을 다할 수 있도록 적절히 교육 훈련 받았는지 확인해야 한다. 인식과 훈련 보안 통제 군에는 보안 인식 훈련, 역할 기반 보안 훈련, 보안 훈련 기록 등 4개의 보안 통제 항목이 포함된다.

- AT-1 보안 인식과 훈련 정책과 절차(Security Awareness and Training Policy and Procedures)
- AT-2 보안 인식 훈련(Security Awareness Training)
- AT-3 역할 기반 보안 훈련(Role-Based Security Training)
- AT-4 보안 훈련 기록(Security Training Records)

12.2.3 감사와 책임추적

감사(Audit)는 시스템 통제의 적절성을 평가하고, 수립된 성책과 운영 절차가 준수되도록 하기 위해 기록과 활동을 독립적으로 검토·검사하는 것이다. 감사 기록(Audit Trail)은 주어진 기간 동안 사용자가 수행한 작업뿐만 아니라 시스템에 액세스한 개인들의 기록이다. 또한 감사 기록은 시스템·애플리케이션 프로세스와 시스템·애플리케이션의 사용자 활동에 의해 만들어진 시스템 활동을 포함한다. 적절한 도구와 절차를 이용하여 보안 위반, 성능 이슈, 애플리케이션의 결함 등을 탐지하는데 감사 기록을 이용한다.

감사 기록은 정기적인 시스템 운영과 일종의 보험 정책(계약)을 지원하는 데도 사용될 수 있다. 보험 정책의 일환으로 감사 기록을 유지하지만 필요하지 않으면 사용하지 않는다. 시스템 운영을 지원하는 측면에서는 시스템 관리자가 시스템이나 자원이 해커, 내부자, 기술적인 문제 등에 의해 피해를 입지 않았는지 확인하는 데 감사 기록을 사용한다.

조직은 ① 불법, 비인가, 부적절한 시스템 활동의 관찰, 분석, 조사, 보고 등을 위해 필요한 범위 내에서 시스템 감사 기록을 생성·보호·보관하며 ② 개별 시스템 사용자의 행위에 대해 해당 사용자를 고유하게 추적하고 책임을 물을 수 있도록 해야 한다. 감사 및 책임추적 보안 통제 군에는 감사 이벤트, 타임스탬프, 부인 방지, 감사 정보의 보호, 감사 기록 보존, 세션 감사 등 16개의 보안 통제 항목이 포함된다.

- AU-1 감사 및 책임추적 정책과 절차(Audit and Accountability Policy and Procedures)
- AU-2 감사 이벤트(Audit Events)
- AU-3 감사 기록의 내용(Content of Audit Records)
- AU-4 감사 저장 용량(Audit Storage Capacity)
- AU-5 감사 처리 실패에 대한 대응(Response to Audit Processing Failures)
- AU-6 감사 검토, 분석 및 보고(Audit Review, Analysis, and Reporting)
- AU-7 감사 축약 및 보고서 생성(Audit Reduction and Report Generation)
- AU-8 타임스탬프(Time Stamps)
- AU-9 감사 정보의 보호(Protection of Audit Information)
- AU-10 부인 방지(Non-repudiation)
- AU-11 감사 기록 보존(Audit Record Retention)
- AU-12 감사 생성(Audit Generation)
- AU-13 정보 노출 모니터링(Monitoring for Information Disclosure)
- AU-14 세션 감사(Session Audit)

- AU-15 대체 감사 기능(Alternate Audit Capability)
- AU-16 조직 간 감사(Cross-Organizational Auditing)

12.2.4 보안 평가 및 인가

보안 통제에 대한 평가는 보안 통제가 올바르게 구현되고 의도한 대로 작동하며 시스템의 보안 요구사항을 만족하는지에 대한 정도를 판단하기 위하여 시스템의 관리·운영·기술적 보안 통제를 시험·평가하는 것이다. 또한 평가는 구현된 보안 통제가 제공하는 기능이 가장 효율적이고 비용 효과적인지 판단하는 데 필요하다. 조직의 현재 보안 상태를 실시간에 가깝게 분석하기 위해 보안 통제 평가를 지속적으로 수행한다. 완전하고 철저한 보안 통제 평가에 따라 인가담당자는 시스템을 작동하거나 계속 작동하도록 할 것인지를 결정한다.

조직은 ① 시스템에 대한 보안 통제가 효과적인지 주기적으로 평가하며 ② 결점을 보완하고 시스템의 보안 취약점을 줄이거나 없애기 위한 조치 계획을 개발·이행하며 ③ 시스템의 운영과 관련된 기기들의 연결을 인가하며 ④ 보안 통제의 지속적인 효과를 위해 보안 통제를 연속적으로 감시해야 한다. 보안 평가 및 인가 보안 통제 군에는 보안 평가, 시스템 상호연결, 조치 일정, 연속 모니터링 등 8개 보안 통제 항목이 포함된다.

- CA-1 보안 평가 및 인가 정책과 절차(Security Assessment and Authorization Policies and Procedures)
- CA-2 보안 평가(Security Assessments)
- CA-3 시스템 상호연결(System Interconnections)

- CA-5 조치 일정(Plan of Action and Milestones)
- CA-6 보안 인가(Security Authorization)
- CA-7 연속 모니터링(Continuous Monitoring)
- CA-8 침투 테스트(Penetration Testing)
- CA-9 내부 시스템 연결(Internal System Connections)

12.2.5 형상 관리

형상(Configuration) 관리[6]는 시스템 개발 생명 주기 전반에 걸쳐 시스템의 형상에 대한 초기화, 변경, 관찰 프로세스를 제어하여 시스템의 무결성을 확보하고 유지하는 데 중점을 둔 활동의 모음이다. 형상 관리는 시스템의 적절한 특정 설정을 결정하여 문서화하고 보안 영향을 분석하며 변경 통제 위원회를 통해 형상 변경을 관리하는 것으로 구성된다. 한 시스템에서 변경한 내용이 다른 시스템에 악영향을 미치지 않도록 전체 시스템을 검토하기도 한다. 시스템에 대한 변경 사항이 보안 관점에서 검토되었는지 확인하기 위하여 검사 목록(Checklist)을 사용할 수 있다. 감사 시 시스템 형상을 검토하여 아직 분석되지 않은 주요 변경 사항(예: 인터넷 연결)이 발생하였는지 점검한다. NVD(National Vulnerability Database)의 일부로 유지 관리되는 NIST의 검사 목록 저장소[7]는 지정된 안전한 형상(Secure Configuration)의 준수를 점검하는 데 사용할 수 있는 다양한 검사 목록을 제공한다.

조직은 ① 각각의 시스템 개발 생명 주기 동안 시스템(하드웨어, 소프

---

6 형상 관리에 대한 자세한 내용은 NIST SP 800-128을 참조한다.

7 검사 목록은 https://web.nvd.nist.gov/view/ncp/repository에서 확인할 수 있다.

트웨어, 펌웨어, 문서 등을 포함)의 목록과 기준선 형상(Baseline Configuration) 을 만들고 유지 관리하며 ② 시스템에 적용된 제품의 안전한 구성 설정을 결정하고 시행한다. 형상 관리 보안 통제 군에는 기준선 형상, 형상 변경 통제, 보안 영향 분석, 최소 기능, 소프트웨어 사용 제한 등 11 개 보안 통제 항목이 포함된다.

- CM-1 형상 관리 정책과 절차(Configuration Management Policy and Procedures)
- CM-2 기준선 형상(Baseline Configuration)
- CM-3 형상 변경 통제(Configuration Change Control)
- CM-4 보안 영향 분석(Security Impact Analysis)
- CM-5 변경에 대한 접근 제한(Access Restrictions for Change)
- CM-6 형상 설정(Configuration Settings)
- CM-7 최소 기능(Least Functionality)
- CM-8 정보 시스템 구성요소 목록(Information System Component Inventory)
- CM-9 형상 관리 계획(Configuration Management Plan)
- CM-10 소프트웨어 사용 제한(Software Usage Restrictions)
- CM-11 사용자 설치 소프트웨어(User-Installed Software)

12.2.6 비상 계획 수립

정보 시스템의 비상(Contingency)은 시스템 운영을 방해하여 이로 인해 주요 임무와 업무를 방해할 수 있는 사건(Event)이다. 이러한 사건에는 정전, 하드웨어 오류, 화재, 폭풍 등이 있다. 특히 파괴적인 사건을 보통 재난(Disaster)이라고 한다. 비상과 재난을 피하거나 이들이 야기하는 피해를 최소화하기 위해 조직은 사건을 조기에 극복하는 조치를 취할 수 있으며 일반적으로 이러한 활동을 비상 계획수립(Contingency Planning)이라 한다.

비상 계획은 업무 수행 능력의 손실을 조직이 어떻게 대응해야 할지를 알려주는 관리 정책과 절차이다. 시스템 비상 계획은 위험 관리자가 무슨 일이 왜 일어났는지, 무엇을 해야 할지를 결정하는 데 사용된다. 시스템 비상 계획은 주요한 비상 상황에 대한 운영 지속 계획(Continuity of Operations Plan) 또는 재난 복구 계획(Disaster Recovery Plan)과 연계할 수 있다. 비상 계획[8]에는 재난으로 데이터 센터가 파괴된 후에 오프사이트로 이전하는 것 이상의 내용을 포함한다. 또한 대규모 또는 소규모의 장애가 발생할 경우 핵심 기능의 운영을 유지하는 방법도 포함한다.

조직은 비상 상황에 대한 대응 계획의 수립·유지와 효과적으로 실행하며, 백업을 가동하고, 주요 정보 자원의 가용성과 비상상황에서 운영의 연속성을 보장하기 위한 시스템 복구를 감독한다. 비상 계획수립 보안 통제 군에는 비상 계획, 비상 계획 테스트, 시스템 백업, 시스템 복구와 복원 등 12개 보안 통제 항목이 포함된다.

- CP-1 비상 계획수립 정책과 절차(Contingency Planning Policy and Procedures)
- CP-2 비상 계획(Contingency Plan)

---

[8] 비상 계획에 대한 자세한 내용은 NIST SP 800-34를 참조한다.

- CP-3 비상 계획 훈련(Contingency Training)

- CP-4 비상 계획 테스트(Contingency Plan Testing)

- CP-6 대체 저장 사이트(Alternate Storage Site)

- CP-7 대체 처리 사이트(Alternate Processing Site)

- CP-8 통신 서비스(Telecommunications Services)

- CP-9 정보 시스템 백업(Information System Backup)

- CP-10 정보 시스템 복구 및 재구성(Information System Recovery and Reconstitution)

- CP-11 대체 통신 프로토콜(Alternate Communications Protocols)

- CP-12 안전 모드(Safe Mode)

- CP-13 대체 보안 메커니즘(Alternative Security Mechanisms)

12.2.7 식별과 인증

식별(Identification)은 사용자, 프로세스, 기기의 신원(Identity, ID)을 확인하는 수단으로, 일반적으로 시스템의 자원에 대한 접근 권한을 부여하기 위한 전제 조건이다. 대부분 시스템에서 식별과 인증은 첫 번째 방어선으로 권한이 없는 개인이나 프로세스가 시스템에 진입하는 것을 방지하는 기술적 수단이다.

식별과 인증은 대부분 유형의 접근 통제와 사용자 책임추적성(Accountability)을 확보하기 위한 기반이기 때문에 정보보안의 핵심 요소이다. 접근 통제는 시스템이 사용자를 식별하고 구별할 수 있어야 한다. 예를 들어 사용자에게 직무 수행에 필요한 접근 권한만 부여하는 것과 같이 접근 통제는 최소 권한(Least Privilege)을 기반으로 하는 경우가 많다. 사용자 책임추적성은 시스템상의 활동을 특정 개인에게 연결시켜야 하므로 시스템이 사용자를 식별하도록 요구한다.

시스템은 자신이 받는 인증 데이터를 기반으로 개인을 인식한다. 인증을 위해서는 인증 데이터 수집, 수집한 데이터의 안전한 전송, 원래 인증을 받은 개인이 시스템을 사용하고 있는 그 개인인지 확인 등의 문제를 해결해야 한다. 예를 들어 사용자는 로그인되어 있는 동안 단말기를 벗어날 수 있고, 다른 사람이 단말기를 사용할 수 있다. 단독으로 또는 조합하여 사용할 수 있는 사용자의 신원을 인증하는 네 가지 방법이 있다. 사용자 ID는 다음을 기준으로 인증할 수 있다.

- 개인이 알고 있는 것 - 패스워드, 개인 식별번호 PIN, 암호 키 등
- 개인이 소유하고 있는 것 - ATM 카드, 스마트카드 등
- 개인의 정적 생체정보 - 지문, 망막, 얼굴 등
- 개인의 동적 생체정보 - 음성 패턴, 필기 패턴, 타이핑 리듬 등

각 방법이 강력한 인증을 제공하는 것으로 보이지만 각각 취약점이 있다. 다른 사람을 가장하기 위해서 그 사용자의 패스워드를 추측하거나 알아내거나 토큰을 훔치거나 위조할 수 있다. 또한 각 방법은 사용자와 시스템 관리자에게 단점이 있다. 사용자는 패스워드를 잊거나 토큰을 잃어버릴 수 있으며 관리자 측면에서 식별·인증 정보와 토큰을 추적하기 위한 관리 오버헤드가 적지 않다. 생체 인식 시스템은 상당한 기술적, 사용자 수용성, 비용 문제를 가지고 있다.

조직은 ① 사용자, 사용자를 대신하는 프로세스와 기기를 식별하고 ② 시스템에 대한 접근을 허용하기 위한 전제조건으로 해당 사용자, 프로세스, 기기의 ID를 인증 또는 확인한다. 식별과 인증 보안 통제

군에는 기기 식별과 인증, ID 관리, 인증자 관리, 재인증 등 11개 보안 통제 항목이 포함된다.

- IA-1 식별과 인증 정책과 절차(Identification and Authentication Policy and Procedures)
- IA-2 식별과 인증 (조직 내부 사용자)(Identification and Authentication(Organizational Users))
- IA-3 기기 식별과 인증(Device Identification and Authentication)
- IA-4 ID 관리(Identifier Management)
- IA-5 인증자 관리(Authenticator Management)
- IA-6 인증자 피드백(Authenticator Feedback)
- IA-7 암호 모듈 인증(Cryptographic Module Authentication)
- IA-8 식별과 인증(조직 외부 사용자)(Identification and Authentication (Non-Organizational Users))
- IA-9 서비스 식별과 인증(Service Identification and Authentication)
- IA-10 적응형 식별과 인증(Adaptive Identification and Authentication)
- IA-11 재인증(Re-authentication)

12.2.8 보안 사고 대응

시스템은 손상된 데이터 파일에서부터 바이러스, 자연 재해에 이르기까지 광범위한 위협의 영향을 받는다. 위협에 대한 취약점은 표준 운영 절차로 완화할 수 있다. 예를 들어 실수로 파일을 삭제하는 사고는 백업 파일에서 복원할 수 있다. 자연 재해로 인한 정전과 같은 심각한 사고는 조직의 비상 계획에서 다룬다. 기타 피해를 주는 사고는 의도적인 악성 활동(예: 바이러스 생성, 시스템 해킹)으로 발생한다. 보안 사고(Security Incident)는 바이러스, 기타 악성코드, 시스템 침입자(내부자 또는 외부인)로부터 발생한다. 즉각적인 기술적 대응이 필요한 보안 사고 사례에는 서비스 거부 공격이 있다. 이러한 종류의 공격이 조직에 미칠 영향을 줄이기 위해 보안 사고 대응 팀의 신속한 조치가 필요하다.

해커와 악성코드가 시스템과 네트워크에 미치는 위협은 잘 알려져 있지만 이러한 유해한 사건의 발생은 예측할 수 없다. 침입과 서비스 중단과 같은 네트워크에서의 보안 사고는 다양한 조직의 컴퓨팅 기능에 피해를 끼쳐왔다. 보안 사고를 처음 직면하였을 때 대부분의 조직은 임기응변으로 대응한다. 그러나 유사한 보안 사고가 재발하면 이를 신속하게 발견하고 대응할 수 있는 상시 역량을 개발하는 것이 비용 면에서 유리하다. 보안 사고를 억제하지 않으면 사고가 확산되어 조직이 심각하게 손상될 수 있기 때문에 상시 역량을 보유하는 것이 중요하다.

보안 사고 처리는 비상 계획과 밀접하게 관련되어 있다. 정상 운영의 중단에 신속하고 효율적으로 대응할 수 있는 기능을 포함하므로 보안 사고 처리 기능을 비상 계획의 한 구성요소로 볼 수 있다. 대체로 비상 계획은 시스템 운영을 방해할 가능성이 있는 이벤트를 처리한다. 특히, 보안 사고 처리[9]는 악의적인 기술적 위협에 대응하는 비상 계획의 부분으로 볼 수 있다.

조직은 ① 적절한 준비, 탐지, 분석, 봉쇄, 복구 등을 포함하는 보안 사고 처리 역량을 구축하고 ② 보안 사고를 추적 및 문서화하여야 한

---

9 사고 대응에 대한 자세한 내용은 NIST SP 800-61을 참조한다.

다. 보안 사고 대응 보안 통제 군에는 보안 사고 대응 훈련, 보안 사고 대응 테스트, 보안 사고 처리, 보안 사고 모니터링, 보안 사고 보고 등 10개 보안 통제 항목이 포함된다.

- IR-1 보안 사고 대응 정책과 절차(Incident Response Policy and Procedures)
- IR-2 보안 사고 대응 훈련(Incident Response Training)
- IR-3 보안 사고 대응 테스트(Incident Response Testing)
- IR-4 보안 사고 처리(Incident Handling)
- IR-5 보안 사고 모니터링(Incident Monitoring)
- IR-6 보안 사고 보고(Incident Reporting)
- IR-7 보안 사고 대응 지원(Incident Response Assistance)
- IR-8 보안 사고 대응 계획(Incident Response Plan)
- IR-9 정보 유출 대응(Information Spillage Response)
- IR-10 통합 정보 보안 분석 팀(Integrated Information Security Analysis Team)

12.2.9 유지보수

시스템을 양호한 상태로 유지하고 하드웨어와 소프트웨어의 위험을 최소화하려면 시스템 유지보수 절차를 수립해야 한다. 유지보수 요구 사항을 해결할 수 있는 방법은 여러 가지가 있다. 정비 주기를 벗어나 이루어지는 보수성 유지보수(Corrective Maintenance)는 시스템이 고장 나거나 시스템을 정상운영 상태로 되돌리기 위해 교정해야 하는 오류 가 발생할 때 이루어지는 유지보수이다. 유지보수는 로컬 또는 원격으로 수행할 수 있다. 원격 유지보수는 네트워크를 통해 내부 또는 외부에서 이루어진다.

조직은 ① 시스템에 대해 정기적이고 시의적절한 유지보수를 수행하며 ② 유지보수를 수행하는 데 사용하는 도구, 기법, 메커니즘, 인원 등을 효과적으로 통제해야 한다. 유지보수 보안 통제 군에는 유지보수 도구, 영외 유지보수, 유지보수 담당자, 적시의 유지보수 등 6개 보안 통제 항목이 포함된다.

- MA-1 시스템 유지보수 정책과 절차(System Maintenance Policy and Procedures)
- MA-2 통제된 유지보수(Controlled Maintenance)
- MA-3 유지보수 도구(Maintenance Tools)
- MA-4 영외 유지보수(Nonlocal Maintenance)
- MA-5 유지보수 담당자(Maintenance Personnel)
- MA-6 적시의 유지보수(Timely Maintenance)

12.2.10 매체 보호

매체 보호는 디지털과 비 디지털 시스템 매체를 보호하는 보안 통제 군이다. 디지털 매체에는 디스켓, 자기 테이프, 외장형·이동식 하드 디스크 드라이브, 플래시 드라이브, 컴팩트 디스크(CD), 디지털 비디오 디스크(DVD) 등이 있다. 종이나 마이크로 필름은 디지털 매체가 아닌 사례이다.

매체 보호 보안 통제 군은 이러한 매체에 관련된 보안 문제를 해결하기 위해서 접근을 제한하여 인가된 사람만 특정 파일 형식을 사용할 수 있게 한다. 중요한 정보에 보안 레이블을 적용하고, 정보를 추출하거나 재구성할 수 없도록 매체에서 정보를 제거하는 방법 등에 대한 지침을 제공한다. 또한 매체 보호는 시스템 매체를 물리적으로 통제하고 책임추적성을 보장하며 정보를 저장하여 통제 구역 밖으로 가지고 나갈 수 있는 모바일 기기를 제한하는 것도 포함한다.

조직은 ① 종이와 디지털 시스템 매체를 보호하고 ② 시스템 매체에 대한 정보 접근을 제한하고 ③ 재사용을 위해 처분 또는 방출하기 전에 시스템 매체를 깨끗이 비우거나 파괴하여야 한다. 매체 보호 보안 통제 군에는 매체 접근, 매체 표식달기, 매체 저장, 매체 전송, 매체 위생처리(Sanitization) 등 8개 보안 통제 항목이 포함된다.

- MP-1 매체 보호 정책과 절차(Media Protection Policy and Procedures)
- MP-2 매체 접근(Media Access)
- MP-3 매체 보안속성정보 달기(Media Marking)
- MP-4 매체 저장(Media Storage)
- MP-5 매체 전송(Media Transport)
- MP-6 매체 위생처리(Media Sanitization)
- MP-7 매체 사용(Media Use)
- MP-8 매체 다운그레이드(Media Downgrading)

12.2.11 물리와 환경 보호

물리와 환경 보호는 물리적 환경과 관련된 위협으로부터 시스템, 건물, 부속 지원 시설을 보호하기 위해 취하는 조치이다. 물리와 환경 보호 보안 통제는 크게 세 가지 영역을 포함한다.

- 물리적 설비는 일반적으로 시스템과 네트워크 구성요소를 수용하는 건물, 기타 구조물 또는 차량이다. 시스템은 운영 위치에 따라 정적, 이동(Mobile), 유대봉(Portable)으로 특정할 수 있다. 정적 시스템은 고정된 위치의 구조물에 설치된다. 이동 시스템은 구조물의 기능을 수행하는 차량에 설치되어 이동한다. 휴대용 시스템은 건물, 차량 또는 개방된 장소를 포함한 다양한 위치에서 작동할 수 있다. 화재, 지붕 누수, 무단 접근과 같은 물리적 위협의 수준에 따라 구조물과 차량의 물리적 특성을 결정한다.
- 설비의 지리적 운영 위치는 ① 지진과 홍수 등의 자연 재해 ② 무질서, 절도, 전송·방출 가로채기 등과 같은 사람이 만든 위협 ③ 독성 화학물질 누출, 폭발, 화재, 방사체(예: 레이더)로부터의 전자기 간섭 등 근접한 활동에 대한 피해 등의 특성을 결정한다.
- 지원 시설은 시스템 운영을 유지하는 서비스(기술 및 인력 모두)이다. 시스템의 작동은 전력, 난방, 냉방, 통신과 같은 지원 시설에 달려 있다. 이러한 시설의 고장 또는 표준 이하의 성능으로 인해 시스템 작동이 중단되고 시스템 하드웨어 또는 저장된 데이터가 물리적으로 손상될 수 있다.

조직은 ① 시스템, 장비, 운영 환경에 대한 물리적 접근을 제한하고 ② 물리적 공장과 지원 시설을 보호하고 ③ 시스템에 대한 지원 유틸리티를 제공하며 ④ 환경적 위험으로부터 시스템을 보호하고 ⑤ 시스템을 포함한 설비에 적절한 환경 통제를 제공해야 한다. 물리와 환경 보호 보안 통제 군에는 물리적 접근 권한부여, 물리적 접근 통제, 물리적 접근 감시, 비상 차단, 비상 전원, 비상 조명, 대체 작업장, 정보 유출, 자산 모니터링과 추적 등 19개 보안 통제 항목이 포함된다.

- PE-1 물리와 환경 보호 정책과 절차(Physical and Environmental Protection Policy and Procedures)
- PE-2 물리적 접근 인가(Physical Access Authorizations)
- PE-3 물리적 접근 통제(Physical Access Control)
- PE-4 전송 매체에 대한 접근 통제(Access Control for Transmission Medium)
- PE-5 출력 기기에 대한 접근 통제(Access Control for Output Devices)
- PE-6 물리적 접근 모니터링(Monitoring Physical Access)
- PE-8 방문자 접근 기록(Visitor Access Records)
- PE-9 전력 장비 및 케이블 설치(Power Equipment and Cabling)
- PE-10 비상 차단(Emergency Shutoff)
- PE-11 비상 전원(Emergency Power)
- PE-12 비상 조명(Emergency Lighting)
- PE-13 화재 예방(Fire Protection)
- PE-14 온도 및 습도 조절(Temperature and Humidity Controls)
- PE-15 침수 예방(Water Damage Protection)
- PE-16 납품 및 철거(Delivery and Removal)
- PE-17 대체 작업장(Alternate Work Site)
- PE-18 정보 시스템 구성요소의 위치(Location of Information System Components)
- PE-19 정보 유출(Information Leakage)
- PE-20 자산 모니터링과 추적(Asset Monitoring and Tracking)

12.2.12 계획수립

조직에서 시스템은 점점 전략적 역할을 담당하고 있다. 시스템은 일상적인 활동을 수행하고 의사 결정을 지원한다. 시스템에 대한 적절한 계획수립으로, 시스템 운영에서 비롯된 위험에 상응하는 수준의 보안을 제공하고 생산성과 성능을 향상시키며 새로운 관리 방법을 가능하게 한다. 시스템 계획수립은 조직의 정보 보안 목표를 개발하고 구현하는 데 중요하다.

시스템 보안 계획은 시스템의 보안 요구사항을 도출하고 보안 요구사항을 충족시키는 보안 통제 방법을 제공하기 위해 개발된다. 보안 통제를 구현하는 것만으로는 시스템의 전반적인 보호가 보장되는 것은 아니다. 사용자는 시스템 보안에 있어서 가장 약한 연결 고리로 판명되었다. 고의적이거나 고의적이지는 않지만 잘못 누른 클릭 한 번으로 전체 시스템 보안 상태가 손상될 수 있다. 이를 극복하기 위해 개인의 역할과 책임에 따라 의무적으로 규칙을 할당한다.

조직은 시스템에 접근하는 개인의 행동 규칙과 시스템에 적용되거나 계획된 보안 통제를 설명하는 보안 계획을 개발, 문서화, 주기적 갱신, 구현해야 한다. 계획수립 보안 통제 군에는 시스템 보안 계획, 행동 규칙, 운영 보안 개념, 정보 보안 아키텍처, 중앙 관리 등 6개의 보안 통제 항목이 포함된다.

- PL-1 보안 계획수립 정책과 절차(Security Planning Policy and Procedures)
- PL-2 시스템 보안 계획(System Security Plan)
- PL-4 행동 규칙(Rules of Behavior)

- PL-7 운영의 보안 개념(Security Concept of Operations)

- PL-8 정보 보안 아키텍처(Information Security Architecture)

- PL-9 중앙 관리(Central Management)

12.2.13 인사 보안

정보 보안에서 중요한 여러 이슈에는 사용자, 설계자, 개발자, 관리자가 관련되어 있다. 여러 개인들이 시스템 구성요소와 상호작용하는 과정에서 다양한 보안 이슈가 발생한다. 보안 이슈를 적절히 해결하지 않으면 시스템을 보호할 수 없다.

인사 보안은 직원(영구, 임시 또는 계약직)이 조직 자원에 대한 합법적인 접근을 악의적으로 사용하여 야기하는 위험을 최소화하기 위함이다. 직원의 행동에 의해 조직의 위상과 평판은 부정적인 영향을 받을 수 있다. 직원들은 민감 또는 기밀 정보에 접근할 수 있으며, 이같은 정보의 유출은 조직 평판을 훼손하거나 재정적 피해를 야기한다. 따라서 신입 사원 모집과 채용은 물론, 직원이 전보하거나 퇴직할 때 조직은 경계해야 한다. 민감하고 가치 있는 조직의 자산은 심층적인 직원 보안 조치를 필요로 한다.

조직은 ① 조직(외부 서비스 제공업체 포함) 내 책임 있는 직위에 있는 개인이 신뢰할 수 있고 그러한 직위에 대해 수립된 보안기준을 충족하는지 확인하고 ② 퇴직·전보와 같은 인사 조치 전후에 정보와 시스템이 보호되는지 확인하고 ③ 보안 정책과 절차를 준수하지 않는 직원에 대해 공식적인 제재를 가해야 한다. 인사 보안 보안 통제 군에는 인사 심사, 직원 퇴직, 인사 이동, 접근 협약, 인사 제재 등 8개의 보안 통제 항목이 포함된다.

- PS-1 인사 보안 정책과 절차(Personnel Security Policy and Procedures)
- PS-2 직위 위험 지정(Position Risk Designation)
- PS-3 인사 심사(Personnel Screening)
- PS-4 직원 퇴직(Personnel Termination)
- PS-5 인사 이동(Personnel Transfer)
- PS-6 접근 협약(Access Agreements)
- PS-7 타사 직원 보안(Third-Party Personnel Security)
- PS-8 인사 제재(Personnel Sanctions)

12.2.14 위험 평가

조직은 임무를 성공적으로 수행하기 위해서 정보기술과 관련 시스템에 의존한다. 조직에서 유용하게 사용하는 IT 제품의 증가는 IT 제품의 보안 취약점을 악용하여 조직·개인에 악영향을 끼치는 심각한 위협을 불러온다. 시스템의 취약점을 악용하면 해당 시스템에서 처리, 저장, 전송되는 정보의 비밀성, 무결성, 가용성이 훼손될 수 있다.

위험 평가[10]는 위험 관리의 기본 요소이다. 위험 평가는 시스템 운영으로 인해 발생할 수 있는 조직의 운영, 자산, 개인 등에 대한 위험을 식별하고 우선순위를 선정한다. 위험 평가는 다음 사항들을 식별하여 의사 결정자에게 알리고 위험 대응을 지원한다.

- 조직에 대한 위험 또는 조직을 거쳐 다른 조직으로 향하는 위험
- 조직의 내외부 취약점

---

[10] 위험 평가에 대한 자세한 내용은 NIST SP 800-30, Revision 1을 참조한다.

- 위협이 취약점을 악용하는 경우, 발생할 수 있는 조직에 대한 영향
- 피해가 발생할 가능성

조직은 시스템의 운영과 정보의 처리, 저장, 전송 등으로 발생할 수 있는 조직의 운영(예 : 임무, 기능, 이미지, 평판), 자산, 개인 등에 대한 위험을 주기적으로 평가한다. 위험 평가 보안 통제 군에는 보안 분류, 위험 평가, 취약점 검사, 기술 감시 대책 조사 등 5개 보안 통제 항목이 포함된다.

- RA-1 위험 평가 정책과 절차(Risk Assessment Policy and Procedures)
- RA-2 보안 분류(Security Categorization)
- RA-3 위험 평가(Risk Assessment)
- RA-5 취약점 검사(Vulnerability Scanning)
- RA-6 기술 감시 대책 조사(Technical Surveillance Countermeasures Survey)

12.2.15 시스템과 서비스 획득

보안은 초기 계획부터 설계, 구현, 운영, 폐기에 이르기까지 시스템 생명 주기 전반에 걸쳐 계획되고 관리되는 경우 가장 효과적이고 효율적이다. 시스템에 필요한 보안 기능을 효과적으로 통합할 수 있는 기술을 보유하고 있는 보안 전문가를 개발 팀에 포함시키는 것도 중요하다. 보안 요구사항을 조직의 아키텍처에 효과적으로 통합하면 시스템 생명 주기의 초기에 중요한 보안 고려사항을 수용하고 이를 업무 프로세스와 직접 연관되도록 할 수 있다.

시스템 보안 계획은 시스템 생명 주기의 어느 시점에서든 개발될 수 있다. 그러나 비용을 최소화하고 시스템의 유영 중단을 방지하기 위해 시스템 생명 주기 초반에 계획을 수립하는 것이 좋다. 보안 기능을 처음부터 포함하는 것보다 나중에 시스템에 추가하는 것이 훨씬 더 비싸다. 컴퓨팅 환경, 기술, 인력의 변화에 맞추어 보안 요구사항을 갱신하여야 한다.

조직은 ① 시스템을 적절히 보호하기 위해 충분한 자원을 할당하고 ② 보안 고려사항을 포함하는 시스템 개발 생명 주기 프로세스를 채택해야 하며 ③ 소프트웨어 사용과 설치에 대한 제한을 적용하며 ④ 외주 업체 용역에서 정보·애플리케이션·서비스 등에 대한 적절한 보안 대책을 적용하도록 해야 한다. 시스템과 서비스 획득 보안 통제 군에는 자원 할당, 획득 프로세스, 정보 시스템 문서, 공급망 보호, 신뢰성, 중요도 분석, 개발자 제공 교육, 구성요소 진위, 개발자 심사 등 20개 보안 통제 항목이 포함된다.

- SA-1 시스템과 서비스 획득 정책과 절차(System and Services Acquisition Policy and Procedures)
- SA-2 자원 할당(Allocation of Resources)
- SA-3 시스템 개발 생명 주기(System Development Life Cycle)
- SA-4 획득 프로세스(Acquisition Process)
- SA-5 정보 시스템 문서(Information System Documentation)
- SA-8 보안 엔지니어링 원칙(Security Engineering Principles)
- SA-9 외부 정보 시스템 서비스(External Information System Services)
- SA-10 개발자 구성 설정 관리(Developer Configuration Management)

- SA-11 개발자 보안 테스트 및 평가(Developer Security Testing and Evaluation)

- SA-12 공급망 보호(Supply Chain Protections)

- SA-13 신뢰성(Trustworthiness)

- SA-14 중요도 분석(Criticality Analysis)

- SA-15 개발 프로세스, 표준, 도구(Development Process, Standards, and Tools)

- SA-16 개발자 제공 교육(Developer-Provided Training)

- SA-17 개발자 보안 아키텍처 및 설계(Developer Security Architecture and Design)

- SA-18 부정조작 방지 및 감지(Tamper Resistance and Detection)

- SA-19 구성요소 진위(Component Authenticity)

- SA-20 중요 구성요소의 맞춤형 개발(Customized Development of Critical Components)

- SA-21 개발자 심사(Developer Screening)

- SA-22 지원되지 않는 시스템 구성요소(Unsupported System Components)

12.2.16 시스템과 통신 보호

시스템과 통신 보호 보안 통제군은 전송과 저장 중인 정보의 비밀성과 무결성에 대한 보안 통제를 다룬다. 비밀성과 무결성 보호는 물리적 또는 논리적 수단을 통해 시스템과 통신 보호를 위한 보안 통제를 통해 제공될 수 있다. 예를 들어 기능별로 서버를 분리(IP 주소 대역을 달리한다)하는 물리적 보호가 있다.

사용자 기능과 시스템 관리 기능을 분리하여 정보를 보호할 수 있다. 이러한 유형의 보호를 제공하면, 권한이 없는 사용자용 인터페이스에는 시스템 관리와 관련한 기능이 표시되지 않는다. 또한 시스템과 통신 보호는 시스템 내에서 공개적으로 접근할 수 있는 정보에 대한 접근을 제한하는 경계를 설정한다. 경계 보호(Boundary Protection)를 사용하여 시스템 내 주요 내부 경계와 시스템 외부 경계에서 통신을 관찰하고 통제할 수 있다.

조직은 ① 시스템의 외부 경계와 핵심 내부 경계에서 통신(시스템이 전송하거나 수신하는 정보)을 모니터링, 통제, 보호하며 ② 시스템 내에서 효과적인 정보 보안을 촉진하는 아키텍처 설계, 소프트웨어 개발 기법, 시스템 엔지니어링 원칙을 채택해야 한다. 시스템과 통신 보호 보안 통제군에는 애플리케이션 분리, 서비스 거부 보호, 경계 보호, 신뢰할 수 있는 경로, 모바일 코드, 세션 진본 확인, 경량 노드, 허니팟, 전송 비밀성과 무결성, 운영 보안, 사용 제한 등 41개 보안통제 항목이 포함된다.

- SC-1 시스템과 통신 보호 정책과 절차(System and Communications Protection Policy and Procedures)
- SC-2 애플리케이션 분리(Application Partitioning)
- SC-3 보안 기능 격리(Security Function Isolation)
- SC-4 공유 자원의 정보(Information In Shared Resources)
- SC-5 서비스 거부 보호(Denial of Service Protection)
- SC-6 자원 가용성(Resource Availability)
- SC-7 경계 보호(Boundary Protection)

- SC-8 전송 비밀성과 무결성(Transmission Confidentiality and Integrity)
- SC-10 네트워크 연결 끊기(Network Disconnect)
- SC-11 신뢰할 수 있는 경로(Trusted Path)
- SC-12 암호 키 설정 및 관리(Cryptographic Key Establishment and Management)
- SC-13 암호화 보호(Cryptographic Protection)
- SC-15 협업 컴퓨팅 기기(Collaborative Computing Devices)
- SC-16 보안 속성의 전송(Transmission of Security Attributes)
- SC-17 공개 키 기반구조 인증서(Public Key Infrastructure Certificates)
- SC-18 모바일 코드(Mobile Code)
- SC-19 VoIP 인터넷 프로토콜(Voice Over Internet Protocol)
- SC-20 안전한 이름·주소 확인 서비스(신뢰할 수 있는 출처)(Secure Name·Address Resolution Service(Authoritative Source))
- SC-21 안전한 이름·주소 확인 서비스(재귀 또는 캐싱 리졸버)(Secure Name·Address Resolution Service(Recursive or Caching Resolver))
- SC-22 이름·주소 확인 서비스를 위한 아키텍처와 프로비저닝(Architecture and Provisioning for Name·Address Resolution Service)
- SC-23 세션 진본 확인(Session Authenticity)
- SC-24 알려진 상태의 실패(Fail in Known State)
- SC-25 경량 노드(Thin Nodes)
- SC-26 허니팟(Honeypots)
- SC-27 플랫폼 독립적 애플리케이션(Platform-Independent Applications)
- SC-28 저장 상태의 정보 보호(Protection of Information at Rest)

- SC-29 이질성(Heterogeneity)
- SC-30 은폐 및 속임수(Concealment and Misdirection)
- SC-31 비밀 채널 분석(Covert Channel Analysis)
- SC-32 정보 시스템 분리(Information System Partitioning)
- SC-34 수정 불가능한 실행 프로그램(Non-Modifiable Executable Pro-grams)
- SC-35 허니 클라이언트(Honeyclients)
- SC-36 분산 처리 및 저장(Distributed Processing and Storage)
- SC-37 대역 외 채널(Out-of-Band Channels)
- SC-38 운영 보안(Operations Security)
- SC-39 프로세스 격리(Process Isolation)
- SC-40 무선 링크 보호(Wireless Link Protection)
- SC-41 포트와 입출력 기기 접근(Port and I·O Device Access)
- SC-42 센서 기능과 데이터(Sensor Capability and Data)
- SC-43 사용 제한(Usage Restrictions)
- SC-44 동적 실행 환경(Detonation Chambers)

12.2.17 시스템과 정보 무결성

무결성이란 부적절한 정보 수정 또는 파괴로부터 보호하는 것으로 정보 부인방지와 진본(Authenticity)을 보장한다. 데이터는 권한이 부여된 직원만 접근하거나 수정할 수 있다. 시스템과 정보 무결성은 접근하는 정보가 시스템의 오류에 의해 손상되지 않았음을 보증한다.

조직은 ① 정보와 시스템 결함을 적시에 식별, 보고, 수정하고 ② 시스템 내의 적절한 위치에서 악성코드로부터의 보호기능을 제공하며

③ 시스템 보안 경고를 모니터링하고 적절히 대응해야 한다. 시스템과 정보 무결성 보안 통제군에는 결함 교정, 악성코드로부터의 보호, 보안 기능 검증, 정보 입력 유효성 검사, 오류 처리, 비 지속성, 메모리 보호 등 16개 보안 통제 항목이 포함된다.

- SI-1 시스템과 정보 무결성 정책과 절차(System and Information Integrity Policy and Procedures)
- SI-2 결함 교정(Flaw Remediation)
- SI-3 악성코드로부터의 보호(Malicious Code Protection)
- SI-4 정보 시스템 모니터링(Information System Monitoring)
- SI-5 보안 경고, 보안 권고문, 보안 지시문(Security Alerts, Advisories, and Directives)
- SI-6 보안 기능 검증(Security Function Verification)
- SI-7 소프트웨어·펌웨어·정보 무결성(Software, Firmware, and Information Integrity)
- SI-8 스팸으로부터의 보호(Spam Protection)
- SI-10 정보 입력 유효성 검사(Information Input Validation)
- SI-11 오류 처리(Error Handling)
- SI-12 정보 처리와 보존(Information Handling and Retention)
- SI-13 예측 가능한 장애 예방(Predictable Failure Prevention)
- SI-14 비 지속성(Non-Persistence)
- SI-15 정보 출력 필터링(Information Output Filtering)
- SI-16 메모리 보호(Memory Protection)
- SI-17 고장 방지 절차(Fail-Safe Procedures)

12.2.18 프로그램 관리

시스템과 시스템이 처리하는 정보는 조직 업무 수행 능력에 중요하다. 따라서 경영진은 시스템 보안을 관리 이슈로 보고 조직의 정보기술 자원을 다른 중요한 자산처럼 보호하려고 노력해야 한다. 이를 효과적으로 수행하려면 포괄적인 관리 방법을 개발해야 한다.

많은 보안 프로그램이 조직 전반에 흩어져 있으며, 보안 프로그램은 다양한 기능을 수행하는 다양한 요소를 가진다. 많은 조직에서 무계획적으로 시스템 보안 기능을 분산시키고 있다. 이상적으로 보면, 시스템 보안 기능의 분산은 계획되고 통합된 관리 철학의 결과이다.

계층적으로 시스템 보안을 관리하면 많은 이점을 얻을 수 있다. 각 계층은 다양한 유형의 전문지식, 권한, 자원으로 시스템 보안 프로그램에 기여한다. 일반적으로 상위 계층의 구성원은 조직 전체를 더 잘 이해하고 더 많은 권한을 가진다. 반면 낮은 계층 구성원은 특정 기술과 절차 요구사항, 시스템과 사용자들의 문제에 대해 더 잘 알고 있다.

프로그램 관리 보안 통제군에는 정보보안 프로그램 계획, 정보보안 자원, 조치 일정 프로세스, 정보 시스템 목록, 조직 아키텍처, 위험 관리 전략, 내부자 위협 프로그램, 위협 인식 프로그램 등 16개 보안 통제 항목이 포함된다.

- PM-1 정보보안 프로그램 계획(Information Security Program Plan)
- PM-2 정보보안 책임자(Senior Information Security Officer)
- PM-3 정보보안 자원(Information Security Resources)
- PM-4 조치 일정 프로세스(Plan of Action and Milestones Process)
- PM-5 정보 시스템 목록(Information System Inventory)

- PM-6 정보보안 성과 측정(Information Security Measures of Performance)

- PM-7 조직 아키텍처(Enterprise Architecture)

- PM-8 중요 인프라 계획(Critical Infrastructure Plan)

- PM-9 위험 관리 전략(Risk Management Strategy)

- PM-10 보안 인가 프로세스(Security Authorization Process)

- PM-11 임무·업무 프로세스 정의(Mission·Business Process Definition)

- PM-12 내부자 위협 프로그램(Insider Threat Program)

- PM-13 정보 보안 인력(Information Security Workforce)

- PM-14 테스트, 교육 및 모니터링(Testing, Training, and Monitoring)

- PM-15 보안 그룹 및 관련자에 대한 연락처(Contacts with Security Groups and Associations)

- PM-16 위협 인식 프로그램(Threat Awareness Program)

12.3 CIS 보안 통제

미국의 비영리 보안 단체인 CIS(Center for Internet Security)는 알려진 공격을 차단하거나 완화하기 위해 조직에서 취해야 하는 20개의 핵심 보안 통제 CSC(Critical Security Controls)를 제시하고 있다. 보안통제는 주로 자동화된 수단을 사용하여 구현, 시행, 모니터링할 수 있도록 설계되었다. 2018년 3월 19일 발간된 버전 7.0에서는 20개의 보안통제를 다음과 같이 3개의 그룹으로 나누었다. 20개 보안 통제의 각각에는 하부 보안 통제들이 존재한다[11].

- 기본(Basic) : 모든 조직에서 필수적으로 구현되어야 하는 핵심 보안통제(6개)
- 기반(Foundational) : 기본 보안통제에서 부터 한발 더 나아간 보안통제(10개)
- 조직(Organizational) : 사람과 프로세스에 중점을 둔 보안통제(4개)

보안 통제 이름	설명
하드웨어 자산의 목록과 통제	네트워크상의 모든 하드웨어 장치를 능동적으로 관리(목록 작성, 변경추적 및 갱신)하여 인가한 장치에만 접근을 허용하고, 인가하지 않는 관리되지 않는 장치를 찾아내어 접근하지 못하게 한다.
소프트웨어 자산의 목록과 통제	네트워크상의 모든 소프트웨어를 능동적으로 관리(목록 작성, 변경 추적 및 갱신)하여 인가한 소프트웨어만 설치 및 실행할 수 있도록 하고, 인가하지 않은 관리되지 않는 소프트웨어를 찾아내어 설치 또는 실행되지 못하도록 한다.
연속적 취약점 관리	취약점을 식별하여 교정하고 공격 표면을 최소화하기 위해 지속적으로 관련된 신규 정보를 습득·평가하여 조치를 취한다.
관리자 권한 사용 통제	컴퓨터, 네트워크, 애플리케이션 등에 대한 관리자 권한의 할당, 사용, 설정 상태 등을 추적·제어·방지·수정하기 위한 프로세스와 도구를 구비한다.
모바일 장치, 랩톱, 서버, 워크스테이션에 대한 하드웨어와 소프트웨어의 안전한 형상 관리	공격자가 취약한 서비스와 설정을 악용하지 못하도록 엄격한 형상 관리와 변경 통제 프로세스를 사용하여 모바일 장치, 랩톱, 서버, 워크스테이션의 안전한 형상(Secure Configuration)을 구축하고 능동적으로 관리(추적, 보고, 수정)한다.
감사로그의 유지, 모니터링, 분석	공격 탐지, 이해, 복구에 도움을 주는 이벤트의 감사 로그를 수집, 관리, 분석한다.

표 12-24 CIS 핵심 보안 통제 버전 7.0의 기본 보안 통제

---

11 https://www.defensis.it/ecms/file/CIS-Controls-Version-7.pdf

보안 통제 이름	설명
전자메일과 웹 브라우저 보호	공격자가 웹 브라우저, 전자메일 시스템과 상호작용을 통해 사람의 행동을 조작할 수 있는 기회와 공격 표면을 최소화한다.
악성코드 방어	최적화된 자동화 도구를 사용하여 신속한 데이터 수집, 업데이트, 교정 등을 통해 악성코드의 설치·확산·실행을 통제한다.
네트워크 포트, 프로토콜, 서비스제한 및 통제	공격자가 사용할 수 있는 취약점을 최소화하기 위해 네트워크 기기에서 포트, 프로토콜, 서비스의 사용을 관리(추적, 제어, 수정)한다.
데이터 복구	중요한 정보를 적시에 복구할 수 있는 검증된 방법론으로 적절히 백업하는 데 사용하는 프로세스와 도구를 구비한다.
방화벽, 라우터, 스위치 등의 네트워크 기기에 대한 안전한 형상 관리	공격자가 취약한 서비스와 설정을 악용하지 못하도록 엄격한 형상 관리와 변경 통제 프로세스를 사용하여 네트워크 인프라 기기의 안전한 형상(Secure Configuration)을 구축하고 능동적으로 관리(추적, 보고, 수정)한다.
경계선 방어	상이한 신뢰 수준의 네트워크 사이에 전송되는 정보의 흐름에서 보안 손상 데이터에 초점을 맞춰 이를 탐지, 차단, 변경한다.
데이터 보호	데이터 유출을 방지하고 유출된 데이터의 영향을 완화시키며 중요 정보의 비밀성과 무결성을 보장하는 데 사용하는 프로세스와 도구를 구비한다.
필요에 따른 접근 통제	승인된 분류 기준에 따라 주요 자산(정보, 자원, 시스템 등)에 접근할 필요와 권리가 어떤 사람·컴퓨터·애플리케이션에 있는지에 대한 공식적인 결정에 따라 이들 주요 자산에 대한 접근을 추적·제어·차단·수정하기 위한 프로세스와 도구를 구비한다.
무선 액세스 통제	무선 로컬 영역 네트워크(WLAN), 액세스 포인트 및 무선 클라이언트 시스템의 사용을 추적·제어·차단·수정하는 프로세스와 도구를 구비한다.
계정 모니터링과 통제	공격자가 계정을 악용할 기회를 최소화하도록 시스템과 애플리케이션 계정의 생명 주기(생성, 사용, 휴면, 삭제)를 능동적으로 관리한다.

표 12-25 CIS 핵심 보안 통제 버전 7.0의 기반 보안 통제

보안 통제 이름	설명
보안 인식과 훈련 프로그램 구현	조직의 모든 기능적 역할(업무에 핵심적인 역할에 우선순위를 둠)에 대해, 보안에 필요한 세부 지식, 기술, 능력을 식별하고, 식별한 세부 지식, 기술, 능력에 대해 역할들의 부족한 부분을 평가·식별하고, 정책, 계획, 교육 훈련 및 인식 프로그램 등을 통해 교정하는 통합 계획을 개발하고 실행한다.
응용 소프트웨어 보안	보안 취약점을 차단, 탐지, 수정하기 위해 모든 자체 개발 및 구매·조달 소프트웨어의 보안 생명 주기를 관리한다.
보안 사고 대응 및 관리	신속하게 공격을 발견하고, 효과적으로 피해를 봉쇄하고 공격자의 존재를 근절하며, 네트워크와 시스템의 무결성을 복원하는 보안 사고 대응 인프라(계획, 역할 정의, 교육 훈련, 커뮤니케이션, 관리 감독 등)를 개발·구현한다.
침투 테스트와 레드 팀 훈련	공격자의 목표와 행동을 시뮬레이션하여 조직의 방어력(기술, 프로세스, 사람)의 전반적인 강도를 시험한다.

표 12-26 CIS 핵심 보안 통제 버전 7.0의 조직 보안 통제

13. 심층 방어

방어자가 알지 못하는 보안 취약점을 공격에 이용하는 경우 이를 100% 방어할 수 없다. 수많은 공격기법 중 일부만 알아도 공격을 시도할 수 있는 공격자에 비해 알려진 보안 취약점은 물론이고 알려지지 않은 보안 취약점을 이용한 공격기법 모두를 상대로 보안 관리자는 방어 전략을 펼쳐야 한다. 상대적으로 불리한 위치에 방어자가 놓인 셈이다. 즉 방어 전략에는 알려진 보안 취약점을 통제하기 위한 방어 수단과 알려지지 않은 보안 취약점을 이용한 공격에 대비할 수 있는 방어 수단 모두를 포함해야 한다. 이는 1990년대 중반부터 시작된 미국방부의 DARPA 연구 프로젝트[1]에서 논의한 '심층 방어(Defense In Depth)'의 핵심 개념이다. 심층 방어 프레임워크는 그림 13-1 같이 차

---

[1] 「Inherent Information Survivability, Defense Advanced Research Projects Agency」 http://archive.darpa.mil/darpatech99/presentations.htm

단(Prevention), 탐지(Detection), 감내(Tolerance) 등의 3 계층으로 이루어진다.

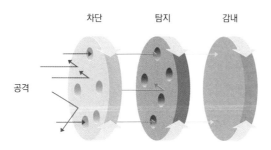

그림 13-1 3계층으로 이루어진 심층 방어 프레임워크

차단 계층은 모든 시스템과 네트워크가 공격에 악용되지 않도록 보안 수준을 강화하는 것을 목표로 한다. 공격자가 악용할 수 있는 보안 취약점을 최소화하는 것이 차단 계층 구축의 핵심이다. 무엇보다도 먼저 정보기술 운영환경에서 작동하는 제품이나 서비스의 보안 취약점을 최소화하는 조치가 필요하다. 특히 개발[2]이나 구매·획득 단계에서 보안 취약점의 최소화 조치가 중요하다. 이후 잔존하는 보안 취약점을 공격자가 이용하지 못하도록 강력한 방책(Strong Barrier)을 구축하는 것이다. 예를 들면 불필요한 네트워크 서비스를 제거하거나 비활성화하고 보안 정책이 다른 네트워크 세그먼트 사이에 네트워크 방화벽을 설치하여 비정상적인 네트워크 접근을 차단하는 등[3] 보안 통제를 차단 계층에서 구현한다. 네트워크 외부에서의 공격뿐만 아니라

---

2   개발 과정에는 빌트인(Builtin) 보안을 적용해야 한다. 빌트인 보안은 설계, 구현, 시험 등의 개발 과정에서 보안 취약점을 최소화하기 위한 노력이다.

3   강화(Hardening)라고 표현한다.

네트워크 내부에 존재하는 권한을 가진 사용자의 보안 정책 위반을 차단하기 위한 접근 통제도 차단 계층의 주요한 수단이다. 전통적으로 정보 시스템 보안은 이러한 차단 계층에서 구사할 수 있는 보안 시스템을 네트워크, 서버, 데이터베이스, 애플리케이션 등의 영역으로 확장해 왔다. 네트워크 방화벽은 네트워크 영역에서 적용할 수 있는 차단 시스템이며, 보안 운영체제(Secure OS 또는 Trusted OS)는 서버 영역에서 적용할 수 있는 차단 시스템이다.

공격자만 아는 보안 취약점을 악용하거나 방어자가 미처 염두에 두지 못한 공격 기법을 이용하는 경우 차단하지 못하는 공격이 발생할 수 있다. 이는 그림 13-1에서 보는 바와 같이 차단 계층을 뚫고 공격이 성공하는 경우가 발생함을 의미한다. 따라서 성공한 공격을 탐지하여 대응할 수 있는 탐지 계층이 필요하다. 탐지 계층은 보호의 대상에 침투하여 존재(활동)하는 사이버 공격자(또는 그 결과)를 탐지하고 탐지한 공격에 적절히 대응하기 위한 보안 통제를 구현한다. 컴퓨터 바이러스 및 악성코드를 탐지하여 무력화시키는 백신 소프트웨어는 대표적인 탐지 계층의 요소 기술이며 광의적으로 침입 탐지 시스템으로 부르는 보안 통제 시스템의 하나의 적용 사례이다. 보안 업체는 새로운 공격 패턴을 찾아내면 '시그너처(Signature)'라고 부르는 특징 정보를 생성하여 탐지 시스템의 시그너처 베이스에 추가한다. 백신 소프트웨어의 경우 이를 사용하는 모든 사용자의 시그너처 베이스가 동일한 시간에 갱신되지는 않는다. 보안 업체의 역량에 따라 시그너처의 종류와 수량이 차이가 나며 갱신 주기도 다르다. 또한 새로운 공격 패턴을 인지하는 데 시간이 필요하다. 따라서 탐지하지 못한 공격이 정보 시스템 내부에 존재할 수 있다. 공격을 탐지하게 되면 공격자를 차단하고 공격으로 손상된 시스템을 정상적 되돌리기 위한 대응 및 복구 기술도 탐지 계층에 포함한다.

결함 감내(Fault Tolerance)가 정보 시스템 내에 결함의 존재에도 요구 기능이나 서비스를 지속적으로 제공하는 것을 목표로 하는 것과 마찬가지로 침입 감내(Intrusion Tolerance) 또한 정보 시스템에 대한 사이버 공격이 성공하더라도 요구 기능이나 서비스를 지속적으로 제공하는 것을 목표로 한다. 기존 침입 차단이나 탐지를 위한 보안 통제가 해결할 수 없었던 정보 시스템의 피해를 방어하기 위해 여러가지 기술과 기법을 동원하여 감내 계층을 구현한다. 예를 들면 중요 정보를 분할하여 개별적으로 공격을 허용하더라도 제한된 정보 접근만을 가능하게 하거나 시스템의 고가용성 기술을 사용하여 서비스 거부 공격에 대비하는 것을 들 수 있다.

심층 방어 프레임워크의 각 단계에서 구사할 수 있는 핵심 보안 통제를 표 13-1에 정리하였다.

계층	차단	탐지	감내
목적	시스템·네트워크의 보안 취약점 최소화와 침입 방지를 위한 보안 통제 개발·구현	차단 계층을 뚫은 침입을 실시간 혹은 실시간에 가깝게 탐지하고, 적절히 대응 및 복구	탐지되지 않은 침입이 있더라도 핵심 인프라·임무를 지속
핵심 보안 통제	• 빌트인 보안 • 형상 보안 강화 • 보안 패치 관리	• 연속 모니터링 • 보안 사고 대응 및 복구	• 중복 • 다양성 • 동적 위치 선정

표 13-1 심층 방어 프레임워크의 계층 별 목적과 핵심 보안 통제

13.1 차단 계층

보안 취약점 제거 또는 최소화를 통해 공격자가 보안 취약점을 악용하지 못하도록 하는 차단 계층에서의 핵심적인 기술·기법 또는 보안 통제에는 빌트-인 보안, 보안패치 관리, 형상 보안강화 등이 있다. 보안 취약점 최소화는 특정 시점에 일회성으로만 수행하는 것이 아니라 시스템의 생명 주기 전체에 걸쳐 이루어진다. 개발 단계에서 알려진 보안 취약점이 존재하지 않도록 개발하고, 운영 중에는 알려진 보안 취약점을 최대한 줄이기 위해 보안 강화된 형상을 구성하고, 새로 알려진 보안 취약점은 패치를 신속히 설치하여 취약한 기간을 최소화하는 것이 핵심이다.

13.1.1 빌트인 보안

빌트인(Builtin) 보안이란 제품이나 서비스를 만들 때 품질 속성 중에서 보안성(Security Property)을 내재(Built-in)시키는 것을 의미한다. 이를 위해 제품이나 서비스의 개발 과정에서 보안 기능을 충실히 반영하고 제품이나 서비스의 구현물인 소프트웨어나 하드웨어 자체에 보안 취약점이 최소화되도록 구현한다. 이는 공격 대상에 대한 알려진 취약점으로부터 오는 공격 표면(Attack Surface)을 감소시켜 방어자의 방어 노력을 감소시켜준다. 예를 들어 네트워크 서비스를 개발하는 경우 중간자 공격 같은 위협을 막기 위하여 인증과 세션 암호화 기능을 갖도록 설계하고, 시큐어 코딩 기법을 적용하여 알려진 보안 취약점을 제거하는 것이다.

조직의 방어자는 빌트인 보안을 두 가지 측면에서 고려해야 한다. 조직 자체적으로 제품이나 서비스를 개발하여 사용하는 경우와 상용 제품과 서비스를 구매하여 사용하는 경우이다. 자체 개발의 경우는 내부 개발자든 용역 개발자이든 동일한 개발보안을 적용하여 빌트인 보안을 실현한다. 상용 제품과 서비스를 구매하여 사용하는 소비자 입장에서 빌트인 보안의 실현은 제조사나 서비스 공급자가 자사 제품과 서비스 개발 프로세스에서 얼마나 보안을 강조하는 공정과 기술을 적용하고 있는가를 확인하는 것이다. 또한 상용 제품의 개발과 유통 채널, 즉 공급망(Supply Chain)에서 제품의 무결성(Integrity) 보증이 어떻게 이루어지는지 확인하는 것도 빌트인 보안에 포함되어야 한다. 이번 절에서는 빌트인 보안의 핵심인 개발 보안과 공급망 보안에 대해 설명한다.

개발 보안

소프트웨어 개발보안은 소프트웨어 개발 과정에서 개발자의 실수, 논리적 오류 등으로 발생될 수 있는 보안 취약점(또는 약점)을 최소화하여 안전한 소프트웨어(Secure Software)[4]를 개발하기 위해 소프트웨어 개발 생명 주기(SDLC, Software Development Life Cycle)의 각 단계별로 수행하는 일련의 보안 활동이다[5]. 폭포수(Waterfall) 모델, 프로토타입(Prototyping) 모델, 나선형(Spiral) 모델 등이 대표적인 소프트웨어 개발 생명 주기 모델이다. 소프트웨어 개발 생명 주기에 소프트웨어 공학 원리를 적용한 것을 소프트웨어 개발 방법론이라 하며 소프트웨어 시스템 개발을 위한 작업 활동, 절차, 산출물, 기법 등을 체계적으로 정

---

4 보안 관련 기능을 수행하는 소프트웨어가 아니라, 신뢰성이 위협받는 상황에서도 시스템을 신뢰할 수 있는 상태로 유지할 수 있도록 만들어진 소프트웨어.

5 「소프트웨어 개발보안 가이드」(행정자치부·한국인터넷진흥원, 2017)

리한 모음이다.

소프트웨어 개발방법론이 적용된 프로젝트에서 안전한 소프트웨어를 만들기 위해 요구되는 보안 활동들을 추가 적용한 개발방법을 소프트웨어 개발보안 방법론이라 한다. 소프트웨어 개발보안 방법론에서는 안전한 소프트웨어 개발을 위해 소프트웨어 개발 생명 주기에 걸쳐 표 13-2와 같은 보안 활동을 추가 적용한다.

생명 주기 단계	보안 활동
요구사항 분석	어떤 정보들이 시스템화되어 관리되어야 하고, 이때 이 정보들은 얼마만큼의 보안등급(비밀성, 무결성, 가용성)을 가져야 하는지 보안 요구사항을 도출한다.
설계	시스템을 분석해 위협들을 도출(위협 모델링)하고 이에 대한 보안 통제 기준선(Baseline)을 설정한다. 특히 위협 모델링을 통해 최대한 많은 위협들을 도출해 해당 위협들이 충분히 제거될 수 있도록 시스템에 보안 통제를 설계한다.
구현	구현 단계에서 단위 테스트를 통해 보안 취약점을 제거하고 코드 리뷰 또는 소스 코드 진단 작업을 통해 소스 코드 수준의 보안성이 보장되도록 한다. 시큐어 코딩(Secure Coding) 지침서를 준수하여 코딩한다.
테스트	설계 단계의 위협 모델링에서 도출된 위협들에 대해 동적 분석도구를 이용하거나 모의 침투 테스트를 수행하여 검증한다.
유지보수	각 개발 단계에서 안전한 소프트웨어를 만들기 위해 노력하였음에도 불구하고 발생될 수 있는 새로운 보안 취약점의 발견과 악용에 대응하기 위하여 패치 관리를 수행한다.

표 13-2 소프트웨어 개발 생명 주기의 각 단계별로 적용하는 보안 활동 내용

요구사항 분석 단계에서는 소프트웨어에서 처리해야 하는 정보와 그 정보를 처리하는 기능에 적용하는 보안 요구사항을 식별한다. 정보의 자산 가치를 기준으로 중요 정보를 식별하고 컴플라이언스 요구사항에 준하는 보안강도를 적용하여 정보가 안전하게 처리될 수 있도록 설계한다. 정보 처리 기능에 대해서는 표 13-3의 항목에 중점을 두어 보안 요구사항을 도출한다.

항목	보안 요구사항
입력 데이터 검증 및 표현	사용자·프로그램 입력 데이터에 대한 유효성 검증 루틴을 갖추고 실패 시 처리할 수 있노록 설계
보안 기능	인증, 접근통제, 권한관리, 비밀번호 등의 보안정책이 적절하게 반영될 수 있도록 설계
오류 처리	오류 또는 오류상황을 처리하지 않거나 불충분하게 처리하여 중요정보 유출 등 보안약점이 발생하지 않도록 설계
세션 통제	다른 세션 간 데이터 공유 금지 등 세션을 안전하게 관리할 수 있도록 설계

표 13-3 정보 처리 기능에 대한 보안 요구사항 도출을 위한 항목

1부의 표 2-22는 소프트웨어 개발 과정에서 접하는 보안 약점의 유형들을 모아 놓은 것이다. 소프트웨어 개발자는 코드상에서 발생할 수 있는 잠재적 보안 약점을 이해하는 데 있어서, 이 개발 개념의 뷰를 이용하면 도움이 된다. 몇 가지 프로그래밍 언어에 대해서 시큐어 코딩 지침서가 발간되어 있다. 예를 들어 C 언어에 대해서, 카네기멜론 대학교 소프트웨어 공학 연구소의 『CERT C 코딩 표준』과 한국인터넷진흥원의 『C 시큐어코딩 가이드』 등이 있다.

공급망 보안

조직 외부로부터 상용 제품과 서비스를 획득하여 사용하는 경우 공급망의 구조와 이로 인한 보안 취약점에 대해 숙지해야 한다. 조직이 획득한 기술이 어떻게 개발되고, 통합되고, 전개되는지에 대한 가시성과 이해력이 떨어지기 때문에 공급망 위험이 발생한다. 조직은 제품과 서비스의 획득과 관련하여 시스템 통합업체(System Integrator), 공급업체(Supplier), 외부 서비스 공급업체(External Service Provider) 능과

다양한 관계를 맺을 수 있다. 그림 13-2[6]는 공급망에 존재하는 다양한 유형의 업체들의 관계가 조직의 가시성과 통제에 어떻게 영향을 미치는지 보여준다.

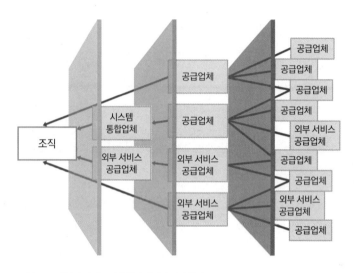

그림 13-2 제품과 서비스의 공급망에서의 가시성 감소

그림 13-2에서 공급망에 참여하는 유형에는 공급업체, 시스템 통합업체, 외부 서비스 공급업체 등이 있다. 공급업체는 오픈소스(Open Source) 솔루션이 포함된 상용 라이선스를 가진 상용(COTS, Commercial Off-The-Shelf) 솔루션을 공급한다. 공급업체는 작은 규모에서 큰 규모, 소품종 업체에서 다품종 업체, 로컬 업체에서 글로벌 업체에 이르기까지 다양하며, 개발 프로세스와 솔루션 수준에서 전문성, 자원, 투명성·가시성 등이 광범위한 스펙트럼에 퍼져있다. 또한 공급업체는

---

6 「Supply Chain Risk Management Practices for Federal Information Systems and Organizations」 NIST SP 800-161(2015)

다양한 수준·유형의 공급망 보안 관리 실무를 가지고 있다. 이러한 실무는 공급업체에 대한 공급망 보안 관리 수준의 평가에 필요한 증거를 제공한다. 공급업체의 공급망 보안 관리 실무에 대한 가시성 수준에 따라 비즈니스 비용이 직접 영향을 받을 수 있다. 높은 수준의 가시성이 요구되는 경우 비용을 동반한다. 공급업체가 비용의 증가나 지적 재산에 대한 위험을 회피하기 위하여 조달에 참여하지 않기로 선택하면 조직 입장에서는 공급업체 또는 기술의 선택이 줄어들 수 있는 단점이 발생한다.

시스템 통합업체는 맞춤 개발, 테스트, 운영, 유지 보수를 포함하여 맞춤 서비스를 제공하는 업체로 일반적으로 구매자의 제안 요청(Request For Proposal)에 제안서를 제출한다. 시스템 통합업체의 제안서에는 여러 단계의 공급업체 계층이 포함될 수 있다. 시스템 통합업체는 해당 공급업체가 구매자의 공급망 보안 요구사항을 충족하는지 검증·확인해야 한다. 구매자는 인지하거나 잠재적인 위험을 처리하기 위한 모든 관련 대책을 요구할 뿐만 아니라 엄격한 공급업체 수용 기준을 만들 수 있는 역량을 가져야 한다.

조직은 외부 서비스 공급업체에게 업무 기능의 관리를 아웃소싱할 수 있다. 정보기술 시스템과 서비스의 아웃소싱은 아웃소싱 대상 기능에 대한 구매자의 가시성과 관리를 감소시키는 공급망 문제를 야기한다. 따라서 공급망 보안 요구사항을 정의하여 조달계약에 명시하고, 제공된 서비스를 모니터링 하여 명시된 요구사항 준수 여부의 평가 체계를 강화해야 한다. 누가 서비스를 수행하는지에 상관없이 이러한 서비스를 사용함으로써 초래될 수 있는 조직의 보안 위험에 대해 궁극적 책임은 구매자의 몫이다.

다단계인 공급망에서 공격의 유형은 다음 두 가지로 분류할 수 있다.

- 제조 과정에서의 변조(Modification During Manufacture) : 공격자가 공급망 생명 주기의 제조 단계에서 기술, 제품, 구성요소 등을 변조한다. 소프트웨어 조합(Composition), 하드웨어 설계와 조립, 펌웨어, 기본 설계 메커니즘 등에 공격자가 개입할 수 있으면 기술을 수정할 수 있는 방법은 거의 무제한적이다. 또한 최종 제품 제조사에 의해 제품으로 조립되는 핵심 구성요소의 제조가 아웃소싱되는 경우가 많다. 가장 큰 위험은 악의적인 하드웨어 또는 장치를 만들기 위해 의도적으로 설계 사양을 조작하는 것이다. 하나의 집적회로에 수십억 개의 트랜지스터가 집적되며, 소규모의 트랜지스터만으로도 악성 기능을 생성할 수 있다.
- 배포 과정에서의 조작(Manipulation During Distribution) : 배포 채널의 어느 단계에서 제품, 소프트웨어, 기술 등의 무결성이 훼손될 수 있다. 최종 소비자에게 제품이 전달될 때 제품은 여러 공급업체와 시스템 통합업체를 거칠 수 있기 때문이다. 제조사가 공급업체에게 제공한 구성요소 및 서비스는 통합(Integration) 또는 패키징 중에 조작될 수 있다.

공급망의 보안 위험은 보안업체에서 APT(Advanced Persistent Threat)라고 부르는 국가 주도의 고급 공격자들에 의해 대부분 발생한다. 기본적인 대응으로 업계에서 평판이 있는 승인된 공급자 목록을 사용하고 특정 공급자로부터 발생할 수 있는 잠재적 피해를 줄이기 위해 다양한 공급자군을 채택하도록 한다.

NIST SP 800-53 문서의 보안 통제에서 '시스템과 서비스 획득' 보안 통제군에는 공급망 보호를 위한 보안 통제 항목이 포함되어 있다. 첫째, 조직은 정보 시스템과 정보 시스템의 구성요소와 관련하여 공급망 위험을 처리하고 구매 담당자를 대상으로 필요한 보안 통제를 교육하기 위한 표준 프로세스를 구현하여야 한다. 둘째, 획득·조달(Acquisition·Procurement) 프로세스를 사용하여 공급망 각 단계에서 공급망의 참여자에 의한 무단 변조의 가능성을 줄이고 제품을 납품하기 전에 제품을 보호하도록 필요한 보안 대책을 구현하도록 요구한다. 이러한 보안 대책은 외주 정보 시스템 서비스에도 적용된다. 관련 보안 통제에는 다음을 포함한다.

- 개발 시스템, 개발 시설, 개발 시스템 등의 외부 연결에 대한 통제
- 개발 인력 자격 검토
- 선적·창고보관 동안 변조 방지 포장의 사용

13.1.2 안전한 형상[7] 관리

정보 시스템의 형상[8]은 정보 시스템의 보안 상태(Security Posture)에 영향을 미친다. 예를 들어 웹 서비스를 제공하는 웹 서버의 앞에 네트워크 트래픽을 걸러주는 방화벽을 설치하면 웹 서버에 대한 보안 위험이 감소한다. 또는 특정 업무를 수행하는 서버 시스템에 업무와 관련되지 않은 서비스를 수행하는 네트워크 포트를 막으면 보안 위험이 감소한다. 최소 기능(Least Functionality) 원칙을 적용하여 사용하지 않거나

---

7 「Guide to Security-Focused Configuration Management of Information Systems」 NIST SP 800-128

8 정보 시스템의 형상 관리(Configuration Management)는 형상의 초기화·변경·감시 프로세스를 통제하여 시스템의 무결성을 확보하고 유지하는 활동이다.

필요하지 않은 운영체제의 기능·프로토콜·포트·서비스 등의 비활성화·제거, 발견된 취약점에 대한 패치(소프트웨어 업그레이드 포함)의 설치, 승인되고 서명된 소프트웨어만 사용, 보안 소프트웨어의 설치·운영(예: 안티-바이러스, 안티-스파이웨어, 개인 방화벽, 호스트 기반 IDS 등) 등은 보안 취약점으로 인한 공격 표면을 줄인다. 이와 같이 운영 중인 시스템에 대해 공격자가 보안 취약점을 악용할 가능성을 감소시키도록 설정한 정보 시스템의 형상을 안전한 형상(Secure Configuration)이라고 한다.

안전한 형상을 위해 다음과 같이 다양한 영역에서 보안을 강화한 값 설정이 필요하다.

- 운영체제와 응용 프로그램의 기능(활성화 또는 비활성화, 특정한 매개변수 설정 등)
- 서비스(자동 갱신 등)와 포트(DNS, SMTP 등)
- 네트워크 프로토콜(NetBIOS, IPv6 등)과 네트워크 인터페이스(블루투스, IEEE 802.11, 적외선 등)
- 원격 접근 방법(SSL, VPN, SSH, IPSEC 등)
- 접근 통제(파일·디렉터리·레지스트리 키 등에 대한 퍼미션 통제, 시스템 로그를 수정하거나 응용 프로그램을 설치하는 사용자 활동 제한 등)
- ID·계정 관리(디폴트 계정 이름 변경, 사용하지 않는 계정을 비활성화하는 데까지 걸리는 시간 결정, 고유한 사용자명 사용, 사용자 그룹 설정 등)
- 인증 통제(패스워드 길이, 특수문자 사용, 최소 패스워드 기한, 멀티 팩터 인증·토큰 사용 등)
- 감사 설정(실패·로그온·퍼미션 변경·파일접근 실패·사용자와 객체 생성·

시스템 파일의 삭제와 수정·레지스트리 키와 커널 변경 등의 주요 이벤트 수집 등)

- 시스템 설정(세션 타임아웃, 원격 접속 수, 세션 락 등)
- 암호(데이터 저장과 전송 보호를 위한 인증된 암호 프로토콜과 알고리즘 사용 등)

안전한 형상 관리를 위한 활동에는 조직과 정보 시스템의 보안 상태에 영향을 미치는 형상을 식별·기록하고, 보안 위험을 고려하여 베이스라인 형상(Baseline Configuration)을 결정·승인하고, 정보 시스템에 대한 형상의 변경이 미치는 보안 영향을 분석하며, 승인·구현된 형상 변경을 문서화하는 것들을 포함한다. 안전한 형상 관리 프로세스는 그림 13-3과 같이 계획수립, 형상 식별과 구현, 형상 변경 통제, 모니터링 등 네 단계로 구성된다. 이 프로세스에는 시간과 자원의 상시적인 투자가 필요하다.

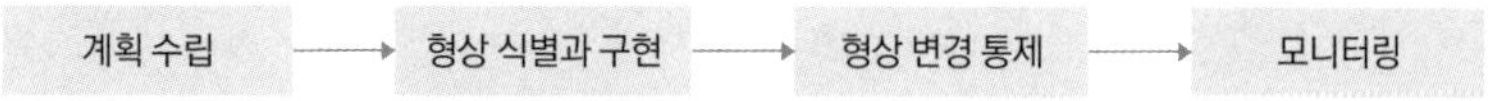

계획 수립 → 형상 식별과 구현 → 형상 변경 통제 → 모니터링

그림 13-3 안전한 형상 관리 프로세스

계획 수립

안전한 형상 관리 계획은 조직에서 사용하는 제품·시스템의 형상을 관리할 때 적용하는 정책과 절차, 역할과 책임을 기술한 문서이다. 표 13-4는 안전한 형상관리 계획서 양식의 샘플이다.

1. 개요
1.1 배경[안전한 형상관리 개요와 목적]
1.2 시스템 개요
    1.2.1 시스템 임무
    1.2.2 데이터 흐름도
    1.2.3 시스템 아키텍처
    1.2.4 시스템 관리 활동
1.3 문서의 목적
1.4 범위
1.5 준수 정책과 절차[법제도, 조직의 정책·표준·절차 등]
2. 안전한 형상 관리 프로그램
2.1 역할과 책임
2.2 프로그램 행정
    2.2.1 안전한 형상 관리 정책과 절차
    2.2.2 형상 통제 위원회 기능
    2.2.3 형상 통제 위원회 설립
    2.2.4 일정과 자원 요구사항
2.3 도구
    2.3.1 도구
    2.3.2 라이브러리
2.4 보관, 아카이빙, 저장, 폐기[형상 관리 항목, 변경 관련 이력정보의 관리 요구사항]
3. 안전한 형상 관리 활동
3.1 형상 식별
    3.1.1 형상 관리항목 유형[하드웨어, 소프트웨어, 문서, 스크립트, 웹페이지 등]
    3.1.2 식별 기준[정보 시스템 구성요소가 어떤 형상 관리항목에 속하는지 판단하는 기준]
    3.1.3 형상 관리항목 라벨 붙이기[이름 작명]
3.2 베이스라인 형상 정하기[베이스라인 형상에 포함될 형상 관리항목 정의]
    3.2.1 준거해야할 공통 보안 형상의 식별
    3.2.2 정보 시스템 구성요소 형상 관리항목 기준선
    3.2.3 정보 시스템 구성요소가 아닌 개체의 형상 관리항목 기준선
3.3 형상 변경 통제
    3.3.1 일정에 잡힌·계획에 없는·승인받지 않은 변경 등의 처리
    3.3.2 보안 영향 분석
    3.3.3 테스트 수행
    3.3.4 형상 통제 위원회에 발견된 사실 제출하기
    3.3.5 형상 통제 위원회 평가와 승인 프로세스
    3.3.6 기록 요구사항
3.4 모니터링[베이스라인 형상과 정책 준수의 모니터링에 관련한 요구사항]
    3.4.1 조직 수준의 도구
    3.4.2 시스템 수준의 도구
    3.4.3 모니터링 요구사항과 주기
3.5 보고하기[모니터링 결과·통계 보고에 관련한 요구사항]
    3.5.1 보고서 수신자
    3.5.2 보고서 검토하기

표 13-4 안전한 형상 관리 계획서 샘플 양식

　형상 통제 위원회(Configuration Control Board) 또는 변경 통제 위원회(Change Control Board)는 제품·시스템의 생명 주기 동안 형상 변경을 통제·승인하는 프로세스를 책임지는 자격을 가진 사람들의 그룹이다. 형상 통제 위원회는 규범을 따르고, 체계적이고 안전한 방식으로 형상 변경이 일어나도록 보장하는 게이트키퍼(Gatekeeper) 역할을 한다. 형상 통제 위원회는 융통성 있게 규모와 형식을 정하며, 다양한 이해관계자의 관점과 전문성을 대표하는 사람들을 멤버로 선정한다. 조직 또는 시스템 임무를 대표하는 개인, 정보보안(정보 시스템 보안 담당자, 보안 최고책임자 등), 정보기술(예: 시스템 관리자, 네트워크 엔지니어, 엔터프라이즈 아키텍트 등), 사용자, 제조사[9] 등이 멤버의 대상이다. 형상 변경 요구절차나 검토절차는 융통성 있게 조절할 수 있다. 심의 결과는 문서로 기록하고 보관한다. 형상 통제 위원회의 권한과 운영 방식을 정의한 헌장(Charter)에는 다음의 내용을 포함하여 작성한다.

- 멤버 자격, 멤버의 역할과 책임, 이사회 등의 상위 감독기구에 보고 여부 등
- 운영 프로세스 : 의사결정에 필요한 정족수, 평가 기준, 처분의 범위 (승인, 비승인, 보류 등) 등

---

9 제조사 참여는 제조사 제품의 특정 기능·구성 설정에 대한 이해 증진과 변경 승인에 대한 더 나은 결정에 도움을 주기 때문이며, 변경의 승인에 제조사를 참여시키지는 않는다.

방대한 규모의 형상을 엑셀 같은 스프레드시트(Spreadsheet) 프로그램을 이용하여 수작업 하는 것은 불가능에 가깝다. 비용을 낮추고, 효율도 높이며, 신뢰성을 높일 수 있는 자동화 솔루션을 사용해야 하며, 다양한 형상 관리 솔루션이 존재한다. 최소한 자동화 솔루션은 여러 운영체제의 정보 시스템 구성요소(웹 서버, DB 서버, 네트워크 디바이스 등)를 스캔해서 설정된 형상 값을 읽어내고, 정책의 준수 여부를 판단할 수 있어야 한다.

형상관리 항목 식별과 안전한 형상 구현

형상관리 항목은 형상관리 대상이 되는 정보 시스템 구성요소(Component)의 모임으로 정보 시스템을 관리 가능한 부분(Manageable Parts)으로 쪼개고 라벨을 붙인 것이다. 형상관리를 위해 정보 시스템을 최적의 형상관리 항목으로 분할하여 형상관리 항목 단위로 형상을 관리한다. 이때 쪼개는 정도(Granularity)에 따라 관리 오버헤드가 소요되기 때문에 적절한 균형이 요구된다. 예를 들면 특정 정보 시스템(서버, 워크스테이션, 라우터, 애플리케이션), 특정 정보 시스템 그룹(운영체제가 같은 서버 그룹, 라우터와 스위치 같은 네트워크 장치 그룹, 애플리케이션 그룹), 정보 시스템 구성요소가 아닌 대상(문서) 등이 형상관리 항목이 될 수 있다.

식별된 형상관리 항목들을 안전한 형상(Secure Configuration)으로 설정해야 하며, 다음의 과정을 통해 최초의 안전한 형상인 베이스라인 형상이 생성된다. 베이스라인 형상은 어떤 시점에 정식으로 검토·승인한 형상관리 항목에 대한 규격의 집합으로, 변경 통제 절차에 의해서만 변경할 수 있다. 다양한 형상관리 항목에 대하여 어떻게 설정되어야 안전한지는 해당 시스템 또는 시스템 구성요소의 제조사나 보안 업체, 보안단체 등에서 제시하고 있다. 특히, 미국 NIST는 특정 IT 제품 또는 IT 제품군에 대한 안전한 형상 점검목록(Checklist)을 다양하게 모아 공개하는 국가 섬검복록 저장소(National Checklist Repository[10])를 운영하고 있다. 안전한 형상 점검목록(강화 안내서[11] 또는 벤치마크라고도 함)은 특정 운영 환경에서 IT 제품(상용 또는 오픈소스 제품들을 포함)을 안전한 형상으로 구성·설정하기 위한 일련의 지시 또는 절차이다. 제조사나 보안 단체가 공개한 점검목록에서 원하는 시스템 또는 시스템 구성요소가 있다면, 이를 참조하여 형상관리 항목을 설정하는 것이 효율적이다.

형상 우선순위 정하기

보안 강화가 필요한 형상을 구현할 대상의 우선순위를 정하는 기준에는 다음과 같은 요소가 있다.

- 시스템 영향 수준
- 위험 평가 결과, 보안위험에 가장 영향을 미치는 형상관리 항목에 높은 우선순위를 부여
- 취약점 스캐닝 : 취약점 심각도(예: CVSS 점수)
- 침투 정도(Degree of Penetration) : 시스템 동질성의 정도

---

10 https://nvd.nist.gov/ncp/repository
11 Hardening Guide

형상 시험

다음과 같은 호환성(Compatibility) 문제가 발생하는지 형상을 테스트[12] 하여야 한다.

- 특별한 동작 요구사항을 가진 레거시(Legacy) 애플리케이션이 안전한 설정 이후 비정상적으로 동작
- 애플리케이션의 설정 값이 운영체제 설정 값과 충돌
- 보안 설정으로 인하여 운영체제나 애플리케이션이 필요로 하는 서비스 차단

이슈 해결과 예외 사항 문서화

보안 설정과 애플리케이션 사이에 발생한 충돌을 해결하지 못하는 경우, 보안 설정을 하지 못하는 사유를 문서에 기록하고, 변경 통제 프로세스를 거쳐 승인한다.

베이스라인 형상의 승인

설정·시험된 보안 설정(보안 설정을 못하는 경우도 포함)은 예비 베이스라인 형상이 되며 조직의 보안 정책에 따라 승인되면 최초의 베이스라인 형상이 된다. 베이스라인 형상의 유지관리를 위해서 실시간에 가깝게 형상 정보를 최신으로 갱신하기 위해 가능하면 자동화 도구를 사용한다.

---

12 형상 테스트를 위해 가상 환경을 이용할 수 있다.

베이스라인 형상의 전개

형상 관리 자동화 도구, 자동화를 위한 스크립트, 제조사가 제공하는 메커니즘 등을 사용하여 중앙 집중적이고 자동화된 방식으로 베이스라인 형상을 배포·전개한다. 이와 함께 매체 라이브러리를 사용하여 베이스라인 형상의 승인 버전을 마스터 카피에 저장·보호·접근통제한다.

형상 변경 통제

형상이 변경되는 사례에는 정보 시스템 배치의 변경, 형상 설정 값의 변경, 결함을 교정하기 위한 변경, 비상 상황에서의 변경 등이 있다. 형상 변경 통제란 정보 시스템 형상의 변경을 관리·통제하기 위한 문서화된 프로세스이다. 변경을 구현·테스트하고 난 후, 승인한 대로 변경을 구현하였는지 확인하고, 현존하는 보안통제에 예기치 않은 영향을 미끼치는지 판단하기 위해 보안 영향을 분석한다. 형상 변경 통제 프로세스는 그림 13-4과 같이 3개의 단계로 구성된다.

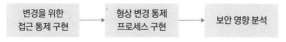

그림 13-4 형상 변경 통제 프로세스의 단계

변경을 위한 접근 통제 구현

접근 통제에는 정보 시스템의 형상을 변경하기 위해 접근할 수 있는 사람에 대한 통제, 변경과 관련된 정보(변경 요청서, 보고서, 통신문, 변경 시험 계획과 결과 등)에 대한 통제 등이 있다. 접근 통제를 구현하기 위해서 ① 형상 변경의 유형을 결정하고 ② 권한을 가진 자와 이들에게 허용된 변경의 유형을 결정하며 ③ 권한을 가진 자가 적절한 변경을 하는 것을 보장하기 위한 기술적 메커니즘(예: 역할기반 접근 통제, 파일·그룹 퍼미션 등)을 구현한다.

형상 변경 통제 프로세스 구현

형상 변경 통제 프로세스는 세부적으로 다음과 같이 8단계로 구성된다.

① 변경 요청 : 정보 시스템 사용자, 헬프 데스크, 관리자 등으로부터 요구, 패치·업데이트·보안경고·시스템 스캔 등으로부터 변경 요구가 발생

② 요구한 변경의 기록 : 정식으로 형상 변경 통제 프로세스를 시작

③ 요구한 변경이 형상 통제를 필요로 하는지 판단 : 통제를 면제받거나 사전 승인된 변경의 경우라면 분석·승인 과정을 거치지 않고 바로 변경 수행, 변경과 관련된 시스템 문서는 갱신

④ 요구한 변경으로 인한 보안 영향을 분석

⑤ 요구한 변경의 보안·기능에 대한 영향을 시험 : 분석 과정에서 식별된 영향을 시험하여 확인하고 추가적인 영향을 도출, 변경의 영향은 형상 통제 위원회에 제출

⑥ 변경 승인 : 형상 통제 위원회가 승인, 변경이 업무수행에 필요하지만 시스템과 조직의 보안에 부정적 영향을 미치면 추가적인 보안통제의 구현을 요구

⑦ 승인된 변경의 구현 : 권한을 가진 직원이 관련 형상의 매개변수를 변경하고 시스템 문서에 반영, 이해관계자들에게 변경을 알림

⑧ 구현의 정확성 검증 : 취약점 스캔, 구현 후의 보안·기능 분석, 영향을 받은 보안 시스템의 재평가 등으로 정확하게 구현·전개되었는지 확인(보안 영향 분석과 시험에서 변경으로 인한 영향을 발견하지 못하였더라도 변경을 잘못하는 경우가 생길 수 있음)

형상 변경 통제를 따르지 않는 하드웨어 폐기·설치, 형상 변경, 패치 설치 등이 빈번하게 발생하며 일정에 없는 비상 변경이 필요한 상황이 발생하기도 한다. 승인하지 않은 변경은 사후에 발견되더라도 변경 통제가 가능하도록 일정에 없는 또는 승인하지 않은 변경을 처리하기 위한 지시문을 형상 변경 통제 절차에 포함시킨다.

보안 영향 분석
형상 변경이 가져올 보안에 대한 영향을 분석하는 프로세스는 세부적으로 다음과 같이 5단계로 구성된다.

① 변경 이해 : 변경이 제출되면 상위 수준의 아키텍처 관점에서 변경을 어떻게 구현할지 검토하고 이미 변경이 이루어진 경우(일정에 없거나 승인하지 않은 변경)에는 변경을 한 당사자 면담, 감사기록 등 가용한 정보를 사용하여 변경의 실체를 이해한다.
② 취약점 식별 : 상용 제품에 대한 변경의 경우에는 NVD(National Vulnerability Database)와 같은 공개 취약점 데이터베이스로부터 해당 제품의 취약점 유무를 확인하며 별도 자체 개발 시스템에 대한 변경의 경우에는 소프트웨어 소스 코드 보안 취약점을 분석한다.
③ 위험 평가 : 발견된 취약점을 악용할 위협의 가능성을 식별하고 이에

대한 영향분석을 수행한다. 평가된 위험이 충분히 낮아서 추가적인 보안 대책을 구현하지 않거나(Risk Acceptance) 위험이 충분히 높아서 변경을 승인하지 않거나(Risk Avoidance) 위험을 감소시키기 위한 보안 대책을 구현(Risk Mitigation)한다.

④ 기존 보안 통제에 미치는 영향 평가 : 변경 사항에 소프트웨어 설치가 포함되어 있으면 베이스라인 형상을 변경해야 하고 감사통제에 사용되는 데이터베이스를 최신 버전으로 갱신하려는 경우에는 갱신이 이루어지는 동안 감사 기능을 중단하여야 한다. 이는 변경되는 구성요소에 의존하는 시스템 구성요소가 존재하는 사례이다.

⑤ 보호대책 수립 : 변경으로 인해 발생하는 위험을 줄이기 위한 대책을 수립해야 한다. 예를 들어 변경으로 사용자에게 권한 상향을 해주어야 하는 경우 더 강한 접근통제를 구현하거나 해당 사용자의 비밀취급등급(Clearance Level)을 상향시키는 등과 같은 추가된 위험을 감소시키는 대책을 수립한다.

기록과 보관

변경 구현이 검증된 후, 설계 문서, 베이스라인 형상, 시스템 보안 계획, 위험 평가 등 지원 문서를 갱신한다. 상당한 변경이 이루어진 경우 시스템 재인가가 요구될 수 있다. 현재의 베이스라인 형상에 변경이 이루어진 것이면 이것이 현재 버전의 베이스라인 형상이 된다. 신규 버전에 문제가 생기면 되돌아가거나(Rollback) 또는 복원하는 데 사용하기 위하여 베이스라인 형상의 이전 버전을 보관한다. 또한 형상의 이전 버전은 보안 사고 대응과 감사에 추적 기능(Traceability)을 지원한다.

형상 모니터링

형상 모니터링의 목적은 ① 현재의 형상이 현재 버전의 베이스라인 형상과 동일한지에 대한 확인 ② 시스템 구성요소 목록의 모든 항목들이 식별되고 적절히 정보 시스템과 연관시킬 수 있는지에 대한 확인 ③ 승인받지 않은(구성요소 목록에 기록되지 않은) 구성요소가 있는지 확인하는 데 있다. 형상 모니터링 동안 수집된 정보는 심층 방어 프레임워크 탐지 계층의 연속 모니터링을 지원하는 데 사용된다.

형상 모니터링 활동은 평가와 보고로 구성된다. 평가를 위하여 다음과 같은 모니터링 수단을 사용하며 규모가 방대한 경우에는 형상 모니터링을 위한 자동화 도구[13]를 구현하여 수행[14]한다. 자동화 도구가 조직의 모든 시스템 구성요소를 지원하지 못하므로, 자동화 도구로 모니터링하지 못하는 시스템·구성요소를 문서로 기록하고, 수작업 모니터링 프로세스를 개발하고 구현해야 한다. 한편 모니터링 자동화 도구가 조직의 정보 시스템 아키텍처에 나쁜 영향을 미치지 않는지 확인하기 위해 보안 영향 분석을 실시해야 한다.

- 스캐닝 : 목록에 기록되지 않은 구성요소 탐지, 승인된 베이스라인 형상과 정보 시스템의 실제 형상 사이에 차이[15]가 있는지 식별
- 감사 기록 및 로그 분석 : 비인가 변경 이벤트 탐지
- 시스템 무결성 점검 : 베이스라인 형상이 변경되지 않았는지 확인

---

13 정보 시스템의 비인가 변경·변경시도를 탐지하고 담당직원에게 경고, 예를 들어 변경·형상 관리도구, 애플리케이션 화이트리스트 관리 도구 등이 있다.

14 오탐(False Positive)이 발생할 수 있기 때문에 자동화 도구가 생성하는 정보의 수집과 분석에 주의가 필요하다.

15 새 도구와 패치를 설치하는 과정에서 실수가 발생할 수 있다.

- 형상 변경 통제 문서 검토 : 형상 변경 통제가 성책과 절차를 준수하는
  지 확인

승인된 변경 이외의 변경이 탐지되면 누가 변경을 하였는지, 정해진 일정에 따라 변경이 이루어졌는지, 이전의 승인된 변경에 부합하는지, 헬프 데스크를 통한 것인지, 제품 배포에 의한 것인지 등을 확인해야 한다. 비인가 변경의 원인에는 다음과 같은 것이 있다.

- 우연의 또는 의도하지 않은 변경, 악의적인 변경·공격
- 형상 변경 통제 프로세스가 자신에게 적용되지 않는다고 믿는 사용자
- 형상 변경 통제 프로세스를 모르는 사용자
- 변경을 구현할 때 발생한 구현 오류
- 변경이 이루어진 시각과 변경에 의해 영향을 받은 정보 시스템의 목록
  과 베이스라인 형상 갱신 시각과의 차이

탐지된 문제에 대한 대응책 사례는 다음과 같다.

- 비파괴적 교정(예: 등록하지 않은 기기 격리, 안전하지 않은 프로토콜 차단 등)
- 담당자에게 자세한 변경 내역을 담은 경고를 이메일로 발송
- 변경을 롤백하고 백업으로부터 복구
- 새로 식별된 구성요소를 포함하도록 목록을 갱신
- 새로운 형상을 반영하기 위해 베이스라인 형상을 갱신

비인가 변경의 원인이 형상 변경 통제 프로세스 관리에 속한 문제이면, 형상 변경 통제 프로세스를 재구성(Reengineering)하여, 변경에 대한 접근 제한을 개선하고, 관련자에게 형상 보안강화 프로세스에 대한 훈련을 제공한다.

안전한 형상관리 활동의 성과 평가를 위해 다음과 같은 정보를 생성하여 경영진에 보고하고, 이를 통해 법 제도 규제준수(Compliance) 여부의 판단을 지원한다.

- 승인된 베이스라인 형상을 준수하는 정보 시스템의 비율
- 상위 조직이 규정한 공통적인 보안 형상을 준수하는 조직의 정보기술 제품의 비율
- 보안 영향 분석 대상인 정보 시스템 변경의 비율

13.1.3 패치 관리[16]

패치(Patch)는 소프트웨어(펌웨어 포함)에 보안이나 기능 문제를 교정하기 위한 것으로, 보안 관점에서 보면 보안 취약점을 해소키는 것이다. 또한 새로운 기능을 추가하는 것도 패치로 이루어진다. 업그레이드(Upgrade)는 이전 버전의 소프트웨어(펌웨어 포함)에 보안이나 기능 문제를 고친 다음 버전을 말한다. 보안의 관점에서 보면, 제조사가 제품의 구 버전에 대한 지원을 하지 않는 경우, 보안 패치도 지원하지 않기 때문에 보안 패치를 지원하는 버전으로 업그레이드가 필요하게 된다. 패치 관리는 제품과 시스템의 패치에 대한 식별·획득·설치·검증 등을

---

16 「Guide to Enterprise Patch Management Technologies」, NIST SP 800-40 Revision 3

수행하는 프로세스이다. 이번 절에서는 패치 관리의 어려움과 이를 극복하기 위한 패치 관리 프로세스를 설명한다.

패치 관리의 어려움

패치 설치 시점(Timing), 설치 우선순위(Prioritization), 패치 시험(Testing) 등 패치 관리에는 여러 가지 어려운 점들이 있다. 패치 발표는 공격자에게도 해당 취약점 정보를 제공(패치로부터 취약점을 역공학하여 취약점 악용코드를 만듦)하는 것이므로, 패치 설치가 빠를수록 좋다. 해당 보안 취약점 악용이 아직 발생하지 않았다면 패치를 설치하지 않아 발생하는 보안 위험(Security Risk)과 철저한 테스트를 하지 않은 채 패치를 설치하는 운영 위험(Operational Risk) 사이에서 고민하게 된다. 기능·운영상에 문제가 발생하면 패치 롤백이 가능하도록 조치한 상태에서 테스트를 하지 않고 패치를 설치할 수 있다.

제조사는 패치 테스트와 설치의 번잡함을 해소하기 위하여 다수의 패치를 번들로 만들어 주기적으로 배포한다. 패치를 번들로 발표하면 취약점의 패치 배포가 지연되어 취약한 기간이 늘어난다. 패치가 배포되지 않은 취약점에 대한 공격이 나타나면, 즉시 해당 취약점에 대한 긴급 패치를 배포한다. 번들 배포로 인해 패치 설치의 효율성이 개선되었기 때문에 취약한 기간은 실제로 감소하는 효과가 있을 수 있다.

취약한 기간을 최소화하기 위하여 모든 패치는 제조사의 배포 즉시 설치해야 하지만 현실은 그리 간단하지 않다. 테스트 없이 패치를 설치할 수 없기 때문에, 패치 테스트에 조직에 주어진 한정된 자원을 투입하기 위한 패치 설치의 우선순위를 정해야 한다. 다음은 패치 설치의 우선순위에 영향을 미치는 요소들이다.

- 패치의 효력 발생을 위하여, 시스템의 재부팅 또는 응용·서비스의 재시동이 필요
- 패치 설치가 필요한 취약한 시스템의 상대적 중요도(예: 서버 대 클라이언트)
- 각 취약점의 상대적 심각도(Severity)
- 패치 사이의 의존도(Dependency)

조직 내에는 다음과 같이 다양한 패치 설치 메커니즘이 존재할 수 있다.

- 소프트웨어 자체 자동 업데이트
- 중앙에서 관리되는 운영체제 관리 도구에 의한 패치 설치
- 패치 관리 솔루션에 의한 패치 설치
- 네트워크 접근 제어, 보안상태 점검(Security Health Check) 등과 같은 솔루션에 의한 패치 설치
- 소프트웨어가 자체적으로 업데이트하도록 사용자가 수동 조작
- 소프트웨어의 패치나 신규 버전을 사용자가 수동 설치

이러한 다양한 패치 설치 메커니즘이 존재함에 따라 충돌이 발생할 수 있다. 즉 여러 메커니즘에서 동일한 소프트웨어의 패치를 설치하려는 시도가 있을 수 있으며, 다른 메커니즘이 설치할 것이라고 미루거나 빠뜨릴 수 있다. 따라서 모든 종류의 패치 설치 방식을 식별하고 충돌을 방지하여야 한다.

소프트웨어 자체 업데이트 메커니즘을 작동시키거나, 패치 관리 솔

루션의 작동을 끄거나, 이전 버전의 소프트웨어를 설치하거나, 설치
된 패치를 되돌리거나 하는 등의 패치관리 프로세스의 무결성을 훼손
(무시 또는 회피)하려는 사용자도 존재할 수 있다. 사용자가 조직의 패
치관리 기술에 손대지 못하게 하고, 패치관리 기술을 연속적으로 모
니터링하여 패치관리 기술의 훼손을 방지해야 한다.

조직에는 다음과 같이 패치 관리가 어려운 호스트도 다수 존재할 수
있는데, 이들도 모두 패치관리 정책과 솔루션의 통제 아래에 둬야 한다.

- 조직의 보안 관리자에 의해 관리되지 않아서 사용자가 자체적으로 관
  리하는 호스트
- 조직의 보안 시스템의 보호를 받지 못하는 영역(예를 들어, 원격 근무지
  의 노트북 같은 사무실 외부에 위치)에 위치하는 호스트
- 비표준 정보기술 기기(예: 어플라이언스 기기[17])
- PC의 전용 관리 소프트웨어를 이용하거나, 직접 업데이트 파일을 다
  운로드하거나, 조직이 제공한 모바일 기기 관리 소프트웨어를 설치하
  여 보안 통제를 수행하는 모바일 기기(모바일 운영체제 기반의 스마트
  폰, 태블릿 등)
- 운영체제 가상화(Virtualization) : 가상 운영체제 이미지와 스냅샷
  (snapshot)[18]
- 시스템 바이오스BIOS 등의 펌웨어

---

17 운영체제나 애플리케이션의 설치·설정 등을 행하지 않고 구입해서 전원을 접속하면 곧 사용할 수 있는
정보기기를 의미한다(출처 : TTA IT 용어사전).

18 특정 시점에 주기억 장치나 하드웨어 레지스터, 상태표시줄 등의 내용을 포함한 메모리의 현재 상태 저
장

다음은 기타 패치 관리의 어려움이다.

- 소프트웨어 목록 관리 : 각 호스트에 설치된 운영체제와 애플리케이션에 대한 버전 정보 등의 패치 설치에 필요한 정보의 유지관리
- 과도한 자원 소모 : 패치 배포나 전송에 필요한 네트워크 대역폭이나 패치 서버 처리량을 과도하게 소모하지 않도록 처리
- 설치 부작용(Side Effects): 패치 설치로 인해 보안 구성 설정이 변경되는 부작용에 대한 탐지
- 패치 설치 검증(Implementation Verification): 설치된 패치가 유효한지 확인하는 것의 어려움(취약점 스캐너를 이용하여 확인)
- 애플리케이션 화이트리스트(Whitelist) 기술과의 충돌: 화이트리스트 기술은 특성을 아는 파일만 실행하므로, 패치된 소프트웨어는 특성이 바뀌게 된다. 모르는 소프트웨어로 간주되어 실행이 금지될 수 있고, 패치된 파일의 특성을 얻어 새로운 화이트리스트를 만들어야 하므로 패치 자동화를 어렵게 함

패치 관리 솔루션
패치 관리 솔루션은 다음과 같은 보안 기능을 제공한다.

- 목록 관리 기능 : 호스트에 설치된 소프트웨어와 버전을 식별 또는 취약한 버전의 소프트웨어를 식별한다. 신규 버전 소프트웨어를 설치하거나 설치를 제거하는 기능을 가진 것도 있다.
- 패지 관리 기능 : 필요한 패치 식별 기능, 배포하기 위해 여러 패치를 묶거나 순서화 기능, 관리자의 패치 선택 기능, 패치 설치 및 설치 검

증 기능, 패치를 한곳에 저장하거나 외부 소스로 부터 다운로드하는 기능 등이 있다

- 기타 기능 : 패치 관리 기능을 제공하는 호스트 기반의 제품 중에는 안티 바이러스, 구성 설정 관리, 취약점 스캐닝 등의 보안 기능을 제공하는 것들도 있다.

다음은 패치 관리 솔루션의 구현, 운영, 유지보수를 효과적으로 수행하기 위한 관리 이슈이다.

보안 위험

패치 관리 솔루션의 보안 위험은 다음과 같다.

- 패치가 부주의 또는 의도적으로 변경될 수 있다.
- 솔루션의 로그인 인증 정보를 비인가자가 사용할 수 있다.
- 솔루션 구성요소의 보안 취약점이 악용될 수 있다.
- 솔루션의 통신 내용을 모니터링 하여 보안 취약점을 식별할 수 있다 (특히 호스트가 외부 네트워크에 있을 때).

패치 관리 솔루션의 보안을 위해서 패치 관리 솔루션의 구성요소들의 보안을 강화하고, 이들 간 네트워크 통신을 암호화한다. 또 패치를 설치하기 전에 패치에 대한 무결성 검증을 실시하고, 배포 전에 패치를 누군가가 훼손시켰는지 시험한다.

단계적 설치

패치는 다음과 같이 단계적으로 배포·설치(Phased Deployment)한다

- 소규모 시작 : 표준화된 PC, 구성 설정이 유사한 서버 군에서 하나의 서버에 대한 패치를 먼저 설치
- 전사적 확대 : 다양한 플랫폼 환경, 비표준 데스크 탑, 레거시 컴퓨터, 특이한 구성 설정을 갖는 컴퓨터 등으로 패치 설치를 확대
- 자동 패치가 어렵거나 특이한 구성 설정을 가진 시스템(내장형 시스템, 산업제어 시스템, 의료 시스템, 시험 시스템 등)은 수작업 패치를 적용하며, 수작업 패치 프로세스를 위한 절차를 문서화

사용성과 가용성

보안 요구와 사용편의성 사이의 균형점을 찾아야 한다.

- 패치 설치로 어떤 애플리케이션이 동작하지 않음 : 배포하기 전에 테스트 실시
- 패치의 효력발생을 위해 재시작, 재가동, 상태 변경으로 데이터·서비스의 상실을 초래
- 모바일 기기의 패치 획득(저속망, 데이터통신 비용 발생)이 경제적으로 부담되지 않아야 함

성과 측정

패치 관리 솔루션과 프로세스의 성과를 측정하는 적절한 기준을 구현하고 사용하여야 한다. 표 13-5와 같이 구현 측면, 효과성·효율성 측

면, 비즈니스 영향 측면[19] 등의 세 가지 유형의 측정 기준이 있다.

기준	실명과 에시
구현 (implementation)	• 패치 관리 솔루션이 관리하는 호스트(PC, 노트북)의 비율 • 패치 관리 솔루션이 자동적으로 관리하는 애플리케이션이 설치된 서버의 비율
효과성·효율성 (effectiveness ·efficiency)	• 업데이트 누락 여부의 점검 빈도 • 호스트 애플리케이션의 자산 목록 갱신 주기 • X%의 호스트에 패치를 적용하는 최소·평균·최대 시간 • 패치가 발표된 후 X일(Y일, Z일) 내에 패치가 이루어지는 비율(X, Y, Z 수치는 10, 20, 30 등과 같이 다른 수치) • 평균적으로, 주어진 시간 내에 완전히 패치되는 호스트의 비율, 패치의 영향이 높은 호스트의 비율, 패치의 영향이 중간인 호스트의 비율, 패치의 영향이 낮은 호스트의 비율 • 완전 자동으로 패치가 적용되는 비율, 부분적 자동화 비율, 수작업 비율
업무 영향 (business impact)	• 패치 관리 프로세스로부터 달성한 비용 절약 • 패치 관리에 할당된 정보 시스템 예산의 비율

표 13-5 패치 관리 솔루션과 프로세스의 성과를 측정하는 세 가지 기준

13.2 탐지 계층

공격을 완벽하게 차단하지 못하는 이유는 제로데이 보안 취약점 때문이다. 제로데이 보안 취약점을 악용하여 차단 계층을 돌파한 공격에 대응하기 위해서는 신속한 탐지가 필요하다. 일단 탐지가 되면 적절한 대응 및 복구 프로세스가 작동한다. 대응 중에도 또 다른 공격이 이루어질 수 있으므로 탐지와 대응은 유기적으로 연결되어 작동해야 한다. 따라서 조직은 탐지와 대응에 집중할 수 있는 팀이 필요하다. 탐지 계층의 보안 통제의 핵심은 조직의 보안 상태를 지속적으로 모니터링

---

19 「Performance Measurement Guide for Information Security」, NIST SP 800-55 Revision
  1

하여 오남용이나 공격같은 보안 정책 위반 행위를 실시간에 가깝게 탐지해 내기 위한 기술, 프로세스, 운영 환경 등을 준비하는 것이다. 이번 절에서는 탐지 세층에서 보안 성책을 위반하는 보안 사고 탐지를 위한 연속 모니터링과 침입 대응·복구의 주요 개념과 프로세스에 대해 설명한다.

13.2.1 연속 모니터링[20]

위험 관리 프로세스의 핵심은 위험 평가를 통해 결정한 위험 허용(Risk Tolerance)[21] 수준을 비용 효과적이고 적절한 보안 통제를 통해 유지하는 것이다. 위험 허용 수준이 유지되는지 확인하기 위해서는 조직의 보안 상태(Security Status)에 대한 모니터링이 필수적이다. 위험 관리 프로세스가 반복적으로 이루어지므로, 모니터링도 일회성이 아니라 지속적으로 연속해서 이루어진다. 여기서 연속(Continuous)이란 위험 기반의 보안 결정을 지원하기에 충분한 빈도(Frequency)를 의미하며, 아무리 잦아도 이산적인 간격으로 모니터링을 수행한다.

연속 모니터링을 통해 변화하는 시스템과 환경에 대해 보안 통제의 효과(Effectiveness)를 평가하고 새로운 위협과 취약점 정보를 반영하여 조직의 보안 요구사항을 조정한다. 위협, 취약점, 보안 통제에 대한 연속 모니터링은 상황 인식(Situational Awareness)을 높여 위험 기반 결정의 정확성을 높인다. 또한 연속 모니터링을 통해 규정 준수 중심(Com-

---

20 「Information Security Continuous Monitoring for Federal Information Systems and Organizations」, NIST SP 800-137

21 기대하는 결과를 달성하기 위해 조직이 기꺼이 받아들이는(감내하기로 용인한) 위험 수준(the level of risk an entity is willing to assume in order to achieve a potential desired result)

pliance-Driven)의 위험 관리에서 데이터 중심(Data-Driven)의 위험 관리로 전환할 수 있다.

그림 13-5는 공격과 같은 이상 행위를 탐지하고 보안 통제의 효과를 평가하기 위해 연속 모니터링을 통해 시스템 보안 상태를 확보하는 개념을 나타내고 있다. 보안 통제 효과는 보안 통제 구현의 정확성과 구현된 보안 통제가 현재 설정된 위험 허용(Risk Tolerance)을 얼마나 적절히 만족시키느냐에 결정된다. 이상 행위를 탐지하기 위해서 시스템 보안 상태를 가장 잘 전달할 수 있도록 설계한 측정지표(Metrics)를 사용한다.

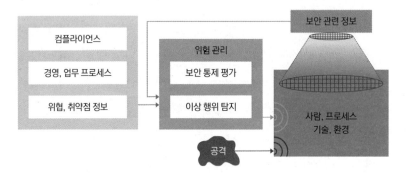

그림 13-5 위험 관리 프로세스와 연속 모니터링

조직 내에서 위험 모니터링 활동은 시스템, 업무 프로세스, 조직 등 3개 계층에서 이루어진다. 이사회나 경영층은 조직의 위험 허용 수준을 결정한다. 이는 조직 전반의 정책과 절차에 영향을 끼친다. 시스템 계층의 기술적·관리적·물리적 보안 통제가 정확하게 구현되고, 의도한 대로 동작하며, 보안 요구사항을 만족하는 결과를 산출하는지 등의 여부를 보안 통제 모니터링으로 평가한다. 시스템 계층의 이러한 평가결과는 조직과 업무 프로세스 계층에서의 위험관리 결정을 지원한다. 또한 시스템 계층의 보안 상태 측정지표는 조직의 위험을 평가·대응·관찰하는 데 사용한다.

연속 모니터링은 자원과 시간 소모가 많을 수 있다. 모든 보안 통제의 모든 측면을 평가하는 것은 비현실적일 수 있다. 100% 조사하는 것보다 보안 개체의 샘플링이 효과적이고 효율적인 모니터링 방법일 수 있다. 또한 보안 통제 평가와 모니터링 주기는 모든 평가 항목에 대해 일률적으로 정해진 것은 아니며, 보안 위협 및 취약성에 대한 최신 정보를 포함하여 시스템 또는 운영 환경의 변화에 따라 조절된다.

연속 모니터링 전략 수립과 연속 모니터링 프로그램 구현

연속 모니터링 전략에는 위험 기반 의사결정을 적시에 지원하기 위한 보안 통제 평가, 보안 상태 모니터링, 보안 상태 보고 등을 포함한다. 연속 모니터링 전략을 개발하고 연속 모니터링 프로그램을 구현하는 프로세스는 다음과 같다.

- 위험 허용을 기반으로 연속 모니터링 전략을 정의한다.
- 모니터링 항목, 보안 상태 모니터링 빈도, 보안 통제 평가 빈도, 연속 모니터링 시스템 아키텍처 등을 결정하는 연속 모니터링 프로그램을 수립한다.
- 연속 모니터링 프로그램을 구현하고, 가능한 경우 모니터링 항목 수집, 분석, 보고를 자동화한다.
- 수집된 데이터 분석 및 결과 보고, 적절한 대응을 결정한다. 기존 모니터링 데이터를 명확히 하거나 보완하기 위해 추가 정보를 수집해야 할

수도 있다.

- 기술·관리·운영 측면에서의 대책 수립, 발생한 위험의 용인·전이·회피 등의 대응 활동을 수행한다.
- 모니터링 프로그램을 검토 및 갱신하고, 연속 모니터링 전략을 조정하고, 모니터링 항목을 정교화시켜 자산에 대한 가시성, 취약점에 대한 인식 등을 높이고, 조직의 보안을 데이터 중심으로 관리한다.

연속 모니터링 전략 정의

효과적인 연속 모니터링은 조직의 3 계층(경영, 업무 프로세스, 정보 시스템)에서 연속 모니터링 요구사항과 활동을 다루는 전략을 개발하는 것으로 시작한다. 각 계층은 보안 상태 측정 항목을 모니터링하고, 계층별 특화된 의사 결정을 지원하도록 맞춰진 보안 상태 보고서와 설정된 평가 빈도에 따른 보안 통제의 효과성을 평가한다. 경영과 업무 프로세스 계층에서 구현되거나 이들 계층의 지침에 따라 관리되는 정책, 절차, 도구 등은 계층 내와 계층 간 데이터 공유를 지원한다. 하위 계층은 상위 계층에서 요구되는 정보 이외의 정보가 필요할 수 있으므로, 상위 계층의 정책과 일관성을 유지하며 의사 결정을 위한 자체 요구사항을 해결하기에 충분한 계층만의 전략을 개발할 수 있다. 각 계층에서 수행되는 작업과 활동은 중복될 수 있다.

연속 모니터링 전략에 반드시 포함되는 부분은 사전 설정된 빈도에 의한 모니터링과 더불어 전략 검토 또는 업데이트를 유발하는 조건을 포함하는 것이다. 마찬가지로 조직은 수정된 연속 모니터링 전략에 따라 연속 모니터링 프로그램을 업데이트하기 위한 기준과 절차를 정의한다.

① 경영과 업무 프로세스 계층에서의 연속 모니터링 전략

경영 계층에서는 전반적인 조직의 위험 허용 수준과 위험 완화 전략을 설정한다. 연속 모니터링 전략은 조직의 위험 허용 수준에 따라 위험 관리를 지원하기 위해 개발·구현된다. 연속 모니터링 전략, 정책, 절차는 모든 계층에서 개발될 수 있지만, 일반적으로 조직 차원의 연속 모니터링 전략과 정책은 경영 계층에서 개발되어 업무 프로세스 계층에서 절차로 구현된다. 조직 차원의 전략이 업무 프로세스 계층에서 개발되면, 경영 계층의 의사결정자는 해당 전략을 검토하여 업무 프로세스에서 조직의 위험 허용 수준을 적절히 고려하였는지 확인하고 승인한다. 승인된 조직 차원의 전략은 업무 프로세스와 정보 시스템 계층의 담당자에게 전달되고, 업무 프로세스와 정보 시스템 계층의 전략, 정책, 절차에 반영된다.

경영과 업무 프로세스 계층에서 다음과 같은 정책, 절차, 양식이 연속 모니터링 전략을 지원하기 위해 개발된다.

- 모니터링 전략의 수정 및 유지보수를 위한 정책
- 보안 통제 효과성 평가를 위한 정책과 절차
- 보안 상태 모니터링을 위한 정책과 절차
- 보안 상태 보고를 위한 정책과 절차
- 위험 평가를 위한 정책과 절차
- 형상 관리와 보안 영향 분석을 위한 정책과 절차.
- 모니터링 빈도 설정을 위한 정책과 절차
- 모니터링 표본 크기와 개체수를 결정하고 개체 샘플링을 관리하기 위한 정책과 절차

- 보안 상태 측정 항목과 측정 대상을 결정하는 절차
- 위협 평가 양식
- 보안 상태 보고 양식

정책, 절차, 양식은 수동 및 자동 모니터링 방법론을 반드시 다루어야 한다. 또한 연속 모니터링 담당자의 교육을 위한 정책과 절차를 수립한다. 여기에는 자동화 도구의 관리와 사용에 대한 교육(운영 환경에 대한 정확한 모니터링을 위한 베이스라인 설정과 측정 항목 조정 등), 내부 또는 외부보고 요구사항에 대한 교육, 허용 한도를 초과하는 위험을 나타내는 측정 항목의 경고를 인식하고 적절한 대응을 위한 교육 등이 포함된다.

경영과 업무 프로세스 계층의 의사결정자는 다음과 같은 책임을 진다.

- 조직의 연속 모니터링 전략 개발에 대한 의견 제공
- 모니터링 결과를 검토하여 보안 상태 확인
- 모니터링 결과를 검토하여 모니터링 계획 및 정책을 조정 또는 갱신해야 하는지 확인
- 모니터링 결과를 검토하여 취약점에 대한 새로운 정보를 식별
- 모니터링 결과에 나타난 위협 활동에 의해 입증된 신규·당면 위협에 대한 정보 검토
- 정보 시스템과 정보 시스템의 운영 환경 변경으로 인한 조직과 업무 프로세스에 대한 보안 영향 분석
- 현재의 위험이 조직의 위험 허용 수준 내에 있는지 결정
- 연속 모니터링 활동과 위험 평가 결과를 토대로 필요에 따라 대응 조

치를 수행

• 관련 보안 문서 업데이트

② 정보 시스템 계층에서의 연속 모니터링 전략

시스템 수준의 연속 모니터링 전략은 정보 시스템 계층뿐만 아니라 위험 허용 수준에 따라 모든 계층에서의 위험 관리를 지원하기 위해 개발·구현된다. 시스템 수준의 보안 관련 정보에는 시스템 수준의 보안 통제에 대한 평가 정보와 보안 상태 측정 항목의 측정 데이터가 포함된다. 시스템 소유자는 경영과 업무 프로세스 계층에서의 요구사항·정책·절차·양식뿐만 아니라 시스템 아키텍처와 운영 환경 등을 고려하여 시스템 수준의 연속 모니터링 전략을 수립한다.

시스템 수준의 연속 모니터링은 보안 통제 효과성 평가, 보안 상태 측정, 결과 보고에 대한 것이다. 최소한 시스템 수준에서 구현된 모든 보안 통제의 효과성을 평가한다. 시스템 소유자는 모든 계층의 요구사항을 바탕으로 보안 통제의 효과성 평가 빈도를 결정한다. 시스템 계층의 보안 관련 정보는 모든 계층에서 보안 상태를 결정하는데 사용된다.

경영 또는 업무 프로세스 계층에서 구현되고 관리되는 공통적인 보안 통제에 대한 평가 결과와 정보 시스템 계층에서 생성된 정보와 결합하여 의사결정자에게 독립적으로 생성된 증거들의 집합을 제공한다. 연속 모니터링에서 얻은 평가 증거는 최소한 조직의 정책에서 요구하는 만큼의 빈도로 의사결정자에게 제공된다.

시스템 계층의 의사결정자는 다음의 책임을 진다.

- 조직 차원의 연속 모니터링 전략의 개발 및 구현에 의견 제공
- 정부 시스템과 정보 시스템의 운영 환경에 대한 변경의 보안 영향을 결정
- 운영 중인 보안 통제의 효과성 평가
- 정보 시스템의 보안 상태를 검토하여 시스템과 조직의 위험이 허용 범위 내에 있는지 확인
- 현재 진행 중인 모니터링 활동 결과, 위험 평가를 토대로 필요에 따라 대응 조치를 수행
- 정보 시스템의 보안 상태를 보고

③ 샘플 집단 정의

조직 내 모든 시스템의 모든 개체로부터 데이터를 수집하는 것은 비실용적이거나 비용이 많이 들 수 있다. 샘플링은 연속 모니터링을 더 비용 효율적으로 만들 수 있고, 수동 및 자동 모니터링 모두에서 사용할 수 있는 방법이다. 샘플링의 위험은 전체 모집단의 평가에서 얻을 수 있는 평가 결과의 변이를 표본 집단이 포착하지 못할 수 있다는 것이다. 이로 인해 보안 통제 효과성과 조직의 보안 상태가 부정확하게 나타날 수 있다. 표본 집단을 선택할 때 평가 개체 유형을 다양화하고, 평가 개체 유형을 '충분하게' 선택하며, 평가 개체 유형별로 '충분한' 개체를 포함한다.

전체 조직에 걸쳐 보안 통제가 올바르게 구현되고 의도대로 작동한다는 확신에 대한 강화된 근거를 얻는 방법은 더 구체적으로 질문하고, 평가 대상의 유형을 늘리며, 유형별 평가 대상의 수를 늘리는 것이다. 또한 무작위 표본 이외에 특정 개체를 평가 대상으로 삼을 수 있

다. 그러나 무작위 샘플링 이외의 샘플링 방법이 편향을 유발하지 않도록 주의해야 한다. 자동화된 데이터 수집 및 분석은 샘플링의 필요성을 줄일 수 있다.

연속 모니터링 프로그램 수립

조직은 연속 모니터링 전략을 실행하기 위한 프로그램을 수립한다. 프로그램의 목표에 정보 시스템과 운영 환경의 비정상과 변경 탐지, 자산 가시성, 취약점 인식, 위협에 대한 정보, 컴플라이언스 등의 보안 상태 측정을 포함한다. 허용 위험 내에서 위험을 관리하는 데 필요한 정보를 확보할 수 있도록, 측정지표(Metrics)를 설계하고 측정 빈도를 결정한다. 정확한 빈도로 적절한 문맥의 요구 정보를 제공하도록 설계된 아키텍처 안에서 도구, 기술, 수동 및(또는) 자동화 방법론을 구현한다.

① 측정지표 결정

조직의 위험을 평가하고 통제하는 데 사용할 측정지표를 결정한다. 자동화 도구와 수동 절차에 의해 생성된 평가 및 모니터링으로부터의 모든 보안 관련 정보를 포함하는 측정지표는 의사 결정과 보고 요구사항을 지원하는 의미있는 정보로 구성된다. 측정지표는 보안 상태를 유지하거나 향상시키는 구체적 목표로부터 만들어져야 한다. 시스템 데이터가 업무 프로세스 또는 경영 계층의 위험 관리에 의미를 가질 수 있도록 측정지표를 개발한다.

측정지표는 서로 다른 빈도로 수집되기 때문에 수집 시점이 다양한 보안 관련 정보를 포함한다. 측정지표의 예로는 공개되어 교정된 취약점의 수와 위험등급, 비인가 접근 시도 횟수, 베이스라인 형상 정보,

비상 계획 테스트 날짜와 결과, 보안 인식교육을 받아야 하는 직원의 수, 조직에 대한 위험 허용 기준, 주어진 시스템 구성 설정과 관련된 위험 점수 등이 있다.

예를 들어 네트워크에서 인가받은 구성요소와 비인가 구성요소의 상태를 모니터링 하는 데 사용할 수 있는 측정지표는 물리적 자산 위치, 논리적 자산 위치(서브넷·IP 주소), MAC 주소, 시스템 연결, 네트워크 연결을 위한 정책·절차 등과 같은 측정지표에 의존할 수 있다.

측정지표는 연속 모니터링 전략에 따라 다양한 빈도로 갱신된다. 매시간, 매일 또는 매주 측정지표를 계산할 수 있다. 논리 자산 정보는 매일 바뀔 수도 있지만, 네트워크 연결을 위한 정책과 절차는 일년에 한번 검토 또는 수정될 가능성이 높다.

모든 보안 통제가 올바르게 구현된다는 보장 없이는 측정지표에 근본적인 결함이 있다는 점에 유의해야 한다. 측정지표는 보안 아키텍처의 출력에 따라 정의되거나 계산된다. 평가되지 않은 보안 통제를 가진 보안 아키텍처에서 측정지표를 수집하는 것은 깨진 자를 사용하는 것과 같다. 측정지표 데이터의 해석은 측정지표 계산에 직·간접적으로 사용되는 보안 통제가 예상대로 구현되고 작동한다는 것을 전제로 한다.

② 모니터링과 평가 빈도 결정

보안 상태 모니터링과 보안 통제 평가의 빈도를 결정하는 것은 조직의 연속 모니터링 프로그램의 중요한 기능이다. 표 13-6에 보안 상태 모니터링과 보안통제 평가의 빈도 결정 시 고려 기준(Criteria)을 정리하였다.

항목	설명
보안 통제의 변동성 (volatility, 구현 후 시간이 지남에 따라 보안 통제가 얼마나 자주 변경되는지에 대한 척도)	• 변동성이 높은 보안 통제의 평가 빈도가 높다. • 정보 시스템 형상(구성 설정, 정부 시스템 구성유소 목록 등)은 일반적으로 변경이 빈번하여 평가 및 모니터링 빈도가 높다. • 직위 분류 또는 인사 조회와 같은 보안 통제는 대부분의 조직에서 오랜 기간 동안 정적으로 유지되는 경향이 있으므로 일반적으로 평가 빈도가 낮다.
시스템 보안유형·영향 수준	• 높은 영향의 시스템에 구현된 보안 통제는 중간 영향의 시스템에 구현된 보안 통제보다 모니터링 빈도가 높다.
식별된 취약점을 가진 보안 통제	• 보안 평가 보고서에 기재된 상존 위험은 위험이 허용 범위 내에서 유지되도록 더 빈번한 모니터링이 필요하다. • 취약점이 있는 보안 통제는 취약점 수정이 완료될 때까지 더 빈번한 모니터링이 필요하다. • 영향이 큰 취약점이 영향이 작은 취약점보다 빈번한 모니터링이 필요하다
조직의 위험 허용	• 낮은 허용 위험을 가진 조직(대량의 개인정보를 처리·저장·전송하는 조직, 높은 영향의 시스템이 많은 조직, 지속적으로 위협에 직면한 조직 등)은 높은 허용 위험을 가진 조직(개인정보 처리·저장·전송이 거의 없고, 낮은 또는 중간 영향의 시스템을 주로 사용하는 조직)보다 모니터링 빈도가 높다.
위협 정보	• 알려진 악용코드와 공격 패턴 등과 같은 현재 믿을만한 위협 정보에 맞추어 모니터링 빈도를 조정한다. 조직에 구현된 기술의 취약점을 악용하는 공격이 발생한 경우, 관련 보안 통제 또는 모니터링 항목에 대한 모니터링 빈도를 일시적 또는 영구적으로 증가시키면 해당 위협으로부터의 방어에 도움이 된다.
취약점 정보	• 모니터링 빈도의 조정에 제품의 취약점 정보의 공개 상황을 고려해야 한다. 제품 제조사가 매월 보안 패치를 제공하는 경우, 조직은 적어도 해당 제품에 대한 취약점 스캔 빈도를 높여야 한다.
위험 평가 결과	• 조직 또는 시스템에 대한 위험 점수화 체계가 있는 경우, 위험 점수는 관련 보안 통제의 모니터링 빈도를 증가 또는 감소시키는 논거로 사용할 수 있다

표 13-6 보안 상태 모니터링과 보안통제 평가의 빈도 결정 시 고려 기준

업무 프로세스 계층에서 각 보안 통제와 보안 상태 측정지표의 평가와 모니터링 최소 빈도를 설정한다. 많은 수의 시스템에 적용되는 공통 보안 통제는 단일 시스템 보호를 위한 비슷한 보안 통제보다 평가 빈도가 높다. 정보 시스템 계층에서는 경영 및 (또는) 업무 프로세스 계층 정책에 의해 설정된 최소 모니터링·평가 빈도를 검토하고, 최소 빈도가 주어진 정보 시스템에 적합한지 여부를 결정한다. 일부 정보 시

스템은 상위 계층에서 지정한 것보다 더 많은 빈도로 특정 보안 통제를 평가해야 할 수도 있다. 여타 시스템보다 모니터링 빈도가 높아야 하는 시스템(공개 서버, 네트워크 경계 보호 장치, 업무 영향 분석에서 중요한 것으로 간주되는 구성요소 등)이 있는지 식별해야 한다.

보안 통제를 평가하거나 보안 상태를 즉시 확인해야 하는 이벤트가 발생할 수 있다[22]. 이러한 이벤트에는 보안 사고, 새로운 위협 정보, 시스템과 운영 환경의 중요한 변화, 신규 또는 추가적인 임무와 책임, 위험 평가 결과 등을 포함할 수 있다. 이는 계획에 없던 평가가 필요하며, 연속 모니터링 전략에 사전 정의된 유형의 평가이거나 긴급한 사항을 해결하기 위해 맞춤형 평가가 요구된다.

③ 연속 모니터링 아키텍처 개발

조직 외부뿐만 아니라 조직 내부(계층 내부와 계층 간)에서 보안 관련 정보가 수집되고 전달되는 방법을 결정해야 한다. 연속 모니터링을 지원하기 위해 구현되는 아키텍처[23]의 핵심 요구사항은 데이터 수집·저장·분석, 검색 및 보고 기능이다. 효율성 및 통찰력을 향상시키기 위하여 자동화 도구·기술·방법을 사용한다. 데이터 소환을 최소화하고 데이터 재사용을 극대화하도록 아키텍처와 관련 정책·절차를 설계한다. 이기종이 섞여 있는 데이터 소스로부터 데이터 수집이 이루어진다. 상호운용 가능한 데이터 스펙(XML 등)을 사용하면 데이터를 한 번 수집하고 여러 번 재사용할 수 있다.

---

22 이벤트 기반 평가(Event-Driven Assessments)

23 NIST의 연속 모니터링을 위한 기술 참조 모델 : CAESARS Framework Extension: An Enterprise Continuous Monitoring Technical Reference Model

그림 13-6에서는 데이터 수집, 종합 및 분석, 모든 계층 사용자에 대한 보고에 이르는 연속 모니터링 프로세스에서 보안 관련 정부의 흐름을 개괄적으로 보여주고 있다. 연속 모니터링의 결과 보고 내용은 계층에 따라 다르다. 예를 들어 시스템 계층의 시스템 관리자는 시스템 수준의 작업(구성 설정 변경 등)을 실행하기 위한 기술적 세부사항에 관심이 있는 반면, 경영 계층의 임원은 조직 차원의 의사결정(보안 정책 변경, 보안 인식 프로그램에 대한 비용 증가, 보안 아키텍처 수정 등)에 필요한 종합된 결과 보고에 더 많은 관심을 가질 수 있다. 각 계층 사용자에게 원하는 양식의 정보와 효과적인 의사결정에 필요한 데이터 수집 빈도를 제공할 수 있도록 연속 모니터링 기능을 신중하게 설계하여야 한다.

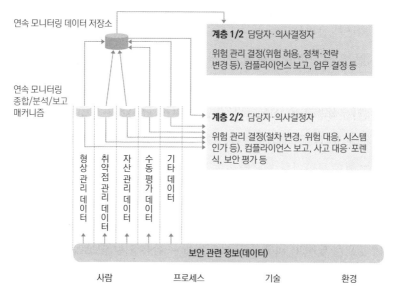

그림 13-6 연속 모니터링 아키텍처

연속 모니터링 프로그램 구현

설정된 측정지표를 위한 보안 관련 정보가 수집되고, 보안 통제 평가가 수행되면, 생성된 보안 관련 정보는 조직의 정책과 절차에 따라 보고된다. 모든 보안 통제의 효과를 모니터링하고, 모든 보안 통제를 보안 상태 모니터링에 사용한다. 그림 13-6 같이 데이터 수집원에는 사람, 프로세스, 기술, 컴퓨팅 환경을 포함한다.

데이터 수집, 분석, 보고는 가능하면 자동화한다. 수동 또는 자동 여부에 관계없이 다양한 시점과 다양한 출처에서 수집한 데이터를 조립하고, 위험 관리 의사결정을 위해 연관성 분석 등을 수행한다. 연속 모니터링 프로세스 구현 단계 중 일부는 위험 관리에 관련된 의사결정 요구사항에 따라 연속 모니터링 데이터를 효과적으로 구성하고 관련자에게 전달하는 것이다. 조직 전반의 연속 모니터링 아키텍처를 위해 도구와 방법을 선택하여 위험 기반 의사결정에 정확한 최신 정보가 제공되도록 하여야 한다.

데이터 분석과 결과 보고

평가와 모니터링 결과를 분석·보고하기 위한 절차를 개발한다. 여기에는 연속 모니터링 보고를 받는 담당자, 보고의 내용과 형식, 보고 빈도 등을 포함한다. 또한 자동화가 용이하지 않은 보안 통제 결과를 분석·보고하기 위한 요구사항도 포함한다. 분석 중인 정보를 보완하거나 명확하게 하기 위해 추가 데이터를 수집해야 할 수도 있다. 시스템과 업무 프로세스 계층 담당자는 경영과 업무 프로세스 계층의 정책과 절차에서 요구하는 보고서를 제공한다.

① 데이터 분석

연속 모니터링에서 생성된 정보를 분석한다. 분석될 정보는 정기·자동·수시 보고서, 데이터 피드, 데이터베이스 뷰 등과 같은 다양한 형식으로 분석 담당자에게 제공된다. 허용된 위험 수준, 시스템·업무 프로세스·조직 전반에 미치는 보안 취약점의 잠재적 영향, 선택할 수 있는 대응 수단들의 잠재적 영향 등과 관련지어 연속 모니터링에서 생성된 정보를 분석한다. 조직과 시스템의 실시간 또는 거의 실시간에 가까운 보안 관련 정보를 분석하는 동안 새로 등장하는 취약점 및 위협 정보를 함께 고려한다. 분석 보고서를 검토하여 위험 완화 활동을 수행할지 또는 위험의 전이·회피·수용 등을 결정한다. 이러한 결정에 대한 논거로 조직의 위험 허용, 업무 프로세스에 대한 부정적 영향, 구현의 비용 효율성 등을 포함할 수 있다. 위험 결정과 결정의 논거는 조직 정책 및 절차에 따라 기록한다.

② 보안 통제 평가 보고

보안 요구사항을 효과적으로 구현하고 있는지 모든 보안 통제에 대한 평가를 보고한다. 시스템 수준에서 평가 정보는 인가 결정과 조치 일정의 생성과 추적에 필요한 정보이다. 일부 보안 통제 또는 보안 통제의 요소들은 보안 상태 측정지표이다. 따라서 이러한 보안 통제의 효과성을 평가하는 것은 관련 측정지표의 보안 상태를 모니터링하는 것과 같다.

담당자는 조직 정책과 절차에 따라 평가 결과를 보고한다. 측정지표와 평가 결과에 대해 상위 조직에서 추가적 보고를 요구할 수 있다. 조직은 연속 모니터링 전략에 보안 상태 보고 요구사항을 정의한다.

여기에는 연속 모니터링 보고를 받는 담당자·지위, 보고 내용과 형식, 보고 빈도 등을 포함한다.

시스템 담당자는 평가 결과를 보고하고, 시스템 차원의 완화 방법을 문서화하고, 경영과 업무 프로세스 계층의 담당자에게 권장 사항을 제공한다. 경영과 업무 프로세스 계층 담당자는 전체 보안 상태와 모든 보안 통제의 효과성을 결정하기 위해 시스템 계층의 결과를 검토한다. 보고 내용은 누가 보고받는지, 보고 빈도, 보고 목적 등에 따라 달라진다. CIO와 CISO에 제공되는 보고에는 분기별 모든 시스템에 대해 더 세부적인 기술 데이터를 포함할 수 있다. 보안 사고 대응팀 관리자는 경보가 발생하면 예외(Exception) 보고를 받을 수 있으며, 네트워크 관리자는 매분 업데이트되는 네트워크 활동을 보여주는 상황판(Dashboard)을 검토하고 매시간 또는 매일 업데이트되는 측정지표의 요약을 받아본다. 변동성이 큰 보안 통제 또는 취약점이 있는 보안 통제에 대해 더 자주 보고할 것을 고려할 수 있다.

또한 쉽게 자동화할 수 없는 보안 통제 결과 보고를 어떻게 할 것인지에 대한 요구사항을 정의한다. 수동으로 생성하는 보고 결과를 포함하여 평가 및 모니터링 결과를 수집 및 보고하는 절차를 개발한다. 빈도 결정, 상태보고, 모니터링 전략 개정 등에 사용하는 조치 일정으로부터의 정보를 수집 및 관리하기 위한 절차도 개발한다.

③ 보안 상태 모니터링 보고

보안 상태 모니터링 보고 절차를 개발한다. 보안 상태에 대한 데이터는 조직 전체적으로 사전에 정의한 측정지표를 모니터링하여 얻는다.

결과 보고에 대한 대응

연속 모니터링 결과로부터 보안 정책 변경, 보안 통제 추가 또는 수정, 모니터링 빈도 변경, 보안 정보에 대한 더 자세한 분석 또는 추가 분석 등 적절한 보안 관리 활동과 조율된 대응이 이루어진다. 경영 계층에서의 대응에는 보안 정책 변경이 있다. 경영 계층의 대응은 업무 프로세스의 요구사항과 엔터프라이즈 아키텍처의 제약, 법제도 준수 사항 등으로 인해 제한될 수 있다. 업무 프로세스 계층의 대응에는 추가 정보 요구, 측정지표의 수정 또는 신규 측정지표 추가, 업무 프로세스의 변경 등을 포함한다. 이는 조직의 정책과 전략, 업무 목표, 자원과 인프라의 제약 등에 의해 제한될 수 있다. 시스템에서의 완화 전략은 시스템 수준의 위험에 직접적이고 즉각적인 영향을 미친다. 시스템 계층의 대응에는 추가 보안 통제 구현, 구현된 보안 통제 변경, 시스템의 작동 중단, 모니터링 빈도 변경, 보안 관련 정보에 대한 추가 또는 더 상세한 분석 등을 포함한다. 이는 조직의 프로세스에 부정적인 영향을 미치지 않도록 경영과 업무 프로세스 계층의 정책, 요구사항, 전략 등이 설정한 제약 내에서 이루어진다.

대응 전략을 구현하기 위해 일정 기간이 소요되는 경우, 시스템의 조치 일정에 구현 계획을 문서화한다. 약점이 발견되면 대응 조치를 평가하고, 완화 조치를 즉시 수행하거나 조치 일정에 추가한다. 연속 모니터링 프로세스의 대응 단계에서 수정, 강화 또는 추가한 보안 통제를 평가하여, 이들 보안 통제가 효과적으로 구현되었는지 확인한다.

연속 모니터링 전략과 프로그램의 검토와 갱신

연속 모니터링 전략과 프로그램은 정적이지 않다. 보안 통제 평가, 보안 상태 측정, 모니터링과 평가 빈도 등은 필요에 따라 변경된다. 수용 가능한 위험 허용 수준 내에서 운영될 수 있도록 위험 평가에 대한 정확성을 높이고, 측정지표의 유효성을 유지하고, 수집·분석 데이터가 최신의 완벽한 것이 되도록 연속 모니터링 전략을 검토한다. 또한 전략 검토는 보안 상태에 대한 통찰을 향상시키는 방법을 식별하고, 데이터에 근거한 위험 관리 의사결정을 효과적으로 지원하며, 알려진 위협과 새로운 위협에 대한 대응 능력을 향상시키기 위함이다.

전략의 타당성, 모니터링 항목 측정의 정확성, 모니터링과 평가 빈도 등을 포함한 연속 모니터링 전략의 모든 측면을 검토하고 수정하기 위한 절차를 수립한다. 수집된 데이터가 보고 목적으로 필요하지 않거나 보안 상태를 유지 또는 향상시키는데 유용하지 않은 것으로 판명되면 해당 데이터 수집을 중단한다. 다음은 모니터링 전략에 변화를 가져오는 요인들이다.

- 핵심 업무 프로세스의 변경
- 엔터프라이즈 아키텍처의 현저한 변경(시스템 추가 또는 제거 포함)
- 위험 허용 수준의 변화
- 위협 정보의 변화
- 보안 취약점 정보의 변화
- 정보 시스템 내의 변경(보안 유형·영향의 변화 포함)
- 특정 보안 통제와 관련된 조치 일정의 증가·감소
- 보안 상태의 추세 분석
- 새로운 법률 또는 규정

담당자는 조치 일정을 종합하여 정보 시스템에 공통적인 약점·결함이 있는지 확인하고 솔루션을 제안하거나 요청한다. 종합적인 조치 일정 정보를 사용하여 위험 완화 자원을 할당하고 모니터링 전략을 조정한다. 마찬가지로 상태 보고서와 측정지표를 분석하여 모니터링 전략 변경이 필요할 수 있음을 암시하는 보안 추세가 있는지 확인한다. 예를 들어, 시스템 구성요소의 재고를 주간 단위로 평가한 6개월 기록에 해당 기간 동안 변경 사항이 거의 없고 변경 내역이 재고 목록에 정확하게 반영되고 있으면, 시스템 구성요소 재고에 대한 모니터링 빈도를 격주 또는 월간으로 줄일 수 있다. 반대로, 격주로 6개월간 감사 기록을 분석한 결과 비정상적인 사건이 증가하는 추세이면 감사 기록 검토 빈도를 주 단위로 늘일 수 있다.

보안 프로그램과 모니터링 능력이 성숙됨에 따라 연속 모니터링 전략도 바뀐다. 완전히 성숙한 프로그램에서는 업무 프로세스의 핵심 부분으로 보안 관련 정보 수집과 분석이 이루어지며, 가능한 최대로 자동화된다. 이 경우, 보안 프로그램이 충분히 성숙되어, 위험 허용 수준에 따라 엔터프라이즈 아키텍처를 효과적으로 보호하는 프로세스와 절차가 확립되어 있고, 관련 보안 측정지표를 충실히 수집·상관·분석·보고한다.

연속 모니터링은 프로세스의 단계를 반복함에 따라 모니터링 전략이 지속적으로 개선된다는 점에서 재귀적 프로세스이다. 또한 상위 계층의 모니터링 전략은 하위 계층의 모니터링 프로그램의 매개변수를 설정하고, 하위 계층에서 이루어진 관찰은 상위 계층의 모니터링 전략을 변경시킨다. 연속 모니터링 프로그램을 관찰하여 임무와 목표, 운영 환경, 위협 등의 변화에 따라 프로그램이 진화할 수 있도록 하여야 한다.

연속 모니터링 자동화 기술

자동화는 수동 프로세스를 사용하는 것보다 더 적은 자원으로, 더 높은 빈도로, 더 많은 규모로, 더 높은 일관성과 신뢰성으로, 더 많은 수의 보안 상태 정보를 모니터링할 수 있다. 따라서 가능하면 비용 절감, 효율성 향상, 모니터링의 안정성 개선 등을 위해 연속 모니터링 프로세스의 자동화를 추구한다. 보안은 사람, 프로세스, 기술, 환경의 조합을 통해 구현된다. 자동화는 주로 인간과 상호 작용이 거의 필요 없는 부분에 중점을 둔다. 자동화 도구는 사람 분석가가 놓치는 패턴과 관계성을 인식할 수 있다. 특히 많은 양의 데이터에 대해 분석을 수행하는 경우 더욱 그렇다. 여기에는 개별 네트워크 종단점의 기술 설정을 확인하거나, 시스템 소프트웨어가 최신 조직 정책을 반영한 상태인지 확인하는 것 등이 포함된다. 자동화는 보안 담당자가 수행하는 보안 프로세스를 향상시키고 중복 작업 수행 시간을 줄여, 인간의 인지 능력이 필요한 작업에 더 많은 시간을 보낼 수 있게 한다.

　연속 모니터링 전략은 수집하거나 자동화하기 쉬운 정보에만 전적으로 집중하지 않는다. 연속 모니터링 프로그램이 처음 구현될 때 수동으로 많은 부분이 모니터링되는 측면이 있다. 모니터링 능력은 시간이 지남에 따라 확장되고 성숙해진다. 학습으로부터의 교훈과 보안 상태와 위험 허용에 대한 통찰력이 늘어남에 따라 측정지표는 진화한다. 연속 모니터링 전략의 초점은 담당자가 정보에 입각한 적시에 보안 위험 관리 결정을 내릴 수 있도록 보안 통제 효과성과 보안 상태에 대한 적절한 정보를 제공하는 것이다. 따라서 모든 보안 통제의 구현,

효율성, 적합성 등이 보안 상태와 함께 모니터링된다.

연속 모니터링을 자동화하는 정도를 결정할 때, 자동화로 얻을 수 있는 프로세스 표준화의 효율성과 위험 관리 관점에서 자동화된 보안 정보의 긍정적 가치(또는 부정적 가치)를 고려한다. 또한 인력 재할당과 더 포괄적인 상황 인식과 같은 무형의 가치도 고려한다.

보안 자동화는 사람이 특정 작업을 수행하는데 소요되는 시간을 크게 단축할 수 있는 잠재력이 있지만, 모든 정보 보안 프로그램 기능을 완전히 자동화하는 것은 불가능하다. 또한 연속 모니터링에 적용되는 자동화 도구는 인간이 설계, 실행, 유지 관리하는 프로세스의 맥락에서 작동한다. 개인이 자신의 임무를 안전하지 않게 수행하면 기술 효율성이 떨어지며, 시스템과 시스템이 지원하는 업무 또는 경영 프로세스의 보안이 위험에 처하게 된다.

모니터링 요구가 변화하는 환경에서 자동화는 보안 관련 정보를 즉시 이용할 수 있도록 한다. 따라서 보안 통제 구현 시 주어진 보안 통제를 가장 잘 구현하는 방법을 결정할 때, 구현 기술 선택 기준의 일부로써 해당 기술의 고유한 기능에 연속 모니터링 지원이 포함되어 있는지를 고려할 수 있다. 다음은 연속 모니터링의 자동화 도구에 대한 고려사항이다.

- 다양한 출처로부터의 정보 수집 여부
- 목록 관리, 형상 관리, 사고 대응 솔루션 등의 다른 제품과의 상호 운용성 제공 여부
- 맞춤형 결과 보고 기능과 상위 수준의 종합 측정지표에서 시스템 수준의 측정지표로 세분화 명세 기능 제공 여부

- 보안 정보 및 이벤트 관리, 보안 관리 상황판(Dashboard) 등 제품에 데이터 통합 가능 여부

    자동화는 다양한 기술, 사람, 프로세스, 환경 등으로부터 더 많은 데이터를 더 자주 수집할 수 있도록 해준다. 따라서 정보 보안에 대한 연속 모니터링을 적당한 비용으로 실용화할 수 있다. 수동이든 자동 방식이든 수집한 모니터링 결과를 활용하는데 얼마나 효과적인지는 연속 모니터링 전략에 따라 달라진다. 연속 모니터링 전략에는 측정지표의 타당성과 포괄성, 모니터링 정보를 분석하고 결과에 대응하기 위한 프로세스 등이 포함된다.

    엔터프라이즈 아키텍처와 운영환경 보안 상태를 지속적으로 모니터링하는 것에서 개별 정보 시스템의 구성요소로까지 효율적으로 데이터를 수집, 집계, 분석, 보고하는데 사용할 수 있는 다양한 자동화 도구 및 기술이 있다. 이러한 도구와 기술은 주로 자동화할 수 있는 기술적 보안 통제의 연속 모니터링에 도움이 되지만, 쉽게 자동화되지 않은 일부의 기술적 보안 통제 또는 비 기술적 보안 통제의 효과를 입증할 증거를 제공할 수 있다. 자동화는 다양한 상용제품, 기본 제공 운영체제 기능, 자체 개발 도구, 스크립트 등을 통해 구현된다.

    모든 보안 통제, 특히 비 기술적 보안 통제의 효과성을 주기적으로 평가할 필요성을 이해하는 것이 중요하다. 자동화 도구에서 수집한 데이터는 비기술적 보안 통제의 존재와 효과성에 대한 피드백을 제공하지 않을 수도 있다. 경우에 따라 자동화 도구에서 수집한 데이터를 기반으로 비기술적 보안 통제의 효과에 대해 추정할 수 있다. 자동화 도구와 기술을 사용하여 정책과 절차 준수 여부를 모니터링하는 것은

불가능할 수 있지만, 자동화된 방식으로 관련 보안 목적을 모니터링하는 것이 가능할 수 있다.

지속적으로 또는 자동화 도구의 요구(On Demand)에 따라 수집한 정보의 유효성은 관리·운영 보안 통제의 지속적인 효과를 전제로 한다. 따라서 직접 데이터 수집·집계·분석을 수행하는 도구 등의 자동화 도구와 기술의 가치는 해당 용도를 지원하는 운영 프로세스에 좌우된다. 자동화 도구와 기술이 정확한 보안 상태를 제공하려면 전문 지식이 있는 직원이 이를 선택·구현·운영·유지관리하고, 수집한 모니터링 데이터를 해석하여 적절한 교정을 선택하고 구현해야 한다.

연속 모니터링을 지원하는 새로운 제품과 기술이 시장에 지속적으로 등장하고 있다. 또한 운영체제, 사용자 지정 도구와 스크립트, 여러 도구와 기능의 조합 등을 통한 자동화가 있다. 다양한 도구와 기술을 사용하여 모니터링 기능을 수행한다. 연속 모니터링을 지원하는 도구와 기술은 표 13-7과 같이 11개의 자동화 영역을 포함한다.

자동화 영역	도구와 기술
취약점 관리	취약점 스캐너
패치 관리	패치 관리 도구
이벤트 관리	침입 탐지·차단 시스템, 로깅 메커니즘
보안 사고 관리	
악성코드 탐지	안티 바이러스, 악성코드 탐지 메커니즘
형상 관리	보안 정보 및 이벤트 관리, 보안 관리 상황판
자산 관리	시스템 형상 관리, 네트워크 관리, 라이선스 관리 도구
네트워크 관리	호스트 검색, 목록관리, 변경 통제, 성능 모니터링, 네트워크 기기 관리 기능
라이선스 관리	라이선스 관리 도구

정보 관리	데이터 손실 방지, 네트워크 분석 소프트웨어, 애플리케이션 방화벽, 침입 탐지·방지 시스템
소프트웨어 보증	CWE, CVSS, CAPEC, 소스 코드 정적 분석, 동적 행위 분석

표 13-7 연속 모니터링을 지원하는 도구와 기술 영역

데이터 수집 기술

데이터 수집 기술은 알려진 보안 위협과 취약점을 관찰, 탐지, 방지, 기록하고, 이러한 위협과 취약점을 해결하기 위해 구현한 보안 통제의 다양한 측면을 교정 또는 관리하는 기능을 제공하는 기술이다. 주로 정보 시스템 계층에서 이러한 기술을 구현한다. 그러나 업무 프로세스와 경영 계층의 측정지표를 통해 지속적인 보안 모니터링 요구사항을 지원하도록 구성할 수 있다. 한 도구를 조직 전체에 적용하도록 구현하면 조직 내 시스템들이 해당 기능을 받아들여 활용할 수 있다.

모니터링하는 영역의 보안 상태를 제시하기 위해서 도메인 내의 데이터를 포획, 상관, 분석, 보고한다. 모니터링 목표와 모니터링 활동을 지원하는 엔터프라이즈 아키텍처의 역량에 따라 수집 정보의 입도(Granularity)를 결정한다. 보안 자동화는 이러한 도메인 간의 데이터 흐름과 상호 운용을 가능하게 하는 표준 스펙을 제공한다.

① 취약점 관리

발견된 취약점과 취약점을 해결하기 위해 개발된 패치가 지속적으로 증가하여, 시스템 및 시스템 구성요소의 수동 패치가 점점 어려워지고 있다. 가능한 한 자동화된 취약점과 패치 관리 도구·기술을 사용하여 전사적 차원의 조율된 방식으로 취약점을 식별, 보고, 교정해야 한다.

취약점 스캐너는 호스트, 네트워크, 운영체제, 응용 프로그램 등의 알려진 취약점을 식별하는데 사용한다. 이러한 스캐닝 도구는 취약점의 악용 가능성을 점검하고, 소프트웨어 구 버전을 확인하고, 보안 정책을 준수하는지 확인하고, 식별한 취약점에 대한 경고와 보고를 생성하는 신속하고 용이한 방법을 제공한다.

② 패치 관리

패치 관리 도구는 패치 솔루션에 참여하는 시스템과 시스템 구성요소의 취약점을 검사하고, 영향을 받는 기기에 필요한 패치 및 기타 소프트웨어 업데이트에 대한 정보를 제공한다. 소프트웨어 패치의 자동식별, 배포, 보고 등을 수행하기 위해 다양한 제조사의 패치 관리 도구 및 유틸리티를 사용할 수 있다. 정의한 패치 관리 정책에 따라 패치를 적용하고 설치하기 전에 패치의 영향을 파악하는 것이 중요하며, 패치의 의도하지 않은 부작용으로 인해 시스템이 중요한 기능을 잃지 않는다는 확신을 가져야 한다. 패치를 적용할 수 없는 경우에는 다른 보완적인 보안 통제가 필요하다.

③ 이벤트 관리

이벤트 관리는 네트워크 또는 시스템에서 관찰 가능한 사건을 모니터링하고 필요에 따라 대응하는 것을 포함한다. 침입 탐지 시스템, 로깅 메커니즘 등과 같은 이벤트를 모니터링하기 위한 다양한 도구와 기술이 있다. 알려진 공격 특성(Signature)을 기반으로 이벤트를 탐지하는 도구가 있고, 공격 징후를 보이는 행위 또는 성능의 이상을 탐지하는 도구도 있다. 특정 이벤트는 보안 정책, 허용되는 사용 정책, 표준 보안 실무 등의 위반 또는 위반이 임박한 상황이 발생하였다는 신호일 수 있다.

로그는 시스템과 네트워크에서 발생하는 이벤트의 기록이다. 로그는 시스템 또는 시스템 구성요소 내에서 발생한 특정 이벤트와 관련된 정보가 들어 있는 항목들의 모임이다. 많은 로그에는 컴퓨터 보안과 관련된 기록을 포함한다. 이러한 컴퓨터 보안 로그는 악성코드 방지 소프트웨어, 방화벽, 침입 탐지·방지 시스템 등의 보안 소프트웨어, 서버 운영체제, 워크스테이션, 네트워킹 기기, 응용 프로그램 등을 비롯한 여러 출처로부터 생성된다.

보안 로그의 수, 양, 다양성 등이 크게 증가하여, 보안 로그 데이터의 생성·전송·저장·분석·폐기 프로세스를 운영하는 보안 로그 관리가 필요하게 되었다. 로그 관리는 보안 기록이 적절한 기간 동안 충분히 상세하게 저장되도록 하는 데 필수적이다. 감사 및 포렌식 분석, 내부 조사, 운영 추세와 장기적인 문제 파악 등에 로그는 핵심 자원이다. 일상적인 로그 분석은 보안 사고, 정책 위반, 운영 문제 등을 식별하는 데 유용하며, 그렇기 때문에 연속 모니터링 기능에 필수적이다.

④ 보안 사고 관리

보안 사고 도구는 사이버 공격을 탐지, 대응, 제한하는데 도움이 될 수 있다. 침입 탐지(Intrusion Detection)는 컴퓨터 시스템이나 네트워크에서 발생하는 이벤트를 모니터링하고, 보안 정책, 허용되는 사용 정책, 표준 보안 실무 등의 위반 또는 임박한 위반 징후를 분석하는 프로세스이다. 침입 방지(Intrusion Prevention)는 침입을 탐지하고 탐지된 보안 사고를 중지하려고 시도하는 프로세스이다. 침입 탐지 및 방지 시스템(IDPS)은 주로 보안 사고를 식별하고, 이에 대한 정보를 기록하고, 중지하려고 시도하고, 추후 분석과 조치를 위해 보안 관리자에게 보고하는데 주력한다. 많은 IDPS가 형상 변경 또는 공격 차난 등의 다양한 기술을 사용하여 탐지한 위협에 대응하도록 구성 설정을 할 수 있다. 연속 모니터링 프로그램의 맥락에서 IDPS는 보안 통제의 효과에 대한 증거를 제공하고 현존 위협을 문서화하며 정보 시스템의 비인가 사용을 저지하는 데 사용할 수 있다.

⑤ 악성코드 탐지

악성코드 탐지는 목표 시스템에서 또는 목표 시스템으로 향하는 바이러스, 트로이 목마, 스파이웨어 또는 기타 악의적인 코드의 존재를 식별하여 보고할 수 있는 기능을 제공한다. 일반적으로 정보 시스템 입구 및 출구 지점(방화벽, 전자메일 서버, 웹 서버, 프락시 서버, 원격 액세스 서버 등)과 네트워크 상의 엔드 포인트 장치(워크스테이션, 서버, 모바일 컴퓨팅 장치)에서 전자메일, 전자메일 첨부 파일, 웹 액세스, 탈부착 기억장치 등으로 전파하거나 정보 시스템 취약점을 악용하여 침투하는 악성코드를 탐지·제거하기 위해 악성코드 탐지 메커니즘을 적용한다.

악성코드 탐지 메커니즘은 보안 정책에 따라 정보 시스템을 정기적으로 검사하고 외부로부터 파일을 다운로드, 열기 또는 실행할 때 파일을 실시간으로 검사하도록 구성할 수 있다. 악성코드 탐지 메커니즘은 악성코드 탐지에 대한 대응으로 미리 결정된 조치를 취하기도 한다.

악성코드 탐지 외에도 다양한 기술과 방법이 악성코드 공격의 영향을 제한하거나 제거한다. 악성코드 탐지 메커니즘을 형상 관리와 소프트웨어 무결성 통제와 함께 사용하면 비인가 코드의 실행 방지에 훨씬 더 효과적이다. 시큐어 코딩 실무, 보안이 강화된 조달 프로세스, 안전한 형상의 정기적 모니터링과 같은 추가 위험 완화 조치는 비인가 기능이 수행되지 않도록 하는데 노움이 된다.

⑥ 자산 관리

자산 관리 도구는 조직 내의 소프트웨어와 하드웨어 목록을 유지 관리 하는데 도움을 준다. 자산 관리는 시스템 형상 관리 도구, 네트워크 관리 도구, 라이선스 관리 도구 등을 조합하여 수행할 수 있다. 자산 관리 소프트웨어는 자산의 생명 주기를 추적하고, 자산의 원격 관리 및 다양한 관리 자동화 기능을 제공한다.

⑦ 형상 관리

정보 시스템과 네트워크 구성요소에서 발견되는 수많은 형상을 수작 업으로 관리하는 것이 거의 불가능 해졌다. 자동화 솔루션으로 형상 관리 노력의 비용을 줄이면서 효율성을 높이고 안정성을 향상시킬 수 있다. 시스템 형상 스캐닝 도구는 정의한 안전한 베이스라인 형상을 준수하는지 확인하기 위해 대상 시스템을 감사 및 평가하는 자동 기 능을 제공한다. 사용자는 대상 시스템의 운영체제와 응용 프로그램에 적합한 검사 목록(Checklist)을 사용하여 검사 목록에서 제시한 설정과 차이점을 확인한다.

    ID·계정 관리 도구를 사용하여 ID 신원증명, 접근 제어, 인가, 권한 등을 관리할 수 있다. ID 관리 시스템은 ID 신분증을 기반으로 물리적 접근 제어를 가능하게 하고 모니터링할 수 있다. ID·계정 관리 도구는 계정 암호 재설정 등의 계정 유지관리 작업을 자동화한다. 또한 실패한 로그인 시도, 계정 잠금, 자원 접근 등의 활동을 관찰하여 보고한다.

　다양한 형상 관리 도구를 선택할 때 다양한 출처(Source) 및 구성요소에서 정보를 가져올 수 있는 도구를 고려해야 한다. 또한 상호 운용성, 결과 출력을 사용자가 정의할 수 있는 기능, SIEM 도구와 보안관리 상황판에 데이터를 통합할 수 있는지 등을 확인해야 한다.

⑧ 네트워크 관리

네트워크 형상 관리 도구는 호스트 검색, 목록관리, 변경 통제, 성능 모니터링 등의 네트워크 기기 관리 기능을 포함한다. 일부 네트워크 형상 관리 도구는 네트워크 기기 구성을 자동화하고, 사전 설정한 정책에 대한 기기 준수 여부를 검증한다. 네트워크 관리 도구는 무단·악성 무선 액세스 포인트와 같이 네트워크 상의 비인가 하드웨어와 소프트웨어를 검색할 수 있다.

⑨ 라이선스 관리

시스템과 네트워크 기기와 마찬가지로 소프트웨어와 응용 프로그램도 연속 모니터링에 필요한 데이터의 출처이다. 소프트웨어 자산 관리 도구는 소프트웨어 자산 및 라이선스 정보를 중앙 집중식으로 관리하여, 라이선스 준수를 추적하고 사용 실태를 모니터링하며 소프트웨어 자산 생명 주기를 관리할 수 있다. 라이선스 관리 도구는 목록관리, 사용 모니터링 및 제한, 배포, 소프트웨어 패치 등을 자동화하는 다양한 기능을 제공한다.

⑩ 정보 관리

시스템, 네트워크 기기, 데이터베이스 등의 조직 내 자산에는 방대한 양의 디지털 정보가 저장되어 있다. 정보의 저장과 전송을 관리하는 것은 데이터의 비밀성, 무결성, 가용성을 보호하는데 필수적이다. 데이터 손실(Data Loss)은 데이터 도난이나 데이터 유출을 통해 사적이거나 민감하거나 기밀 정보가 노출되는 것이다. 데이터 도난(Data Theft)은 산업 스파이나 불만이 있는 내부자가 의도적으로 훔치거나 노출시킬 때 발생한다. 데이터 유출(Data Leakage)은 실수로 랩톱 컴퓨터를 분실하거나 도난당한 경우, USB 드라이브에 파일을 저장하여 집으로 가져가는 직원의 경우 등과 같이 의도하지 않게 데이터가 노출되는 것을 의미한다.

효과적인 데이터 손실 방지(DLP, Data Loss Prevention) 전략에는 데이터 목록과 분류, 데이터 생성·사용·저장·전송·처분 등을 위한 정책 개발, 저장·사용·이동 중인 데이터를 모니터하는 도구 등을 포함한다. DLP를 위한 다양한 도구가 있다. 네트워크 분석 소프트웨어, 애플리케이션 방화벽, 침입 탐지·방지 시스템 등의 네트워크·보안 도구를 사용하여 전송 데이터 및 콘텐츠를 모니터링할 수 있다. 특수 목적의 DLP 소프트웨어는 포트·종단점 제어, 디스크·파일 암호화, 데이터베이스 트랜잭션 모니터링과 같은 기능도 제공한다. 이러한 도구는 데스크톱·랩톱·서버에 설치된 전용 네트워크 트래픽 모니터 또는 소프트웨어 에이전트로 구현된다. DLP 도구에는 전자메일을 통한 경고, 로깅, 전송 차단 등의 탐지·완화 조치가 내장되어 있다.

⑪ 소프트웨어 보증

소프트웨어 보증(Assurance)은 다음 요구사항을 달성하기 위한 소프트웨어 개발 과정에서의 활동[24]들이다.

- 신뢰성(Trustworthiness) : 악의적이거나 의도하지 않은 악용 가능한 취약점이 없음
- 예측 가능한 실행(Predictable Execution) : 실행 시 소프트웨어가 의도한 대로 기능한다는 타당한 확신

소프트웨어 개발 생명 주기 전반에 걸쳐 소프트웨어 보안을 제공하기 위해 연속 모니터링을 지원하도록 자동화 스펙(CWE, CVSS, CAPEC 등)을 수용하고 있는 소프트웨어 보증 도구 및 기술이 있다.

데이터 종합 및 분석 기술

데이터 종합 및 분석 기술은 하나 이상의 보안 통제 또는 데이터 수집 출처에서 원시 데이터를 수집하고 원시 데이터의 상호 연관, 분석 등을 통해 보안 통제의 구현 효과와 보안 상태에 대한 더 의미있는 시각을 제공하는 기술이다.

① 보안 정보 및 이벤트 관리 도구

부적절하거나 비정상적인 활동을 식별하는 기능을 향상시키기 위해 취약점 스캐닝 정보, 성능 데이터, 네트워크 모니터링 정보, 시스템

---

24 NIST SAMATE(Software Assurance Metrics and Tool Evaluation) 프로젝트의 소프트웨어 보증에 대한 정의

감사 레코드 등의 분석을 SIEM 도구를 사용하여 통합할 수 있다. 보안 정보 및 이벤트 관리 도구(SIEM, Security Information & Event Management)는 여러 정보 시스템 구성요소로부터 수집한 로그 데이터를 한군데로 모아 통합할 수 있도록 해주는 일종의 중앙 집중식 로깅 소프트웨어이다. 또한 SIEM 도구는 감사 레코드에 대한 상관 분석을 용이하게 한다. 취약점 스캐닝 정보와 감사 레코드 정보의 상관 분석은 스캐닝의 정확성을 판단하고 공격 탐지 이벤트와 취약점 스캐닝 결과를 연관시키는 데 중요하다.

SIEM 도구는 일반적으로 운영체제, 응용 프로그램 서버(웹 서버, 전자메일 서버 등), 보안 소프트웨어 등과 같은 다양한 유형의 감사 레코드 출처(Source)를 지원하며, 배지 판독기(Badge Reader)와 같은 물리적 보안 통제 장치도 지원할 수 있다. SIEM 도구는 모든 감사 레코드 출처의 데이터를 분석하고, 감사 레코드 항목 간에 이벤트를 상관시키며, 중요한 이벤트를 식별하고 우선순위를 지정하며, 이벤트에 대한 대응을 개시하도록 설정할 수 있다.

SIEM 도구의 감사 레코드 필드 분류기능은 감사 레코드 데이터의 정규화, 상관 분석 등을 크게 향상시킬 수 있다. 또한 보안에 중요하지 않은 데이터 필드를 무시함으로써 이벤트를 줄일 수 있어, 잠재적으로 SIEM 도구의 네트워크 대역폭 및 데이터 저장을 줄인다.

② 보안 관리 상황판

보안 관리 상황판(Security Information Management Console 또는 Dashboard)은 거의 실시간으로 조직의 보안 상태와 관련된 정보를 통합하여 보안 관리 관계자에게 전달한다. 보안 관리 상황판은 조직 내에서 특정 역할과 책임이 있는 사람들에게 적절한 정보를 의미 있고 이해하기 쉬운 형식으로 제공한다. 보안 관리 상황판의 이점을 극대화하려면, 경영층의 승인과 지원을 얻어 보안 정책과 절차를 기반으로 하는 계량화된 성과 지표를 정의하고 성과 데이터의 가용성을 보장하는 것이 중요하다.

13.2.2 보안 사고 대응[25]

시스템과 네트워크에서 관찰할 수 있는 부정적 이벤트[26]에는 시스템 중단, 패킷 넘침, 시스템 권한의 비인가 사용, 민감한 정보에 대한 비인가 접근, 데이터를 파괴하는 악성코드의 실행 등이 있으며, 조직에 부정적인 영향을 미친다. 보안 사고(Security Incident)는 보안 정책의 위반이 발생한 것이며, 서비스 거부공격을 받아 웹 서버 마비, 악성코드가 포함된 전자메일의 첨부 파일을 열람하여 악성코드가 외부 접속 시도, 민감 정보를 탈취하여 공개하겠다고 협박하며 금전 요구, 사용자가 파일 공유 서비스를 통해 민감 정보 유출 등이 대표적인사례들이다. 조직은 다음과 같은 이유로 보안 사고 대응 역량(팀과 프로세스)을 구축해야 한다.

- 체계적인 보안 사고 대응
- 보안 사고로 야기된 서비스 중단이나 정보 유출 최소화
- 보안 사고 처리 교훈으로 미래의 보안 사고에 대한 준비를 더 잘할 수

---

25 「Computer Security Incident Handling Guide」, NIST SP 800-61 Rev 2
26 자연 재해, 정전 등은 보안 사고 대응에서 다루지 않고, 비상 계획에서 다룬다.

있고, 더 강한 정보보안 구축

- 법적 이슈의 적절한 처리

보안 사고 대응 팀 구성

보안 사고 대응 팀의 구성 방식은 두 가지이다. 단일 사고 대응 팀은 조직이 소규모이면서 지리적으로 분산되지 않은 조직에 효과적이다. 분산된 사고 대응 팀은 조직의 논리적 물리적 부문을 책임지는 다수의 사고 대응 팀으로 구성되며, 사고 대응 프로세스가 조직 전체에 걸쳐 일관되고, 팀들 간 정보 공유가 이루어지도록 각각의 팀들을 하나의 지휘체계로 편입하여야 한다.

사고 대응팀 구성원의 고용 형태는 3가지 방식이 있다. 첫째, 직접 직원 고용 방식으로 외부 용역자로부터 제한된 기술적 지원을 받아 모든 사고 대응 업무를 수행한다. 둘째, 부분 아웃소싱 방식으로 사고 대응 업무 일부를 아웃소싱한다. 보안관제 서비스 제공자(MSSP, Managed Security Services Provider)는 조직 외부에서 24시간 365일 침입탐지 센서와 방화벽 등의 보안 시스템을 모니터링하고, 사고가 발생하면 사고 대응 팀에 보고한다. 기본적인 사고 대응은 자체적으로 수행하지만 큰 사고는 외부(계약자)의 조력을 받는다. 셋째, 완전 아웃소싱 방식은 조직 내부에 상주하는 MSSP에게 전적으로 아웃소싱한다. 이 경우에 MSSP 업무를 감독할 수 있는 내부 직원은 있어야 한다.

다음 항목은 보안 사고 대응 팀의 구조와 직원 고용 방식을 선정할 때 고려 사항들이다.

- 24시간 실시간 대응이 필요한가?
- 팀원을 풀타임 또는 파트타임 할당 : 평소에는 다른 일을 하다가 사고가 발생하면 사고 대응 팀에 합류하는 방식으로 비용을 줄일 수 있다.
- 직원 사기(Morale) : 스트레스가 높은 업무이기 때문에 24시간 출동을 감당할 유능한 직원을 찾기 어렵다
- 비용 : 팀원의 훈련과 기술 향상을 위한 비용, 사고 대응 도구 비용 등 만만찮다.
- 직원의 전문성 : 다양한 분야의 전문성과 경험이 필요하며 관제업체가 전문성이 더 높다.

다음 항목은 보안 사고 대응 업무를 아웃소싱하려 할 때 고려 사항들이다.

- 업무의 품질 : 객관적으로 외주업체 업무의 품질을 측정할 수 있어야 한다.
- 책임의 분리 : 내부의 사고 대응 팀과 외주업체의 책임을 구분해야 한다.
- 외주업체에게 노출할 민감 정보 : 민감 정보에 접근을 제한하거나, 비밀정보 유출 금지 서약(NDA, Non-Disclosure Agreement)에 서명을 받는다.
- 조직에 특화된 정보의 부족 : 외주업체에게 사고에 대한 관심사항과 IT 환경의 변화 등을 주기적으로 고지한다.
- 연관 부족 : 사고를 탐지하기 위해서는 다양한 데이터 출처로부터의 정보를 연관시켜야 하는데 외주업체가 이들 정보를 충분히 얻도록 허용하는 것은, 또 다른 접근 채널을 허용하여 위험을 높이는 상황이 발

생하는 것을 의미한다.

- 여러 장수에서 사고 대응을 처리 : 현장 출동 소요 시간·비용, 외부에 위치하는 외주업체를 내부에서 작업하게 하려면 위치시킬 장소, 물리적 보안, 비용 등을 고려해야 한다.
- 내부적으로 사고 대응 스킬을 유지 : 외주업체가 작동을 못하는 상황이 발생하는 경우를 대비하여 기본적인 사고 대응 기술을 보유하고 있어야 한다.

사고 대응 팀이라 해서 사고 대응만 하는 것이 아니라 다양한 일을 수행한다. 여기에는 침입 탐지의 업무, 신규 위협과 취약점에 대한 보안 공지문(Advisory) 발간[27], 워크숍, 웹 사이트, 뉴스레터, 포스터, 스티커 등을 활용한 사용자 교육과 인식 제고 활동, 외부의 정보공유분석센터나 협회 단체 등에 참여하는 경우의 정보 공유 등을 포함한다.

보안 사고 대응 프로세스

보안 사고 대응 프로세스는 그림 13-7과 같이 4단계로 이루어진다. 초기 단계에는 사고 대응 팀을 구성하고 교육하며 필요한 도구와 자원을 확보한다. 준비 과정에서 위험 평가 결과를 기반으로 일련의 보안 통제를 선택하고 구현함으로써 발생할 수 있는 보안 사고의 수를 줄이려고 시도한다. 그러나 보안 통제를 실행한 후에도 잔여 위험은 필연적으로 지속된다. 따라서 보안 사고가 발생할 때마다 이를 인지하기 위한 보안 위반 탐지가 필요하다. 보안 사고의 심각성에 따라 사고를

---

[27] 보안 공지문을 조직 외부로 보낼 때, 면책 조항(팀과 조직은 보안 공지문의 정확성에 대해 법률적 책임을 지지 않는다고 명시)을 포함한다.

봉쇄하여 영향을 완화하고 궁극적으로 사고로부터 원상 복구한다. 이 단계에서 활동은 탐지·분석 단계로 되돌아가기도 한다. 예를 들어 악 싱코드 사고 시 악성코드를 제거하는 동안 추가적으로 악성코드에 감 염된 호스트가 있는지 확인할 수 있다. 보안 사고를 적절하게 처리한 후 사고의 원인과 비용, 향후 사고를 예방하기 위해 취해야 할 조치를 상세히 설명하는 보고서를 발행한다.

그림 13-7 보안 사고 대응 프로세스 세부 단계

준비

보안 사고 대응 방법론은 대개 조직이 사고에 대응할 준비가 될 수 있 도록 사고 대응 기능을 설립할 뿐만 아니라 시스템, 네트워크 및 응용 프로그램이 충분히 안전하다는 것을 보장함으로써 사고를 예방하는 준비 단계를 강조한다. 보안 사고 대응 팀은 일반적으로 사고 예방에 대한 책임이 없지만 보안 사고 대응 프로그램의 성공에 필수적이다.

보안 사고 대응 조직을 설립하는 것도 중요하지만, 사고가 발생하 지 않도록 예방적 업무도 중요하다. 먼저 보안 사고 대응 준비를 위해 다음과 같이 사고 대응 관계자의 소통 체계와 설비를 마련한다.

- 연락처 정보 : 팀원·수사당국·타 CERT 등의 전화번호·전자우편 주 소·공개 키, 연락 상대방의 신원을 확인하는 방법

- 비상망 : 내부 연락용(사고 발생 전파)
- 보고 메커니즘 : 전화번호, 전자우편 주소, 온라인 양식, 시큐어 메신 저 등(이들 중 하나 이상의 방법으로 익명으로 보안 사고 보고가 가능하도록 해야 함)
- 상황 추적 시스템 : 사고 상황을 추적
- 스마트폰 : 팀원이 비번인 팀원과 통화, 현장 통화
- 암호통신 소프트웨어 : 팀원, 조직 내부, 외부 지원 조직 등과의 통신
- 중앙 상황 통제실(War room) : 영구적이 아니라면 임시 상황실을 조달 하는 절차를 마련
- 보안 강화된 저장 설비 : 증거와 민감 정보 보관

다음은 보안 사고 분석을 위한 하드웨어와 소프트웨어 복록이다.

- 디지털 포렌식 장비 또는 백업 장비 : 디스크 이미지 생성, 로그 파일 저장 등 사고 관련 데이터 저장
- 노트북 컴퓨터 : 데이터 분석, 패킷 스니핑, 보고서 작성 등에 사용
- 백업이나 악성코드 시험 등과 같이 다양한 목적으로 사용할 여분의 PC, 서버, 네트워크 장비, 가상 환경 등
- 탈부착 가능한 저장 매체
- 포터블 프린터 : 로그 파일 인쇄 등
- 패킷 스니퍼와 프로토콜 분석기 : 네트워크 트래픽 수집 및 분석
- 디지털 포렌식 소프트웨어 : 디스크 이미지 분석
- 증거 수집용 프로그램이 담긴 탈부착 가능한 저장 매체
- 증거 수집용 부대용품 : 하드커버 공책, 디지털 카메라, 녹음기, 관리

연속성(Chain of Custody) 양식, 증거 저장 가방과 꼬리표Tag, 증거 기록용 테이프 등

다음은 사고 분석을 위한 자원이다.

- 포트 목록 : 일반적으로 사용하는 포트, 트로이 목마가 사용하는 포트 등
- 운영체제, 응용 소프트웨어, 프로토콜, 침입탐지시스템, 안티 바이러스 제품 등의 문서
- 네트워크 구성도, 중요 자산 목록
- 네트워크·시스템·애플리케이션의 행위 기준
- 암호 해시 : 중요 파일(운영체제, 응용 프로그램, 그래픽 이미지 파일 등)의 해시 값

보안 사고로부터 복구와 복원을 위한 클린 운영체제·응용 프로그램의 설치 이미지를 보관해야 한다. 추가적으로 조사 중에 필요할 수 있는 자료가 들어있는 휴대용 케이스인 '점프 키트(Jump Kit)'를 만들 수 있다. 점프 키트는 언제든지 출동할 준비가 되어 있어야 하며 점프 키트에는 위에서 나열한 많은 항목이 포함되어 있다. 예를 들어 패킷 스니퍼, 디지털 포렌식 소프트웨어가 설치된 노트북 컴퓨터, 백업 기기, 공 매체, 네트워킹용 장비와 케이블 등을 포함한다.

탐지와 분석

보안 사고는 수많은 방법으로 발생할 수 있으므로 모든 사고를 처리하기 위한 단계별 지침을 개발하는 것은 불가능하다. 어떠한 사고가 발

생해도 대처할 수 있도록 범용적인 준비를 해야 한다. 사고 대응 프로세스의 가장 어려운 부분은 사고 발생 여부를 정확하게 판단하고, 사고 유형·범위·규모를 결정하는 것이다. 사고 탐지 및 발견의 어려움은 첫째, 쉽게 발견할 수 있는 명확한 징후를 보이는 사고도 있지만, 탐지하기가 거의 불가능한 것들도 있다. 둘째, 사고 징후에 방대한 정보가 생성되어 진위를 가리는 데 많은 시간이 소요된다. 셋째, 사고 징후 정보를 적절히 분석하기 위해 많은 경험과 전문 식견이 필요하다. 사고 징후에는 표 13-8과 같이 두 가지 유형이 있다.

징후 유형	정의	사례
전조 (Precursor)	보안 사고가 앞으로 발생할 지 모른다는 징후	• 웹 사이트 로그 기록을 보니, 취약점 스캐닝이 이루어졌다 • 메일 서버의 보안 취약점을 공격할 수 있는 새로운 악성코드의 고지 • 조직을 공격할 것이라는 해커 그룹의 위협
지표 (Indicator)	보안 사고가 발생하였거나 발생하고 있을지 모른다는 징후	• DB 서버에 대한 버퍼 오버플로 공격을 감지한 네트워크 IDS의 경고 • 악성코드에 감염되었음을 알리는 백신 프로그램의 경고 • 잘 사용하지 않는 문자를 가진 파일명을 발견 • 감사 기록에 대한 구성 설정의 변경을 발견, 원격 시스템으로부터 다수의 로그 실패 • 다수의 전송불가 메일의 발생, 정상 흐름을 벗어난 네트워크 트래픽 흐름

표 13-8 사고 징후의 유형 (정의와 사례)

전조와 지표는 보안 소프트웨어 경고, 로그, 공개 정보, 사람 등의 다양한 출처를 통해 식별된다. 표 13-9는 전조와 지표를 생성하는 출처의 사례들이다.

출처	설명
경고(Alert)	
IDPS	의심 이벤트 식별, 탐지 오류(False Positive)에 따른 추가적인 수작업

SIEM	로그 분석 도구, SIEM(Security Information and Event Management)
안티 익싱코■	인티-바이러스, 인티-스펨 소프트웨어로부터의 탐시 성과
파일 무결성 점검 도구	주기적인 파일 변경 감지
서드파티 모니터링 서비스	무료 또는 가입에 기반한 알림 서비스, 무료 실시간 블랙리스트
로그	
운영체제·서비스·응용로그	로그 데이터를 분석하여 이벤트 정보를 연관
네트워크 기기 로그	방화벽과 라우터 로그는 사건의 연관성 분석에 정보를 제공
네트워크 흐름	호스트 사이에 이루어진 통신 세션, 비정상적인 네트워크의 흐름을 파악
취약점과 위협의 공개 정보	
신규 취약점과 위협 정보	미국 NDB(National Vulnerability Database), KISA 등의 보안공지문
사람	
내부 직원 보고	사용자, 시스템 관리자, 네트워크 관리자, 보안 담당자
외부인의 신고, 알림	사고 관련 정보를 외부에서 받을 수 있는 메커니즘 구축

표 13-9 전조와 지표의 출처 사례

모든 전조나 지표가 정확하다는 것이 보장된다면 사고 탐지와 분석이 쉽겠지만 그렇지 않다. 침입탐지시스템의 오탐(False Positive)이 대표적인 잘못된 지표이다. 따라서 각각의 징후가 올바른 것인지 확인해야 하고, 설상가상으로 하루에 엄청난 수의 지표가 발생하기에 모든 지표에서 실제 발생한 보안 사고를 찾는 것은 어려운 일이 되었다. 지표가 정확하더라도 반드시 보안 사고는 아니다. 특정 이벤트가 실제로 보안 사고에 해당하는지 결정하는 것은 판단의 문제이다. 분명한 증세를 동반한 보안 사고(웹 페이지의 훼손)는 소수이다.

보안 사고라고 확신할 때, 사고 규모를 판단하기 위해 ① 어띤 네트워크, 시스템, 애플리케이션이 영향을 받았는지 ② 누가 또는 무엇이 보안 사고를 발생시켰는지 ③ 어떻게 보안 사고가 발생하였는지(어떤 도구나 공격 방법이 사용되었는지, 어떤 취약점을 악용하였는지)를 초기 분석해야 한다. 초기 분석은 사고의 봉쇄와 사고의 영향에 대한 심층 분석과 같은 후속 활동의 우선순위를 정하는 데 충분한 정보를 제공해야 한다. 다음은 사고 분석을 더 쉽고 효과적으로 수행하기 위한 권장 사항이다.

- 네트워크와 시스템 프로화일 준비 : 파일 체크섬(Checksum) 정보, 네트워크 평균·최대 대역폭 사용 수준 등을 프로파일링(예상 행동 특성을 측정)
- 정상 행위에 대한 이해 : 시스템·네트워크·애플리케이션의 정상 행위를 잘 알고 있으면, 비정상 행위를 쉽게 판단, 모든 행위를 파악하기 어려우므로 로그와 보안 경고를 주기적으로 검토하여 시스템의 평소 행위 특성(변화, 추세 등)을 알고 있음
- 로그 보관 정책 수립 : 로그 보관 기간을 규정하는 정책 수립, 과거 로그 분석이 필요
- 이벤트 연관성 분석 수행 : 다수 지표 출처로부터의 이벤트를 연관 분석
- 모든 호스트 시각 동기화 : 이벤트 연관분석을 위해 NTP(Network Time Protocol) 등으로 호스트 시각 동기화
- 정보에 대한 지식 기반(Knowledge Base)을 유지하고 사용 : 분석 팀원 간 정보 공유
- 인터넷 검색 엔진 사용 : 비정상 행위 분석에 인터넷 검색을 활용
- 패킷 스니퍼를 사용하여 부가적인 데이터 수집 : 추가적인 정보를 네트워크 패킷 스니퍼로 확보

- 데이터 필터링 : 모든 지표를 검토·분석하기 어렵기 때문에 중요한 지표로 축소
- 나인스로부터 지원 요청 : 사건의 원인을 밝히기 위해 내·외부 자원의 조력 필요

사고가 발생하였다고 추정하는 순간부터 해결까지 사건과 관련된 모든 사실(Fact)을 기록(보안 사고 처리자는 일시를 기록하고 서명)한다. 로그북(Logbook), 랩톱, 음성 녹음기, 디지털 카메라 등을 이용한다. 로그북을 사용하는 경우 무결성 확보를 위해 쪽 번호를 넣고, 지워지지 않도록 잉크로 작성하며, 페이지를 찢지 말아야 한다. 시스템 이벤트, 대화, 파일의 변경된 내용 등을 기록하는 것은 문제를 해결하는데 더 효율적이고 체계적이며, 잘못을 저지르지 않도록 한다. 사고를 최종 해결할 때까지 취한 모든 조치를 문서화하고 시각을 표시하여야 한다. 사고와 관련된 모든 문서는 사고 처리자가 날짜를 기입하고 서명한다. 다음은 사고 처리의 진행 상황을 기록하기 위한 상황 추적 시스템에 포함될 정보들이다.

- 사고의 현재 상황(신규, 진행 중, 조사에 넘김, 해결됨 등)
- 사고 요약, 사고와 관련된 지표, 이번 사고와 관련된 다른 보안 사고
- 대응 팀이 취한 조치, 관리 연속성 기록 등
- 사고의 영향 평가서
- 사고 처리에 개입된 사람들의 연락 정보(시스템 사용자, 시스템 관리자 등)
- 사고 조사 동안 수집된 증거 목록, 사고 처리 남낭사의 의견
- 취할 다음 조치(호스트 재구성, 애플리케이션 업그레이드 등)

사고 대응 팀은 사고 데이터를 보호해야 하며 악용된 취약점, 최근의 보안 침해, 부적절한 행동을 한 사용자 등과 같은 민감한 정보가 포함되어 있을 수 있으므로 접근 제한이 필요하다. 예를 늘어, 권한을 가진 담당자만 사고 데이터베이스에 접근할 수 있어야 한다. 전자우편 등 사고 관련 통신문은 암호화하거나 인가받은 직원만 읽을 수 있도록 보호한다.

보안 사고 처리의 우선순위 결정은 사고 처리 프로세스에서 가장 중요한 결정 사항의 하나이다. 사고는 제한된 자원으로 인해 선착순으로 처리되어서는 안 된다. 다음은 사고 처리의 우선순위에 영향을 미치는 요소들이다. 표 13-10부터 13-12까지는 자원의 우선순위를 정하는 데 필요한 평가 등급 범주의 사례들이다.

- 업무 기능에 대한 영향 : 사고가 난 시스템이 제공하는 업무 기능에 미치는 영향
- 정보에 대한 영향 : 정보의 비밀성 무결성 가용성에 미치는 영향
- 사고로부터 회복 가능성(Recoverability): 사고 복구에 소요되는 시간과 자원의 양

범주	정의
없음	영향 없음
낮음	최소 영향, 정상은 아니지만 여전히 서비스 제공 가능
중간	일부 사용자에게 서비스 제공 기능 상실
높음	모든 사용자에게 서비스 제공할 수 없음

표 13-10 업무 기능에 대한 영향의 범주

범주	정의
없음	정보에 대한 침해 없음
프라이버시 침해	민감 개인정보에 대한 접근 또는 누출
독점 정보 침해	독점 정보(Proprietary Information)에 대한 접근 또는 누출
무결성 손실	정보에 대한 변경 또는 삭제

표 13-11 정보에 대한 영향의 범주 (상호 배타적이지 않음)

범주	정의
보통	기존 자원으로 복구 시간을 예측 가능
추가	추가적인(Supplemented) 자원을 투입하여 복구 시간을 예측 가능
장기	복구 시간 예측 불가능, 추가적인 자원과 외부 지원이 필요
회복 불가능	복구 불가능(예: 민감 정보가 유출되어 인터넷에 공개), 수사 의뢰

표 13-12 회복 가능성의 범주

봉쇄, 제거, 회복

① 봉쇄

보안 사고가 시스템 자원을 과도하게 소모하거나 피해를 입히기 전에 봉쇄(Containment)가 중요하다. 대부분 사고에는 봉쇄가 필요하기 때문에 각 사고를 처리하는 초기 단계에서 중요한 고려 사항이다. 봉쇄는 맞춤형 완화 전략을 개발할 시간을 벌어준다. 봉쇄의 핵심은 의사 결정(시스템 종료, 네트워크로부터 분리, 특정 기능을 비활성화 등)에 있다. 이러한 결정은 사고를 봉쇄하기 위한 미리 결정된 전략과 절차가 있는 경우 훨씬 용이하다.

봉쇄 전략은 사고의 유형에 따라 다르다. 예를 들어, 전자우편을 통한 악성코드 감염 사고에 대한 봉쇄 전략은 네트워크 기반 분산 서비스 거부 공격에 대한 봉쇄 전략과는 상당히 다르다. 주요 사고 유형별로 봉쇄 전략을 수립해야 하며, 의사결정이 쉽도록 명확한 기준을 문서화한다. 적절한 봉쇄 전략을 결정하는 기준은 다음과 같다.

- 피해의 정도
- 증거 보전의 필요성
- 서비스 가용성(네트워크 연결성, 외부에 제공되는 서비스 등)
- 전략 구현에 필요한 시간과 자원
- 전략의 효과성(부분 봉쇄, 완전 봉쇄 등)
- 솔루션 지속 기간(비상사태에 대한 임시방편 솔루션은 4시간 동안만 적용, 2주 후에 임시방편 솔루션을 제거, 솔루션을 영속적으로 적용 등)

추가 증거를 수집하기 위해 공격자의 행동을 모니터링해야 할 경우, 공격자를 봉쇄의 한 형태인 샌드박스(Sandbox) 환경으로 유도할 수 있다. 공격을 감지하고도 관찰 목적으로 내버려두면, 공격자가 침투한 시스템을 사용하여 다른 시스템을 공격할 수 있다. 이와 같이 지연된 봉쇄 전략은 추가적인 침해를 발생시킬 수 있으므로 위험하다. 봉쇄와 관련하여 또 다른 잠재적인 문제는 공격을 봉쇄하면 추가 손상을 초래할 수 있다는 것이다. 봉쇄 실행이 피해 확산 방지를 보장하지는 않는다.

법적 조치를 염두에 둔다면, 증거로 채택될 수 있도록 법적 요구사항을 만족하는 절차에 따라 증거를 수집한다. 사고 중에 증거를 수집하는 주된 이유는 사고를 해결하려는 것이지만 법적 절차를 위해 필요할 수도 있다. 이 경우, 피해 입은 시스템을 포함한 모든 증거가 어떻게 보존되었는지 명확하게 문서화하는 것이 중요하다. 증거로 인정될 수 있도록 관련 법 제도를 준수하는 절차에 따라 증거를 수집해야 한다. 다음을 포함하여 모든 증거에 대해 자세한 기록을 보관해야 한다.

- 식별 정보(컴퓨터의 장소·위치, 시리얼 번호, 모델 번호, 호스트 이름, MAC 주소, IP 주소 등)
- 증거를 수집하고 처리한 담당자의 이름, 지위, 전화번호
- 증거를 처리한 일시
- 증거가 저장된 위치

사고 처리 동안, 공격 호스트를 식별하기를 원하거나 필요할 수도 있다. 이 정보가 중요할 수도 있지만, 사고 처리자는 일반적으로 봉쇄·제거·회복에 집중해야 한다. 사고 대응의 주요 목표는 업무 피해를 최소화하는 것인데, 공격 호스트를 식별하려면 시간이 오래 걸려 피해 최소 업무를 방해하는 무의미한 프로세스이다.

② 제거와 회복

사고를 봉쇄한 후에는 악용된 모든 취약점의 식별·완화, 악성코드 제거, 위반 사용자 계정 비활성화 등과 같은 사고의 구성요소에 대한 제거(Eradication) 작업이 필요하다. 제거 작업 동안, 영향을 받는 모든 호스트를 확인하는 것이 중요하다.

회복 과정에서 관리자는 시스템을 정상 작동 상태로 복원하고, 시스템이 정상적으로 작동하는지 확인하며, (해당되는 경우) 유사한 문제를 예방하기 위해 취약점을 교정한다. 회복에는 깨끗한 백업을 이용하여 시스템을 복구, 시스템을 초기부터 재구성, 손상된 파일을 깨끗

한 버전으로 대체, 패치 설치, 비밀번호 변경, 네트워크 경계 보안 강화(방화벽 규칙 집합, 경계 라우터 접근 제어 목록 등), 시스템 로깅 또는 네트워크 모니터링 수준 강화 등의 작업이 포함될 수 있다.

제거와 회복은 단계적 접근 방식으로 우선순위에 따라 수행되어야 한다. 대규모 사고의 경우 회복에 몇 개월이 걸릴 수 있다. 초기 단계에서는 상대적으로 빠르게(수일에서 수주) 전반적인 보안을 강화하는 변경을 통해 향후 사고를 방지한다. 후기 단계는 조직을 최대한 안전하게 유지하기 위한 장기적인 변화(인프라 변경 등)와 상시 노력에 초점을 맞춘다.

사고 후 활동

사고 대응에서 가장 중요한 부분 중 하나는 가장 자주 생략되는 학습 및 개선이다. 사고 대응 팀은 새로운 위협, 개선된 기술, 교훈을 반영하여 발전해야 한다. 주요 사고 이후 모든 관련 당사자와의 사후 교훈 회의를 개최한다. 자원이 허용한다면 역설적으로 주기적인 작은 사고가 보안 조치 및 사건 처리 프로세스를 개선하는데 매우 도움이 될 수 있다. 이 회의는 무슨 일이 일어났는지, 어떤 조치를 취하였는지, 그 조치를 잘 수행되었는지 검토함으로써 사고에 대한 종결 기회를 제공한다. 사고가 끝난 후 며칠 이내에 회의를 열게 되며, 회의에서 논의 사항은 다음과 같다.

- 정확하게 무엇이 언제 발생하였는지
- 사고 처리에서 당사자들이 직분을 잘 수행하였는지, 문서화된 절차는 지켜졌는지, 그것들은 적절하였는지

- 어떤 정보들이 필요하였는지
- 회복에 부정적인 조치나 활동들은 있었는지
- 비슷한 보안 사고가 다음에 발생하면 사고 처리에 관련된 사람들이 다르게 움직일 것인지
- 어떤 교정 행위가 미래에 유사한 사고를 방지할 수 있는지
- 유사한 사고를 탐지하기 위해서 앞으로 보아야 할 전조와 지표는 무엇인지
- 미래의 사고에 대한 탐지·분석·완화를 위해 필요한 추가적인 도구 또는 자원은 무엇인지

심각한 공격이 발생한 후 정보 공유 메커니즘을 제공하기 위해, 팀과 조직의 경계를 넘는 사후 회의를 개최한다. 회의를 개최할 때 우선적으로 고려할 사항은 적합한 사람들이 참여하도록 해야 한다. 분석 중인 사고에 연루된 사람들을 초청하는 것이 중요할 뿐만 아니라, 미래 협력을 촉진하기 위해 누가 초대되어야 하는지를 고려해야 한다. 또한 회의의 성공 여부는 의제에 달려 있다. 회의 전에 참가자들의 기대와 요구 사항(회의에서 다룰 주제 포함)을 수집하여 참가자의 요구를 충족시킬 가능성을 높인다. 회의에서 주요 합의 사항과 실행 항목을 문서화하여 회의에 참석할 수 없었던 사람들에게 전달하는 것도 중요하다.

사후 교훈 회의는 또 다른 이점을 제공한다. 회의 보고서는 사고 대응 고참 팀원이 사고에 어떻게 대응하는지를 보여줌으로써 신입 팀원을 훈련시키는 데 좋은 자료이다. 사고 대응 정책과 절차를 업데이트하는 것도 사고 후 활동의 또 다른 중요한 부분이다. 사고 처리 방식에 대한 사후 분석은 사고 처리 절차에 허점이나 부정확성을 찾을 수 있

으며, 이는 절차의 변경을 추진케 한다. 정보 기술의 진화와 인력 구성의 변동으로 인해 사고 대응 팀은 주기적으로 사고 처리 절차와 관련 문서를 검토해야 한다.

또 다른 중요한 사고 후 활동은 각 사고에 대한 후속 보고서를 작성하는 것이다. 이는 유사 사고 처리에 도움이 되는 참조문서로 사용할 수 있다. 사건일지(Chronology of Events)와 손실 비용 추정치는 법적 다툼에 필요하다. 후속 보고서는 기록 보존 정책에 명시된 기간 동안 보관해야 한다.

① 수집된 사고 데이터 활용

사후 교훈 활동은 각 사건에 대한 객관적, 주관적 데이터를 만들어야 한다. 시간이 지남에 따라 수집된 사고 데이터는 여러 가지로 유용하다. 특히 총 처리 시간과 비용은 사고 대응 팀의 예산을 정당화하기 위해 사용될 수 있다. 사고 특성에 대한 연구는 사고 추세 변화뿐만 아니라 시스템의 보안 취약점과 위협을 나타낸다. 위험 평가 프로세스에 사고 데이터를 피드백하여 결국에는 추가적인 보안 통제를 선택하고 구현한다. 사고 데이터의 또 다른 유용한 용도는 사고 대응 팀의 성과 측정에 사용하는 것이다. 사고 데이터가 올바르게 수집되고 저장되면 사고 대응 팀의 성공을 측정할 수 있는 몇 가지 지표를 제공한다.

데이터가 있기에 데이터를 수집하는 것이 아니라 실행 가능한 데이터를 수집하는 것이 중요하다. 예를 들어 매주 발생하는 포트 스캔 횟수를 계산하고 연말에 포트 스캔이 8% 증가한 차트를 작성하는 것은 그리 도움이 되지 않으며 오히려 상당한 시간을 잡아먹는다. 절대 수치가 아니라 업무 프로세스에 대한 위협을 수치가 어떻게 보여주는가가 중요하다. 다음 항목들은 사고 대응과 관련한 측정지표들이다.

- 사고 처리 건수 : 대응팀 업무의 양을 상대적으로 가늠하기 위한 잣대이지 대응팀의 성과를 보여주는 것은 아니다. 대신에 사고를 유형별로 분류하여 처리건수를 세는 것은 좀 더 의미 있다.
- 사고 대응 시간 : 투입 인력의 전체 시간, 사고 시작부터 발견까지 걸린 시간 등 처리 단계의 각각에 걸린 시간, 사고의 초기 보고하기까지 걸린 시간, 경영자까지 보고하는 데 걸린 시간, 외부 기관에 보고하기까지 걸린 시간 등
- 객관적 평가 : 로그 문서 등을 검토하여 사고 대응 정책이나 절차를 잘 준수 하였는지 평가, 사고를 잘 식별하였는지 평가하기 위해 사고의 어떤 징조들이 기록되었는지 확인, 탐지되기 전에 피해가 발생하였는지 확인, 사건의 실제 원인(공격벡터, 악용된 취약점, 피해 시스템의 특징 등)이 밝혀졌는지 확인, 사고가 재발된 것인지 확인, 예상 피해액 산출, 초기 영향 평가와 최종 영향 평가 사이의 차이 측정, 사고를 막아내는 데 기여한 보안 통제가 무엇인지 식별
- 주관적 평가 : 대응 팀 자체 평가, 타 팀에 의한 대응 팀 평가, 피해 시스템 소유자에 의한 대응 팀 평가

이러한 측정지표를 사용하여 대응 팀의 성공을 측정하는 것 외에도 사고 대응 프로그램을 주기적으로 감사하는 것이 유용하다. 감사를 통해 문제점과 부족함을 파악해야 이를 수정할 수 있다. 최소한 사고 대응에 대한 감사는 다음 항목들이 제도나 최적 실무를 따르는지 평가해야 한다.

- 사고 대응 정책·계획·절차
- 도구와 자원
- 팀 구성 방식과 구조
- 사고 대응 담당자 교육 훈련
- 사고 문서와 보고서
- 사고 대응 성과 측정지표

② 증거 보관

사고의 증거를 얼마나 오래 유지해야 하는지에 대한 정책을 수립해야 한다. 보통 사고 종결 이후 몇 달 또는 몇 년 동안 모든 증거를 보관한다. 다음 항목은 증거 보관 정책 수립 시 고려사항들이다.

- 고발 : 공격자를 고발한다면, 소송이 끝날 때까지 보관(수년이 걸릴 수도 있다)
- 데이터 보관 정책 : 조직의 데이터 보관정책에 따라 보관 기간 지정
- 비용 : 증거가 저장된 하드웨어(하드디스크, 컴퓨터, 탈부착 가능한 기록 매체 등)는 개별로 비용이 싸지만, 전체적으로 하드웨어 숫자가 많아지고, 수년간 보관하고 있어야 한다면 비용이 만만치 않음

사고 처리 점검목록

표 13-13에서 사고 처리 시 수행해야 할 주요 단계별 점검목록을 제공한다. 수행되는 실제 단계는 사건의 유형 및 개별 사건의 성격에 따라 달라질 수 있다. 예를 들어 지표의 분석(단계 1.1)을 기반으로 정확히 무엇이 발생하였는지 알면, 자세히 조사하기 위해 단계 1.2 또는

1.3을 수행할 필요가 없다. 점검목록은 수행해야 할 주요 단계에 대한 지침을 제공한다. 항상 따라야 하는 단계의 정확한 순서를 지정하는 것은 아니다.

탐지와 분석		
1		사고 발생 여부 판단
	1.1	전조와 지표 분석
	1.2	연관 정보 조사
	1.3	검색엔진 또는 지식 DB를 이용한 조사
	1.4	사고 발생을 확신하는 순간부터 조사내용을 문서화하고 증거 수집을 개시
2		피해 종류 복구가능성 등에 따라 처리 우선순위 조정
3		내부 관련자와 외부기관에 사고 보고
봉쇄, 제거, 회복		
4		증거 수집·보관·저장·문서화
5		봉쇄
6		제거
	6.1	악용된 모든 보안 취약점을 식별 및 완화
	6.2	악성코드, 부적절한 자료 등을 삭제
	6.3	피해 시스템이 여러 대이면, 탐비와 분석 단계(1.1 ~1.2)를 반복하여 모든 피해 시스템을 식별, 이후에 5, 6 수행
7		복구
	7.1	피해 시스템을 정상 가동 상태로 되돌림
	7.2	피해 시스템의 정상 작동을 확인
	7.3	필요한 경우, 추가적인 모니터링으로 사고와 관련된 활동을 조사
사고 후 활동		
8		후속 조치 보고서 작성
9		경험 공유 회의 개최

표 13-13 사고 처리 점검목록

권고 사항

다음 항목은 보안 사고 처리를 위해 위에서 제시한 내용을 요약한 것이다.

- 사고 처리에 사용될 수 있는 도구와 자원을 미리 준비하라.
- 주기적 위험분석을 수행하여 위험을 허용 가능한 수준으로 유지하여 사고 예방에 힘쓰라.
- 서로 다른 사고 징후(전조와 지표)를 탐지하는 보안 소프트웨어를 사용하라. 보안관제 서비스 이용도 도움이 된다.
- 조직 외부에서 사고를 신고할 수 있는 채널을 구축하라.
- 모든 시스템에 로그 기록과 감사의 베이스라인을 정하고, 주요 시스템에는 베이스라인 수준을 높여라.
- 사고의 탐지를 용이하게 하기 위해 네트워크와 시스템의 행위를 프로파일 하라.
- 로그나 보안 경고를 유심히 보아 네트워크·시스템·애플리케이션의 일상 행위를 알아내라.
- 로그 보관 정책을 만들어라.
- 다수의 출처로부터 발생하는 이벤트에 대해 연관분석을 하라.
- 이벤트 결합이 가능하도록 모든 시스템 시각을 동기화하라.
- 정보의 지식 기반(Knowledge Base)을 만들고 최신의 것으로 유지하라.
- 사고가 발생하였다고 의심하는 순간부터 모든 정보를 저장하라(시각 포함).
- 취약점, 위반사항 등의 민감 정보가 저장된 사고 데이터를 보호하라.
- 사고 처리의 우선순위를 부여하라.

- 사고 대응 정책에 어떤 사고를 언제 누구에게 보고할 것인지를 알리는 사고 보고 조항을 넣어라.
- 신속하고 효과적으로 사고를 통제하는 전략과 절차를 수립하라.
- 수립된 절차를 따라 증거를 수집하고 처리하라.
- 휘발성 데이터(네트워크 접속 목록, 프로세스, 로긴 세션, 열린 파일, 네트워크 인터페이스 구성 설정, 메모리 내용 등)를 증거로 채집하라.
- 파일 시스템 백업이 아니라 포렌식 디스크 이미지로부터 시스템 스냅샷(Snapshot)을 얻어라.
- 규모가 큰 사고 후에 경험 공유 회의를 개최하라.

13.3 침입 감내 계층

고장 감내 또는 결함 허용(Fault Tolerant) 시스템은 고장 또는 결함이 발생해도 운영 중인 서비스를 그대로 지속할 수 있는 시스템이다. 비슷한 개념으로 침입 감내 또는 침입 허용 시스템 역시 침입이 발생해도 운영 중인 서비스를 그대로 지속하는 것을 목표로 한다. 고장 감내 시스템의 경우에 고장은 인간의 의도적인 공격을 고려하지는 않으며, 의도적이지 않은 결함이나 고장에 대한 시스템의 가용성을 보장하기 위한 기술과 방법론이기 때문에 침입 감내를 위해서는 적합하지 않다. 제로데이 취약점을 악용하여 차단 계층을 성공적으로 돌파하여 시스템에 머무르는 공격을 탐지 단계에서 실시간에 가깝게 포착하고, 적절한 보안 통제를 가동하여 대응한다. 탐지 능력의 기술적 한계로 탐지되지 않은 공격은 여전히 존재할 수 있기 때문에 탐지 못한 공격이 존재한다. 스스로 탐지하지 못한 공격은 단기든 장기든 공격 목표를 달성할 때까지 네트워크 내부에 머문다. 주요 정보를 탈취할 목적을 가진 대부분의 국가 후원 해커들이 공격자라면 특별히 공격 대상의 가용성에 대한 영향을 끼치지 않는다. 가용성에 영향을 끼치면, 방어자가 공격의 지표를 탐지하고 탐지 계층을 강화시킬 것이기 때문이다. 따라서 침입 감내 계층의 역할은 조직의 주요 기능·서비스의 가용성을 보호하는 것이 되어야 한다.

공격이 시작된 후 어느 시점에 이 공격을 탐지하였다고 하면, 봉쇄하거나 제거하는 보안 사고 대응 활동을 통해 훼손된 정보와 시스템을 정상으로 복구하는 프로세스가 진행된다. 이는 침입 탐지 계층에서의 기능·역할이며, 감내 계층에서는 공격이 성공해도 이상적으로는 조직의 핵심 기능·서비스가 정상 작동하거나, 차선책으로 성능이나 기능을 다운그레이드시켜 작동하는 것을 목표로 한다. 이러한 개념의 보안 체계는 1990년대 중반부터 2000년대 초반까지 미 국방부 산하의 DARPA(Defense Advanced Research Projects Agency) 정보 보증과 생존성(Information Assurance & Survivability) 프로젝트에서 연구되었으나, 침입 감내 개념은 기술적 구현의 어려움과 군사적 측면에서 그 연구 결과가 공개되지 않았다.

2001년 9·11 테러 이후 미국은 국토안보부 DHS(Department of Homeland Security)를 설립하고 사이버 보안 정책을 강화하면서, 국방부의 침입 감내 개념을 기존 사이버 보안의 부족한 점을 보완하는 측면에서 '탄력성(Resilience)'이라는 개념으로 도입하였다. 2010년에 발간된 DHS의 위험 사전(Risk Lexicon)[28]에서는 탄력성(Resilience)을 "변화하는 조건에 적응하고, 방해에 대비하고, 견딜 수 있으며, 신속하게 회복할 수 있는 능력(ability to adapt to changing conditions and prepare for, withstand and rapidly recover from disruptions)"이라고 정의하였다.

사이버 위험의 지평이 빠르게 진화함에 따라 특정 상황에 초점을 맞춘 보안 솔루션은 빠르게 구식이 되고, 이에 따라 사이버 보안에 대한 새로운 접근방식에 관심이 증가하게 되었다. 세계 경제 포럼 시스템 계획(World Economic Forum System Initiative)은 사이버 위험을 4차 산업혁명에 수반한 가장 시급한 문제의 하나로 인식하고, 2012년부터 사이버 탄력성(Cyber Resilience)에 대한 개념 정립과 국제적 협력 의제를 도출하는데 노력하였다. 2018년 1월에는 「Cyber Resilience: Playbook for Public-Private Collaboration」[29]이라는 보고서를 출간한 바 있다. 세계 경제 포럼은 사이버 탄력성을 "부정적인 사이버 사건(Adverse Cyber Events)에도 불구하고 의도한 결과를 연속적으로 제공할 수 있는 능력"으로 정의한다. 더 큰 자물쇠뿐만 아니라 사이버 공격의 성공을 받아들이고, 정상적인 운영을 회복하도록 하는 것이 사이버 탄력성의 목표이다. '연속적으로'란 개념은 사이버 공격이 진행되는 동안 정규 기능이 작동하지 않을 때도 의도한 결과를 제공하는 능력이 작동해야 함을 의미한다. 또한 이 개념은 변화하는 위험에 기능을 연속적으로 변경하거나 수정할 수 있는 능력뿐만 아니라 보안 사고의 경우에 정규 기능을 회복할 수 있는 능력을 나타낸다. '의도한 결

---

28 https://www.dhs.gov/sites/default/files/publications/dhs-risk-lexicon-2010_0.pdf
29 https://www.weforum.org/reports/cyber-resilience-playbook-for-public-private-collaboration

과'는 업무나 업무 프로세스의 목표와 같은 기능을 제공하는 개체가 달성하고자 하는 결과를 말한다. '부정적인 사이버 사건'은 자연 또는 인간의 행위 또는 이들의 조합으로 인해 발생하며, 네트워크로 연결된 정보 시스템 및 관련 정보·서비스의 가용성, 무결성, 비밀성에 부정적인 영향을 미치는 모든 사건들이다.

사이버 탄력성에 대한 개념 정의나 구현에 대해 다양한 관점과 방향이 현존하고 있다. 앞에서 설명한 침입 감내 계층의 역할만으로 사이버 탄력성의 역할을 한정하는 관점, 탐지와 감내 계층의 기능을 포함하는 관점, 차단·탐지·감내 전 계층의 역할을 사이버 탄력성으로 보는 관점 등 다양하다. 본 절에서는 가급적 차단과 탐지 계층의 역할과는 별도로 침입 감내 계층이 가져야 하는 성질에 대해 논의한다[30].

미국 NIST의 보안 지침서 800-160 Volume 2[31]는 탄력성과 보안을 적용하여 안전하고 신뢰할 수 있는 시스템 엔지니어링을 위한 프레임워크를 제시하고 있다. 이 지침서는 사이버 탄력성을 향상시키는 데 사용할 수 있는 14가지 기술·기법을 제시하고 있다. 그러나 이 지침서의 사이버 탄력성은 침입 감내 계층에서의 기능만을 다루는 것이 아니므로, 이 중에서 침입 감내 계층에 적절한 기술·기법을 표 13-14에 발췌하였다. 사이버 탄력성 기술 간에는 조화와 충돌이 존재하기 때문에 공학적 절충이 이루어져야 한다. 사이버 탄력성 기술은 시간이 흐르면서 위협과 보안 실무가 진화하고 새로운 아이디어가 등장함

---

30 사이버 탄력성이 다루는 영역에는 자연 재난과 같은 인간의 의도와 무관한 것들도 포함하는 것이 일반적인 데 반해, 침입 감내는 인간의 의도적인(악의적인) 공격에 대비한 것이다. 자연 재해는 업무 연속성이나 비상 계획 등에서 다룬다.

31 「Systems Security Engineering Cyber Resiliency Considerations for the Engineering of Trustworthy Secure Systems」((Draft) NIST Special Publication 800-160 Volume 2, 2018), 대중의 검토 의견을 구하는 단계로 최종 버전은 아니다.

에 따라 변화할 것으로 예상한다. 표 13-14부터 13-19까지는 이들 각각의 기술에 대한 구현 사례들이다.

기술·기법	목적
중복 (Redundancy)	정보 또는 서비스의 손실로 인한 영향을 줄인다. 공격 피해 복구를 용이하게 한다. 중요한 서비스가 거부되거나 제한되는 시간을 줄인다.
다양성 (Diversity)	이질성(heterogeneity)을 악용하여 공통적인 취약점을 이용한 공격을 최소화한다. 공격자가 여러 공격대상에 적합한 공격 전략·기법을 개발하는데 더 많은 노력이 들도록 하고, 엉뚱한 공격대상에 자원을 낭비하거나 공격 전략·기법을 노출시킬 가능성을 높여, 공격에서 생존할 수 있는 확률을 극대화한다.
동적 위치선정 (Dynamic Positioning)	기능 또는 시스템 자원을 분산하고 동적으로 재배치한다. 공격자가 조직의 중요 자산을 찾기 위해 더 많은 시간과 노력을 기울이도록 하고, 이에 따라 공격자의 행위와 공격 전략·기법을 탐지할 기회를 높인다.
재편성 (Realignment)	업무 수행에 중요한 서비스와 그렇지 않은 서비스 간의 연결을 최소화하여, 중요하지 않은 서비스의 훼손이 중요한 서비스에 영향을 미칠 가능성을 줄인다. 업무 수행에 중요하지 않은 기능을 공격 경로로 사용할 확률을 최소화하여 공격 표면을 줄인다.
분할 (Segmentation)	중요성과 신뢰성을 기반으로 시스템 요소를 정의하고 분리한다. 공격자가 침투한 영역 이외로 이동하지 못하도록 봉쇄한다.

표 13-14 침입 감내 계층에 적용 가능한 구현 기술·기법

세부 분야	사례
백업과 복구	• 구성 설정 데이터와 가상화 자원 등의 정보 및 소프트웨어 백업
여분의 용량 (Surplus Capacity)	• 정보 저장·처리·전송을 위한 여분의 용량 유지 • 예비 부품의 유지관리 • 외주 용역 SLA(Service Level Agreement)에서 잉여 용량을 처리
복제 (Replication)	• 하드웨어·정보·백업·기능을 여러 위치에 복제하고 동기화 유지 • 섀도(Shadow) 데이터베이스 • 하나 이상의 대체 저장소·처리 사이트 유지관리 • 예비 보조 시스템 유지관리 • 대체 보안 메커니즘 제공

표 13-15 중복 구현 사례

세부 분야	사례
아키텍처 다양성	• 다양한 운영체제, 프로토콜 표준 적용 • 감사 데이터 저장 시스템은 감사 대상 시스템 운영체제와 다른 운영체제 사용
설계 다양성	• 동일한 요구사항을 충족시키거나 동일한 기능을 제공하기 위해 별도의 설계 적용 • N-버전 프로그래밍 적용 • 하드웨어와 소프트웨어 혼합 수준 다양화
정보 다양성	• 서로 다른 출처의 정보 제공 또는 다양한 방식으로 정보 변환
경로 다양성	• 명령·제어·통신을 위한 여러 독립 경로 제공
공급망 다양성	• 중요한 구성요소에 대해 여러 독립 공급망(Supply Chain) 사용

표 13-16 다양성 구현 사례

세부 분야	사례
기능 재배치 (Functional Relocation)	• 기능 또는 정보를 제공하는 시스템 자원의 위치 변경 • 처리 위치 변경(예 : 다른 호스트의 가상 시스템으로 전환) • 저장 위치 변경(예 : 다른 SAN(Storage Area Network)의 대체 저장소로 전환)
자산 이동 (Asset Mobility)	• 물리적 자원의 안전한 이동 • 시스템 구성요소(예 : 라우터), 저장 매체 등을 시설의 한 방에서 다른 방(저장 매체의 경우 다른 시설도 포함)으로 이동
기능 분산 (Distributed Functionality)	• 다수의 구성요소 또는 물리적 위치에 기능(예 : 처리, 저장, 통신) 분산

표 13-17 동적 위치 선정 구현 사례

세부 분야	사례
분리 실행 (Off loading)	• 비핵심 기능을 다른 시스템으로 분리 실행 • 비핵심 서비스를 외부 서비스 제공자에게 위탁 처리(Outsourcing)
특화 (Specialization)	• 기능의 설계를 고유하게(Unique) 수정 • 중요 구성요소를 재구현 또는 맞춤형(Custom) 개발 • 업무 시스템 개발의 비밀성 강화

표 13-18 재편성 구현 사례

세부 분야	사례
사전 정의된 분할	• 중요도와 신뢰성을 기반으로 구역 또는 자원 그룹을 정의하여 별도로 보호하고 필요할 경우 격리 • 가상화를 사용하여 사용자 권한을 기반으로 별도의 처리 도메인을 유지 관리 • 시스템 기능과 애플리케이션 분리 • 비보안 기능과 보안 기능 분리 • 물리적 분리를 사용하여 보안 도구·기능 분리 • 업무 기능에 따라 시스템 구성요소 분리
동적 분할·격리	• 작동 중단을 최소화하면서 구역의 형상을 변경하거나 자원을 격리 • 구성요소의 동적 격리를 구현 • 새로운 구역을 정의하기 위한 소프트웨어 정의 네트워킹 및 VPN 구현

표 13-19 분할 구현 사례

13.3.1 중복

결함 허용을 위한 대표적인 기법은 중복이다. 침입 감내에서도 중복은 여전히 중요한 기법이다. 업무 연속성이나 재난 복구, 비상 계획(Contingency Planning)에서 핵심 기법이다. 중복은 공격이 발생할 때를 대비하는 전략이다. 중복은 여러 요소 또는 구성요소가 같거나, 유사하거나, 백업 기능을 제공할 때 달성된다. 중복은 시간적으로 공간적으로 복수의 시스템(시스템 구성요소)으로 위험을 분산시킨다. 주요 기능이나 서비스가 중앙 집중식으로 제공되는 것은 분산 또는 탈중앙화 시스템에 의해 제공되는 경우보다 공격에 더 취약하다. 표 13-20은 재난 복구와 비상 계획에서 사용하는 중복을 위한 시스템 구성요소의 대체 수단을 정리한 것으로, 이들은 침입 감내를 위한 중복에서도 적용가능 하다. 업무 기능을 구현하는 주 수단이 복원될 때까지 업무 운영을 축소해야 한다면 전반적인 업무 연속성이 크게 악화될 수 있는데, 대체·보완 메커니즘을 쉽게 사용할 수 있는 능력을 갖추면 업무 연속성을 향상시킬 수 있다.

종류	사례
대체 처리 사이트 (Alternative Processing Site)	대체 처리 사이트는 주 처리 사이트와 지리적으로 떨어져 있다. 대체 처리 사이트는 주 처리 사이트를 사용할 수 없는 경우, 저리 기능늘 세공한다. 대체 처리 사이트 계약에 포함되는 항목에는 대체 사이트의 환경 조건, 접근 규칙, 물리·환경 보호 요구사항, 직원 이동·배정의 조정 등을 포함한다.
대체 저장 사이트 (Alternative Storage Site)	대체 저장 사이트는 주 저장 사이트와 지리적으로 떨어져 있다. 대체 저장 사이트는 주 저장 사이트를 사용할 수 없는 경우에 대비하여 정보와 데이터의 중복 사본을 보관한다. 대체 저장 사이트 계약에 포함되는 항목에는 대체 저장 사이트의 환경 조건, 접근 규칙, 물리·환경 보호 요구사항, 백업 매체의 배송·회수 등을 포함한다.
대체 통신 서비스	주 처리·저장 사이트와 대체 처리·저장 사이트 사이의 대체 통신 서비스는 주 통신 서비스의 손실에도 불구하고 필수 업무 기능의 연속성을 목적으로 한다. 지상 통신 대체 통신 서비스 중 하나가 위성 통신이다. 대체 통신 계약을 체결할 때 가용성, 서비스 품질, 접근과 같은 요소를 고려한다.
대체 통신 프로토콜 (Alternative Communication Protocol)	대체 통신 프로토콜의 예로는 TCP·IP 버전 4에서 TCP·IP 버전 6으로 전환(Switching)이 있다. 통신 프로토콜 전환은 소프트웨어 애플리게이션에 영향을 줄 수 있으므로 대체 통신 프로토콜을 도입할 때 발생할 수 있는 부작용을 분석해야 한다.
대체 보안 메커니즘 (Alternative Security Mechanism)	대체 보안 메커니즘은 주 메커니즘보다 효과적이지 않다(예 : 사용하기 쉽지 않음, 확장 가능하지 않음, 보안 강도가 낮음). 대체 기능을 제공하는데 필요한 비용과 노력의 수준을 감안할 때, 일반적으로 중요한 보안 기능에만 적용한다. 예를 들어 조직의 표준적인 보안 인증 수단인 멀티팩터(Multifactor) 토큰이 손상된 경우, 고위 임원 및 시스템 관리자에게 일회용 패드를 발급할 수 있다.

표 13-20 대체 구성요소 종류

　순수한 중복은 공격에 더 많은 취약점을 노출할 수 있다. 공격자가 하나의 시스템 또는 시스템 구성요소의 취약점을 발견하면, 중복된 시스템 또는 시스템 구성요소도 마찬가지로 취약점을 가지고 있기 때문이다. 이를 해결하기 위해 사용하는 또 다른 기술·기법은 다양성이다. 다양성은 하드웨어 다양성, 운영체제 다양성, 소프트웨어 구현 다양성 등까지 하나 이상의 요소에서 중복 시스템·시스템 구성요소가 실질적으로 달라야 한다는 속성이다.

13.3.2 다양성 또는 이질성

생물 시스템에서의 반응 다양성(Response Diversity)은 교란 및 스트레스(온도, 오염, 질병 등)에 대해 다른 반응을 보이는, 기능 그룹 내 종의 다양성을 의미한다. 따라서 유사한 기능을 수행하는 종의 수가 많을수록 어떤 기능 그룹이 제공하는 생태계 서비스는 더 넓은 범위의 조건에서 유지될 가능성이 높으며, 그 시스템은 교란에서 회복할 수 있는 더 큰 능력을 갖게 된다. 다양성은 자연에서 뿐만 아니라 인간에게 있어서도 중요하다. 단일 작물의 재배(Monoculture)는 관리의 효율성과 높은 산출량이라는 장점을 가지고 있지만 환경 변화에 매우 취약하다는 약점을 지니고 있다. 1845년부터 1849년 사이에 발생한 아일랜드의 비극적인 감자 대기근(Irish Potato Famine) 사태[32]는 단일 작물 재배의 위험성을 잘 보여준다. 이 비극적인 사건에 대해 역사가들은 다양한 유전자를 갖지 못한 단일 품종의 감자가 한 종류의 병충해에 무방비 상태였고, 아일랜드가 식량을 감자 한 품목에 지나치게 의존하고 있었기 때문에 발생하였다고 말한다. 한 번의 위험으로 모든 것을 잃을 수 있기 때문에 문명이건 자연이건 한 가지에 모든 것을 집중하는 것은 위험하다.

위험이란 예측 불가능한 상황 즉, 장래의 불확실성이기에 이는 애초에 완전히 제거할 수 없는 한계를 내재하고 있다. 정보기술은 기술적 관리적 보안 위험을 내포하고 있으며, 현존 기술로는 완전히 보안 위험을 제거할 수 없다. 볼륨 라이선스를 통한 가격 할인, 관리의 용이성, 운영비용의 감소 등의 장점으로 조직의 정보 시스템이 동종의 획

---

32 감자 잎마름병의 전염으로 대부분의 감자를 수확하지 못해, 백만 명 이상 아사함.
http://en.wikipedia.org/wiki/Great_Irish_Famine

일적인 구조를 갖는 경우가 많다. 이는 정보 시스템의 보안 관리에도 유리한 점을 제공한다. 형상 통제, 취약점 테스팅, 보안 감사, 보안 패치 설치 등의 보안 관리를 더 자동화할 수 있다.

그러나 상호 연결된 동질의 컴퓨터 네트워크는 빠르게 전파되는 인터넷 웜에 매우 취약하다. 1988년에 발생한 인터넷 웜은 유닉스 운영체제의 보안 취약점을 이용하여 컴퓨터 서버 6000대를 마비시켰다. 이후 마이크로소프트의 윈도 운영체제를 채택한 인터넷 서버의 비중이 늘어나면서, 2001년 7월의 코드 레드(Code Red) 웜은 마이크로소프트 IIS 웹 서버의 보안 취약점을 악용하여 35만 대 이상의 컴퓨터를 감염시켰고[33], 2003년 1월의 슬래머(Slammer) 웜은 마이크로소프트 SQL 서버의 보안 취약점을 악용하여 최초 10분 동안 7만5000대 이상의 서버를 감염시켰다[34]. 인스턴트 메시징 소프트웨어인 메신저는 동일한 메신저 프로그램을 사용하는 사람들 사이에 대화상대 목록(Contact 또는 Buddy List)[35]을 연결한 사회 연결망(Social Network)을 형성한다. 2005년 4월에 발견된 Win32·Kelvir 웜과 변종은 감염된 컴퓨터의 MSN 메신저를 이용하여 웜을 전파하였다. 동일한 메신저의 사용자가 많아질수록 메신저 웜의 영향력은 커진다.

정보기술에 대한 위험을 완전히 제거할 수 없다면 다양한 설계와 구현은 정보기술의 위험을 대비하기 위한 수단이 될 수 있다. 이러한 설계와 구현의 다양성 또는 이질성(Heterogeneity)은 공간적인 것과 시

33 「The Spread of the Code-Red Worm」(CRv2), http://www.caida.org/research/security/code-red/coderedv2_analysis.xml

34 「The Spread of the Sapphire/Slammer Worm」, http://www.caida.org/publications/papers/2003/sapphire/sapphire.html

35 친구, 친척, 공동 작업 그룹 등을 의미한다.

간적인 것으로 구분할 수 있다[36]. 공간적인 다양성은 기능은 유사하지만 다른 시스템·제품을 사용하는 것이다. 예를 들어 운영체제를 유닉스와 윈도로 나누어 적절히 사용하는 것이다. 시간적인 다양성은 소프트웨어 모듈이 메모리에 적재되는 위치를 시간에 따라 변동시키는 것에서 찾아볼 수 있다. 모리스 웜에서부터 슬래머 웜에 이르기까지 웜의 감염 방법으로 사용한 버퍼 오버플로 공격에 대응하기 위하여, 시간적인 다양성을 구현한 주소 공간 임의 배치(ASLR, Address Space Layout Randomization)는 공격 코드가 시스템 라이브러리의 적재 위치, 스택과 힙Heap의 시작 위치를 임의화(Randomization)하여, 공격 코드에서 임의의 코드를 실행하기 어렵게 하는 기술이다. 이 기술은 OpenBSD, 윈도 비스타 등의 구현에 포함되었다.

다니엘 기어(Daniel Geer) 등[37]은 운영체제와 애플리케이션 소프트웨어의 밀접한 결합으로 인한 모노컬처의 보안 위험에 대응하기 위해 소프트웨어 개발에 있어서, 컴퓨터 하드웨어 부품의 플러그 앤 플레이(Plug & Play) 기술과 같은 방식으로 소프트웨어도 공개된 인터페이스 규격만 지키고 구현 세부사항은 다양화할 수 있도록 장려할 것을 제안하였다. 보안 위험을 감소시키고, 필수 서비스의 생존성을 향상시키기 위해서 정보 시스템의 아키텍처를 설계하거나, 새로운 시스템을 개발하는 과정에서 적절한 다양성·이질성을 포함하려는 노력이 필

---

36 「Securing the U.S. Defense Information Infrastructure: A Proposed Approach」(RAND, 1999)

37 「CyberInsecurity: The Cost of Monopoly - How the Dominance of Microsoft's Products Poses a Risk to Security」(2003)

요하다. 블랙 스완(Black Swan)[38]과 같은 보안 사고가 발생하였을 때를 대비하는 수단으로 다양성·이질성은 정보 시스템을 구상하는 단계에서 반드시 고려하여야 하는 주제이다.

---

38 과거의 경험으로 확인할 수 없는 기대 영역 바깥쪽의 관측 값으로, 극단적으로 예외적이고 알려지지 않아 발생가능성에 대한 예측이 거의 불가능하지만 일단 발생하면 엄청난 충격과 파장을 가져온다.

MEMO